# Istanbul
## et le Bosphore

Cofondateurs : Philippe GLOAGUEN et Michel DUVAL

Directeur de collection et auteur
Philippe GLOAGUEN

Secrétaire général
Gavin's CLEMENTE-RUIZ

Rédacteurs en chef
Amanda KERAVEL (France)
Benoît LUCCHINI (Étranger)

Directrice administrative
Bénédicte GLOAGUEN

Conseiller à la rédaction
Pierre JOSSE

Responsable voyages
Carole BORDES

Direction éditoriale
Élise ERNEST

Rédaction
Isabelle AL SUBAIHI
Emmanuelle BAUQUIS
Mathilde de BOISGROLLIER
Thierry BROUARD
Marie BURIN des ROZIERS
Diane CAPRON
Véronique de CHARDON
Laura CHARLIER
Florence CHARMETANT
Fiona DEBRABANDER
Anne-Caroline DUMAS
Éléonore FRIESS
Géraldine LEMAUF-BEAUVOIS
Olivier PAGE
Alain PALLIER
Anne POINSOT
André PONCELET

2020/21

hachette

# TABLE DES MATIÈRES

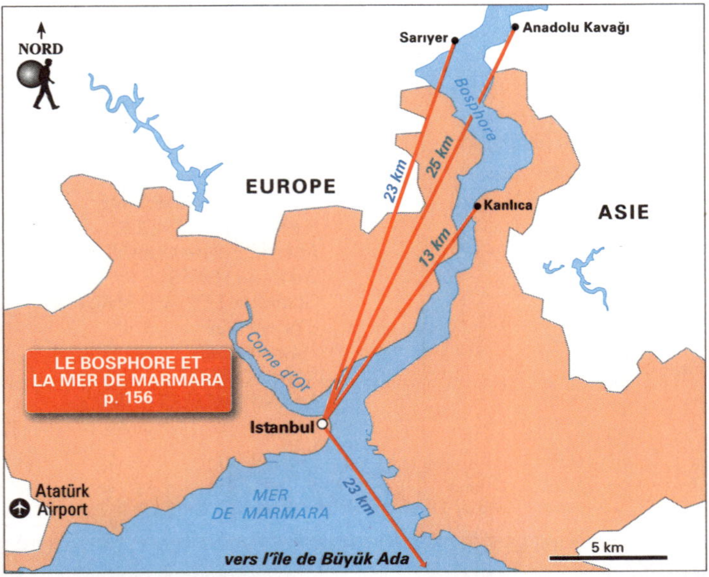

## PRÉAMBULE



## ARRIVER – QUITTER .... 36



## ISTANBUL UTILE .... 42



## BIENVENUE À ISTANBUL : ADRESSES ET INFOS UTILES .... 71



## LE VIEIL ISTANBUL .... 78

## Important : dernière minute

Sauf rare exception, le *Routard* bénéficie d'une parution annuelle à date fixe. Entre 2 dates, des événements fortuits (formalités, taux de change, catastrophes naturelles, conditions d'accès aux sites, fermetures inopinées, etc.) peuvent modifier vos projets de voyage. Pour éviter les déconvenues, nous vous recommandons de consulter la rubrique « Guide » par pays de notre site • *routard.com* • et plus particulièrement les dernières ***Actus voyageurs.***

*L'intérieur des dômes de la mosquée Neuve*

© Santi Román/Age fotostock

# LA RÉDACTION DU ROUTARD

## (sans oublier nos 50 enquêteurs, aussi sur le terrain)

**Jean-Sébastien, Olivier, Mathilde, Thierry, Alain, Gavin's, Éléonore, Anne-Caroline, André, Laura, Florence, Véronique, Isabelle, Géraldine, Fiona, Amanda, Benoît, Emmanuelle, Bénédicte, Philippe, Carole, Diane, Anne, Marie.**

**La saga du *Routard* :** en 1971, 2 étudiants, Philippe et Michel, avaient une furieuse envie de découvrir le monde. De retour du Népal germe l'idée d'un guide différent qui regrouperait tuyaux malins et itinéraires sympa, destiné aux jeunes fauchés en quête de liberté. 1973. Après 19 refus d'éditeurs et la faillite de leur première maison d'édition, l'aventure commence vraiment avec Hachette. Aujourd'hui, le *Routard*, c'est plus d'une cinquantaine d'enquêteurs impliqués et sincères. Ils parcourent le monde toute l'année dans l'anonymat et s'acharnent à restituer leurs coups de cœur avec passion.

**Merci à tous les routards qui partagent nos convictions :** liberté et indépendance d'esprit ; découverte et partage ; sincérité, tolérance et respect des autres.

## NOS SPÉCIALISTES ISTANBUL

**Thierry Bessou :** ses origines agricoles auraient pu l'amener à cultiver la terre ; finalement il la sillonne. Pourtant, il a peur de prendre l'avion ! En équilibre précaire sur un éléphant, les doigts gelés au pied d'un glacier, de marché en musée, ses antennes restent déployées. C'est dans la Ville rose qu'il écrit, inspiré par mille lieux foulés, mille regards croisés.

**David Giason :** rédacteur assoiffé de découverte, baroudeur à gros godillots, amateur de vieilles pierres, de bonne chère et de coins paumés, adepte d'échanges fructueux entre gens que tout devrait opposer. Pour lui, la curiosité est le plus indispensable des défauts. Mais surtout, il est convaincu qu'il faut savoir dépasser les bornes. Car être voyageur, c'est être libre.

## UN GRAND MERCI À NOS AMI(E)S SUR PLACE ET EN FRANCE

**Pour cette nouvelle édition, nous remercions particulièrement :**

- **Sylvie Anne Bouché,** du service Culture et Information de l'ambassade de Turquie à Bruxelles ;
- **Elifsu Sabuncu** ;
- **Musa Sencan** et **Mali Yildiz** ;
- **Sébastien de Courtois,** écrivain et habitant d'Istanbul, pour ses bonnes idées ;
- **Charlotte et François Lassourd,** pour leur accueil et leur curiosité du pays ;
- **Emma Outrebon,** pour son aide efficace et ponctuelle ;
- **Saadet Doukhan,** pour sa connaissance approfondie de la civilisation ottomane.

### Pictogrammes du Routard

**Établissements**

- Hôtel, auberge, chambre d'hôtes
- Camping
- Restaurant
- Terrasse
- Boulangerie, sandwicherie
- Pâtisserie
- Glacier
- Café, salon de thé
- Café, bar
- Bar musical
- Club, boîte de nuit
- Salle de spectacle
- Boutique, magasin, marché

**Infos pratiques**

- Office de tourisme
- Poste
- Accès Internet
- Hôpital, urgences
- Adapté aux personnes handicapées

**Sites**

- Présente un intérêt touristique
- Point de vue
- Plage
- Spot de surf
- Site de plongée
- Recommandé pour les enfants
- Inscrit au Patrimoine mondial de l'Unesco

**Transports**

- Aéroport
- Gare ferroviaire
- Gare routière, arrêt de bus
- Station de métro
- Station de tramway
- Parking
- Taxi
- Taxi collectif
- Bateau
- Bateau fluvial
- Piste cyclable, parcours à vélo


Le *Routard* est imprimé sur un papier issu de forêts gérées.


I.S.B.N. 978-2-01-710094-2

NORD
Mosquée d'Eyüp
EMBARCADÈRE D'EYÜP
HALIÇ KÖPRÜSÜ
Defterdar C.
Eyüp Sultan Bulvarı
Musée des transports et de l'industrie
Kulaksız Caddesi
Piyale
Demirhisar C.
Savaklar Caddesi
Edirnekapı Rami C.
Bayrampaşa-Maltepe
Hasköy Caddesi
HALİÇ (Corne d'Or)
Mürselpaşa C.
Topkapı Edirnek C.
Fevzipaşa
Mosquée de Fethiye
Abdülezel C.
Mosquée du Sultan Selim
Topkapı Edirnek Y.
ATATÜRK KÖPRÜSÜ
Haliç
Église du Christ Pantocrator
Topkapı-Uluabatlı
Vatan
Cad.
Mosquée de Mehmet le Conquérant
LES REMPARTS
Emniyet-Fatih
Atatürk Bulvarı
Gümüşpala Cad.
Tahtakale C.
Mosquée de Soliman le Magnifique
Mevlâna Topkapı
Millet
FATİH
Oğuzhan C.
Caddesi
Mosquée de Şehzade
ŞEHREMINI
Vezneciler
Grand Bazar
Silivrikapı Mevlânakapı Yolu
Kızılelma C.
Caddesi
Aksaray
Cevdetpaşa C.
Ordu Cad.
Yeniçeriler Cad.
Divan
GRAND BAZAR
Cerrahpaşa C.
Silivrikapı C.
Küçük Langa C.
Yenikapı
Türkeli C.
Koca Mustafapaşa C.
YENİKAPI
A. Nafiz Gürman
(Florya Sahil Yolu)
Kennedy
Gare maritime de Yenikapı
Demirhane Yolu
Hocakadın C.
SAMATYA
İmrahor İ. C.
Caddesi
Kennedy
0 500 1 000 m

Parc de Yıldız
Palais de Beylerbeyi
Embarcadère de Beşiktaş
Musée de la Marine
Palais de Dolmabahçe
Taksim
İstiklâl Cad.
BEYOĞLU
Embarcadère de Kabataş
BOĞAZİÇİ (Bosphore)
RIVE OCCIDENTALE DU BOSPHORE
Şişhane
GALATA
Embarcadère d'Üsküdar
Üsküdar
ÜSKÜDAR
Embarcadère de Karaköy
Marmaray
Embarcadère d'Eminönü
BAZAR EGYPTIEN
Sirkeci
Musées archéologiques
Palais de Topkapı (Topkapı Sarayı)
SULTANAHMET
Sainte-Sophie (Aya Sofya)
Mosquée Bleue (Sultanahmet Camii)
İHSANİYE
Mosquée Şakirin
Avraysia Tüneli
MER DE MARMARA
Ancienne gare d'Haydarpaşa
KADIKÖY, îles des Princes
Sites inscrits au Patrimoine mondial de l'Unesco
Les incontournables

# ISTANBUL

Porte sur le Bosphore, palais de Dolmabahçe

*« Si je n'avais qu'un seul regard à poser sur le monde, ce serait sur Istanbul. »*
*Alphonse de Lamartine*

**Un sentiment étrange vous envahit** lorsque vous contemplez le Bosphore, ce chenal qui traverse Istanbul et relie la mer Noire à la mer de Marmara. Ici finit l'Europe et là commence l'Asie…
C'est **l'Orient qui embrasse l'Occident.** La ville se souvient qu'elle fut la Byzance des Grecs, la Constantinople de l'Empire romain d'Orient et la capitale des sultans ottomans. Et, toujours, LA ville par excellence : il y a plus de 1 000 ans, les Chinois l'appelaient déjà la « ville des villes ». Quant à nous, une expression ne nous est-elle pas restée pour désigner le luxe et l'abondance ? « C'est Byzance ! ».
Théâtre de l'histoire, Istanbul est aussi **un véritable théâtre de rue** où l'archaïque côtoie intimement le moderne. Bâtie sur 7 collines (Nouvelle Rome oblige !), la ville est un grouillement cosmopolite, un enchevêtrement fantastique de ruelles. On habite dans un quartier, près d'une mosquée, pas seulement dans une rue…
À la nuit sombre, Istanbul maquille ses rides et se pare d'**une beauté infiniment douce.** Ses collines se drapent de velours noir, ses milliers de lumières se transforment en rivières de diamants. Et partout, dans le ciel, d'énormes dômes et des minarets comme des chandeliers. Istanbul devient muse. Choisissez un minaret, prenez-le entre vos doigts comme une précieuse plume, puis trempez-le délicatement dans l'encre noire du Bosphore. Vous voilà calligraphe, poète ou écrivain. Mais attention, si vous vous piquez à cette plume magique, vous risquez de tomber définitivement amoureux d'Istanbul…

*Beyoğlu, au cœur de l'Istanbul moderne*

# NOS COUPS DE CŒUR

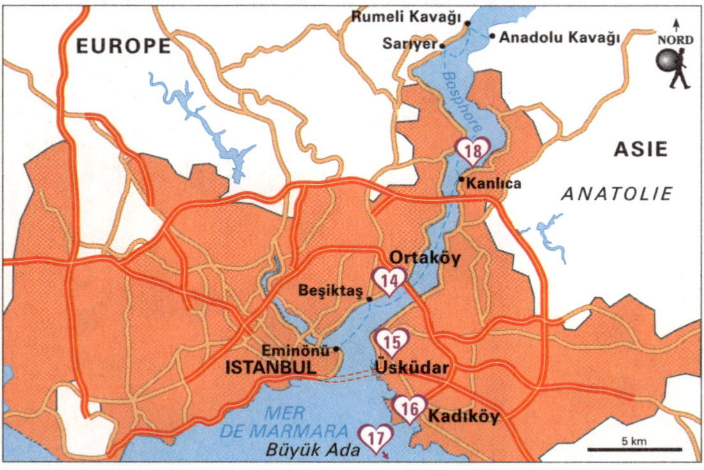

1 **S'engouffrer sous les voûtes de Sainte-Sophie, un matin lumineux, et regarder droit dans les yeux l'archange Gabriel.**

Sainte-Sophie fut, pendant 10 siècles, de 537 jusqu'à la prise de Constantinople en 1453 (où elle fut transformée en mosquée), le plus grand monument religieux de la chrétienté. Prodige architectural, sa coupole de 32 m de diamètre culmine à 56 m du sol, reposant sur 4 énormes piliers. Avec ses ors et ses superbes mosaïques, c'est l'Empire byzantin dans toute sa grandeur ! *p. 93*

***Bon à savoir :*** *l'affluence est plus importante le mar, jour de fermeture du palais de Topkapı.*

**2** **Rêver devant les diamants du trésor du palais de Topkapı.**
Pendant près de 350 ans, le palais de Topkapı fut la résidence des sultans de l'Empire ottoman. Un vaste palais aux nombreux kiosques et belvédères sur le Bosphore et la mer de Marmara, sans oublier le harem et ses 300 pièces… Mais le clou de la visite n'est autre que le trésor, une débauche d'objets précieux, d'or massif et de diamants qui scintillent dans la pénombre des vitrines. Un véritable voyage dans un conte des *Mille et Une Nuits*. *p. 102*
***Bon à savoir :*** *fermé le mar. Mieux vaut commencer par la visite du trésor (la file d'attente s'allonge à mesure que l'heure avance). Photos interdites.*

**3** **S'asseoir sur le marbre des coursives, devant la fontaine aux ablutions de la grande mosquée Bleue, au moment de la *hishâ*, la prière de la nuit tombée.**
Savourer la mélopée du muezzin appelant à la prière, tout en détaillant les éléments architecturaux magnifiquement mis en valeur par l'éclairage. Un moment envoûtant et de grande poésie. *p. 98*
***Bon à savoir :*** *en été, c'est sur le côté gauche que les marbres, chauffés par le soleil de la journée, restituent le plus de chaleur.*

© Spani Arnaud/hemis.fr

4 **Avoir la sensation de pénétrer les entrailles de l'ancienne Constantinople en découvrant l'imposante citerne-basilique.**
Cette citerne souterraine, construite au VI^e s, alimentait en eau le palais des empereurs byzantins. C'est une fascinante forêt de colonnes (336 en tout, provenant de différents temples !), qui pouvait contenir jusqu'à 80 millions de litres d'eau. Fait étrange : elle fut oubliée après la prise de Constantinople. Un incontournable d'Istanbul ! *p. 102*
*Bon à savoir : la citerne-basilique est ouv tlj.*

© Martin Siepmann/Westend61/Photononstop

**5** **Se laisser séduire par le charme de la Petite Sainte-Sophie et de la mosquée de Sokollu Mehmet Paşa, que 1 000 ans d'histoire (mais seulement 300 m) séparent.**

2 véritables joyaux d'Istanbul ! La Petite Sainte-Sophie est une ancienne église byzantine édifiée au VIe s, peu avant la grande Sainte-Sophie : une merveille discrète qui conjugue art byzantin et art ottoman. Avec ses revêtements en céramique, la mosquée de Sokollu Mehmet Paşa est tout simplement l'une des plus belles de la ville. *p. 114, 115*

***Bon à savoir :*** *la Petite Sainte-Sophie est ouv tlj 9h30 (14h30 ven)-20h30 ; accès libre en dehors des heures de prière pour la mosquée de Sokollu Mehmet Paşa.*

© gn fotografie/shutterstock.com

**6** **S'émerveiller devant les étals mirifiques du quartier du Bazar égyptien.**

Le Bazar égyptien a été construit en 1660, grâce aux impôts prélevés en Égypte. Tout autour, c'est un lacis de ruelles marchandes qui foisonnent de couleurs et de senteurs orientales. C'est ici que s'épanouit l'activité commerçante du vieux Stamboul depuis le XVIIe s. C'est aussi ici qu'il faut venir avant de rentrer au pays pour faire le plein de délices turcs : herbes aromatiques, confiture de rose, pistaches, saucisson de mouton, etc. Terminer la balade dans l'un des salons de thé à proximité pour déguster des baklavas. *p. 126*

***Bon à savoir :*** *l'activité a lieu tlj, grosso modo 9h30-19h.*

7 **Découvrir le souk des bijoutiers, au cœur du Grand Bazar.**
Le Grand Bazar, plus grand marché couvert d'Orient, existe depuis le XVIe s. Réparties dans un dédale de rues et de passages, ses milliers d'échoppes sont une véritable caverne aux merveilles : tapis, cuivres, poteries, articles en cuir, et surtout des bijoux. L'atmosphère reste très dépaysante, même si les touristes ont depuis longtemps remplacé les caravanes venues des confins de l'Empire. *p. 116*
***Bon à savoir :** le Grand Bazar est fermé le dim.*

8 **Se fondre dans la marée humaine qui déferle sur l'avenue İstiklâl.** C'est ici que bat le cœur de la vie moderne stambouliote de jour comme de nuit. En journée, c'est une frénésie commerçante bercée par le son et lumière des boutiques, dont certaines se dissimulent dans les anciens passages couverts. En soirée, une marée humaine part à l'assaut des boutiques, des restaurants et des bars où bière et *rakı* coulent à flots. Et encore plus tard, les boîtes de nuit prennent le relais. Idéal pour prendre la température de l'une des facettes d'Istanbul. *p. 147*
*Bon à savoir : l'avenue est animée tlj, même le dim.*

**9** **Retrouver un parfum de l'Istanbul d'autrefois le temps d'un thé au prestigieux *Pera Palas*.**

Construit en 1892 pour les voyageurs de l'*Orient-Express*, le *Pera Palas* est une légende. Premier bâtiment équipé d'électricité à Istanbul, il fut un haut lieu d'espionnage dans l'entre-deux-guerres. Plusieurs personnages illustres y séjournèrent (Atatürk, Sarah Bernhardt, Greta Garbo, Hemingway, Joséphine Baker…). En soignant sa mise, on peut profiter de l'ambiance dans le salon de thé ! Le salon du *Büyük Londra Oteli* (ex-*Grand Hôtel de Londres*), construit en 1892 et dont le décor reste inchangé depuis le début du XX^e^ s, est aussi très émouvant. *p. 151*

*Bon à savoir : les tarifs sont aussi imposants que le mythe.*

**10** **Passer de l'Europe à l'Asie en traversant l'entrée du Bosphore sur un *vapur*.**

Un fascinant ballet de *vapur* se déroule sans cesse sur le Bosphore : de petits bateaux qui relient quotidiennement les 2 continents. Autant de traits d'union entre les 2 rives qui tissent l'identité de la ville. Et la nouvelle ligne de métro qui passe sous le Bosphore ne changera rien à cette magie. *p. 156*

*Bon à savoir : possibilité de prendre le bâteau depuis les embarcadères d'Eminönü, de Karaköy, de Kabataş et de Beşiktaş pour la rive européenne ; d'Üsküdar et de Kadıköy pour la rive asiatique.*

11 **Dénicher le bibelot coup de cœur chez les antiquaires et autres brocanteurs de la rue Çukurcuma.**
Dans le quartier de Beyoğlu, derrière le lycée de Galatasaray, les magasins déballent leur mobilier à même la rue. Les lampes, les tables, les portes en bois et les objets d'art oriental côtoient sans complexe les menuiseries, les garages et les cafés. L'un des meilleurs endroits de la ville pour chiner, avant d'aller se poser dans l'une des adresses branchées du quartier de Cihangir. *p. 150*

(12) **Découvrir les dernières extravagances de l'art contemporain au musée d'Art moderne et dans les galeries de Beyoğlu.**

Consacré aux artistes turcs contemporains et aménagé dans un ancien entrepôt au bord du Bosphore, le musée d'Art moderne est un lieu incontournable pour découvrir les dernières tendances artistiques. Il se passe aussi beaucoup de choses très intéressantes dans les galeries privées de Beyoğlu comme *Salt* ou *Arter, Space of Art*. *p. 150, 152*

***Bon à savoir :*** *le musée est fermé le lun. Les galeries privées sont généralement gratuites.*

**13 Remonter la Corne d'Or en bateau jusqu'à la forêt de cyprès et de tombes d'Eyüp, pour un pèlerinage au *Café Pierre-Loti*.**

Vous verrez s'éloigner la Yeni Cami et le palais de Topkapı en vous enfonçant dans l'estuaire pendant 30 mn avant d'atteindre le débarcadère d'Eyüp. C'est au pied de la première mosquée construite après la chute de Constantinople que se trouve le tombeau d'un compagnon du Prophète. Le cimetière planté de cyprès, et dans lequel reposent plusieurs dignitaires, est un lieu plein de charme. En 15 mn de marche, on atteint le café où Pierre Loti avait, dit-on, l'habitude de venir. Super pour siroter un verre au couchant. *p. 133*

***Bon à savoir :** accès en bateau depuis l'embarcadère de Karaköy.*

**14 Sur les quais du Bosphore, dans le quartier d'Ortaköy, manger sur le pouce comme les Turcs, en dévorant un *kumpir*.**

Vous vous en mettrez peut-être plein les doigts pour avaler cette pomme de terre fourrée de fromage, de beurre et de crudités, mais vous vivrez une expérience très locale et vous vous rassasierez pour 3 fois rien. Et si cette patate vous paraît trop roborative, vous pourrez vous rabattre sur des *gözleme*, des crêpes fourrées. *p. 169*

***Bon à savoir :** les* kumpir *s'achètent dans les petits kiosques qui bordent la Köprübaşı Sokak, une rue située entre la mosquée et l'avenue principale.*

15 **Découvrir la très contemporaine mosquée Şakirin sur les hauteurs d'Üsküdar.**

Inaugurée en 2009 sur la rive asiatique, la mosquée Şakirin est unique. Non seulement en raison de son architecture audacieuse et de ses lignes futuristes, mais aussi parce que c'est la première mosquée au monde à avoir été décorée par une femme designer ! *p. 172*

***Bon à savoir :*** *la mosquée est située dans la Nuhküyüsu Caddesi, à 2 km env au sud-est de l'embarcadère d'Üsküdar, dans le quartier de Barbaros.*

### 16 Flâner dans les vieilles rues de Kadıköy, entre les brocanteurs et les multiples étals des poissonniers et des primeurs.

Situé sur la rive asiatique, Kadıköy ne possède pas de monuments majestueux, mais garde une solide tradition commerçante. Il s'agit d'un quartier plein de vie aux multiples ruelles pavées et parcouru par un vieux tram. Un quartier pour chiner, une atmosphère à saisir à l'écart des grandes zones touristiques. Finir la balade en suçotant une glace les yeux rivés sur la mer de Marmara. *p. 173*

***Bon à savoir :*** *y aller en bateau depuis les embarcadères d'Eminönü, de Kabataş ou de Beşiktaş. Accès possible en métro, mais c'est moins pittoresque.*

© Gardel Bertrand/hemis.fr

### 17 Passer la journée sur Büyük Ada, une île au large d'Istanbul, où les voitures sont interdites.

Büyük Ada fait partie des îles des Princes, un archipel de 9 îlots situé à une vingtaine de kilomètres au large d'Istanbul, dans la mer de Marmara. C'est l'île la plus grande et la plus cotée de l'archipel (elle compte de nombreuses demeures estivales). Une superbe promenade à faire à pied ou à vélo. *p. 187*

***Bon à savoir :*** *accès en bateau depuis les embarcadères d'Eminönü, de Karaköy, de Beşiktaş et de Kadıköy. Éviter d'y aller le w-e et lors des vac scol des Stambouliotes, c'est bondé.*

© Schmid Reinhard/Sime/Photononstop

18 **Embarquer pour une croisière sur le Bosphore, jusqu'aux rivages de la mer Noire.**

Le Bosphore est un bras fluvial mythique d'une trentaine de kilomètres qui relie la mer Noire à la mer de Marmara. Il est sillonné quotidiennement par une myriade d'embarcations de toutes sortes. En glissant le long de ses rives, on admire les palais et de magnifiques *yalı* en bois, des résidences d'été construites autrefois par de riches familles stambouliotes. Prévoir un petit moment pour la visite du musée Sadberk Hanım. *p. 179*

***Bon à savoir :*** *les départs se font principalement des embarcadères d'Eminönü et de Beşiktaş. Il existe des croisières longues (prévoir la demi-journée) et des croisières courtes (env 2h).*

19 **Boire un verre ou dîner sur une terrasse dominant la ville, la nuit.** Istanbul est construite sur 7 collines, ce qui rend la visite parfois sportive. En soirée, tâchez de vous poser sur la terrasse d'un restaurant, ou même de votre hébergement, sous les étoiles. Istanbul vous apparaîtra étincelante de 1 000 lumières, et animée du ballet des goélands blancs. Un pur enchantement, un moment d'une douceur indéfinissable.

*Bon à savoir : le spectacle est encore plus saisissant à Sultanahmet, avec les minarets de la mosquée Bleue et de Sainte-Sophie.*

© Serrano Anna/hemis.fr

MEMBRE DE STAR ALLIANCE
DÉCOUVREZ PLUS:
ISTANBUL
avec la compagnie aérienne qui dessert
le plus grand nombre de pays au monde
TURKISH AIRLINES

NORD
Kulaksız Cad.
Piyale Paşa Bul.
Dolapdere Cad.
Bahriye Cad.
Hasköy Caddesi
Taksim
Place de Taksim
12
Passage des Fleurs
Cad.
17
11
İstiklâl Caddesi
İstiklâl
BEYOĞLU
Corne d'Or
Mürselpaşa C.
Pera Palas
18
Musée d'Art moderne
19
Şişhane
Cad.
Mebusan
Mosquée de Sultan Selim
15
Abdülezel C.
GALATA
Tour de Galata
20
ATATÜRK KÖPRÜSÜ
Kemeraltı C.
Meclis-i
Tersane Cad.
Haliç
Bosphore
Mosquée de Mehmet le Conquérant
Gare maritime de Karaköy
GALATA KÖPRÜSÜ
16
Gümüşpala Cad.
14
Église St-Sauveur-in-Chora
Gare maritime d'Eminönü
13
Mosquée de Rüstem Paşa
9
10
Mosquée Neuve
Sirkeci (Gare ferroviaire)
Bulvarı
8
Bazar égyptien
GRAND BAZAR
BAZAR ÉGYPTIEN
Kennedy
FATIH
Palais de Topkapı
Vezneciler
Atatürk
Grand Bazar
1
4
Aksaray
Caddesi
Ordu Cad.
Yeniçeriler Cad.
Citerne-basilique
Divan Yolu Cad.
2
5
Sainte-Sophie
SULTANAHMET
Türkeli C.
Mosquée de Sokollu Mehmet Paşa
Yenikapı
7
3
Mosquée Bleue
YENİKAPI
6
Kennedy
Petite Sainte-Sophie
Caddesi
Gare maritime de Yenikapı
MER DE MARMARA
Itinéraire de 2 jours
Itinéraire de 4 jours
0
500
1 000 m

# ITINÉRAIRES CONSEILLÉS

Ne pas tout voir, c'est aussi ne pas trop en voir. C'est donc choisir. Pour cela, on vous conseille différents itinéraires selon que vous resterez à Istanbul 2 jours, un week-end prolongé (3-4 jours, lors d'un pont) ou 1 semaine et plus.

## En 2 jours

On se limitera à la partie européenne d'Istanbul. Le 1er jour, direction le **palais de Topkapı (1),** puis visiter la **citerne-basilique (2)** et la **mosquée Bleue (3)** – ou inversement – et, enfin, prendre la ligne de tramway ou marcher 10 mn jusqu'au **Grand Bazar (4).** Le soir, revenir se balader et dîner à Sultanahmet.

Le 2e jour, commencer par **Sainte-Sophie (5),** rejoindre ensuite la **Petite Sainte-Sophie (6),** puis la **mosquée de Sokollu Mehmet Paşa (7).** Dans l'après-midi, filer au **Bazar égyptien (8).** Garder un peu de temps pour jeter un coup d'œil à la **mosquée de Rüstem Paşa (9)** et à la **mosquée Neuve (10).** Traverser ensuite la Corne d'Or sur le pont de Galata ; prendre le métro (Tünel) pour monter la colline de Beyoğlu et parcourir l'**İstiklâl Caddesi (11),** grande rue piétonne, jusqu'à la **place de Taksim (12).** C'est ici que la ville vit la nuit.

## En 4 jours, pour un week-end prolongé

Reprendre l'itinéraire de 2 jours.

Le 3e jour au matin, embarquer pour une **petite croisière sur le Bosphore (13).** L'après-midi, visiter l'**église byzantine Saint-Sauveur-in-Chora (14).** Pour s'y rendre depuis l'embarcadère d'Eminönü (lieu d'arrivée de la croisière), prendre le tram et descendre à la station Pazartekke, ou bien le métro à Sirkeci, changer à Yenikapı, puis descendre à la station Ulubatlı ; dans les 2 cas, finir en taxi. Pour le retour, choisir entre la **mosquée du Sultan Selim (15)** ou la **mosquée de Mehmet le Conquérant (16)** ; il vous faudra marcher ou prendre un taxi.

Le 4e jour sera consacré à l'Istanbul moderne, en commençant par la place de Taksim pour descendre l'İstiklâl Caddesi, le nez en l'air. S'engouffrer dans les anciens passages, notamment **le passage des Fleurs et l'ancien marché aux poissons (17).** Continuer à descendre l'İstiklâl Caddesi. Faire une embardée pour admirer le ***Pera Palas* (18),** un hôtel mythique d'Istanbul. De là, halte au **musée d'Art moderne (19)** pour découvrir les dernières tendances du moment avant de rejoindre la **tour de Galata (20)** pour prendre un peu de hauteur. Le soir, on est aux premières loges pour profiter de l'animation des bars et des restos du quartier.

*Autour de la mosquée Bleue*

© Wysocki Pawel/hemis.fr

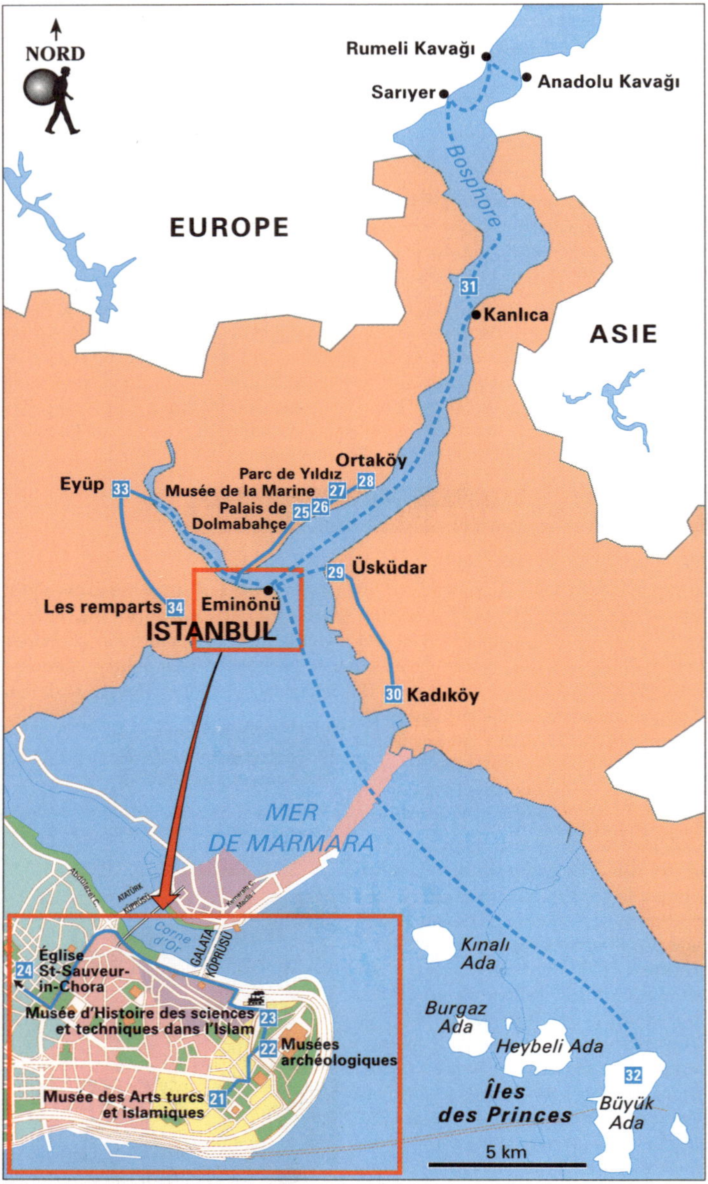
NORD
Rumeli Kavağı
Anadolu Kavağı
Sarıyer
Bosphore
EUROPE
31
Kanlıca
ASIE
Ortaköy
Parc de Yıldız
28
Eyüp
33
Musée de la Marine
27
Palais de
Dolmabahçe
25
26
Üsküdar
29
Les remparts
34
Eminönü
ISTANBUL
30
Kadıköy
MER
DE MARMARA
Abdülezel C.
ATATÜRK KÖPRÜSÜ
Corne d'Or
GALATA KÖPRÜSÜ
Église
24
St-Sauveur-
in-Chora
Musée d'Histoire des sciences
et techniques dans l'Islam
23
22
Musées
archéologiques
Musée des Arts turcs
21
et islamiques
Kınalı
Ada
Burgaz
Ada
Heybeli Ada
32
Îles
des Princes
Büyük
Ada
5 km

## En 1 semaine et plus

Les 3 premiers jours restent consacrés au vieil Istanbul. Bien entendu, il faut voir les sites mentionnés dans les itinéraires précédents. Mais le 3e jour, petite variante : à la place de la croisière sur le Bosphore, visiter le **musée des Arts turcs et islamiques (21),** les **Musées archéologiques (22)** ou le **musée d'Histoire des sciences et techniques dans l'Islam (23),** avant de rejoindre, l'après-midi, l'**église Saint-Sauveur-in-Chora (24).**

Le 4e jour sera consacré à l'Istanbul moderne, comme précédemment.

Le 5e jour, cap sur la rive européenne du Bosphore, en se rendant, le matin, au **palais de Dolmabahçe (25).** Poursuivre par le **musée de la Marine (26),** situé juste à côté. Grimper ensuite au **parc de Yıldız (27)** avant de rejoindre le **quartier d'Ortaköy (28).**

Le 6e jour, traverser le Bosphore, en métro ou en *vapur,* pour aller à **Üsküdar** et au **palais de Beylerbeyi (29),** avant de rejoindre le quartier de **Kadıköy (30).**

Le 7e jour, faire une **grande croisière sur le Bosphore (31).** Pour ceux qui restent plus longtemps, le lendemain, passer une journée sur les **îles des Princes (32).**

Il vous faudra une journée supplémentaire pour vous rendre à la **mosquée d'Eyüp (33),** au fond de la Corne d'Or, et marcher sur les pas de Pierre Loti, avant de faire la **balade des remparts (34).**

## SI VOUS AIMEZ…

**L'architecture :** Istanbul est un monument en soi ! De nombreuses églises byzantines, mosquées ottomanes ou palais méritent d'être admirés, scrutés. Une mention particulière pour la mosquée Şakirin, aux lignes contemporaines, à Üsküdar.

**La culture :** avec les nombreux musées, il n'y a que l'embarras du choix !

**La contemplation :** prendre un verre au coucher du soleil sur une terrasse avec vue sur la mer de Marmara, les dômes et les minarets de la ville, tout en écoutant le chant du muezzin. Faire une sieste dans le parc de Gülhane. Une croisière sur le Bosphore est vivement recommandée et, pour le panorama, un passage par Rumeli Hissan, aussi nommé le château d'Europe.

**L'art contemporain :** visiter les expositions du musée d'Art moderne et les galeries d'art du quartier de Beyoğlu. Une biennale d'art contemporain se tient à l'automne (les années impaires).

**La vie nocturne :** c'est à Beyoğlu qu'Istanbul vit ses nuits les plus fiévreuses avec ses bars à shooters et discothèques. Sinon, il y a beaucoup d'animation dans le petit quartier branché de Tophane, près de Karaköy. Le centre de Kadıköy est aussi l'un des rendez-vous de la vie nocturne. La jet-set stambouliote se retrouve sur les rives du Bosphore au-delà du quartier d'Ortaköy.

**Les endroits branchés :** les restos du moment affectionnent le quartier de Beyoğlu. Jeunes créateurs de fringues et autres designers ouvrent des boutiques dans les rues qui débouchent sur la tour de Galata. En journée, la jeunesse stylée, mais cool, traîne à Cihangir.

**La musique :** déambuler le long de la Galip Dede Caddesi, le quartier de la musique, pour dénicher instruments, partitions et disques.

Un vendeur de glace dans İstiklâl Caddesi

# Interview #experienceroutard

**Par la rédaction du *Routard***

**Pourquoi cette ville est si fascinante ?**

Quel que soit le nom qu'on lui donne : Byzance, Constantinople ou Istanbul, ce lieu mythique résonne toujours avec autant d'éclat. En devenant réalité, Istanbul apparaît dans une splendeur inégalée. C'est une ville au patrimoine historique extrêmement riche, aux points de vue saisissants, où l'on respire les premiers parfums de l'Orient en regardant le ballet des bateaux sur le Bosphore. Mais en se promenant dans les rues d'Istanbul, on ressent surtout un puissant télescopage culturel. Lorsque, dans le quartier branché de Tophane, la mélopée du muezzin fend la musique des bars des jeunes hipsters, l'instant est juste... fascinant.

**Une musique à écouter ?**

*Disko Partizani,* de Shantel. Une mélodie festive sur des notes balkaniques dont le clip a été tourné à Istanbul. Dès les premiers accords, on s'élance dans une folle chevauchée imaginaire à travers les rues de la ville !

**Un spectacle auquel assister ?**

Une cérémonie de derviches tourneurs dans un couvent. Celui de Galata propose un spectacle le dimanche après-midi. On a tous en tête les images de ces hommes pivotant sur leurs pieds dans un mouvement ininterrompu, la main levée vers le ciel. C'est une danse envoûtante, rythmée par une musique lancinante et incantatoire, au cours de laquelle les tuniques blanches des derviches s'ouvrent comme des corolles sous l'effet de l'accélération. Magique.

**Une spécialité à goûter ?**

On ne fera pas l'impasse sur les loukoums, baklavas et autres friandises copieusement énergétiques. De toute façon, les rues pentues, les distances que l'on parcourt à pied font fondre les calories ! Mais on avoue avoir un petit faible pour le *boza,* une boisson fermentée de couleur jaune pâle, d'aspect crémeux. Il faut aller la boire au bar *Vefa Bozacisi,* derrière la mosquée de Sehzade. Un verre de *boza* à la main, un sac de pois chiches grillés dans l'autre, et on vous assure que la pause est divine.

**Que rapporter dans ses valises ?**

On ne va pas faire l'inventaire des étals du Grand Bazar ou du Bazar égyptien. Les visiteurs curieux des nouvelles tendances iront fouiner dans Beyoğlu, non loin du quartier des antiquaires. Plusieurs créateurs y ont ouvert des boutiques. On y trouve des objets originaux et très sympa. Sinon, on peut acheter un *boncuk,* ce petit œil bleu en pâte de verre que l'on voit partout en Turquie. Ce n'est pas encombrant, pas cher et en plus ça porte bonheur !

# LES QUESTIONS QU'ON SE POSE AVANT LE DÉPART

### ➢ Quels sont les documents nécessaires ?

Pas de visa pour les Français, Suisses et Luxembourgeois pour un séjour touristique ne dépassant pas 90 jours, sur une période de 180 jours à compter du jour d'entrée en Turquie. La carte nationale d'identité suffit, mais mieux vaut être muni d'un passeport. En revanche, le visa de tourisme (valable pour plusieurs entrées) est obligatoire pour les Belges (20 $, soit environ 18 €) et pour les Canadiens (60 $). Les demandes de visa se font en ligne.

### ➢ Quelle est la meilleure saison pour aller à Istanbul ?

On peut visiter Istanbul toute l'année, mais l'été est chaud et parfois humide, et l'hiver arrose la ville d'un fin crachin... Préférez les intersaisons : mai et juin ou septembre et octobre.

### ➢ Quel budget prévoir ?

À Istanbul, il faut prévoir un budget de 100-130 € par jour pour 2 personnes, se répartissant ainsi : environ 50-60 € pour la chambre, des repas à 10 € par personne, le reste étant consacré aux boissons, aux transports et à la visite des monuments. En vivant plus chichement (auberges de jeunesse, restos populaires...), on peut s'en sortir avec 70-80 € par jour pour 2.

### ➢ Comment se déplacer ?

Étant donné l'étendue de la ville, même les meilleurs marcheurs seront obligés d'avoir recours aux transports en commun. Tram, métro et bateau vous seront très utiles. Sinon, il y a des taxis partout (avec compteur) pour rejoindre les coins les plus éloignés. Les bus, bondés, ne sont pas toujours pratiques. Oubliez carrément la voiture.

### ➢ Istanbul est-elle une ville sûre ?

Istanbul ne connaît pas l'insécurité des grandes villes, mais, comme partout, elle doit faire face à une petite délinquance. Pas de parano, restez vigilant, faites attention à vos affaires, et tout se passera bien. Ne laissez jamais vos papiers d'identité à la réception de votre hôtel.

### ➢ Quel est le décalage horaire ?

Il y a 1h de décalage horaire entre Paris et Istanbul en été, 2h en hiver. Quand il est 12h à Paris, il est 13h à Istanbul en été, 14h en hiver.

### ➢ Quel est le temps de vol ?

Il faut compter 3h30 de vol entre Paris et Istanbul.

### ➢ Quelles précautions prendre en matière de santé ?

On trouve sur place tous les médicaments de première nécessité. Ce qui ne vous empêche pas de prévoir une petite trousse pour pallier les petits problèmes. Sinon, être à jour de ses vaccinations, comme partout d'ailleurs. Enfin, ne pas boire l'eau du robinet.

### ➢ Peut-on y aller avec des enfants ?

Oui, sans problème. Mais avec ses longues distances et son trafic intense, la ville en elle-même n'est pas une destination idéale pour des vacances en famille.

### ➢ Quel est le taux de change ? Comment payer sur place ?

Le taux de change peut varier pas mal. Fin 2019, 1 € valait près de 6 TL. Les principales cartes de paiement, notamment *Visa* et *MasterCard,* sont largement acceptées, et l'on trouve de nombreux guichets automatiques. Sinon, beaucoup d'hôtels acceptent les euros.

### ➢ La langue est-elle un obstacle ?

Pas vraiment. Les Stambouliotes sont aimables, communicatifs et attentionnés. L'anglais est parlé assez couramment.

### ➢ Quel quartier choisir pour profiter au mieux de son séjour ?

Sultanahmet, et plus précisément les abords de la Petite Sainte-Sophie, reste notre quartier préféré, surtout si l'on choisit l'un des petits hôtels de charme qui se cachent derrière les vieilles façades en bois... Pour dîner, faites comme les Stambouliotes : préférez les restaurants de l'Istanbul moderne.

### ➢ Y a-t-il des vêtements à prévoir ?

Emmener des chaussures qui vous permettront de marcher confortablement (certaines rues sont pentues et pavées !). Pour visiter les mosquées, les shorts sont proscrits et les filles devront se couvrir la tête et les épaules (des foulards sont souvent disponibles à l'entrée, mais mieux vaut avoir le sien).

### ➢ Faut-il emporter un adaptateur électrique ?

Non. Il s'agit de 220 volts et les établissements sont équipés de prises européennes.

### ➢ Et Istanbul pendant le ramadan ?

Très rares sont les restaurants à n'ouvrir qu'à la tombée de la nuit. De plus, on profite largement de l'ambiance festive de la ville à cette époque de l'année.

# ARRIVER – QUITTER

## EN AVION

### Les compagnies régulières

▲ **AIR FRANCE**
*Rens et résas au ☎ 36-54 (coût d'un appel local ; tlj 6h30-22h), sur • air france.fr •, dans les agences Air France et dans ttes les agences de voyages.*
➢ Air France dessert ***Istanbul*** avec 2 vols/j. au départ de Paris-Charles-de-Gaulle.
Air France propose à tous des tarifs attractifs toute l'année. Pour consulter les meilleures offres du moment, allez directement sur la page « Nos meilleurs tarifs » sur *• airfrance.fr • Flying Blue,* le programme de fidélité gratuit d'Air France, permet de gagner des *Miles* en voyageant sur les vols Air France, KLM, Transavia et les compagnies membres de *Skyteam,* mais aussi auprès des nombreux partenaires non aériens *Flying Blue...* Les *Miles* peuvent ensuite être échangés contre des billets d'avion ou des services (surclassement, bagage supplémentaire, accès salon, etc.) ainsi qu'auprès des partenaires. Pour en savoir plus, rendez-vous sur *• flyingblue.com •*

▲ **TURKISH AIRLINES**
*☎ 0825-800-902 (0,15 €/mn). • turkishairlines.com •*
➢ Turkish Airlines assure 7 vols/j. au départ de Paris-Charles-de-Gaulle ainsi que des vols quotidiens directs au départ de Bordeaux, Lyon, Marseille, Nice et Toulouse pour ***Istanbul.*** Vols également au départ de Bruxelles, Bâle-Mulhouse, Genève et Zurich.

▲ **ATLAS GLOBAL**
*• atlasglb.com •*
➢ Au départ de Paris-Charles-de-Gaulle, 1 vol/j. pour ***Istanbul.***

▲ **LUFTHANSA**
*Infos et résas : ☎ 0892-231-690 (0,34 €/mn). • lufthansa.com •*
➢ Au départ de Bordeaux, Paris-Charles-de-Gaulle, Lyon, Marseille, Nice, Strasbourg et Toulouse, Lufthansa dessert quotidiennement ***Istanbul*** via Munich ou Francfort.

### Les compagnies *low cost*

Les avions des compagnies *low cost* atterrissent à l'aéroport de Sabiha Gökçen, à 50 km de la ville. Pour rejoindre Istanbul, lire « Bienvenue à Istanbul : adresses et infos utiles. L'arrivée à Istanbul ».

▲ **PEGASUS AIRLINES**
*Résas sur • flypgs.com • ou, pour la France, au ☎ 01-70-06-01-40 ; pour la Suisse au ☎ 044-551-00-18 (0,36 Fs/mn).*
➢ *Depuis Paris-Orly et Bruxelles-Charleroi :* 2 vols/j.
➢ *Depuis Marseille, Lyon et Zurich :* vols quotidiens.
➢ *Depuis Genève :* 5 vols/sem.

## LES ORGANISMES DE VOYAGES

### En France

▲ **COMPTOIR DES VOYAGES**
*• comptoir.fr • Lun-sam 9h30-18h30.*
*– Paris : 2-18, rue Saint-Victor, 75005. ☎ 01-53-10-30-15. Ⓜ Maubert-Mutualité.*
*– Bordeaux : 26, cours du Chapeau-Rouge, 33800. ☎ 05-35-54-31-40.*
*– Lille : 76, rue Nationale, 59160. ☎ 03-28-04-68-20. Ⓜ Rihour.*
*– Toulouse : 43, rue Peyrolières, 31000. ☎ 05-62-30-15-00. Ⓜ Esquirol.*
*– Lyon : 10, quai Tilsitt, 69002. ☎ 04-72-44-13-40. Ⓜ Bellecour.*
*– Marseille : 12, rue Breteuil, 13001. ☎ 04-84-25-21-80. Ⓜ Estrangin.*

*– Nice : 62, rue Giofreddo, 06000. Ouverture prévue en 2020.*

En plus de 30 ans, Comptoir des Voyages s'est imposé comme la référence incontournable du voyage sur mesure en immersion, avec plus de 90 destinations sur les 5 continents. Ses conseillers-spécialistes construisent des voyages uniques en s'adaptant à votre budget, vos goûts et vos envies. Pour favoriser les rencontres et l'immersion dans la vie locale, ils privilégient des hébergements typiques et des expériences authentiques. Sur place, des *greeters* francophones partagent avec vous conseils et bonnes adresses le temps d'un café. Sur votre smartphone, l'application mobile Luciole vous informe sur le déroulé de votre voyage et vous guide grâce à un GPS hors connexion. Comptoir des Voyages est membre d'Agir pour un tourisme responsable depuis 2009, labellisation ATR renouvelée par Ecocert Environnement en 2019.

### ▲ TERRE VOYAGES

*– Paris : 28, bd de la Bastille, 75012. ☎ 01-44-32-12-81. • terre-voyages.com • Ⓜ Bastille. Lun-ven 8h-18h30, sam 10h-18h.*

Les créateurs de voyages de Terre Voyages sont de fins connaisseurs, des experts des pays proposés, car tous natifs ou passionnés de leur destination. Ils sauront écouter vos attentes pour créer une offre de voyages sur mesure qui réponde à vos envies de découverte et vous proposeront une approche authentique des cultures et des peuples dans le respect de leur environnement naturel et au juste prix. Pour tous les voyageurs qui attendent d'une échappée lointaine plus qu'une simple visite une véritable connaissance et un apprentissage responsable des différentes cultures de la Turquie, Terre Voyages est le spécialiste qu'il leur faut.

### ▲ TERRES DE CHARME & ÎLES DU MONDE

*☎ 01-55-42-74-10. • terresdecharme.com •*

*– Paris : 5 bis, rue de l'Asile-Popincourt, 75011. Lun-ven 9h30 (14h mar)-18h30.*

*– Paris : 68, rue de Miromesnil, 75008. Lun-ven 9h30 (14h mar)-18h30 ; sam 10h30-13h, 14h-17h.*

Artisans du voyage individuel sur mesure depuis plus de 20 ans, leurs scénaristes du voyage ont à cœur de faire partager leurs passions en concevant des séjours authentiques, inoubliables et singuliers aux 4 coins du monde. C'est la rareté et le charme raffiné savamment dosés qui animent l'équipe pour créer des voyages placés sous le signe d'émotions intenses et rares. Sandals privés glissant le long du Nil, camp privatif au cœur du Masaï Mara, îles exclusives de l'océan Indien, décors magiques des Caraïbes, sites cachés en Asie, trains de luxe et de légende... Telles sont quelques-unes des créations de Terre de Charme & Îles du Monde pour faire de votre voyage une expérience unique.

### ▲ VOYAGEURS AU PROCHE-ORIENT

*• voyageursdumonde.com •*

*– Paris : La Cité des Voyageurs, 55, rue Sainte-Anne, 75002. ☎ 01-42-86-17-90. Ⓜ Opéra ou Pyramides. Lun-sam 9h30-19h. Avec une librairie spécialisée sur les voyages.*

*– Également des agences à Bordeaux, Grenoble, Lille, Lyon, Marseille, Montpellier, Nantes, Nice, Rennes, Rouen, Strasbourg et Toulouse. Ainsi qu'à Bruxelles et Genève.*

Parce que chaque voyageur est différent, que chacun a ses rêves et ses idées pour les réaliser, Voyageurs du Monde conçoit, depuis plus de 30 ans, des projets sur mesure. Les séjours proposés sur 120 destinations sont élaborés par les 180 conseillers voyageurs. Spécialistes par pays et même par région, ils vous aideront à personnaliser les voyages présentés à travers une trentaine de brochures d'un nouveau type et sur le site internet, où vous pourrez également découvrir les hébergements exclusifs et consulter votre espace personnalisé. Au cours de votre séjour, vous bénéficiez des services personnalisés Voyageurs du Monde, dont la possibilité de modifier à tout moment votre voyage, l'assistance d'un concierge local, la mise en place de rencontres et de visites

privées, et l'accès à votre carnet de voyage via une application iPhone et Android.
Voyageurs du Monde est membre de l'association ATR (Agir pour un tourisme responsable) et a obtenu sa certification Tourisme responsable AFAQ AFNOR.

Voir aussi au sein du guide les agences locales que nous avons sélectionnées.

***Comment aller à Roissy et à Orly ?***

Toutes les infos sur notre site ● *routard.com* ● à l'adresse suivante : ● *bit.ly/aeroports-routard* ●

## En Belgique

### ▲ CONNECTIONS

*Rens et résas sur ● connections.be ● ou au ☎ 070-233-313.*

Fort d'une expérience de plus de 20 ans dans le domaine du voyage, Connections dispose d'un réseau de 32 *travel shops,* dont une à Brussels Airport. Connections propose des vols dans le monde entier à des tarifs avantageux, et des voyages destinés à des voyageurs désireux de découvrir la planète de façon autonome. C'est aussi une gamme complète de produits : vols, hébergements, location de voitures, autotours, vacances sportives, excursions, etc.

### ▲ VOYAGEURS DU MONDE

*– Bruxelles : chaussée de Charleroi, 23, 1060. ☎ 02-543-95-50. ● voyageursdumonde.com ●*

Le spécialiste du voyage en individuel sur mesure. Voir le texte « Voyageurs au Proche-Orient » dans la partie « En France ».

## En Suisse

### ▲ STA TRAVEL

*☎ 058-450-49-49. ● statravel.ch ●*
*– Fribourg : rue de Lausanne, 24, 1701. ☎ 058-450-49-80.*
*– Genève : rue Pierre-Fatio, 19, 120. ☎ 058-450-48-00.*
*– Genève : rue Vignier, 3, 1205. ☎ 058-450-48-30.*
*– Lausanne : bd de Grancy, 20, 1006. ☎ 058-450-48-50.*
*– Lausanne : à l'université, Anthropole, 1015. ☎ 058-450-49-20.*

Agences spécialisées notamment dans les voyages pour jeunes et étudiants. 150 bureaux STA et plus de 700 agents du même groupe répartis dans le monde entier sont là pour donner un coup de main *(Travel Help).*
STA propose des tarifs avantageux : vols secs *(Blue Ticket),* hôtels, écoles de langues, *Work & Travel,* circuits d'aventure, voitures de location, etc. Délivre la carte internationale d'étudiant ISIC et la carte Jeune.

### ▲ VOYAGEURS DU MONDE

*– Genève : rue de la Rôtisserie, 19, 1204. ☎ 022-519-12-10. ● voyageursdumonde.ch ● Lun-ven 9h30-19h, sam 9h30-18h30 ; fermé dim.*

Le spécialiste du voyage en individuel sur mesure. Voir le texte « Voyageurs au Proche-Orient » dans la partie « En France ».

## Au Québec

### ▲ EXOTIK TOURS

*Rens sur ● exotiktours.com ● ou auprès de votre agence de voyages.*

Exotik Tours offre une importante programmation en été comme en hiver, sur la Méditerranée et l'Europe. L'hiver, des séjours sont proposés dans le Bassin méditerranéen et en Asie. Durant cette saison, on peut également opter pour des combinés plage + circuit. Dans la rubrique « Grands voyages », le voyagiste suggère des périples en petits groupes ou en individuel. Au choix : l'Amérique du Sud, le Pacifique sud, l'Afrique (Afrique du Sud, Kenya, Tanzanie), l'Inde et le Népal.

### ▲ TOURS CHANTECLERC

*● tourschanteclerc.com ●*

Tours Chanteclerc est un tour-opérateur qui publie différentes brochures de voyages : Europe, Amérique du Nord, Amérique du Sud, Asie et Pacifique sud, Afrique et Bassin méditerranéen en circuits ou en séjours. Il s'adresse aux voyageurs indépendants qui réservent un billet d'avion, un hébergement (dans toute l'Europe), des excursions ou une location de voiture. Également spécialiste de Paris, le tour-opérateur offre une vaste sélection d'hôtels et d'appartements dans la capitale française.

# PAR LA ROUTE

## Itinéraire Paris-Vienne-Budapest-Belgrade-Sofia-Istanbul

| | |
|---|---|
| Paris-Vienne | 1 226 km |
| Vienne-Budapest | 240 km |
| Budapest-Belgrade | 367 km |
| Belgrade-Sofia | 387 km |
| Sofia-Istanbul | 587 km |
| | TOTAL 2 807 km |

La quasi-totalité du parcours se fait par autoroute. Le permis de conduire national suffit ; carte grise et carte verte d'assurance obligatoires, bien entendu.
– ***Poste-frontière de Kapıkule (Turquie/Bulgarie) :*** *à 18 km d'Edirne. Ouv 24h/24.*
Une précision : en franchissant la frontière bulgare, vous devrez payer une vignette (vendue dans les bureaux des douanes – ouverts 24h/24 – ou dans certaines stations-service) ; compter environ 10 €. Il n'y a pas de péage sur les routes de la Bulgarie, on paie leur utilisation en achetant cette vignette.

***En bus***

➢ Liaisons entre Istanbul et Sofia (Bulgarie) : une dizaine de départs quotidiens avec *Metro (• metroturizm.com.tr •)* ; 8-9h de trajet.

## Depuis/vers la Grèce

– ***2 postes-frontières :*** *Pazarkule (à 13 km d'Edirne) et İpsala. Ouv 24h/24.*

***En bus***

➢ Liaisons quotidiennes entre Istanbul et Thessalonique (8-10h de trajet), avec les compagnies *Kâmil Koç (• kamilkoc.com.tr •)* et *Metro (• metroturizm.com.tr •).*

# PAR LA ROUTE ET EN FERRY

## Itinéraire Paris-Istanbul par l'Italie et la Grèce

| | |
|---|---|
| Paris-Milan | 900 km |
| Milan-Bari | 883 km |
| Igouménitsa-Istanbul | 987 km |
| | TOTAL 2 770 km |

Pas de liaisons directes en bateau entre l'Italie et la Turquie. Seule possibilité : passer par la Grèce.
– De Bari, d'Ancône, de Brindisi et de Venise, liaisons toute l'année, jusqu'à Igouménitsa et Patras (Grèce), puis par la route en traversant le nord de la Grèce.
Possibilité de transporter voiture, camping-car ou caravane. Résas auprès de l'agence si possible 2 mois à l'avance :

▲ **EURO-MER & CIEL**
*Central de résas en France (ligne directe pour la Grèce et ses îles) : ☎ 04-67-65-95-14. Résas online pour les traversées (Grèce/Italie) et pour l'hébergement (hôtels ttes catégories) : • euromer.com •*
Spécialiste des traversées maritimes (ferries rapides ou classiques), *Euro-Mer & Ciel* est également le représentant d'*Anek Lines, Blue Star Ferries, Minoan Lines, Superfast Ferries, Grimaldi Lines* et *Ventouris Ferries.*
Un conseil : pour une traversée en période estivale, s'y prendre dès janvier-

février afin d'être certain d'avoir de la place et des tarifs attractifs. Le plus *Euro-Mer* : remises pour les groupes, camping-caristes, familles, étudiants... Également un tarif « passage pont » pour les camping-cars et caravanes voyageant en camping à bord.

# EN TRAIN

Ce n'est pas la solution la plus rapide (3 jours de trajet), mais vous allez voir du pays ! Les trains au départ de la gare de l'Est à Paris passent par Strasbourg, Vienne et Bucarest (changement dans chacune de ces villes) et finissent leur course à la gare de Halkalı, à 20 km à l'ouest d'Istanbul.
Il n'y a pas de trains entre la Turquie et la Grèce.

## Les *passes* internationaux

Avec les ***Passes InterRail,*** les résidents européens peuvent voyager dans 30 pays d'Europe, dont la Turquie. Plusieurs formules et autant de tarifs en fonction de la destination et de l'âge. À noter que le *Pass InterRail* n'est pas valable dans votre pays de résidence (cependant, l'*InterRail Global Pass* offre une réduction de 50 % de votre point de départ jusqu'au point frontière en France). ● *interrail.eu* ●
– Pour les grands voyageurs, l'***InterRail Global Pass,*** valable dans l'ensemble des 30 pays concernés, est intéressant si vous comptez parcourir plusieurs pays au cours du même périple.
Il se présente sous 7 formules au choix :
➢ ***4 formules flexibles :*** utilisables 5 j. sur une période de validité de 15 j. ou bien 7, 10 ou 15 j. sur une période de validité de 1 mois (269-472 € selon âge et formule) ;
➢ ***3 formules « continues » :*** *passes* 15 j., 22 j. et 1 mois (421-637 € selon âge et formule).
Ces formules existent aussi en version 1re classe !
Les voyageurs de plus de 60 ans bénéficient d'une réduction sur le tarif de l'*InterRail Global Pass* en 1re et 2de classes (tarif senior). Également des tarifs enfants 4-12 ans et 12-26 ans.
*InterRail* offre également la possibilité d'obtenir des réductions ou avantages à travers toute l'Europe avec ses partenaires bonus (musées, chemins de fer privés, hôtels, etc.).
Tous ces prix ne sont qu'indicatifs. Pour plus de renseignements, adressez-vous à la gare ou boutique SNCF la plus proche de chez vous.

## Renseignements et réservations

– ***Internet :*** ● *oui.sncf* ●
– ***Téléphone :*** ☎ *36-35 (prix d'un appel local).*
– Également dans les gares, les boutiques SNCF et les agences de voyages agréées.

# ISTANBUL UTILE

## ABC d'Istanbul

- ***Population :*** officiellement 15 millions d'hab. (les Stambouliotes).
- ***Maire :*** Ekrem Imamoğlu (CHP, Parti républicain du peuple), depuis 2019.
- ***Byzance-Constantinople-Istanbul :*** les Anciens l'appelaient Byzance, du nom de Byzas. Tsargorod pour les Russes, Tarigrad pour les Roumains, Miklagard pour les Scandinaves ; pour tous, Constantinople, la ville de l'empereur Constantin, est symbole du pouvoir (romain) et de la chrétienté (orthodoxe) : les Arabes en rêvent, les croisés l'occupent de 1204 à 1261, mais ce sont les Turcs qui l'emporteront le matin du 29 mai 1453. Istanbul **(Eis tên polin)** est née, elle continue de nous faire rêver.

## UN GUIDE D'ISTANBUL EN 3 PARTIES

Istanbul a un pied en Europe, un autre en Asie. 31 municipalités composent *İstanbul Büyük Belediyesi* (municipalité métropolitaine), soit 11 sur la partie asiatique, dont une de l'autre côté de la mer de Marmara (Yalova), et 20 sur la partie européenne avec les îles des Princes.

Ce guide vous invite donc à visiter Istanbul en 3 temps et autant de mouvements que vous le souhaiterez :

– ***le vieil Istanbul,*** qu'on ne finit plus de redécouvrir, du palais de Topkapı aux remparts occidentaux ;

– ***l'Istanbul moderne,*** à parcourir le nez au vent, en descendant de la place de Taksim au pont de Galata ;

– ***le Bosphore,*** en une balade sur ses 2 rives citadines, à prolonger par une croisière vers la mer Noire et une escapade sur ***les îles des Princes*** en ***mer de Marmara,*** si le temps (celui dont vous disposez comme celui qui s'impose aux hommes) s'y prête.

## AVANT LE DÉPART

### Adresses utiles

#### En France

**Office de tourisme :** *102, av. des Champs-Élysées, 75008 Paris. ☎ 01-45-62-78-68. • goturkey.com • turquietourisme.ktb.gov.tr • Ⓜ George-V. Lun-ven 10h-18h. Fermé w-e.* Documentation sur place ou par courrier.

■ ***Consulats de Turquie :***

*– Boulogne-Billancourt : 44, rue de Sèvres, 92100. ☎ 01-80-14-63-35 et 01-47-12-30-30. • paris.cg.mfa.gov.tr • Ⓜ Pont-de-Sèvres ou Boulogne-Pont-de-Saint-Cloud. Lun-ven 8h30-13h, 14h-16h. Fermé w-e.*

*– Lyon : 87, rue de Sèze, 69006. ☎ 04-72-83-98-40. • lyon.cg.mfa.gov.tr • Lun-ven 9h-12h30, 14h-17h30. Fermé w-e.*

*– Marseille : 363, av. du Prado, 13008. ☎ 04-91-29-00-20. • marseille.cg.mfa.gov.tr • Lun-ven 8h30-12h30. Fermé w-e.*

– Nantes : 20, quai François-Mitterrand, 44200. ☎ 02-40-75-73-87. • nant.bk.mfa.gov.tr • Lun-ven 9h-12h30, 14h-17h. Fermé w-e.
– Strasbourg : 10, rue Auguste-Lamey, 67000. ☎ 03-88-36-68-14. • strasbourg.cg.mfa.gov.tr • Lun-ven 8h30-12h30, 14h-17h. Fermé w-e.
– Bordeaux : 29, allée de Chartres, 33000. ☎ 05-57-99-77-20. • bordo.bk.mfa.gov.tr • Lun-ven 9h-13h, 14h-16h. Fermé w-e.

## En Belgique

**Conseiller de la culture et de l'information auprès de l'ambassade de Turquie (office de tourisme) :** *av. Louise, 207, boîte 6, Bruxelles 1050. ☎ 02-513-82-30. • hometurkey.com • Lun-ven 9h-13h, 14h30-17h. Fermé w-e.*

**Consulats de Turquie :** *rue Montoyer, 4A, Bruxelles 1000. ☎ 02-548-93-40. • brussels.cg.mfa.gov.tr • Lun-ven 9h-13h, 14h-18h. Fermé w-e. Autre consulat (près d'Anvers) : Sorbenlaan, 16, Wilrijk 2610. ☎ 03-820-71-00. • antwerp.cg.mfa.gov.tr • Lun-ven 9h-13h. Fermé w-e.*

## En Suisse

**Office de tourisme :** *Stockerstr. 55, 8002 Zurich. ☎ 044-221-08-10. • tuerkei-info.ch • tuerkeitourismus.ch • Lun-ven 9h-17h. Fermé w-e.*

**Consulats de Turquie :** *Weinbergstr. 65, 8006 Zurich. ☎ 044-368-29-00. • zurich.cg.mfa.gov.tr • Lun-ven 9h-13h. Fermé w-e. Autre consulat : route de Pré-Bois, 20, case postale 1901, 1215 Genève. ☎ 022-710-93-60. • geneva.cg.mfa.gov.tr • Lun-ven 9h-13h, 14h-17h. Fermé w-e. Également un consulat à Berne : Lombachweg, 33, 3006 Bern. ☎ 031-359-70-70. • bern.be.mfa.gov.tr • Lun-ven 9h-12h30. Fermé w-e.*

## Au Luxembourg

**Ambassade de Turquie :** *49, rue Siggy vu Lëtzebuerg, L-1933 Luxembourg. ☎ 44-32-81. • luxembourg.emb.mfa.gov.tr • Lun-ven 9h-12h30, 14h-18h. Fermé w-e.*

## Au Canada

**Ambassade et consulats de Turquie :** *197 Wurtemburg St, Ottawa, (Ontario) K1N 8L9. ☎ 613-244-24-70. • ottawa.emb.mfa.gov.tr • ottava.be.mfa.gov.tr • Lun-ven 9h-17h. Fermé w-e. Autres consulats : 10 Lower Spadina Av., Suit 300, Toronto, (Ontario) M5V 2Z2. ☎ 647-777-41-06. • toronto.bk.mfa.gov.tr • Lun-ven 9h-17h. Fermé w-e. Également un consulat à Montréal : 1250, bd René-Lévesque, Montréal, (Québec) H3B 4W8. ☎ 514-379-44-48. • montreal.bk.mfa.gov.tr • Lun-ven 9h-17h. Fermé w-e.*

# Formalités

– ***Les ressortissants français, suisses et luxembourgeois sont dispensés de visa*** pour un séjour touristique ne dépassant pas 90 jours, sur une période de 180 jours, à compter du jour d'entrée en Turquie. Le séjour peut être continu ou fractionné. La carte nationale d'identité suffit, mais ***mieux vaut être muni d'un passeport. Tous 2 doivent être valables au moins 150 jours après la date d'entrée sur le territoire turc.*** Si vous entrez avec une carte d'identité, la douane vous remet un justificatif que vous devez conserver avec vous en permanence pour le présenter à la sortie du pays. ***Attention, depuis le 1er janvier 2014, la validité des cartes nationales d'identité françaises délivrées entre le 1er janvier 2004 et le 31 décembre 2013 est automatiquement prolongée de 5 ans ; ces cartes sont donc désormais valables 15 ans. Mais cette modification n'est pas matérialisée sur le document plastifié, ce qui peut poser des problèmes à l'entrée ou à la sortie du territoire turc.*** Le ministère français des Affaires étrangères a émis une note, rédigée en turc notamment, qui explique ces nouvelles règles. Pour l'obtenir : • *media.interieur.gouv.fr/interieur/cni-15ans/document-a-telecharger-turquie.pdf* •

Les ***mineurs*** doivent être munis de leur propre passeport. Pour l'autorisation de sortie de territoire lorsque les enfants ne sont pas accompagnés par un de leurs parents, chaque pays a mis en place sa propre régulation. Ainsi, pour ***les mineurs français,*** une loi entrée en vigueur en janvier 2017 a ***rétabli l'autorisation de sortie du territoire.*** Pour voyager à l'étranger, ils doivent être munis d'une pièce d'identité (carte d'identité ou passeport), d'un formulaire signé par l'un des parents titulaire de l'autorité parentale, et de la photocopie de la pièce d'identité du parent signataire. Renseignements auprès des services de votre commune et sur ● *service-public.fr* ●

– ***Le visa de tourisme est obligatoire pour les Belges et les Canadiens.*** Ce visa, valable pour une durée de 90 jours, peut être utilisé en plusieurs séjours (entrées multiples) sur une durée de 180 jours maximum. ***Les demandes de visa touristique se font en ligne,*** en remplissant le questionnaire sur le site ● *evisa.gov.tr* ● ***Il n'est plus possible de l'obtenir à l'aéroport.*** Le passeport doit être valide 6 mois à compter de la date de la 1re entrée en Turquie. Les Belges peuvent utiliser leur carte d'identité pour faire la demande (même durée de validité que pour le passeport). Paiement uniquement par carte *Visa* ou *MasterCard* : 20 $ (environ 18 €) pour les Belges, 60 $ pour les Canadiens. Le visa est envoyé par e-mail, dans un délai de 24h. Mais certains retards ne sont pas à exclure. Mieux vaut donc faire la demande une semaine avant.

– ***Papiers de voiture :*** permis de conduire national ou permis international ; carte verte d'assurance si la compagnie couvre la Turquie, sinon demander une extension. Assurance du type *Europ Assistance* conseillée. Faites-vous préciser par votre compagnie les conditions de votre contrat. Passeport obligatoire pour le propriétaire du véhicule. À la douane, on vous met un tampon spécial pour votre véhicule sur le passeport.

*Remarque :* si vous entrez en voiture en Turquie, vous devrez obligatoirement en sortir de la même façon. Si vous « cassez » dans le pays, contactez votre assurance ; en principe, elle se charge de tout.

Attention, ne conduisez pas la voiture de quelqu'un d'autre pour traverser la frontière. La douane en conclura que c'est votre voiture, et vous ne serez pas autorisé à sortir de Turquie sans cette voiture. Si toutefois vous allez en Turquie avec la voiture d'un tiers, faites-vous établir une assurance à votre nom, sinon vous aurez des problèmes à la frontière. Munissez-vous également d'une autorisation du propriétaire légalisée par les autorités compétentes.

– ***Douane :*** 4 bouteilles de vin ou 1 litre pour une boisson supérieure à 22°. Les accros au tabac ont droit à une cartouche, et non à 2, contrairement à ce que prétendent certains vendeurs de *dutyfree.*

Avant de partir, pensez à scanner passeport, visa, carte de paiement et *vouchers* d'hôtel. Ensuite, adressez-les-vous par e-mail, en pièces jointes. Idem pour vos billets d'avion électroniques. En cas de perte ou de vol, rien de plus facile pour les récupérer. Les démarches administratives en seront bien plus rapides.

## Assurances voyage

Ne partez pas sans vous être assuré que vous l'êtes bien ! Votre carte bancaire vous couvre peut-être déjà pour certaines choses (assistance médicale, assistance véhicule, etc.). Renseignez-vous auprès de votre banque. Sinon, vous pouvez contacter :

■ ***Routard Assurance par AVI International :*** *40, rue Washington, 75008 Paris.* ☎ *01-44-63-51-00.* ● *avi-international.com* ● Ⓜ *George-V.*
Enrichie au fil des années par les retours des lecteurs, *Routard Assurance* est devenue une assurance voyage référence des globe-trotters. Tout est inclus : frais médicaux, assistance rapatriement, bagages, responsabilité civile... Avant votre départ, appelez *AVI* pour un conseil personnalisé. Besoin

d'un médecin, d'un avis médical, d'une prise en charge dans un hôpital ? Téléchargez l'appli mobile AVI international pour garder le contact avec *AVI Assistance* et disposez de l'un des meilleurs réseaux médicaux à travers le monde. *AVI Assistance* est disponible 24h/24 pour une réponse en temps réel. De simples frais de santé en voyage ? Envoyez les factures à votre retour, *AVI* vous rembourse sous une semaine.

■ ***AVA :*** *25, rue de Maubeuge, 75009 Paris.* ☎ *01-53-20-44-20.* • *ava.fr* • Ⓜ *Cadet.* Un autre courtier fiable pour ceux qui souhaitent s'assurer en cas de décès-invalidité-accident lors d'un voyage à l'étranger, mais surtout pour bénéficier d'une assistance rapatriement, perte de bagages et annulation. Attention, franchises pour leurs contrats d'assurance voyage.

■ ***Pixel Assur :*** *18, rue des Plantes, BP 35, 78601 Maisons-Laffitte.* ☎ *01-39-62-28-63.* • *pixel-assur.com* • *RER A : Maisons-Laffitte.* Assurance de matériel photo et vidéo tous risques (casse, vol, immersion) dans le monde entier. Devis en ligne basé sur le prix d'achat de votre matériel. Avantage : garantie à l'année.

## Ariane

### Ariane, pour votre sécurité, restez connecté

Avant de partir en voyage, ayons les bons réflexes !
Vous pouvez enregistrer votre voyage sur le service Ariane du ministère de l'Europe et des Affaires étrangères. Ce service gratuit vous permet, lors de vos voyages personnels, touristiques ou professionnels, de recevoir des consignes de sécurité sur le pays dans lequel vous voyagez.
La fiche Conseils aux voyageurs, consacrée à votre pays de destination, vous donne des informations utiles liées à la sécurité, aux formalités de séjour, aux démarches de santé et aux lois et coutumes du pays dans lequel vous voyagez. Elle est consultable sur le site • *diplomatie.gouv.fr* •

## Carte d'adhésion internationale aux auberges de jeunesse (carte FUAJ)

Cette carte vous ouvre les portes des 4 000 auberges de jeunesse du réseau *HI-Hostelling International* en France et dans le monde. Vous pouvez ainsi loger dans 81 pays à des prix avantageux et bénéficier de tarifs préférentiels avec les partenaires des auberges de jeunesse *HI.* Enfin, vous intégrez une communauté mondiale de voyageurs partageant les mêmes valeurs : plaisir de la rencontre, respect des différences et échange dans un esprit convivial. Il n'y a pas de limite d'âge pour séjourner en auberge de jeunesse. Il faut simplement être adhérent.

***Renseignements et inscriptions***

- ***En France :*** • *hifrance.org* •
- ***En Belgique :*** • *lesaubergesdejeunesse.be* •
- ***En Suisse :*** • *youthhostel.ch* •
- ***Au Canada :*** • *hihostels.ca* •

Si vous prévoyez un séjour itinérant, vous pouvez réserver plusieurs auberges en une seule fois en France et dans le monde : • *hihostels.com* •

# ARGENT, BANQUES, CHANGE

### Monnaie

La monnaie est la ***livre turque*** *(Türk Lirası, TL).* Le centième de la livre s'appelle le *kuruş* (100 kuruş = 1 TL).

Ces derniers temps, la livre turque a connu un effondrement de son cours. Nous avons retenu le taux moyen 1 € pour 6 TL. Mais ce taux peut avoir varié au moment où vous lirez ces lignes.

## Banques et change

Les euros en espèces se changent très facilement dans les bureaux de change, présents dans les zones touristiques (et aux deux aéroports), ainsi que dans certaines banques. Surtout, évitez de changer dans les hôtels, les taux pratiqués sont désavantageux. Dans les aéroports, les taux sont également moins intéressants. Contentez-vous de changer le minimum à l'arrivée.
– ***Banques :*** ouvertes en général du lundi au vendredi de 8h30 (ou 9h) à 12h, et de 13h30 à 17h, mais elles ne pratiquent plus le change après 16h30.
– ***Bureaux de change :*** on trouve de nombreux bureaux de change *(Döviz Bürosu),* généralement ouverts jusqu'à 19h. Les plus avantageux sont dans le Grand Bazar et autour *(plan détachable, D5),* ouverts jusqu'à 17h (sauf le dimanche). Également à Taksim : plusieurs bureaux de change sur İstiklâl Caddesi à Beyoğlu, en face notamment du consulat de France *(zoom détachable 1, E2).* En revanche, éviter ceux le long de Divan Yolu Caddesi *(zoom détachable 2, D-E5),* les taux sont moins intéressants.
– Sachez enfin qu'il est pratiquement impossible d'échanger les livres turques de retour au pays. Faites-le à l'aéroport avant de quitter la Turquie.

## Cartes de paiement

– Avant de partir, pensez à relever le plafond de retrait aux distributeurs et pour les paiements par carte, quitte à le faire rebaisser à votre retour.
Sachez que pour toute transaction avec votre carte de paiement, votre banque prélèvera des frais bancaires (en général, entre 2 et 3 % du montant total du retrait ou du règlement ; n'hésitez pas à vous renseigner au préalable auprès de votre banque).
– N'oubliez pas de VÉRIFIER LA DATE D'EXPIRATION DE VOTRE CARTE BANCAIRE !

Avertissements

Si vous comptez effectuer des retraits d'argent aux distributeurs, **il est très vivement conseillé d'avertir votre banque avant votre départ** (pays visités et dates). En effet, **votre carte peut être bloquée dès le premier retrait** pour suspicion de fraude. C'est de plus en plus fréquent. Bonjour les tracasseries administratives pour faire rentrer les choses dans l'ordre, et on se retrouve vite dans l'embarras !

Par ailleurs, pour un retrait, préférez un distributeur attenant à une banque. En cas de pépin (carte avalée, erreur de code, etc.), vous aurez un interlocuteur dans l'agence bancaire, pendant les heures ouvrables. Évitez de faire un retrait le week-end, car si votre carte est avalée, vous devrez attendre le lundi matin que la banque rouvre ses portes.

Afin d'éviter les frais lors de chaque paiement ou retrait en dehors de la zone euro, ***certaines banques offrent la gratuité des retraits*** dans leurs propres distributeurs (DAB) dans le monde entier (comme *HSBC* si vous êtes client) ou dans les banques avec qui elles ont un accord selon les pays (se renseigner avant le départ). Les banques en ligne comme *Revolut, N26,* ou *Boursorama* proposent des cartes gratuites qui ne facturent aucune commission pour les paiements et retraits.

***En cas de perte, de vol, ou de fraude,*** quelle que soit la carte que vous possédez, chaque banque gère elle-même le processus d'opposition et le numéro de téléphone correspondant.

– ***Carte Visa :*** *numéro d'urgence (Europ Assistance) : ☎ (00-33) 1-41-85-85-85 (24h/24).* • *visa.fr* •
– ***Carte MasterCard :*** *numéro d'urgence : ☎ (00-33) 1-45-16-65-65.* • *mastercardfrance.com* •
– ***American Express :*** *numéro d'urgence : ☎ (00-33) 1-47-77-72-00.* • *americanexpress.fr* •

Il existe un serveur interbancaire d'opposition qui, en cas de perte ou de vol, vous met en contact avec le centre d'opposition de votre banque : *en France : ☎ 0892-705-705 (prix d'un appel + 0,35 €/mn) ; depuis l'étranger : ☎ (00-33) 442-605-303.*

Avant de partir, notez bien le numéro d'opposition propre à votre banque (il figure souvent sur votre contrat, au dos des tickets de retrait ou à côté des distributeurs de billets), ainsi que le numéro à 16 chiffres de votre carte. Bien entendu, conservez ces informations en lieu sûr, et séparément de votre carte.

## Besoin urgent d'argent liquide

– Vous pouvez être dépanné en quelques minutes grâce au système ***Western Union Money Transfer.*** L'argent vous est transféré en moins de 1h. La commission, assez élevée, est payée par l'expéditeur. Possibilité d'effectuer un transfert auprès d'un des bureaux *Western Union* ou, plus rapide, en ligne, 24h/24 par carte de paiement (*Visa* ou *MasterCard*).
– Même principe avec d'autres organismes de transfert d'argent liquide comme ***MoneyGram, PayTop*** ou ***Azimo.*** Transfert en ligne sécurisé, en moins de 1h.
Dans tous les cas, se munir d'une pièce d'identité. Toutefois, en cas de perte/vol de papiers, certains organismes permettent de convenir d'une question/réponse-type pour pouvoir récupérer votre argent. Chacun de ces organismes possède aussi des applications disponibles sur téléphone portable. Consulter les sites internet pour connaître les pays concernés, les conditions tarifaires (frais, commission) et trouver le correspondant local le plus proche : • *westernunion.com* • *moneygram.fr* • *paytop.com* • *azimo.com/fr* •
– ***Correspondants en Turquie de Western Union :*** ***Akbank, Albaraka*** *ou* ***la Banque postale.*** *Se munir d'une pièce d'identité.*
– Autre solution, envoyer de l'argent par la Banque postale : le bénéficiaire, muni de sa pièce d'identité, peut retirer les fonds dans n'importe quel bureau du réseau local. Le transfert s'effectue avec un mandat ordinaire international (jusqu'à 3 500 €) et la transaction prend 4-5 jours en Europe (8-10 vers l'international). Plus cher, mais plus rapide, le mandat express international permet d'envoyer de l'argent (montant variable selon la destination – 34 au total) sous 2 jours maximum, 24h lorsque la démarche est faite en ligne. *Infos :* • *labanquepostale.fr* •

# BUDGET

La vie en Turquie est moins chère qu'en Europe, surtout depuis la chute de la livre turque ces derniers temps. Bien entendu, ***les prix que nous donnons le sont à titre indicatif et peuvent changer*** au regard des aléas économiques (taux de change, inflation...), des périodes (fêtes, grands week-ends...) et du taux de fréquentation touristique.
En prévoyant un peu plus, on pourra loger dans des hôtels plus confortables, s'asseoir à de bonnes tables et passer des vacances dans d'excellentes conditions. La vie de pacha !

## Hôtel (pour une chambre à 2)

Attention, nous mentionnons ***les prix des hébergements en euros,*** tout simplement car la grande majorité des hôteliers affichent les tarifs en euros, et non en livres turques. Bien se faire préciser le prix du moment, souvent inférieur au prix affiché près du comptoir. Les prix peuvent varier de manière importante, à la hausse ou à la baisse, d'un jour à l'autre, selon le taux de fréquentation de l'établissement. Un hôtel annonçant des chambres à 200 € vous les proposera peut-être entre 80 et 100 €. Demander si le petit déj est inclus dans le prix (en général, c'est le cas). N'hésitez pas à négocier une réduction si vous restez plusieurs jours, ou même pour une seule nuit hors saison. Voir également les promos (parfois vraiment intéressantes) sur le site internet de l'hôtel. Souvent, on vous proposera une réduction pour paiement en espèces ou, au contraire, on exigera un supplément si vous réglez par carte de paiement (pour couvrir les frais bancaires). Hors saison, grosso modo de novembre à mars (sauf pour la période de Noël et du Nouvel An), les hôtels pratiquent des tarifs réduits.

- ***Très bon marché :*** moins de 20 €.
- ***Bon marché :*** de 20 à 40 €.
- ***Prix moyens :*** de 40 à 70 €.
- ***Chic :*** de 70 à 100 €.
- ***Plus chic :*** de 100 à 180 €.
- ***Très chic :*** plus de 180 €.

## Restaurant (par personne, sans la boisson)

Les prix indiqués correspondent à un ***repas*** sans la boisson.

- ***Très bon marché :*** moins de 30 TL (env 5 €).
- ***Bon marché :*** de 30 à 50 TL (env 5 à 8,50 €).
- ***Prix moyens :*** de 50 à 90 TL (env 8,50 à 15 €).
- ***Chic :*** de 90 à 180 TL (env 15 à 30 €).
- ***Très chic :*** plus de 180 TL (env 30 €).

## Musées, sites et monuments

Les tarifs d'entrée grimpent régulièrement depuis quelque temps. Aux dernières nouvelles, il fallait compter 72 TL (environ 12 €) pour entrer dans Sainte-Sophie, 72 TL (environ 12 €) pour le palais de Topkapı et 42 TL (environ 7 €) pour le harem. L'accès aux mosquées est gratuit.
Un bon plan : il existe un *pass* ***(Istanbul Museum Pass)*** offrant l'accès à de nombreux monuments et musées d'Istanbul (Sainte-Sophie, le palais et le harem de Topkapı, l'église Sainte-Irène, les Musées archéologiques, le musée des Mosaïques, le musée d'Histoire des sciences et techniques dans l'Islam, le musée des Arts turcs et islamiques, les musées-églises de Kariye Müzesi (Saint-Sauveur-in-Chora), le musée Divan Edebiyatı, le musée du palais de Yıldız et le château d'Europe (Rumeli Hisarı). Elle offre également des réductions dans d'autres musées (on les signale dans leurs textes respectifs) ainsi que dans certaines boutiques des sites concernés.
***Cette carte (type magnétique) coûte 220 TL pour 5 jours,*** pour 1 personne, à compter de la 1re visite. Elle n'est utilisable que pour 1 entrée dans chaque site. Rien qu'en visitant le palais et le harem de Topkapı, Sainte-Sophie et 2 musées, elle est rentabilisée. On peut l'acheter dans chacun de ces sites (CB acceptées). Pour éviter les files d'attente (parfois longues !), on vous conseille de l'acquérir sur les sites où la fréquentation est moindre (le musée des Mosaïques par exemple ; rien ne vous oblige à visiter le musée) ou dans des kiosques à proximité (il en existe notamment un devant Sainte-Sophie). Ensuite, ***plus besoin de faire la queue à la billetterie*** : on coupe la file et le portique s'ouvre lorsqu'on présente sa carte. Ce qui représente souvent un sacré gain de temps !
*Rens : ● muze.gov.tr ●*

# CLIMAT

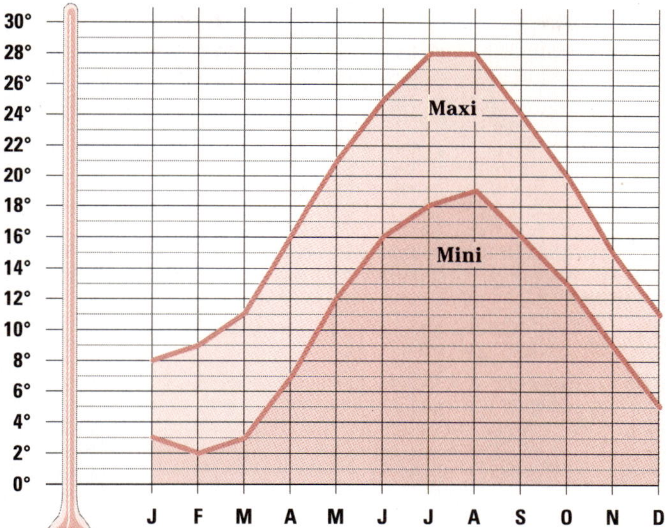


Moyenne des températures atmosphériques

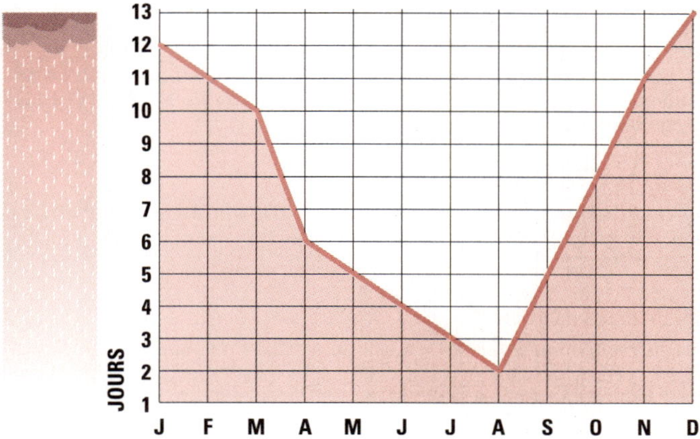


Nombre de jours de pluie

**ISTANBUL**

Le climat d'Istanbul n'a rien à voir avec celui de Naples, à la même latitude. Le Bosphore, la mer Noire, la mer de Marmara créent un microclimat qui défie les prévisions météo. Disons néanmoins qu'Istanbul connaît un été chaud et humide,

quelque peu étouffant parfois. Aux brumes de chaleur qui nimbent le Bosphore au petit matin succèdent les averses orageuses du soir.
L'hiver, Istanbul offre un petit crachin et quelques jours de neige qui suffisent à immobiliser la ville, pentue et peu équipée.

## DANGERS ET ENQUIQUINEMENTS

Istanbul ne connaît pas l'insécurité de Rome, Paris ou Londres, même si, comme beaucoup d'endroits du monde, elle doit faire face à une augmentation de la petite délinquance, surtout du vol à l'arraché, malgré une police très présente. Ayez toujours vos papiers d'identité sur vous.

### Drogue

La consommation de drogue est sévèrement réprimée. Si vous n'êtes pas sûr, allez (re)voir le film *Midnight Express*. Attention, les dealers sont souvent de mèche avec la police.

### Marchands de sable

L'histoire racontée par la victime est toujours semblable : abordée par un francophone (souvent, mais pas toujours), elle se retrouve avec ce nouvel ami à boire un café ou goûter « un truc du pays » qui a été saupoudré de *Rohypnol,* un hypnogène très puissant. Tombée rapidement dans un quasi-coma, elle s'aperçoit au réveil qu'argent, papiers et objets de valeur lui ont été dérobés... Sans être parano, restez attentif.

### Contrefaçons

La Turquie est l'un des premiers producteurs mondiaux de contrefaçons. Une Cartier, un tee-shirt Adidas, un polo Lacoste ou une montre Rolex proposés au dixième de leur prix par un vendeur qui s'acharne à en vanter l'authenticité... Tentant, non ? Ces imitations, de médiocre qualité et interdites en Europe, sont susceptibles d'une amende sévère (2 fois le prix de l'original), en plus d'être confisquées. Préférez un vrai souvenir du pays.

### Papiers d'identité

***Ne jamais laisser son passeport ou sa carte d'identité à la réception de son hôtel.*** Les montrer pour remplir sa fiche et les reprendre. Il existe un trafic de papiers d'identité.

### Antiquités, fossiles

Il est ***formellement interdit*** de sortir du territoire turc des objets de plus de 100 ans. Les autorités sont particulièrement vigilantes en ce qui concerne les objets archéologiques (voir la rubrique « Achats » dans « Hommes, culture, environnement » en fin de guide).

### Quelques arnaques assez répandues à Istanbul

– ***Le mauvais compte :*** des enfants vous demandent de leur changer une poignée de pièces contre un billet. Mais par un tour de passe-passe, le compte n'y est pas. Prenez le temps de vérifier votre monnaie systématiquement.
– ***Les faux parfums :*** vers le Grand Bazar, le Bazar égyptien et Beyazıt, des vendeurs à la sauvette vous proposent des parfums de grandes marques à un prix imbattable. Ce sont tous des contrefaçons, sans exception.

– ***Le vendeur de photos :*** sur l'Hippodrome et aux alentours du Bazar égyptien, les vendeurs d'eau et de thé en costume traditionnel se laissent facilement prendre en photo, mais ils vous vendront ensuite leurs boissons bien plus cher que partout ailleurs.
– ***Les loueurs de barques :*** près du pont de Galata, si on vous propose une balade en barque sur la Corne d'Or, refusez sans regret. Les bateaux de ligne font la même chose pour moins cher, et c'est plus sûr !
– ***Les gardiens des monuments :*** parfois, les gardiens de certains monuments réclament de l'argent aux touristes. Refusez catégoriquement. L'accès aux lieux de culte est libre pour tous en Turquie laïque. Ne leur confiez pas vos sacs.
– ***Des rabatteurs pas comme les autres :*** si les rabatteurs des hôtels et marchands de tapis sont facilement repérables, d'autres le sont moins. Plutôt jeunes, toujours avenants et parlant l'anglais ou le français, ils proposent le soir aux hommes non accompagnés d'aller dans un bar ou une boîte sympa. Surprise, ils rencontrent alors, « par hasard », des copines qui consomment, puis s'éclipsent avant l'arrivée d'une addition plutôt salée. Là, soit vous payez sans broncher, soit vous tentez de « négocier » en la présence intimidante de quelques videurs musclés...
– ***Les taxis :*** lire plus loin la rubrique « Transports. Les taxis *(taksi)* ».
– ***Fausses recommandations du* Routard :** il arrive que certains établissements se disent recommandés par le *Routard* en affichant le logo du *Routard* ou des panonceaux anciens. Ces établissements ont peut-être été recommandés dans un passé plus ou moins lointain... Ne tombez pas dans le panneau.

## ENFANTS

Voici un pays où voyager avec des enfants permet d'avoir des contacts faciles et chaleureux avec la population. On trouve de l'eau minérale, du lait pasteurisé, des petits pots et des couches dans les épiceries et supermarchés. On peut acheter du lait maternisé pour nourrissons dans les pharmacies.
La plupart des hôtels font des réductions pour les enfants (gratuit de 0 à 6 ans et 50 % de 7 à 11 ans), à condition qu'ils partagent la même chambre que leurs parents. Par ailleurs, les moins de 12 ans entrent en général gratuitement dans les musées et les sites.

## FÊTES, JOURS FÉRIÉS ET FESTIVALS

La plupart des fêtes, d'origine religieuse, suivent le calendrier lunaire musulman de 354 jours et... 9h, soit un décalage de 11 jours par rapport à notre calendrier solaire, dont le modèle est appliqué dans la vie de tous les jours depuis Atatürk. Les fêtes commencent au crépuscule. Rappelons que le dimanche est chômé, à la différence du vendredi, pourtant jour religieux. Les fêtes les plus importantes sont celles du Sucre et du Mouton. Le mot *bayram,* qui désignait à l'origine une fête religieuse, est employé depuis la fondation de la République turque pour tout type de fête, religieuse ou laïque.
– Tous les ans, la fin du ramadan se célèbre dignement par une ***fête du Sucre*** *(Şeker Bayramı)* qui dure 3 jours. Quand on a jeûné pendant 1 mois de l'aube à la tombée de la nuit, sans même avaler un de ces petits verres de thé dont les Turcs font une consommation effrénée, on a le droit et même le devoir de ripailler joyeusement.
La coutume veut qu'on s'habille de neuf. Les marchés et magasins sont pris d'assaut quelques jours avant. À l'aube du 1er jour de la fête, les hommes vont à la mosquée, pendant que les femmes sont aux fourneaux à préparer des baklavas. Puis on va chez des amis et parents plus âgés. On échange des vœux, on offre des sucreries, des loukoums et on se souhaite longue vie.

– 70 jours après a lieu la fête la plus importante pour les musulmans : la ***fête du Sacrifice*** *(Kurban Bayramı)* ou **fête du Mouton.** Elle commémore le sacrifice d'Abraham qui, s'apprêtant à offrir son fils à Dieu, vit s'approcher de lui à l'ultime minute un bélier « envoyé du ciel », ce qui lui permit d'épargner son fils.
Quelques jours avant, les moutons sont amenés de toute l'Anatolie aux portes de la ville, parqués sur des terrains vagues et marqués au henné. Les animaux sont égorgés le jour de la fête, au retour de la mosquée. Après le sacrifice, on mange un plat de morceaux de mouton revenus dans leur graisse, le *kavurma.* Les restes sont distribués aux plus démunis... ou aux voisins.
ATTENTION : tout est fermé ou fonctionne vraiment au ralenti durant 4 jours, voire 1 semaine, même les banques. Les transports sont bondés, d'où l'intérêt pendant cette période de réserver ses places à l'avance. Bien tenir compte de la date (lire plus loin « Fêtes du calendrier musulman »).
Également de très nombreuses fêtes traditionnelles ou laïques qui ponctuent la vie du pays et deviennent des jours fériés :
– *1er janvier (yılbaşı) :* Atatürk ayant adopté le calendrier romain.
– *23 avril :* ***fête de la Souveraineté nationale et des Enfants*** (voir l'encadré).
– *1er mai :* ***fête du Travail,*** c'est un jour férié en Turquie depuis 2009.
– *19 mai :* ***fête de la Jeunesse et du Sport,*** ainsi que commémoration de l'Appel à la défense de l'unité nationale, par Atatürk, à Samsun, le 19 mai 1919. Nombreuses parades.
– *30 août :* ***fête de la Victoire*** *(Zafer Bayramı).* Celle des Turcs sur les Grecs en 1922.
– *29 octobre :* ***fête de la République*** *(Cumhuriyet Bayramı),* proclamée en 1923.

### PLACE AUX JEUNES

*Le 23 avril 1923, Atatürk déclara la fin du sultanat et l'avènement de la souveraineté du pays. Il décida que cette journée serait consacrée aux enfants, symbole d'avenir. Ce jour-là, les enfants ne vont pas à l'école et prennent symboliquement le pouvoir. Certains sont ministres, députés ou maires et défilent dans la rue. C'est aussi la fête de l'Indépendance.*

## Fêtes du calendrier musulman

Selon la lune, décalage de 1 ou 2 jours possible.
– ***Ramadan*** *(ramazan)* : *24 avr 2020 et 13 avr 2021.*
– ***Şeker Bayramı :*** *24 mai 2020 et 13 mai 2021.* Marque la fin du ramadan.
– ***Kurban Bayramı :*** *31 juil 2020 et 20 juil 2021.* C'est la fête du Sacrifice.

## Festivals et manifestations

Plusieurs festivals internationaux sont organisés à Istanbul, avec de grandes vedettes à l'affiche. Se renseigner auprès des offices de tourisme pour les dates exactes. Sinon, consulter les sites (traduits en anglais) : • *iksv.org* • *biletix.com* •

***En février***

– ***Festival international du film indépendant (İstanbul Bağımsız Filmler Festivalı) :*** *pdt 10 j.* • *ifistanbul.com.tr* •

***En mars-avril***

– ***Festival international de danse (İstanbul Uluslararası Dans Festivalı) :*** *5 j. fin mars-début avr.* • *facebook* •
– ***Festival international du film d'Istanbul (İstanbul Film Festivalı) :*** *10 j. en avr.* • *film.iksv.org* •

***En juin-juillet***

– ***Festival de musique classique (İstanbul Müzik Festivalı) :*** *3 sem de mi-juin à début juil.* ● *muzik.iksv.org* ●
– ***Festival international de jazz (İstanbul Caz Festivalı) :*** *3 sem de fin juin à mi-juil.* ● *caz.iksv.org* ● Affiche toujours prestigieuse.

***En septembre-novembre***

– ***Biennale d'art contemporain :*** *mi-sept à mi-nov (années impaires).* ● *bienal.iksv.org* ●
– ***Biennale de design :*** *fin sept-début nov (années paires).* ● *aschoolofschools.iksv.org* ●
– ***Festival du film d'octobre (Filmekimi) :*** *10 j. en oct.* ● *filmekimi.iksv.org* ●
– ***Marathon d'Istanbul :*** *1 j. mi-nov.* ● *maraton.istanbul* ● À cette occasion, le pont du Bosphore est fermé à la circulation automobile pour laisser traverser les coureurs.
– ***Festival du théâtre (İstanbul Tiyatro Festivalı) :*** *18 j. fin nov.* ● *tiyatro.iksv.org* ●

# HÉBERGEMENT

**NE JAMAIS BOIRE L'EAU DU ROBINET.** Les installations sont très anciennes et il y a des infiltrations dans de nombreuses canalisations. Faites une provision de bouteilles d'eau avant de rentrer à votre hôtel (moins chères dans les kiosques).
Ceux qui sont sensibles à la clarté du jour emporteront un masque de nuit car certains établissements n'ont pas de volets, mais de simples rideaux aux fenêtres, plus ou moins opaques.

## Pensions *(pansiyon)* et petits hôtels

On y loge correctement pour environ 30-60 € à 2. Les prix varient selon l'attrait touristique du quartier. De plus, chaque hôtel a ses bonnes et ses mauvaises chambres. Si possible, demandez à en voir plusieurs. Le petit déj est presque toujours compris.
Dans ces petits hôtels bon marché :
– avant d'accepter une chambre, vérifiez la fermeté du matelas (l'hôtelier ne s'en offusquera pas) ;
– l'isolation phonique n'est pas toujours top, les boules *Quies* peuvent être utiles ;
– ne jamais laisser son passeport ou sa carte d'identité à la réception. Voir la rubrique « Dangers et enquiquinements. Papiers d'identité », plus haut.

## Hôtels de charme

Les hôtels de charme à Istanbul sont des hôtels aménagés dans de vieilles maisons restaurées où un effort a été réalisé pour garder une ambiance traditionnelle, ottomane ou rétro, tout en intégrant un certain confort. Il faut compter à partir de 70-80 € pour une chambre double en saison. Si votre budget vous le permet, offrez-vous ce plaisir, vous ne le regretterez pas. La plupart ont aménagé des terrasses avec vue, où il fait bon prendre son petit déj ou boire un verre tout en se prélassant.

# HORAIRES

– ***Les magasins :*** en principe, ouverts sans interruption 9h-19h. En ce qui concerne les petits commerces, ces horaires sont extensibles. Dans les quartiers touristiques, on ne ferme boutique qu'à la tombée de la nuit. Le dimanche est jour de fermeture en théorie, mais dans la pratique, pendant la saison, il n'y a pas de repos dominical.

– ***Les bureaux et administrations :*** en général, ouverts du lundi au vendredi de 8h30 à 12h et de 13h30 à 17h.

– ***Les banques et bureaux de change :*** voir « Argent, banques, change », plus haut.

– Les horaires et jours de fermeture des ***musées*** varient d'un établissement à l'autre. En principe, ils sont fermés la matinée du 1er jour de la fête du Sucre et de la fête du Mouton. Voir aussi « Musées, sites et monuments », plus loin.

# LANGUE

Kirghizes, Tatars, Azéris, Ouzbeks, Turkmènes, Ouïgours : de la Bulgarie à la Chine, les différentes variantes du turc sont parlées par une centaine de millions de personnes dans le monde. Ce serait la 11e langue du monde, d'après l'Unesco.

C'est une langue altaïque. Elle est dite « agglutinante » parce qu'on accumule les suffixes à un radical.

À force d'agglutiner, on arrive parfois à des mots de 30 lettres. Et comme l'alphabet – latin, merci Atatürk – compte 29 lettres (dont un *s* cédille – *ş* – qui se dit « ch » et un *i* sans point – *ı* – qui se prononce « eu »), la lecture se complique. C'est ainsi qu'Istanbul, écrit à la française, s'écrira *İstanbul* à la turque... et qu'on n'écrira ni ne prononcera Topkapi mais *Topkapı* (« topkapeu »), non raki mais *rakı* (« rakeu »).

Pour le reste, le turc s'écrit comme il se prononce. Vous vous en apercevrez à la lecture des ***nombreux mots d'origine française*** qui émaillent le vocabulaire : *kuaför* (coiffeur), *asansör* (ascenseur), *pansiyon* (pension), *şarküteri* (charcuterie), *hoparlör* (haut-parleur), *kuşet* (couchette), *gişe* (guichet), *prezervatif* (préservatif), *ferforje* (fer forgé) et *Piyer Loti* (Pierre Loti), l'écrivain bien connu de tous les Stambouliotes cultivés. Un petit bouquin bien fait : *Le Turc tout de suite,* de Sylvie Colin et Semih Koşar, dans la collection « Les langues pour tous » chez Pocket.

### BACHI-BOUZOUK !

*Ce juron prononcé par le capitaine Haddock dans* Tintin *signifie « tête folle » en turc. C'est ainsi qu'on appelait les mercenaires enrôlés dans l'armée ottomane. Incontrôlables et violents, ils se livraient aux pires exactions. Leur sale réputation les précédait et la guerre psychologique était souvent gagnée avant le premier assaut !*

## Prononciation

*c* se prononce « dje ».
*ç* se prononce « tche ».
*g* se prononce « gue ».
*ğ* (g mouillé) prolonge la voyelle qui le précède.
*h* se prononce comme le « h » aspiré anglais.
*ş* se prononce « ch ».
*ay* se prononce « ail ».
*e* se prononce « é ».
*ı* (i sans point) se prononce « eu ».
*i* (avec point) se prononce comme en français.
*ö* se prononce « œ », comme dans « cœur ».
*u* se prononce « ou ».
*ü* se prononce « u ».
Et n'oubliez pas de rouler le *r*.

## Vocabulaire de base

| | |
|---|---|
| Oui / Non | *Evet / Hayır, yok* |
| Il y a / Il n'y en a pas | *Var / Yok* |

### *Politesse*

| | |
|---|---|
| Merci | *Teşekkür ederim, Mersi, Sağol* |
| S'il vous plaît | *Lütfen* |
| Excusez-moi | *Affedersiniz, Pardon* |
| Salut | *Merhaba, Iyi günler* |
| Bonjour | *Günaydın* (matin) |
| Bonsoir | *Iyi akşamlar* |
| Bonne nuit | *Iyi geceler* |
| Au revoir (dit par celui qui reste) | *Güle güle* |
| Au revoir (dit par celui qui part) | *Allaha ısmarladık* ou *hoşçakal* |
| Comment allez-vous ? | *Nasılsınız ?* |

### *Expressions courantes*

| | |
|---|---|
| D'où venez-vous ? | *Nerelisiniz ?* |
| Je suis français(e) | *Fransızım* |
| Je suis belge, suisse | *Belçikalıyım, isveçreliyim* |
| Je ne comprends pas | *Anlamıyorum* |
| Comment t'appelles-tu ? Je m'appelle... | *Isminiz ne ? Ismim...* |
| Je veux | *Istiyorum* |
| D'accord | *Tamam* |
| Attention ! | *Dikkat !* |
| Très joli / bon / beau | *çok güzel* |
| Avec / sans | *...li / ...siz* ou *...lı / ...sız* |
| Plus / moins | *Daha çok / Daha az* |
| Assez | *Yeter* |

### *Vie pratique*

| | |
|---|---|
| Centre-ville | *Şehir merkezi* |
| Rue / Avenue / Boulevard / Quartier | *Sokak (Sok.) / Cadde (Cad.) / Bulvar (Blv.) / Mahalle (Mah.)* |
| Bureau de poste | *Postahane* ou *PTT* |
| Lettre, enveloppe | *Mektup, Zarf* |
| Timbre | *Pul* |
| Office de tourisme | *Turizm bürosu* |
| Carte (plan) | *Harita* |
| Banque | *Banka* |
| Bureau de change | *Döviz bürosu* |
| Police | *Polis* |
| Hôpital | *Hastane* |
| Médecin | *Doktor* |
| Pharmacie | *Eczane* |
| Téléphoner | *Telefon etmek* |
| Entrée / Sortie | *Giriş / Çıkış* |
| Les toilettes (homme, femme) | *Tuvalet (bay, bayan)* |
| À droite / À gauche | *Sağa / Sola* |

### *Transports*

| | |
|---|---|
| Gare routière | *Otogar* |
| Gare (des trains) | *Istasyon, Gar* |
| Billet, ticket | *Bilet* |

| | |
|---|---|
| À quelle heure y a-t-il un bus ? | *Otobüs saat kaçta var ?* |
| Aller-retour | *Gidiş-dönüş* |
| Voiture | *Araba* ou *Otomobil* |
| Vol (d'avion) | *Uçuş* |
| Aéroport | *Havaalanı* |
| Dans combien de temps ? | *Ne kadar sürede ?* |

***Argent***

| | |
|---|---|
| Argent | *Para* |
| Payer | *Ödemek* |
| Prix | *Fiyat / Ücret* |
| Combien ça coûte ? | *Ne kadar ?* |
| Cher / Bon marché | *Pahalı / Ucuz* |
| Une réduction | *Indirim* |
| Argent (liquide) | *Peşin para* |
| Prenez-vous une carte de crédit ? | *Kredi kartı alıyorumusunuz ?* |

***À l'hôtel***

| | |
|---|---|
| Chambre | *Oda* |
| Chambre avec salle de bains | *Duşlu oda* |
| Puis-je voir une chambre ? | *Bir oda görebilirmiyim ?* |
| Simple, 2 lits | *Tek kişilik oda, Iki kişilik oda* |
| Eau froide, eau chaude | *Soğuk su, Sıcak su* |
| Drap, couverture | *Çarşaf, Battaniye* |
| Savon | *Sabun* |
| Papier toilette | *Tuvalet kâğıdı* |

***Au restaurant***

| | |
|---|---|
| Le petit déjeuner | *Kahvaltı* |
| Le déjeuner | *Öğle yemeği* |
| Le dîner | *Akşam yemeği* |
| Menu | *Iemek listesi* |
| Eau minérale plate, gazeuse | *Şişe suyu, Maden suyu* ou *soda* |
| Pain | *Ekmek* |
| Viande, poulet, poisson | *Et, Tavuk, Balık* |
| Légumes | *Sebze* |
| Fruit | *Meyva* |
| Jus de fruits | *Meyva suyu* |
| Vin | *Şarap* |
| Dessert | *Tatlı* |
| Sucre | *Şeker* |
| Sel | *Tuz* |
| Cuillère, fourchette, couteau | *Kaşık, Çatal, Bıcak* |
| L'addition, s'il vous plaît ! | *Hesap lütfen !* |
| À votre santé ! | *Şerefe !* |

***Jours de la semaine***

| | |
|---|---|
| Lundi | *Pazartesi* |
| Mardi | *Salı* |
| Mercredi | *Çarşamba* |
| Jeudi | *Perşembe* |
| Vendredi | *Cuma* |
| Samedi | *Cumartesi* |
| Dimanche | *Pazar* |

***Nombres***

| | | | |
|---|---|---|---|
| 0 | *Sıfır* | 8 | *Sekiz* |
| 1 | *Bir* | 9 | *Dokuz* |
| 2 | *İki* | 10 | *On* |
| 3 | *Üç* | 20 | *Yirmi* |
| 4 | *Dört* | 50 | *Elli* |
| 5 | *Beş* | 100 | *Yüz* |
| 6 | *Altı* | 1 000 | *Bin* |
| 7 | *Yedi* | | |

## LIVRES DE ROUTE

– ***De la part de la princesse morte,*** de Kénizé Mourad (LGF, coll. « Le Livre de Poche », 1989). Après avoir vécu à la cour fastueuse du dernier empereur ottoman, Selma, fille d'une sultane, est exilée à Beyrouth après la défaite de 1918, pour devenir quelques années plus tard la femme d'un rajah de l'Inde musulmane. Elle mourra en Europe pendant la Seconde Guerre mondiale, après avoir donné naissance à une fille, auteur de ce livre remarquable.

– ***Les Clients d'Avrenos*** (1935), de Georges Simenon (Gallimard, coll. « Folio », 2006). Ambiance rives du Bosphore durant l'entre-deux-guerres. Des personnages troubles au cœur d'une histoire d'amour et de haine sur fond de luxe et d'insouciance.

– ***Istanbul, souvenirs d'une ville,*** d'Orhan Pamuk (Gallimard, coll. « Folio », 2008). Orhan Pamuk retrace sa vie intime dans une grande famille bourgeoise de la ville, où l'on se veut laïc et progressiste. Dans ***Le Livre noir*** (« Folio », 1996), Istanbul est le personnage central, fébrile et contrasté, qui entraîne un jeune avocat dans un jeu de piste mystérieux. Une lecture qui vous lancera à votre tour sur la trace de l'Istanbul profonde, insoupçonnée et insaisissable. Autre œuvre, ***Mon nom est rouge*** (« Folio », 2007) est un conte aux couleurs de l'Orient, situé dans l'Istanbul du XVIe s. Il nous plonge dans l'univers des peintres miniaturistes et des enlumineurs de l'Empire ottoman. Dans ***Neige*** (« Folio », 2007), on suit les traces d'un journaliste parti enquêter sur une série de suicides de femmes voilées à Kars. Un roman qui évoque la fracture est-ouest du pays, sur fond de fanatisme religieux. En 2011, sort ***Le Musée de l'Innocence*** (Gallimard, coll. « Folio », 2012), qui raconte les amours contrariées entre 2 Stambouliotes issus d'un milieu social différent. Sur fond de récit initiatique, de fétichisme amoureux et de mythes, l'ouvrage évoque l'histoire contemporaine de la Turquie et parodie les romans sentimentaux et le cinéma turc des années 1970. En 2017 est sorti ***Cette chose étrange en moi*** (Gallimard, coll. « Folio ») et, en 2019, ***La Femme aux cheveux roux*** (Gallimard, coll. « Du Monde Entier »).

– ***Istanbul au siècle de Soliman le Magnifique,*** de Robert Mantran (Hachette, coll. « Pluriel », 2008). Le vendredi 1er juin 1453, l'église Sainte-Sophie était transformée en mosquée. Constantinople devenait Istanbul, capitale de l'Empire ottoman, après sa conquête par le sultan Mehmet II. Au XVIe s, véritable âge d'or, Soliman le Magnifique imprime sa marque sur la prodigieuse cité, située à cheval sur l'Europe et l'Orient. Robert Mantran est également l'auteur d'une ***Histoire d'Istanbul*** (Fayard, coll. « Villes », 1996).

– ***L'Aurore des bien-aimés,*** de Louis Gardel (Points, coll. « Grands Romans », 2007). L'amitié de Soliman le Magnifique, le sultan, et d'Ibrahim, l'esclave. Cette amitié tragique mènera Ibrahim au poste de grand vizir (c'est l'Ibrahim Paşa du palais qui jouxte l'Hippodrome à Sultanahmet !) par fidélité, puis à la mort par suspicion. L'amour de Roxelane n'y est pas étranger.

– ***La Bâtarde d'Istanbul,*** d'Elif Shafak (10/18, coll. « Littérature Étrangère », 2008). La romancière turque contemporaine la plus en vue depuis une dizaine d'années traite avec beaucoup d'humour, de poésie, mais aussi de revendication et de questionnement, la mémoire, l'identité et la religion de la Turquie d'aujourd'hui. Portraits et confrontations détonantes d'une famille composée essentiellement de femmes stambouliotes (les hommes meurent tous avant 41 ans !), les Kazancı, et d'une famille arménienne immigrée à San Francisco, les Tchakhmakhchian (ouf !). Un roman pétillant. Autres œuvres notables : ***Bonbon Palace, Lait noir, Soufi, mon amour*** et, plus récemment, ***Crime d'honneur.***

- ***Un thé à Istanbul*** (2014), de Sébastien de Courtois (Le Passeur, coll. « Chemins d'Étoiles », 2017). Producteur à France Culture, grand voyageur, spécialiste des chrétiens d'Orient, l'auteur vit à Istanbul, qu'il a adoptée comme sa ville de cœur. C'est en promeneur amoureux et érudit, jamais ennuyeux, qu'il nous emmène à travers la mégapole orientale, dans des lieux peu communs chargés d'histoire. Il pose ici un regard fin, poétique et critique, en s'attachant surtout au facteur humain (nombreux portraits de Stambouliotes d'aujourd'hui).
- ***Parle-leur de batailles, de rois et d'éléphants*** (2010), de Mathias Énard (Actes Sud, coll. « Babel », 2013). Ce livre raconte comment Michel-Ange fut invité par le sultan de l'époque à venir construire un pont sur la Corne d'Or, projet confié à l'origine à Léonard de Vinci ! Un livre court et bien écrit, doté d'un certain suspense. Goncourt des lycéens 2010.
- ***Du sang sur la soie,*** d'Anne Perry (10/18, coll. « Grands Détectives », 2011). C'est au cœur de la Byzance du XIIIe s que la spécialiste des polars historiques a situé une fresque épique assez loin, dans la forme, de ses polars victoriens habituels.
- ***Mort postiche,*** de Mehmet Murat Somer (Le Masque, coll. « Grand Format », 2012). Troisième volet de la désopilante série de polars turcs que l'auteur, né à Ankara en 1959, a située dans le milieu des travestis stambouliotes. Une vision assez réjouissante (pour ne pas dire jouissive) de la vie dans la Turquie actuelle, qui met à mal certains interdits.
- ***1453. Le Siège, la prise et le sac de Constantinople par les Turcs,*** de Gaston Schlumberger (Laville, coll. « Batailles Essentielles », 2010). Un grand historien des croisades et de l'Empire byzantin raconte avec brio comment Mehmet le Conquérant s'empare en 50 jours de la capitale millénaire de l'Empire d'Orient.
- ***Gratte-Ciel,*** de Tahsin Yücel (Actes Sud, 2012). Traducteur (notamment de grands pans de la littérature française), Tahsin Yücel se fait romancier (essayiste, sociologue et politologue) pour dresser un portrait d'Istanbul en... 2073. Un futur imaginaire, à la fois très drôle et quelque peu angoissant.
- ***Aziyadé, fantôme d'Orient*** (1879), de Pierre Loti (Gallimard, coll. « Folio », 1991). En séjour à Salonique, un officier de marine aperçoit, derrière les barreaux d'une fenêtre de harem, le visage d'Aziyadé, belle et taciturne odalisque aux yeux verts. Leur liaison amoureuse, née au milieu des parfums et des mystères de l'Orient, culminera à Istanbul dans le déchirement et le sacrifice.
- ***Histoire de Byzance,*** de Jean-Claude Cheynet (PUF, coll. « Que sais-je ? », 2017).

## Romans d'espionnage

Du fait de sa position hautement stratégique à l'époque de la guerre froide, Istanbul a largement inspiré les auteurs de romans d'espionnage. Ce n'est donc pas un hasard si la toute première aventure du prince Malko Linge se déroule ici (***S.A.S. à Istanbul,*** de Gérard de Villiers, Plon, 2015). Dans un style un peu plus ambitieux, le Britannique Eric Ambler a choisi Istanbul comme cadre de plusieurs de ses romans : ***La Croisière de l'angoisse*** (Le Seuil, coll. « Points » 1997), ***Le Masque de Dimitrios*** (Rivages, coll. « Noir », 2008) ou ***Topkapı*** (qu'on trouve tous les 3 d'occasion sur Internet), adapté au cinéma par Jules Dassin. Pour l'évocation d'une période plus contemporaine de la ville, on peut également se plonger dans ***Single et Single*** écrit par l'un des maîtres du genre, John Le Carré (Le Seuil, coll. « Points », n° 776, 2011).

## B.D.

Ville spectaculaire s'il en est, ville d'histoire qui plus est, Istanbul ne pouvait qu'inspirer les auteurs de B.D. Avec des séries historiques hautes en couleur comme celle consacrée à un personnage réel, ***Bonneval Pacha,*** au scénario signé d'un de ses descendants (***L'Insoumis, Le Renégat*** et ***Le Turc,*** Dargaud, 2012-2013). Autre série, celle consacrée au ***Scorpion,*** trafiquant de reliques saintes du XVIIIe s dont les aventures, dans le tome 4 (***Le Démon du Vatican,*** Dargaud, 2004), se déroulent à Istanbul. Même chose pour la série ***Djinn*** avec ***La Favorite*** (Dargaud, 2004), dont l'intrigue fait découvrir le monde secret des harems juste avant la Première Guerre mondiale. C'est l'Istanbul de l'avant-Seconde Guerre mondiale qu'évoque ***La Porte d'Orient*** (Glénat, 1986), le tome 2 des aventures de ***Max Fridman,*** un espion pas comme les autres, croqué par Vittorio Giardino.

## MARCHÉS

À Istanbul, le commerce est plus qu'une tradition, c'est une raison de vivre. Les vendeurs de *simit* portent leur plateau sur la tête, ceux de primeurs poussent leur charrette à bras entre les voitures, ceux de *sahlep* bercent de leur voix lancinante les longues soirées d'hiver. Les marchands ont leurs temples, bien sûr : le Bazar égyptien ou le Grand Bazar.

*Pazar* (dimanche) est le jour du « bazar », c'est-à-dire du marché. Mais en fait, des marchés s'installent dans les rues toute la semaine : bien moins touristique mais autrement pittoresque, c'est une jolie manière de voir la ville de l'intérieur. À chaque quartier son jour : selon vos goûts ou votre calendrier, faites donc vos courses au milieu des Stambouliotes !

– ***Mardi et vendredi : Fatih Balat Pazarı*** *(plan détachable, A2). Près de Ferruh Kethuda Camii, quartier du Balat.* Un beau marché de fruits, légumes et épices.

– ***Mardi et vendredi : Salı Pazarı*** *(hors plan Le quartier de Kadıköy par B1). Sur la rive asiatique. Pour y aller, Ⓜ Göztepe (ligne M4), le marché se trouve à côté de la station de métro.* Le plus vaste et le plus populaire, aussi appelé le marché aux femmes : les clientes y sont légion et souvent voilées. Il faut les voir s'attrouper autour d'un vendeur crânement perché pieds nus sur son étal de fringues. Primeurs, vêtements, tissus ou sacs à perte de vue.

– ***Mercredi : le marché de Fatih*** *(plan détachable, B4). Dans les rues adjacentes à la mosquée de Mehmet le Conquérant.* Important et vibrant marché.

– ***Vendredi : le marché de Fındıkzade*** *(plan détachable, A5). Facile d'accès : Ⓣ Fındıkzade (direction Zeytinburnu), 20 mn de trajet depuis Sultanahmet. Accès par les rues qui montent en douceur la colline, tapissées de grandes tentes blanches.* Ne pas hésiter à flâner dans ce marché typique et bien agréable. On y trouve de tout.

Également ***le marché d'Üsküdar*** *(plan d'ensemble, G3). Prendre l'av. Hakimiyeti Milliye qui monte juste en face de l'embarcadère d'Usküdar ; c'est 500 m plus loin.* Marché très coloré où l'on trouve de tout.

– ***Samedi : le marché de Beşiktaş*** *(hors plan d'ensemble par G1). On y accède facilement par le boulevard qui monte en face du musée de la Marine.* Pas très grand, mais on peut en profiter pour visiter, à 200 m, le pavillon des Tilleuls.

– ***Dimanche : le marché de Tarlabaşı*** *(zoom détachable 1, E2). En contrebas de l'avenue qui descend de la pl. de Taksim vers le 2d pont sur la Corne d'Or.* L'un des moins onéreux de la ville. Ce quartier interlope (prudence, pas de portefeuille dans la poche arrière...) se met au vert chaque dimanche. C'est l'un des marchés les plus champêtres d'Istanbul. Légumes et vêtements tout au long d'une longue rue et, en prime, tout en bas, derrière la station-service, petit marché aux puces autour de l'église orthodoxe.

## MUSÉES, SITES ET MONUMENTS

L'ordre dans lequel nous décrivons les monuments d'Istanbul n'est pas un classement par intérêt décroissant. Pour certains quartiers, des itinéraires vous permettent de découvrir d'autres facettes de la ville et de sortir des sentiers battus.

N'hésitez pas à les lire, car la simple visite des grands monuments de Sultanahmet n'est qu'une carte postale très éloignée de la réalité. Osez flâner suivant l'humeur du moment : les ruelles du quartier de la Petite Sainte-Sophie ont ce parfum d'authenticité qui manque à la place de Sultanahmet.
Les tarifs de nombreux sites sont élevés et augmentent souvent d'une année sur l'autre. Se reporter à la rubrique « Budget », plus haut. Pas de réduction pour les familles, rarement pour les étudiants. En général, l'entrée est gratuite pour les moins de 12 ans.
– ***Fermés le lundi :*** les musées de la Marine, des Transports et de l'Industrie, d'Art moderne, des Tapis, les Musées archéologiques, le musée de Péra, le musée Doğançay, le musée de la Ville, le musée İş Bankası, le musée de l'Innocence, le musée du Cinéma, le musée de la Peinture, le Musée militaire, le musée des Collections du palais de Dolmabahçe, le musée des îles des Princes (sur l'île Büyük), le pavillon Tophane, le pavillon des Miroirs, le *tekke* de derviches tourneurs et le musée Divan Edebiyatı, les palais de Dolmabahçe, de Beylerbeyi, le pavillon des Tilleuls et Yıldız şale Köşkü (dans le parc Yıldız), les mausolées d'Ahmet Ier et de Soliman le Magnifique, le tombeau d'Eyüp, le musée Sakıp Sabancı, le musée Aşiyan et le palais Küçüksu (Bosphore), les galeries d'art Arter, Space of Art.
– ***Fermés le mardi :*** le palais de Topkapı et l'église Sainte-Irène, le Musée militaire.
– ***Fermés le mercredi :*** le musée Sadberk Hanım et le château d'Europe (Bosphore).
– ***Fermées le vendredi :*** la plupart des mosquées sont fermées aux touristes jusqu'à 14h.
– ***Fermé le samedi :*** le Musée juif.
– ***Fermés le dimanche :*** le Grand Bazar, la citerne aux mille et une colonnes, le musée de la Ville, la galerie d'art du Mısır Apartmanı et la Kasa Galeri (maison Minerva), le musée Aşiyan (Bosphore). Le musée de Péra est fermé le dimanche matin.

## Istanbul gratuit

Pour profiter au maximum des richesses de la ville tout en bichonnant votre porte-monnaie, rien de mieux que la liste des sites et monuments gratuits : les mosquées et les églises, les bazars et les marchés (bien entendu !), les différents passages de Beyoğlu, les mausolées de Sainte-Sophie, d'Ahmet Ier et de Soliman le Magnifique, le musée İş Bankası, le musée Doğançay, le parc de Yıldız, le musée de la Ville, le musée Aşiyan (Bosphore), le pavillon Tophane, la Cumhuriyet Art Gallery, les galeries d'art du Mısır Apartmanı, Borusan Müzik Evi, Arter, Space of Art et la Kasa Galeri (maison Minerva), l'ancienne chambre d'Atatürk au *Pera Palas,* le tombeau d'Eyüp sont gratuits tous les jours. Sinon, le musée Sakıp Sabancı (Bosphore), le musée de Péra pour les étudiants et le musée des îles des Princes (sur l'île Büyük) sont gratuits le mercredi.

## *Istanbul Museum Pass*

On vous rappelle qu'il existe un *pass (Istanbul Museum Pass)* pour accéder aux principaux monuments et musées d'Istanbul. Se reporter plus haut à la rubrique « Budget. Musées, sites et monuments ».

## Guides culturels

En Turquie, les guides culturels pour les balades en ville, visites de musées, de sites, etc., sont accrédités par les autorités. Ils possèdent une carte sur laquelle figurent leur nom, leur photo et leur numéro de licence. N'hésitez pas à la leur demander. Les informations mentionnées sur la carte sont également disponibles sur le site officiel de l'union des guides touristiques de Turquie : • *tureb.org.tr* •

## PHOTO

On peut photographier librement partout, mais sachez que sur certains sites, un droit est exigé. Si vous êtes amateur de portraits, demandez l'autorisation.
On trouve des cartes mémoires numériques facilement, surtout dans les boutiques d'appareils photo du quartier de Sirkeci *(plan détachable, D5).*

## POSTE

Les bureaux devraient vous rappeler des souvenirs : ils s'appellent PTT et sont signalés par de grands panneaux jaunes. La poste centrale est ouverte en semaine seulement, du lundi au vendredi de 8h30 à 17h. Les petits bureaux de poste ferment, en principe, entre 12h30 et 13h30. Le courrier fonctionne d'une façon très irrégulière entre l'Europe et la Turquie (5 à 15 jours). Compter environ 5 TL pour une lettre vers l'Europe.
Les timbres *(pul)* sont vendus dans les bureaux de poste (on en trouve également dans certaines boutiques de Sultanahmet mais ils sont plus chers), et les enveloppes *(zarf)* s'achètent dans les épiceries et les papeteries.

## POURBOIRE

- En principe, dans les ***restaurants,*** le service n'est pas compris dans l'addition (quelques établissements de la catégorie « Chic » l'intègrent cependant d'office). Il est alors normal de laisser quelque chose sur la table, en général 10 % de la note, si toutefois vous êtes satisfait du service, bien entendu.
- Un petit pourboire dans les ***bars et hôtels*** sera toujours apprécié.
- Dans les ***taxis,*** on peut éventuellement arrondir la somme, comme partout.

## RESTAURANTS ET CAFÉS

Voici un bref récapitulatif des différentes sortes d'établissements que vous rencontrerez. Certains restaurants et bars servent de l'alcool, d'autres non. Généralement, les établissements proches des mosquées ou ceux gérés par les mairies ne servent pas de boissons alcoolisées.
- ***Meyhane :*** on s'y retrouve pour boire un verre (alcool toujours servi), accompagné de *mezze* (hors-d'œuvre) ou de grillades (viandes et poissons).
- ***Lokanta :*** demander, à l'entrée, s'il s'agit d'un *içkili lokanta* (avec alcool). Ne pas confondre les *et lokantası,* où l'on trouve des plats de viande, et les *balık lokantası,* où l'on mange du poisson. L'une et l'autre proposent aussi des *mezze.*
- ***Kebabçı :*** spécialités de brochettes et de grillades de viande.
- ***Ocakbaşı :*** c'est un *kebabçı* qui propose brochettes et grillades préparées sous vos yeux, dans un foyer surmonté d'une grande hotte au milieu de la salle du restaurant. On s'assoit à une table ou au zinc qui entoure le foyer.
- ***Kahve :*** s'apparente au bar à l'occidentale.
- ***Çay bahçesi :*** pour boire du thé, comme son nom l'indique. On y trouve aussi d'autres boissons mais pas d'alcool.
- ***Köfteci :*** spécialités de viande hachée aux herbes et de brochettes.
- ***Restaurant :*** spécialités turques et internationales. Boissons alcoolisées, du moins dans les villes touristiques.
- ***Pideci :*** spécialisé en *pide.*
- ***Gazino :*** c'est la version « musique et animation » de l'*içkili lokanta* (orchestre, danseuses du ventre...).
- ***İşkembe salonu :*** sert la soupe aux tripes et autres abats.

### Le *kuver*

Dans les *meyhane* et certains restaurants de la catégorie « Chic », ne vous étonnez pas de voir facturé le *kuver.* Il s'agit d'une somme fixe par personne pour l'eau et le pain. En général, il est indiqué en bas de la carte.

## SANTÉ

Peu de risques sanitaires majeurs particuliers. Les hôpitaux publics manquent souvent de moyens, mais Istanbul compte beaucoup de cliniques privées très modernes.

### Recommandations

Il existe en Turquie un risque relativement important d'hépatite A, à un moindre degré de typhoïde et autres maladies transmises par l'eau et l'alimentation. Il est recommandé d'adopter les règles alimentaires universelles, même si l'on peut se permettre de les appliquer moins rigoureusement qu'en Afrique noire ou en Inde. ***Ne jamais boire l'eau du robinet,*** proscrire les glaçons, éviter les aliments qui auraient pu être congelés (pannes d'électricité fréquentes : décongélation-recongélation). Se méfier des fruits de mer vendus dans des stands en plein air. Éviter surtout les moules fourrées au riz, lavées dans l'eau du Bosphore. En revanche, on peut manger sans problème des crustacés (langouste, crabe, etc.).

– En cas de diarrhée : s'il y a fièvre associée ou présence de pus, de glaires ou de sang, consulter d'urgence un médecin. Sinon, le traitement d'une simple *turista* de l'adulte repose sur un inhibiteur de la sécrétion intestinale Acécadotril (*Tiorfan* ; 1 gélule d'emblée puis 1 gélule 3 fois/j., si possible au milieu des repas ; maximum 7 j.).

### Vaccinations

Aucune vaccination n'est « administrativement » exigée. Les vaccinations « universelles », déjà recommandées en France, sont évidemment encore plus utiles en Turquie : diphtérie-tétanos-polio-coqueluche, rougeole, hépatite B (6 à 8 % de la population turque est porteuse du virus de l'hépatite B). Si vous êtes né après 1950, si vous n'avez jamais fait de jaunisse dans l'enfance, la vaccination contre l'hépatite A est fortement recommandée. Pour les séjours longs et/ou ruraux, les vaccinations contre la fièvre typhoïde et la rage sont conseillées.

### Médicaments

On peut trouver à peu près tous les médicaments indispensables en Turquie, certains délivrés uniquement sur ordonnance médicale. Inutile de partir avec une pharmacie ambulante. Emportez une crème solaire d'indice élevé, surtout l'été.

Les moustiques ne sont guère plus virulents que chez nous, mais prévoyez tout de même un produit répulsif et une crème en cas de piqûre.

Beaucoup – pour ne pas dire la quasi-totalité – des répulsifs antimoustiques/arthropodes vendus en grande surface ou en pharmacie sont peu ou insuffisamment efficaces. Une gamme conforme aux recommandations de l'OMS et du ministère français de la Santé est fiable : *Insect Écran* (adulte, enfant, vaporisation, imprégnation des tissus).

■ ***Catalogue Santé Voyages :*** ☎ *01-45-86-41-91.* Les produits et matériels utiles aux voyageurs, assez difficiles à trouver dans le commerce, peuvent être achetés par correspondance sur le site : • *astrium.com* • Infos complètes sur toutes destinations, boutique web, paiement sécurisé, expéditions So Colissimo (48h) ou Chronopost (24h).

## Faux médicaments

La contrefaçon de médicaments touche tous les pays et toutes les classes thérapeutiques. À noter toutefois que les autorités turques se sont engagées, ces derniers temps, en matière de lutte contre la circulation et la vente de faux médicaments. Un faux médicament est au mieux inefficace et au pire mortel. Mais, parce qu'il ne soigne jamais convenablement et qu'il est fabriqué dans la clandestinité sans aucun contrôle sanitaire, le faux médicament est toujours dangereux. L'IRACM, l'Institut international de recherche anti-contrefaçon de médicaments, vous donne des conseils pratiques et les précautions à suivre en prévision de votre séjour, durant les formalités d'embarquement, pendant le vol, une fois à destination et, enfin, si vous êtes contraint d'acheter des médicaments sur place. Pour plus d'informations, rendez-vous sur le site • *iracm.com* •

***Avant votre voyage***

– Prenez suffisamment de médicaments pour toute la durée de votre séjour.
– Voyagez avec votre ordonnance rédigée en « Dénomination commune internationale » (DCI).

***Lors des formalités d'embarquement et pendant le vol***

– Conservez au moins une partie de vos médicaments en cabine (utile en cas de perte ou de retard de votre valise).
– Gardez vos médicaments dans leurs emballages d'origine.

***En cas d'achat de médicament à l'étranger***

– Pas de médicaments sans consultation.
– Soyez vigilant face aux contrefaçons.
– N'achetez vos médicaments qu'auprès de revendeurs officiels (pharmacies).
– Vérifiez attentivement vos médicaments et leur conditionnement.
– Attention aux effets indésirables inhabituels. Consultez un médecin dans les plus brefs délais et apportez-lui les médicaments suspects.

*Source : IRACM.* L'Institut international de recherche anti-contrefaçon de médicaments est une association internationale indépendante à but non lucratif dont la mission principale est de promouvoir et développer la lutte contre le trafic de faux médicaments à travers le monde.

# SITES INTERNET

Vous trouverez des infos pour préparer votre voyage sur les sites suivants :

• ***routard.com*** • Le site de voyage nº 1, avec plus de 800 000 membres et plusieurs millions d'internautes chaque mois. Pour s'inspirer et s'organiser, près de 300 guides destinations actualisés, avec les infos pratiques, les incontournables et les dernières actus, ainsi que les reportages terrain et idées week-end de la rédaction. Partagez vos expériences avec la communauté de voyageurs : forums de discussion avec avis et bons plans, carnets de route et photos de voyage. Enfin, vous trouverez tout pour vos vols, hébergements, voitures et activités, sans oublier notre sélection de bons plans, pour réserver votre voyage au meilleur prix.
• ***diplomatie.gouv.fr*** • Cliquer sur « Conseils aux voyageurs ». Le site du ministère français des Affaires étrangères, mis à jour régulièrement, répertorie les régions déconseillées et donne aux voyageurs, selon un classement par pays, des conseils généraux de sécurité, les formalités d'entrée et de séjour. Un site à consulter avant votre départ.
• ***turquietourisme.ktb.gov.tr*** • Site officiel de l'office de tourisme turc. En français.

- ***ifea-istanbul.net*** • Site de l'Institut français d'études anatoliennes (cartes, travaux de recherche, etc.).
- ***ibb.istanbul/en*** • Site de la municipalité d'Istanbul, avec beaucoup de renseignements en anglais.
- ***ktb.gov.tr*** • Site officiel du ministère du Tourisme turc. Version en anglais.
- ***tr.ambafrance.org*** • Site de l'ambassade de France à Ankara.
- ***istanbulguide.net*** • Assez vieillot mais plein d'infos sur la ville (pratiques, culturelles... mais aussi commerciales). En français.
- ***cuisine-turque.com*** • Un site consacré à la cuisine turque avec une pléiade de recettes. En français.
- ***meteoturquie.com*** • Pour connaître le temps qu'il fera à Istanbul. Version en français.
- ***biletix.com*** • Agenda des spectacles et billetterie en ligne. Version en anglais.
- ***aujourdhuilaturquie.com*** • Journal en ligne francophone, rédigé en grande partie par des Turcs. Pas mal d'articles intéressants sur l'actualité d'Istanbul.

### Transports

- ***iett.istanbul*** • Le site des bus, tram et métro à Istanbul. Version en anglais.
- ***sehirhatlari.istanbul*** • ***turyol.com*** • ***denturavrasya.com*** • Sites des 3 compagnies de transports en bateau à Istanbul. Version en anglais.
- ***tcdd.gov.tr*** • Le site du réseau ferroviaire. En anglais.
- ***istairport.com*** • Le tableau des départs et arrivées des vols de l'aéroport d'Istanbul. En anglais.
- ***sgairport.com*** • Le tableau des départs et arrivées des vols de l'aéroport Sabiha Gökçen. En anglais.

## TÉLÉPHONE ET INTERNET

### Téléphone

#### *Communications nationales*

Les numéros de téléphone se décomposent de la manière suivante :
– le zéro (« 0 ») ;
– l'indicatif de région, qui comporte 3 chiffres (à composer si vous appelez d'une autre région) ;
– le numéro du correspondant (généralement à 7 chiffres).
Par exemple, depuis Istanbul, pour appeler un numéro en Cappadoce, composez le ☎ 0-384 + 7 chiffres. Si vous êtes déjà en Cappadoce, ne faites que les 7 chiffres de votre correspondant.
– Pour appeler un portable turc, faites toujours le « 0 » qui précède le numéro (exemple : 0-523 + 7 chiffres).

#### *Communications internationales*

– ***Europe → Turquie :*** composez le 00 + 90 + l'indicatif de la région (sans le « 0 ») suivi du numéro à 7 chiffres de votre correspondant.
– ***Turquie → Europe :*** faites le 00 + 33 (pour la France) ou 32 (pour la Belgique) ou 41 (pour la Suisse) + le numéro de votre correspondant à 8 ou 9 chiffres (sans le 0 initial).

#### *Communications à Istanbul*

Istanbul a la particularité de posséder ***2 indicatifs régionaux téléphoniques*** : 212 pour l'Europe, 216 pour l'Asie. Pour appeler la même rive, composer seulement le numéro à 7 chiffres. D'une rive à l'autre, ne pas oublier de composer le « 0 » et l'indicatif régional (le tarif reste identique).

***Divers***

- ***PCV (Turquie → France) :*** *composer le ☎ 0-811-288-00-33.*
- ***Renseignements téléphoniques :*** *☎ 118-11.*

## Le téléphone portable en voyage

Vous pouvez utiliser votre propre téléphone portable en Turquie si vous disposez de l'option « International ». Renseignez-vous auprès de votre opérateur sur les conditions d'utilisation de votre portable à l'étranger.

- ***Activer l'option « international » :*** elle est en général activée par défaut. Sinon, pensez à contacter votre opérateur pour souscrire à l'option (gratuite) au moins 48h avant le départ.

- ***Le* « roaming » *ou itinérance :*** c'est un système d'accords internationaux entre opérateurs. Concrètement, cela signifie que lorsque vous arrivez dans un pays, le nouveau réseau local s'affiche automatiquement. Vous recevez rapidement un SMS de votre opérateur qui propose un pack voyageur plus ou moins avantageux, incluant un forfait limité de consommations téléphoniques et de connexion internet.

- ***Forfaits étranger inclus :*** certains opérateurs proposent des forfaits où ***35 jours de roaming par an sont offerts*** dans le monde entier. On peut donc cumuler plusieurs voyages à l'étranger sans se soucier de la facture au retour. Attention, si SMS, MMS et appels sont souvent illimités, la connexion internet est, elle, limitée. D'autres opérateurs offrent carrément le *roaming* toute l'année vers certaines destinations. Renseignez-vous auprès de votre opérateur.

- ***Tarifs :*** ils sont propres à chaque opérateur et varient en fonction des pays (le globe est découpé en plusieurs zones tarifaires). ***N'oubliez pas que, à l'international, vous êtes facturé aussi bien pour les appels sortants que pour les appels entrants, idem pour les textos.*** Donc quand quelqu'un vous appelle à l'étranger, vous payez aussi. Soyez bref !

- ***Acheter une carte SIM sur place :*** une option avantageuse. Il suffit d'acheter à l'arrivée une carte SIM auprès des compagnies *Türkcell, Vodafone* ou *Türk Telekom.* Se munir d'une pièce d'identité. On vous attribue alors un numéro de téléphone local et un petit crédit de communication. Attention, on ne peut plus vous joindre sur votre numéro habituel mais uniquement sur ce nouveau numéro. Avant de signer le contrat, essayez la carte SIM afin de vérifier si celle-ci est compatible avec votre téléphone préalablement débloqué. Ensuite, il suffit de recharger en fonction de ses besoins.

## La connexion internet en voyage

- ***Se connecter au wifi*** à l'étranger est le seul moyen d'avoir accès au Web gratuitement si vous ne disposez pas d'un forfait avec *roaming* offert.

Le plus sage consiste à ***désactiver la connexion*** « données mobiles ». On peut enclencher le mode « Avion » et activer ensuite le wifi. Attention, le ***mode « Avion »*** empêche, en revanche, de recevoir appels et messages.

En Turquie, dans les zones touristiques, la grande majorité des hôtels, restos et bars disposent d'un réseau, le plus souvent gratuit. Certaines zones (places et rues principales) proposent le wifi gratuit, il suffit de se brancher.

- Une fois connecté au wifi, vous avez accès à tous les services de la ***téléphonie par Internet. WhatsApp, Messenger*** (la messagerie de *Facebook*), ***Viber*** et ***Skype.***

## En cas de perte ou de vol de votre téléphone portable

Suspendre aussitôt sa ligne permet d'éviter de douloureuses surprises au retour du voyage ! Voici les numéros des 4 opérateurs français, accessibles depuis la France et l'étranger :

- **Free :** *depuis la France, composer le ☎ 32-44 ; depuis l'étranger, ☎ + 33-1-78-56-95-60.*
- **Orange :** *depuis la France, ☎ 0800-100-740 ; depuis l'étranger, ☎ + 33-969-39-39-00.*
- **SFR :** *depuis la France, ☎ 1023 ; depuis l'étranger, 📱 + 33-6-1000-1023.*
- **Bouygues Telecom :** *depuis la France comme depuis l'étranger, ☎ + 33-800-29-1000 (appel gratuit).*

Vous pouvez aussi demander la suspension de votre ligne depuis le site internet de votre opérateur.

## Accès à Internet

Pas de problème pour se connecter à la Toile en Turquie. Tous les hébergements permettent de se connecter gratuitement au wifi. Mais attention, l'accès à certains sites (voir « Liberté de la presse » dans la rubrique « Médias » du chapitre « Hommes, culture, environnement ») est filtré, ce qui occasionne parfois quelques surprises.

# TRANSPORTS

- ***Istanbulkart :*** si vous envisagez d'effectuer de nombreux déplacements lors de votre séjour, vous avez tout intérêt à acheter cette carte magnétique. Elle coûte 6 TL et se trouve dans les kiosques à journaux et certains magasins comme les épiceries. Elle s'achète aussi aux bornes automatiques situées près des arrêts de tram ou dans les stations de métro (dans ce cas, compter 10 TL ; vous bénéficiez alors d'un crédit de 4 TL pour voyager). On la charge et recharge à mesure aux bornes automatiques du montant que l'on veut (seuls les billets sont acceptés ; les machines ne rendent pas la monnaie). Le crédit restant lors de votre départ n'est pas remboursable. Lors des grandes fêtes (par exemple celle du Mouton), les transports sont gratuits pour tous.

L'*Istanbulkart* permet de circuler, grosso modo, à demi-tarif dans les bus municipaux et privés, le tramway, le Tünel, les ferries, l'« autobus de mer » *(deniz otobüsü),* le métro dont le Marmaray et le téléphérique Pierre-Loti, le funiculaire *(füniküler)* reliant Taksim à Kabataş (bref, partout sauf dans les taxis et les bateaux qui font la croisière sur le Bosphore) : le voyage coûte alors près de 2,60 TL, puis environ 1,90 TL pour les correspondances pendant les 2h suivantes. La carte n'est pas nominative : vous pouvez donc circuler à plusieurs avec la même carte, mais seul un des passagers bénéficie alors des correspondances à prix réduit.

- ***Tickets à l'unité :*** ils peuvent s'utiliser pour prendre le tramway, le métro, le Tünel, le funiculaire et la Marmaray. Ils s'achètent dans les bornes automatiques proches des arrêts. Tarif : 5 TL quel que soit le nombre de stations, donc beaucoup moins intéressant qu'une carte.

## Le tramway

Fonctionne de 6h à minuit, mais les horaires peuvent légèrement varier selon la saison.

- ***La ligne principale (T1)*** relie Kabataş (près du palais de Dolmabahçe) à Bağcılar après avoir traversé le vieux Stamboul : Sultanahmet, le Grand Bazar, Beyazıt, Askaray, etc.
- ***La ligne T2*** relie la station supérieure du funiculaire *(Tünel ; zoom détachable 1, D3)* à la place de Taksim, en haut d'İstiklâl Caddesi *(zoom détachable 1, E2).* C'est le tram original du début du XXe s, conservé en parfait état.
- ***La ligne T4*** relie la station Topkapı à Mescid-i-Selam (banlieue nord de la rive européenne). Elle vous sera utile pour aller visiter Saint-Sauveur-in-Chora, la mosquée du sultan Mihrimah, etc.
- ***La ligne T5*** devrait relier prochainement la nouvelle gare routière *(Alibeyköy Otogarı)* à Eminönü.

## Le métro

Fonctionne grosso modo de 6h à minuit (24h/24 ven-sam). On vous signale les lignes principales. Les autres ne devraient pas vous être très utiles.
– ***La ligne M1a*** part de Yenikapı, dans le vieil Istanbul, et va jusqu'à l'ancien aéroport Atatürk. Elle est reliée à la principale ligne de tramway (T1) Bağcılar-Kabataş aux stations *Yusuf Paşa* et *Zeytinburnu.* Après la station *Otogar,* cette ligne se divise : un petit tronçon mène à Bağcılar Meydan (ligne M1b), un autre conduit à l'ancien aéroport *(Havalimanı).* Elle sera bientôt prolongée jusqu'à la gare ferroviaire d'Halkalı.
– ***La ligne M2*** Yenikapı-Hacıosman relie Sultanahmet aux tours de verre des quartiers d'affaires au nord, en passant par le centre-ville moderne *(Beyoğlu – pl. de Taksim).*
– Sur la rive asiatique, la ***ligne M4*** relie Kadıköy à Tavşantepe. Elle permet de rejoindre Kadıköy depuis Sultanahmet par le Marmaray, en changeant à Ayrılık Çeşmesi.
– La ***ligne M11,*** dont l'ouverture devrait avoir lieu courant 2020 ou 2021, permettra de relier le nouvel aéroport au centre d'Istanbul via la station de Gayrettepe (au nord de Taksim).

#### *La ligne Marmaray*

Tlj 6h-minuit ; un train ttes les 10 mn (ttes les 5-7 mn aux heures de pointe). Le métro Marmaray (pour « *Marmara Rail* ») fonctionne avec un ticket magnétique de 5 TL (il existe également un ticket pour 3 voyages : 11 TL) ou avec l'*Istanbulkart.* Si on utilise le Marmaray pour se déplacer en centre-ville, on peut se faire rembourser une partie du trajet. Pour cela, il faut scanner son *Istanbulkart* à la sortie de la station.
Après 10 ans de travaux, la ligne a été inaugurée en octobre 2013, entre Kazlıçeşme (rive européenne) et Ayrılık Çeşmesi (rive asiatique). Il s'agit en fait de la réactivation d'un vieux projet élaboré dans les années 1860 par un ingénieur français visionnaire. La ligne Marmaray relie les 2 continents par voie ferrée souterraine. Pour traverser le Bosphore, un tunnel antisismique de 1,4 km fut immergé et enterré par 60 m de fond, entre Sirkeci et Üsküdar. Côté européen, il passe sous la vieille ville pour rejoindre la gare ferroviaire d'Halkalı (à 20 km environ à l'ouest d'Istanbul) via Yenikapı. Côté asiatique, le tunnel se poursuit jusqu'à Gebze en passant par la gare TGV de Pendik.

## Le *Tünel* (vieux métro)

Le vieux métro est une ligne très courte qui relie le pont de Galata à İstiklâl Caddesi. Fonctionne de 7h (7h30 dimanche) à 22h45 environ, avec des tickets magnétiques vendus aux bornes automatiques près du départ (5 TL pour un trajet), ou utilisez votre *Istanbulkart.*

### LE BOUT DU TÜNEL

*C'est en 1871 que les Français installèrent la ligne du « métropolitain de Galata et de Péra », soit l'un des plus vieux métros au monde (30 ans avant Paris) et aussi le plus court (650 m). Les projets d'extension de la ligne n'ont jamais été réalisés, et le trajet du nouveau métro d'Istanbul l'ignore presque totalement. C'est une sorte de funiculaire souterrain, bien utile pour gravir la colline de Galata sans fatiguer vos sveltes gambettes.*

## Le *füniküler*

Fonctionne de 6h (6h30 le dimanche) à minuit. Ce funiculaire (qui s'apparente plus à un métro) relie la place de Taksim et le terminus du tramway, Kabataş *(plan détachable, F2).* Il effectue ainsi la jonction entre la ligne de tramway qui vient de Bağcılar et la ligne de métro qui dessert les quartiers au nord de Taksim.
À signaler également le charmant et insolite téléphérique qui relie la station Eyüp (rive droite de la Corne d'Or) à la station Pierre-Loti, perchée sur un flanc de colline.

## Les taxis *(taksi)*

Ils sont de couleur jaune, comme à New York, nombreux et omniprésents. C'est un moyen de transport bon marché à plusieurs. Compter environ 4 TL de prise en charge.
Quelques idées de tarifs (hors embouteillages importants) :
➢ *Sultanahmet-Taksim :* env 25-35 TL ;
➢ *Sultanahmet-Kariye :* env 25-35 TL ;
➢ *Sultanahmet-Yenikapı :* env 15-20 TL ;
➢ *Sultanahmet-Dolmabahçe :* env 30-35 TL ;
➢ *Sultanahmet-Kariye Müzesi (Saint-Sauveur-in-Chora) :* env 25-30 TL.
Prévoyez toujours l'appoint, car les chauffeurs n'ont jamais (ou très rarement) de monnaie à vous rendre... sauf en insistant lourdement.
Les chauffeurs ne connaissent pas toujours bien la ville, qui est étendue et très complexe, avec plusieurs milliers de *sokak* (petites rues). Munissez-vous de la carte de visite de votre hôtel. Le mieux est d'indiquer un point de repère connu, puis de continuer à pied. Avant qu'il ne démarre, assurez-vous que votre chauffeur a bien compris la destination et que le compteur *(taksimetre)* n'est pas défaillant. Si vous voulez vous rendre au palais de Topkapı, précisez « Topkapı Müzesi ». Sinon, on risque de vous conduire dans le quartier nommé également Topkapı, près des remparts, situé à 8 km du musée.
Évitez de prendre les taxis qui attendent les touristes aux endroits stratégiques, devant certains édifices, hôtels de luxe et à la sortie des bazars. Ils proposent un forfait toujours désavantageux.
Pas de tarif spécial la nuit, les dimanches et jours de fête.
Dernier point : certains chauffeurs laissent le compteur tourner pendant que vous essayez poliment de leur expliquer qu'ils se trompent. Soyez ferme dans ce cas-là, si le chauffeur ne veut pas entendre raison, donnez-lui ce que vous pensez être le juste prix pour la course et descendez.

## Le bus

Le moyen de transport le moins cher mais il est souvent plein à craquer aux heures de pointe. Il peut être pratique si vous utilisez l'appli ● *trafi.com.tr* ● La plaque située à l'avant gauche du véhicule indique la tête de ligne (affichage numérique en haut du pare-brise pour les modèles les plus récents). Cela suppose évidemment de connaître la ville ou de demander conseil à quelqu'un.
Accessible avec l'*Istanbulkart,* sinon les billets s'achètent dans les guérites de la compagnie *IETT* aux arrêts principaux : il s'agit en fait d'une carte magnétique valable pour 1 ou 2 trajets, aussi bien dans les bus municipaux (aux pancartes blanches ou numériques) que dans les bus privés bleu-vert (aux pancartes jaunes). Dans les bus privés, vous pouvez payer votre trajet auprès du chauffeur.

## Le *dolmuş*

Le *dolmuş* (prononcer « dolmouche ») est un taxi collectif. Très pratique et économique, le *dolmuş* suit des lignes régulières. On paie au début de la course en précisant sa destination (on peut descendre avant le terminus, c'est alors moins cher). Attention à bien payer le même prix que les autres passagers.
Possibilité de descendre où l'on veut sur le trajet, pour peu que l'on prévienne le chauffeur le moment venu : dire *inecek var,* qui se prononce « inédjèk var ». On peut aussi le héler en cours de route s'il y a de la place. Il n'y a pas de *dolmuş* partout. N'en cherchez pas, par exemple, à Sultanahmet, où ils ont été remplacés par le tramway.
Si vous vous installez sur la rangée de sièges du milieu, les passagers du fond vous passeront la monnaie à transmettre au chauffeur en vous indiquant leur destination, message que vous serez censé transmettre au chauffeur. Situation embarrassante, souvent comique lorsque l'on ne comprend rien au turc.

## Les bateaux ou ferries *(vapur)*

Le moyen le plus agréable pour circuler à Istanbul et faire une minicroisière, à portée de toutes les bourses ! Aux heures de pointe, il faut voir le ballet incessant de ces bateaux blancs (*vapur* ou *motor*) entre les 2 rives du Bosphore.
Il existe 4 compagnies : la compagnie municipale ***Şehir Hatları*** • sehirhatlari.istanbul • et 3 compagnies privées, ***Turyol*** • turyol.com •, ***Dentur Avrasya*** • denturavrasya.com • ***Mavi Marmara*** • mavimarmara.net • Horaires et trajets affichés aux embarcadères, dans les offices de tourisme ou sur les sites des compagnies. Tarifs identiques sauf pour les croisières sur le Bosphore et les îles des Princes. Tickets vendus aux embarcadères (5 TL pour une simple traversée du Bosphore) ou possibilité d'utiliser l'*Istanbulkart*.

***Les lignes principales***

*İskele* signifie « embarcadère », *Kalkış* (K), « départ », et *Varış* (V), « arrivée ».

Au départ de l'***embarcadère d'Eminönü*** *(plan d'ensemble et plan détachable, D4)*, les embarcadères de la compagnie publique *Şehir Hatları (plan détachable, D4, **20**)* sont situés à droite du pont de Galata (dos à Sultanahmet ; on vous les cite dans l'ordre en s'éloignant du pont ; ils portent en grosses lettres le nom de la destination).

➢ ***Kadıköy*** (rive asiatique) : départs ttes les 20 mn, 7h35 (7h45 w-e)-0h50 env. Trajet : près de 20 mn.

➢ ***Üsküdar*** (rive asiatique) : départs ttes les 20 mn, 7h (8h dim et j. fériés)-23h30 env. Trajet : 20 mn.

➢ ***Le Bosphore*** *(Boğaz) :* il existe une ***croisière longue*** et une ***croisière courte.*** Voir « La croisière sur le Bosphore » plus loin.

➢ ***Les îles des Princes*** *(Adalar hatti) :* tlj, départs env ttes les heures, 6h50 (7h dim et j. fériés)-minuit.

➢ ***La Corne d'Or*** *(Haliç) :* les départs se font depuis l'embarcadère de Karaköy, situé en face de celui d'Eminönü.

➢ Également des bateaux pour ***Üsküdar, Kadıköy, le Bosphore*** et ***les îles des Princes*** avec la compagnie *Turyol.* L'embarcadère se trouve à droite du pont de Galata, dos à Sultanahmet *(plan détachable, D4, **21**).* La compagnie *Mavi Marmara* dessert les îles des Princes *(plan détachable, D4, **23**)*.

➢ ***Bursa :*** embarcadère de la compagnie *Budo (plan détachable, D4, **22**)* à droite du pont de Galata (dos à Sultanahmet). *Rens :* • budo.burulas.com.tr •

Au départ de l'***embarcadère de Karaköy*** *(plan détachable, E4, et plan Le quartier de Karaköy, B3 et C3).* Départs avec la compagnie *Şehir Hatları,* sur le côté gauche du pont (dos à Galata) :

➢ ***Kadıköy*** (rive asiatique) : ttes les 20 mn (20-30 mn dim), 6h20 (6h30 sam ; 7h30 dim et j. fériés)-1h du mat.

➢ ***La Corne d'Or*** *(Haliç) :* départ env ttes les 1h ; lun-sam 7h45-20h, dim et j. fériés 10h35-21h. Compter 40 mn de trajet jusqu'à l'embarcadère d'Eyüp. Le bateau fait escale à Kasimpaşa, Fener, Balat, Hasköy, Ayvansaray et Sütlüce, avant de terminer son trajet à ***Eyüp.*** Également des bateaux pour ***Üsküdar, Kadıköy*** et ***les îles des Princes*** avec *Turyol.* L'embarcadère se trouve sur la droite du pont (dos à Galata).

Au départ de l'***embarcadère de Kabataş*** *(plan d'ensemble, F2).*
Avec la compagnie *Dentur Avrasya,* bateaux fréquents pour ***Üsküdar*** (7h25-20h10 en sem ; 8h15-20h15 le w-e) et ***Kadiköy*** (7h15-19h45 lun-ven ; 8h15-19h45 w-e et j. fériés). Également 7-10 départs/j. pour ***le Bosphore, la Corne d'Or*** et ***les îles des Princes.*** Avec la compagnie *Şehir Hatları,* 6-7 bateaux/j. pour les îles des Princes, 6h35-18h15 (sam 7h05-19h55).

Au départ de l'***embarcadère de Beşiktaş*** (près du musée de la Marine ; *plan d'ensemble, G2*), avec la compagnie *Şehir Hatları :*

➢ ***Kadıköy*** (rive asiatique) : liaisons ttes les 30 mn, 7h15 (7h45 w-e et j. fériés)-23h45.

➢ ***Eminönü*** (rive européenne) : liaisons ttes les heures, 8h30-19h35.

➢ Également quelques bateaux pour ***les îles des Princes*** avec *Şehir Hatları* et *Dentur Avrasya.*

➢ Bateaux fréquents pour ***Üsküdar*** (tlj 6h20-1h) et ***Kadiköy*** (7h-20h30 lun-sam ; 7h30-20h30 dim et j. fériés) avec la compagnie *Dentur Avrasya.* Propose également des bateaux pour ***le Bosphore, la Corne d'Or*** et ***les îles des Princes.***

Au départ de l'***embarcadère d'Üsküdar*** (rive asiatique ; *plan d'ensemble, G3*), avec la compagnie *Şehir Hatları :*

➢ ***Eminönü*** (rive européenne) : départs ttes les 20 mn, 6h30 (7h10 dim)-23h. Trajet : 15-20 mn.

Également des bateaux fréquents pour ***Kabataş*** (6h45-minuit en sem ; 7h-minuit le w-e) et ***Beşiktaş*** (tlj 6h10-0h45) avec *Dentur Avrasya* ; bateaux pour ***Eminönü*** et ***Karaköy*** avec *Turyol.*

Au départ de l'***embarcadère de Kadıköy*** (rive asiatique ; *plan Le quartier de Kadıköy, A1*), avec la compagnie *Şehir Hatları* :

➢ ***Eminönü*** (rive européenne) : départs ttes les 20 mn tlj, 7h (7h10 w-e)-1h du mat.

➢ ***Karaköy*** (rive européenne) : ttes les 20 mn, 6h10 (6h30 sam, 7h10 dim)-1h du mat.

➢ ***Beşiktaş*** (rive européenne) : ttes les 30 mn, 6h45 (7h20 w-e et j. fériés)-23h15.

➢ ***Les îles des Princes :*** tlj, départs env ttes les 1h-1h30, 7h10-0h20 (7h50-23h50 dim et j. fériés).

➢ Également des bateaux pour Eminönü, Beşiktaş, Karaköy, le Bosphore et les îles des Princes avec *Turyol.*

***Gare maritime de Yenikapı*** *(plan d'ensemble et plan détachable, B6) :* pour l'autre rive de la mer de Marmara (vers l'Égée du Nord) et pour quitter Istanbul.

## Les bateaux-taxis *(deniz taksi)*

*– Rens : ☎ (0212) 444-44-98. • deniztaksi.com.tr • (en turc). Fonctionne tlj, 24h/24, sur résa seulement. CB acceptées.*

Des bateaux-taxis relient notamment ***Eminönü, Ortaköy, Moda*** (rive asiatique) et de très nombreux points le long du ***Bosphore*** et les ***îles des Princes.*** En tout, une trentaine d'escales. Chaque bateau fonctionne comme un taxi avec un compteur. On vous le signale, mais c'est très cher !

## En voiture

À éviter si l'on ne veut pas avoir une crise cardiaque. Si vous avez un véhicule, la solution la plus sage est de le laisser dans un ***parking*** *(otopark).*

# URGENCES

Avec un peu de chance, vous tomberez sur quelqu'un qui parle l'anglais.

## Urgences médicales ou en cas d'accident

- ***Ambulance :*** *☎ 112.*
- ***Police-secours :*** *☎ 155.*

## En cas de perte ou de vol de votre carte de paiement

Se reporter à la rubrique « Argent, banques, change. Cartes de paiement » plus haut.

## En cas de perte ou de vol de votre téléphone portable

Se reporter à la rubrique « Téléphone et Internet » plus haut.

# BIENVENUE À ISTANBUL : ADRESSES ET INFOS UTILES

• Pour le plan détachable, le zoom détachable 1 (İstiklâl Caddesi), le zoom détachable 2 (Sultanahmet) et le plan détachable du métro et du tramway, voir en fin de guide • Plan d'ensemble *p. 72-73*

## L'arrivée à Istanbul

### En avion

ATTENTION : il existe ***2 aéroports*** à Istanbul. Les compagnies régulières atterrissent à l'*Istanbul Airport*. La plupart des compagnies *low cost* atterrissent à l'aéroport Sabiha Gökçen, sur la rive asiatique. Quant à l'ancien aéroport international Atatürk, il a définitivement fermé.

✈ ***Aéroport d'Istanbul (İstanbul Havalimanı) :*** *à 60 km env au nord d'Istanbul, du côté européen. ☎ (0212) 444-14-42. • istairport.com • Le nouvel aéroport d'Istanbul, conçu pour être le plus vaste au monde (il sera en réalité le 2d), inauguré fin 2018.* Immense et flambant neuf. Change aux comptoirs des banques, dans le hall des arrivées. Dans l'ensemble, les taux affichés sont un peu moins intéressants que ceux pratiqués en ville, et attention aux éventuelles commissions. Nombreux distributeurs de billets.

➢ Pour se rendre en ville, plusieurs possibilités :

– ***Les navettes de Havabus :*** un service de bus vous mène soit dans la ville moderne, près de la place Taksim *(zoom détachable 1, E2, **1**)*, soit au cœur de la vieille ville, devant Sainte-Sophie *(zoom détachable 2, D6, **1**)*. *Rens : • havabus.com • ; ☎ (0212) 444-26-56.* Départs 24h/24 dans les 2 sens, ttes les 30 mn (ttes les 45 mn 0h30-5h). Durée du trajet : 1h30-2h selon circulation. Prix : 18 TL. On achète le billet à bord (CB et *Istanbulkart* acceptées). Théoriquement, pas de paiement en liquide, mais en réalité on peut payer cash (en TL seulement) auprès d'un employé qui passe dans les rangs. C'est pour l'instant le moyen de transport le plus pratique, et son prix est raisonnable.

– ***Le métro*** *(plan détachable Les transports)* ***:*** l'aéroport doit être desservi prochainement par le métro (ligne 11). Lorsque cette ligne sera fonctionnelle, la prendre jusqu'à son terminus : station Gayrettepe. De là, changer pour le métro M2 en direction de Yenikapı. Descendre aux stations Taksim ou Şişhane pour le quartier de Galata (İstanbul moderne). Pour rejoindre Sultanahmet, descendre à Yenikapı. De là, prendre le Marmaray jusqu'à la station Sirkeci.

– ***Les minibus privés :*** il existe un service de minibus qui vous dépose (ou vient vous chercher) directement à la porte de votre hôtel ou *hostel*. Résa la veille dans le sens Istanbul-aéroport. Prix : env 10 €/pers. Assez cher, mais pratique si l'on a beaucoup de bagages. 2 compagnies sérieuses : ***Airport Shuttle*** *(☎ 0212-222-55-55 ; • istanbulairportshuttle.com •)* et ***Saw Travel Agency*** *(☎ 0212-522-73-47 ; • sawairport.com •).*

– ***Les taxis :*** compter env 140-180 TL selon le quartier et le trafic. Ils fonctionnent avec un compteur. S'ils refusent de le mettre ou prétextent qu'il ne marche pas, descendez ! Si vous n'avez

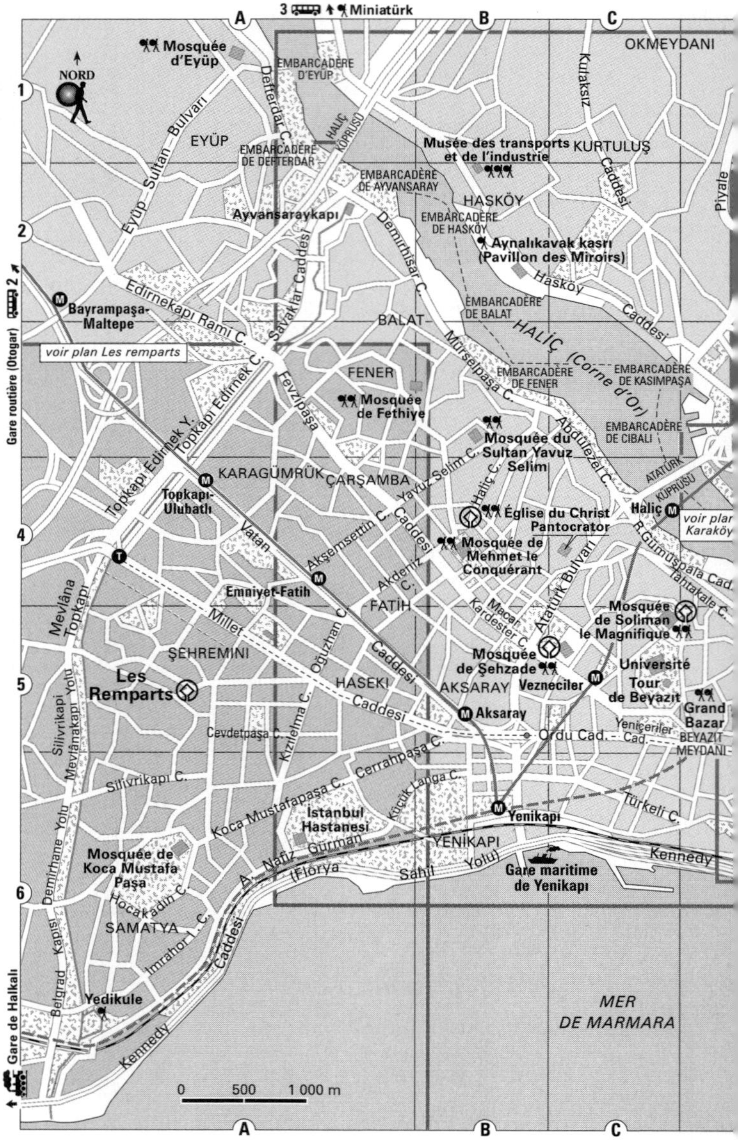

3 Miniatürk
A
B
C
1
2
4
5
6
NORD
Gare routière (Otogar) 2
Gare de Halkalı
Mosquée d'Eyüp
EYÜP
Eyüp Sultan Bulvarı
Defterdar C.
EMBARCADÈRE D'EYÜP
EMBARCADÈRE DE DEFTERDAR
HALİÇ KÖPRÜSÜ
EMBARCADÈRE DE AYVANSARAY
Ayvansaraykapı
OKMEYDANI
Kulaksız
Musée des transports et de l'industrie
KURTULUŞ
Caddesi
Piyale
HASKÖY
EMBARCADÈRE DE HASKÖY
Aynalıkavak kasrı (Pavillon des Miroirs)
Hasköy Caddesi
Demirhisar C.
EMBARCADÈRE DE BALAT
BALAT
HALİÇ (Corne d'Or)
Bayrampaşa-Maltepe
Edirnekapı Rami C.
Savaklar Caddesi
voir plan Les remparts
FENER
Mürselpaşa C.
EMBARCADÈRE DE FENER
EMBARCADÈRE DE KASIMPAŞA
Topkapı Edirnek C.
Fevzipaşa
Mosquée de Fethiye
Mosquée du Sultan Yavuz Selim
Abdülezel C.
EMBARCADÈRE DE CIBALI
Topkapı Edirnek Y.
ATATÜRK KÖPRÜSÜ
KARAGÜMRÜK
ÇARŞAMBA
Yavuz Selim C.
Haliç C.
Topkapı-Ulubatlı
Haliç
voir plan Karaköy
Église du Christ Pantocrator
Vatan
Akşemsettin C.
Caddesi
Mosquée de Mehmet le Conquérant
R.Gümüşpala Cad.
Tahtakale C.
Atatürk Bulvarı
Mevlâna Topkapı
Emniyet-Fatih
Akdeniz C.
FATİH
Macar Kardester C.
Mosquée de Soliman le Magnifique
Millet
ŞEHREMİNİ
Oğuzhan C.
Mosquée de Şehzade
Université
Vezneciler
Les Remparts
HASEKİ
Caddesi
AKSARAY
Tour de Beyazıt
Silivrikapı Mevlânakapı Yolu
Kızılelma C.
Caddesi
Aksaray
Grand Bazar
Cevdetpaşa C.
Ordu Cad.
Yeniçeriler Cad.
BEYAZIT MEYDANI
Cerrahpaşa C.
Silivrikapı C.
Koca Mustafapaşa C.
Küçük Langa C.
Yenikapı
Türkeli C.
Istanbul Hastanesi
Gürman
YENİKAPI
Kennedy
Demirhane Yolu
Mosquée de Koca Mustafa Paşa
A. Nafiz
(Florya
Sahil
Yolu)
Gare maritime de Yenikapı
Hocakadın C.
SAMATYA
İmrahor İ. C.
Caddesi
Kapısı
Belgrad
Yedikule
MER DE MARMARA
Kennedy
0 500 1 000 m

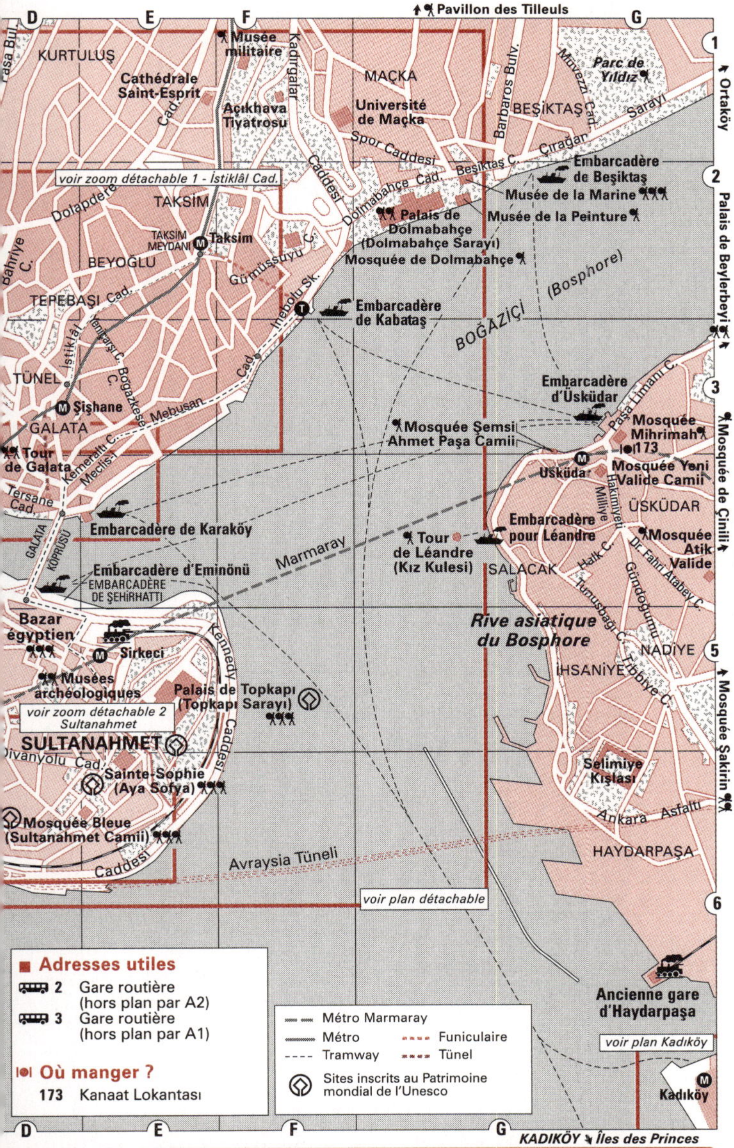


**ISTANBUL – Plan d'ensemble**

pas choisi votre hôtel, ne vous laissez surtout pas conseiller par le chauffeur, qui vous conduira chez un ami et repartira avec une commission que vous seul aurez payée, bien sûr. Faites-vous déposer dans le quartier de votre choix et commencez les recherches ! Si vous avez déjà une réservation dans un établissement, certains chauffeurs prétendront que celui-ci est fermé ou qu'ils ne le connaissent pas. Restez ferme et téléphonez à l'hôtel. Non mais !

✈ ***Aéroport Sabiha Gökçen :*** *situé du* ***côté asiatique,*** *à env 48 km de Taksim et 55 km de Sultanahmet. ☎ (0216) 585-50-00. • sgairport.com •* C'est là qu'atterrissent la plupart des compagnies *low cost.*

***Pour se rendre en ville***

– ***Navettes de bus Havabus*** *(☎ (0212) 444-26-56 ; • havabus.com •)* pour Taksim *(zoom détachable 1, E2,* ***1****),* ttes les 30 mn, 4h-1h du mat (3h30-1h depuis Taksim vers l'aéroport). Compter 1h-1h30 selon le trafic pour atteindre Taksim. Attention, ces navettes ne rejoignent pas le vieil Istanbul. Il faut donc prendre le *füniküler* puis le tramway, ou marcher 10 mn jusqu'au métro de la place Taksim et prendre la ligne M2 jusqu'à Yenikapı, puis le Marmaray jusqu'à la gare de Sirkeci. Billet : env 18 TL. Le billet s'achète à bord (CB et *Istanbulkart* acceptées).
Également une navette *Havabus* pour Kadıköy *(plan Le quartier de Kadıköy, B1,* ***1****),* sur la rive asiatique (compter env 14 TL), départs ttes les 30 mn, 4h-1h du mat (4h15-0h45 depuis Kadıköy). Elle s'arrête à 150 m environ au nord de l'embarcadère pour Eminönü et Karaköy.
– ***En bus public :*** depuis l'aéroport, le bus municipal E10 rejoint l'embarcadère de Kadıköy, 5h-3h30 du mat. Compter env 1h30 de trajet ; tarif : 5 TL (réduc avec l'*Istanbulkart*). De là, prendre le ferry pour Kabataş, Karaköy ou Eminönü.
– ***Les taxis :*** compter env 120-150 TL. Le chauffeur est tenu d'enclencher le compteur. S'il refuse, cherchez-en un autre !

## En train

***Gare de Sirkeci*** *(plan détachable, E5)* ***:*** *dans le vieil Istanbul. Infos : ☎ (0212) 520-65-75. Guichet tlj 8h-22h.* C'est de là que partaient les trains pour l'Europe, dont le célèbre *Orient-Express.* On peut y acheter les billets de trains (nationaux et internationaux) et se renseigner sur les horaires.

***Gare de Halkalı*** *(hors plan d'ensemble et hors plan détachable par A6)* ***:*** *à env 20 km à l'ouest de Sultanahmet. ☎ (0212) 678-48-00.* C'est d'ici que partent les trains pour Sofia (Bulgarie) et certains pour l'Anatolie (Ankara, Konya...). La gare d'Halkalı est reliée à Sultanahmet par le Marmaray (station Sirkeci). Pour rejoindre Galata, descendre à Yenikapı puis prendre la ligne de métro M2. Également le bus BN1 depuis Eminonü. Sinon, y aller en taxi.

***Gare de Haydarpaşa*** *(plan d'ensemble, G6)* ***:*** *sur la rive asiatique.* À la suite à un incendie il y a quelques années, cette ancienne gare à l'architecture néoclassique n'accueille plus de trains. Il faut se rendre à la gare de Halkalı (voir plus haut) ou à celle de Pendik, située à 50 km environ à l'est d'Istanbul et accessible en Marmaray.

## En bus

Il existe 2 gares routières :
***Ancienne gare routière*** *(Esenler Otogar ; hors plan d'ensemble par A2)* ***:*** *à l'ouest de la ville.* ***Attention, pourrait, à terme, fermer ses portes.*** Certaines compagnies ont une navette gratuite *(servis)* entre leurs bureaux du centre-ville et la gare routière. On peut aussi prendre le métro qui mène de la gare routière (station Otogar) à Aksaray (station Aksaray ; *plan détachable, B5*), où passe le tramway pour Sultanahmet.

***Nouvelle gare routière*** *(Alibeyköy Otogarı ; hors plan d'ensemble et hors plan détachable par A1,* ***3****)* ***:*** *à env 15 km au nord de la ville.* Doit être prochainement reliée à Eminönü avec l'ouverture de la ligne de tram T5, et par le métro M7 depuis Kabataş. Pour l'heure, elle est accessible par le bus 47E depuis Eminönü ou par le 49Z depuis la station de métro 4. Levant (sur la ligne M2). Sinon, là encore, certaines compagnies ont une navette gratuite *(servis)* entre leurs bureaux au centre-ville et la gare routière.

### En bateau

***Gare maritime de Yenikapı*** *(plan détachable, B6)* **:** *au sud de Sultanahmet, sur la route de l'aéroport Atatürk.* Pour les liaisons avec Yalova (à côté de Bursa) ou Bandırma. Pour rejoindre Sultanahmet, prendre le Marmaray (station Yenikapı) jusqu'à Sirkeci ; de là, emprunter le tramway direction Bağcılar pour le centre historique. Pour rejoindre Galata et Taksim, prendre le métro (ligne M2) à la station Yenikapı et descendre à la station Şişhane ou Taksim.

## Infos touristiques

***Offices de tourisme :***
*– À Sultanahmet (zoom détachable 2, E6) : Divan Yolu Cad. 3. ☎ (0212) 518-87-54. Dans un petit pavillon en bordure de l'hippodrome. Tlj 9h-22h.* Plutôt compétent.
*– À la gare de Sirkeci (plan détachable, E5) : sur le parvis extérieur, à gauche de l'entrée de la gare. ☎ (0212) 511-58-88. Tlj 9h-20h.*
*– À l'embarcadère d'Eminönü (plan détachable, D4) : sur le quai. Tlj 8h30-20h ; horaires réduits en hiver.* Office de tourisme de la municipalité. Surtout pour vérifier les horaires de bateau.
*– À Taksim (zoom détachable 1, E2) : au début de l'İstiklâl Cad. ; juste avt le consulat de France. Tlj 8h30-20h.* Office de tourisme de la municipalité.

## Services postaux

✉ **Poste centrale** *(plan détachable, D5)* **:** *Büyük Postane Cad. 25, à Sirkeci. Lun-ven 8h30-12h30, 13h30-17h.* Dans un superbe bâtiment du début du XXᵉ s avec une grande verrière.
✉ Il existe de nombreux ***autres bureaux*** : *ouv en général aux mêmes horaires. Les principaux sont à Galatasaray sur İstiklâl Cad., Beyoğlu (zoom détachable 1, E2-3) et à l'embarcadère de Kadıköy (rive asiatique). Un petit bureau au Grand Bazar (plan Le Grand Bazar, A2), fermé w-e. Un autre également dans un kiosque près de Sainte-Sophie (zoom détachable 2, E6), mais aux horaires quelque peu fantaisistes.*
– *Un conseil :* faites la queue aux guichets pour donner votre courrier et le faire affranchir (on trouve également des timbres dans certaines boutiques de Sultanahmet, mais les prix sont majorés). Cela peut prendre un bon moment, donc regroupez vos envois.
✉ ***Courrier urgent : DHL,*** *☎ 444-00-40.*

## Adresses postales

– ***Petit avertissement :*** il y a quelques années, la municipalité d'Istanbul a changé les numéros des adresses postales de la ville. Ne vous étonnez donc pas de voir, sur de nombreux pas de porte, une plaque bleue (ancienne adresse) et une plaque rouge (nouvelle adresse), portant des numéros différents. Si vous êtes parfois perdu (d'autant que toutes les rues ne portent pas de plaque indiquant leur nom), consolez-vous en vous disant que ça arrive même au courrier ! Et ne tombez pas dans le jeu de certains rabatteurs qui en profitent en affirmant que l'adresse n'existe plus...

## Argent, banques, change

Vous trouverez des banques, des bureaux de change et des distributeurs, dès votre arrivée, à l'aéroport et partout en ville. Les taux pratiqués dans la ville moderne sont légèrement plus favorables que ceux des bureaux de change de Sultanahmet. Voir cette rubrique dans « Istanbul utile », en début de guide.

## Représentations diplomatiques

■ ***Consulat général de France*** *(zoom détachable 1, E2,* ***4****)* ***:*** *İstiklâl Cad. 4, Taksim (entrée par Taksim Sok., la ruelle sur la droite du bâtiment). ☎ (0212) 334-87-30 (heures de bureau). • istanbul.consulfrance.org • Accueil du public : lun-ven 9h-12h30, sur rdv seulement. Permanence téléphonique lun-jeu 14h-17h30. Fermé w-e. En cas d'urgence et en dehors des horaires de bureau, permanence assurée t'lj 24h/24 au 📱 0532-311-06-19.*

■ ***Consulat de Belgique*** *(zoom détachable 1, E2,* ***5****)* ***:*** *Sıraselviler Cad. 39, Taksim. ☎ (0212) 243-33-00 ou (0212) 243-20-68. • diplomatie.belgium.be/turkey • Lun-ven 9h-12h, 13h30-16h. Fermé w-e. En cas d'urgence et en dehors des horaires de bureau, permanence au 📱 0532-473-58-00.*

■ **Consulat de Suisse** *(hors plan détachable par F1,* **6***)* ***:*** *Büyükdere Cad. 173, 1. Levent Plaza, A Block, 3ᵉ étage. ☎ (0212) 283-12-82. • eda.admin.ch/istanbul • Lun-ven 8h30-11h. Fermé w-e.*

■ **Consulat du Canada :** *Büyükdere Cad. 209, Tekfen Tower, Levent 4. ☎ (0212) 385-97-00. • ISTBL-CS@international.gc.ca • Lun-ven 8h30-12h30. Fermé w-e.*

## Accidents, ennuis de santé

✚ ***Hôpitaux :*** ***hôpital autrichien Saint-Georges*** *(Avusturya Sen Jorj Hastanesi ; plan Le quartier de Karaköy, B2), Bereketzade Medresesi Sok. 7. ☎ (0212) 243-25-90.* ***Hôpital allemand*** *(Alman Hastanesi ; zoom détachable 1, E2-3), Sıraselviler Cad. 119 ; en descendant de Taksim. ☎ (0212) 293-21-50.* ***Hôpital américain*** *(hors plan détachable par E1), Nişantaşı, Güzelbahçe Sok. 20. ☎ (0212) 231-40-50. À 2 km au nord de Beyoğlu.* Parmi les plus recommandables, tous privés ; le 1ᵉʳ est le moins onéreux. L'hôpital américain est très moderne, mais très cher. Essayez de contacter le médecin-conseil ci-dessous avant de vous y rendre.

■ ***Médecin :*** ***Dr Roxane-Lale Berjaoui-Asyan,*** *☎ (0212) 337-43-21. 📱 0532-795-19-19. • laleberjaoui@yahoo.fr •* Parfaitement francophone, elle (ou un assistant) vous orientera vers un médecin ou un hôpital en cas d'urgence à Istanbul comme sur l'ensemble du territoire turc.

■ ***Pharmacies :*** les pharmacies sont repérables à leur logo « E » en guise d'enseigne. Vous pourrez toujours vous débrouiller en anglais dans celles du centre.

■ ***Service d'ambulance :*** *☎ 112.*

## Transports

Pour circuler à Istanbul et dans les alentours, consulter la rubrique « Transports » dans « Istanbul utile », en début de guide. Voici quelques adresses importantes.

### Gares ferroviaires

Voir « L'arrivée à Istanbul. En train », plus haut.

### Compagnies de bus

Il existe plusieurs gares routières. Voir « L'arrivée à Istanbul. En bus », plus haut. Certaines compagnies ont une navette gratuite *(servis)* entre leurs bureaux au centre-ville et les gares routières. Compagnies ayant un bureau près de la place de Taksim :
– ***Kâmil Koç*** *(zoom détachable 1, F2, **8**) : Inönü Cad. 45. ☎ (0212) 444-05-562. Tlj 8h-minuit.*
– ***Pamukkale*** *(zoom détachable 1, F2, **9**) : Inönü Cad. 45. 📱 0530-546-04-66. Tlj 8h-minuit.*
– ***Ulusoy*** *(zoom détachable 1, F2, **9**) : Inönü Cad. 25A. ☎ (0212) 251-74-74. Tlj 8h-23h.*

### Compagnies aériennes

■ ***Air France-KLM :*** *☎ (0212) 310-19-19. • airfrance.com •*
■ ***Turkish Airlines :*** *☎ (0212) 444-08-49. • turkishairlines.com •*
■ ***Swiss :*** *☎ (0212) 319-19-19. • swiss.com •*
■ ***Lufthansa :*** *☎ (0212) 266-57-02. • lufthansa.com •*
■ ***Onur Air :*** *☎ 0850-210-66-87. • onurair.com •*



## Agence de voyages

■ ***Kirkit Voyage*** *(zoom détachable 2, E6, **10**) : Kutlugün Sok. 37A, à Sultanahmet. ☎ (0212) 518-22-82. • kirkit.com • Très pratique, contact à Paris (Mme Diler) : ☎ 01-42-94-05-03. • info@kirkit.com • Tlj sauf dim 9h-18h.* Une équipe francophone très sympa pour organiser votre voyage sur mesure et dans le moindre détail. Prix compétitifs et pour tous budgets. Transports locaux, réservation d'hôtels, transfert pour les aéroports, location de voitures, croisières et visites guidées. Kirkit est d'ailleurs la seule agence à Istanbul à proposer des visites guidées privées en français pour découvrir la ville hors des sentiers battus. Partenaire de l'UCPA, l'agence vous propose également des séjours sportifs (randos pédestres et équestres, catamaran, planche à voile, kayak de mer, kitesurf, etc.) en Cappadoce, à Hisarönü ou encore à Datça. Loue également, au cœur de Sultanahmet, un appartement pour 4 personnes, restauré dans un esprit contemporain et doté d'une terrasse avec vue sur la mer *(250-275 €/nuit ; service de laverie et ménage quotidien).*

## Divers

■ ***Institut français*** *(zoom détachable 1, E2, **4**) : Istiklâl Cad. 4, dans l'enceinte du consulat français, à Taksim (entrée par la Taksim Sok., la ruelle sur la droite du bâtiment ; même entrée que celle du consulat). ☎ (0212) 393-81-11. • ifturquie.org • Tlj 9h (9h30 w-e)-21h30. Fermé en août.* Destiné aux étudiants turcs apprenant le français, ce centre est ouvert à tout le monde. Médiathèque, projections de films (samedi et dimanche), expos temporaires (gratuites), théâtre, concerts, conférences. Petit bar-restaurant le midi.
■ ***Laverie automatique : Sultani Laundry*** *(zoom détachable 2, E6, **11**), Amiral Tafdil Sok. 22A, à Sultanahmet. ☎ (0212) 516-62-69. Tlj 8h-22h.*

# LE VIEIL ISTANBUL

IND. TÉL. : 212

**Le vieil Istanbul, c'est le cœur historique de la ville, là où les monuments les plus emblématiques (Sainte-Sophie, la mosquée Bleue, le palais de Topkapı, etc.) rivalisent de splendeur. Une ville pleine de charme et vibrante d'animation, témoin d'un certain art de vivre lorsque l'Empire ottoman rayonnait sur une bonne partie du monde musulman. Ce sont de vieilles façades, de riches musées, des bazars étincelants aux ruelles engorgées de passants, des bars à chicha où l'on prend son temps, d'alléchantes vitrines débordant de pâtisseries... Un lacis de ruelles qui conduisent à des mosquées de toute beauté, à des jardins discrets et d'anciens caravansérails. En toile de fond, la ville plus récente semble flotter entre ciel et mer.**

**Le vieil Istanbul se parcourt sans problème à pied ou en transports en commun (métro, tram, bus, bateau, etc.). Chacun y trouvera son compte, à condition de s'écarter un peu des zones les plus touristiques pour trouver plus d'authenticité.**

**Prenez le temps de jeter un œil, et même 2, car le vieil Istanbul est une ville à part entière.**

## OÙ DORMIR ?

Dans les auberges de jeunesse, prévoyez un cadenas pour fermer votre casier. Les hôtels disposent pour la plupart d'un coffre-fort. À quelques exceptions près (mentionnées dans le guide), les établissements proposent un petit déjeuner (inclus dans le prix). Petit rappel : ***les prix des hôtels varient considérablement en fonction de la fréquentation touristique. Selon le contexte (taux de change notamment), les réductions de tarif peuvent être très significatives.*** Pour le routard, c'est l'occasion de se payer un 3-étoiles pour le prix d'un modeste hébergement. Les fourchettes de prix indiquées ne tiennent pas compte de ces rabais. À vous de prendre la température du « marché » avant de partir, notamment en allant faire un tour sur les sites internet des adresses que nous avons sélectionnées.

### *AUBERGES DE JEUNESSE*

### De très bon marché à prix moyens (moins de 70 €)

🏠 ***Cheers Hostel*** *(zoom détachable 2, E5,* ***40****)* **:** *Alemdar Mah., Zeynep Sultan Camii Sok. 21. ☎ 526-02-00. • cheers hostel.com •* Dans une ruelle calme et à 10 mn à pied des grands monuments de Sultanahmet, une auberge de jeunesse restaurée qui fait l'unanimité. On aime bien la terrasse ombragée par la jolie tonnelle à l'entrée. Dortoirs de 5 à 10 lits avec salles de bains, *lockers,* clim, prise électrique pour chaque lit. Terrasse au dernier étage avec salon, TV, bar et une super vue sur Sainte-Sophie. Cuisine à disposition. L'ensemble est nickel, les couleurs pimpantes, l'accueil sympa. Dispose de quelques chambres pour 2 dans des bâtiments à proximité dont le confort n'a rien à envier à celui des hôtels. Organise des virées en ville. Accueil polyglotte. Parfait !

🏠 ***Agora Guesthouse & Hostel*** *(zoom détachable 2, E6,* ***41****)* **:** *Amiral Tafdil Sok. 20. ☎ 458-55-47. • agoragues thouse.com •* L'adresse est surtout intéressante pour ses dortoirs nickels de 4 à 10 lits. À l'étage, il y a aussi une partie *guesthouse* dotée de chambres classiques, un peu chères en haute saison. On n'y trouve pas l'effervescence habituelle des auberges de jeunesse : pas de soirées ni d'animation en journée. Conviendra donc à ceux qui cherchent le calme avant tout. Agréable terrasse aménagée en salon avec TV sur le toit.

**Second Home Hostel** *(plan détachable, D5,* ***42****) : Hocapaşa Mah., Ebussuud Cad., 19. ☎ 512-57-90. • hostelsh.com •* Très bien situé, à seulement quelques encablures du quartier touristique et proche d'une station du Marmaray : idéal pour explorer la ville ! Derrière sa façade quelconque, on découvre une ambiance fort conviviale : café-terrasse sur le toit, cuisine commune, tournée des bars en soirée... Différents types d'hébergement : dortoirs de 4 à 8 lits, doubles avec ou sans salle de bains privée, suites familiales. Tout est climatisé. On notera un bel effort sur la déco. Accueil dynamique et serviable. Un bon rapport qualité-prix.

**Bahaus Guesthouse** *(zoom détachable 2, E6,* ***43****) : Akbıyık Cad., Bayram Fırın Sok. 7. ☎ 638-65-34. • bahausistanbul.com • CB acceptées (moyennant une sacrée petite commission).* Au cœur de Sultanahmet, un point de chute intéressant pour ses dortoirs de 4 à 14 lits : propres, accessibles par un digicode, avec clim, ventilos et bons matelas. Chaque lit est protégé par un rideau pour offrir plus d'intimité. Également une poignée de chambres doubles assez banales mais peu onéreuses. Bar en terrasse sur le toit, qui sert de l'alcool ; organise parfois des soirées. Une adresse fidèle au poste depuis des années, comme en témoigne la peinture à l'effigie du *Routard.*

**Big Apple Hostel & Hotel** *(zoom détachable 2, E6,* ***44****) : Akbıyık Cad., Bayram Fırın Sok. 12. ☎ 517-79-31. • hostelbigapple.com •* Une adresse en réalité plus proche d'un hôtel que d'une AJ, au détriment de l'ambiance et de l'accueil. L'endroit est surtout intéressant pour ses dortoirs climatisés et dotés de bons matelas. Salles de bains impeccables. Un bémol pour le petit déj-buffet, qui n'est pas top. Sur le toit, terrasse avec une vue superbe sur la mer de Marmara.

**Orient Hostel** *(zoom détachable 2, E6,* ***45****) : Akbıyık Cad. 9. ☎ 517-94-93 ou 518-07-89. • orienthostel.com • AJ membre du réseau* Hostelling International *(10 % de réduc valable pour les doubles seulement). Parking pour motos gratuit.* Grand établissement spartiate mais propre, dépourvu de cuisine commune. Il est situé dans la rue la plus animée du quartier, où les terrasses de restos-bars abondent. Plutôt bruyant, donc. Près de 150 lits répartis en dortoirs (sans clim) de 4 à 8 lits (un dortoir de 30 places également) et en chambres doubles (ou triples) climatisées. Bien équipé, mais le tout a déjà vécu. Consigne et coffre-fort. Au dernier étage, café-bar avec vue sur la mer de Marmara, Sainte-Sophie et la mosquée Bleue.

### *HÔTELS*

## Bon marché (de 20 à 40 €)

**Yeni Otel & Hostel** *(plan détachable, E5,* ***46****) : Nöbethane Cad. 12. ☎ 522-47-59. • yenihostel.com • Petit déj au café d'en bas.* Dans une ruelle piétonne animée, près de la gare de Sirkeci. Faute de charme, on n'y passera pas sa nuit de noces, mais sur la trentaine de chambres climatisées, une dizaine possèdent leur propre salle de bains. Côté déco et mobilier, c'est absolument basique, mais les matelas sont bons et la propreté est un point fort du lieu. Alors, vu les tarifs, c'est déjà pas mal.

## Prix moyens (de 40 à 70 €)

**Ahmet Efendi Evi** *(zoom détachable 2, E6,* ***47****) : Keresteci Hakkı Sok. 23. ☎ 518-84-65. • ahmetefendievi.com •* Au cœur du quartier situé au bas de la colline de Sultanahmet, où subsistent encore d'anciens *konak* en bois. Une maison d'hôtes joliment retapée comportant une petite dizaine de chambres climatisées, réparties sur 3 étages. On note un effort louable sur la déco, ravissante et actuelle. Les chambres donnant à l'arrière sont un poil plus grandes. Celle du haut (la plus chère) est très agréable avec sa petite terrasse privative. L'entrée n'est autre que le salon-cuisine des propriétaires où l'on prend le petit déj. Accueil attentionné et en français de Mehdi (lorsqu'il est là), ou en anglais de Günel. Une adresse qui sort du standard que l'on trouve dans bien des hôtels.

**Tulip Guesthouse** *(zoom détachable 2, E6,* ***48****) : Akbıyık Cad., Terbıyık Sok. 19. ☎ 517-65-09. • tulipguesthouse.com* • Sympathique petite *guesthouse* dans une ruelle calme, qui propose des chambres très propres, desservies par un escalier un peu raide. Peu spacieuses, comme souvent dans le coin, leur déco est malgré tout fraîche et soignée. Vue sur un bout de mer depuis la salle au dernier étage où est servi le petit déjeuner (du genre copieux). Pour plus de calme, éviter les 2 ou 3 chambres situées à proximité de la réception. Bon accueil.

**Anadolu Hotel** *(zoom détachable 2, E5,* ***51****) : Yerebatan Cad., Salkımsöğüt Sok. 3. ☎ 512-10-35. • anadoluhotel.com • Parking payant juste à côté.* Modeste bâtiment à la façade jaune abritant de petites chambres bien tenues. Côté confort, douche et clim dans toutes, certaines possèdent même un balcon. Au dernier étage, des chambres familiales donnent sur une vaste terrasse. Quelques appartements dans une annexe, en face. Le petit déj est servi dans l'agréable véranda en bois, au rez-de-chaussée. Un bon rapport qualité-prix.

**Minel Hotel** *(zoom détachable 2, E5,* ***56****) : Alemdar Mah., Güzel Sanatlar Sok. 11. ☎ 527-00-78. • minel-hotel.com* • Dans une ruelle tranquille et discrète, à l'écart de l'agitation, un petit hôtel aux couleurs méditerranéennes qui pratique des tarifs serrés. Certes, les chambres ne sont vraiment pas immenses, mais la déco fraîche et moderne compense cet inconvénient. Terrasse ou balcon pour celles situées aux étages supérieurs.

**Hotel Buhara Family Inn** *(zoom détachable 2, D6,* ***54****) : Küçük Ayasofya Cad., Yeğen Sok. 7. ☎ 517-34-25. • hotelbuharafamilyinn.com* • Petite structure située au calme dans une ruelle pavée, à portée de marche des principaux centres d'intérêt de la vieille ville. Outre sa réception engageante et son accueil gentil, on aime la terrasse du toit qui permet de prendre son petit déj en admirant la mer et la mosquée Bleue. Les chambres sont à la fois confortables (clim, salle de bains privée) et bien entretenues, décorées dans des tons chauds.

**Hanedan Hotel** *(zoom détachable 2, E6,* ***49****) : Akbıyık Cad., Adliye Sok. 3. ☎ 516-48-69. • hanedanhotel.com* • Bien situé et tenu par le même propriétaire que le *Peninsula,* juste en face. Chambres plutôt spacieuses avec clim et TV, et une déco soignée, dans un esprit classique : parquet, mobilier mélaminé, petite table et lit à baldaquin. En revanche, pas de balcon. Pour l'intimité, éviter celles du rez-de-chaussée. Petit déj sur le toit, avec vue panoramique vraiment belle.

**Hotel Peninsula** *(zoom détachable 2, E6,* ***50****) : Akbıyık Cad., Adliye Sok. 6. ☎ 458-68-50. • hotelpeninsula.com* • Un hôtel qui tire relativement bien son épingle du jeu. Chambres confortables (salle de bains, clim), bien tenues, avec une déco style années 1980, plus soignée que la moyenne. Éviter les moins chères, pas bien grandes et situées en sous-sol. Les chambres n$^{os}$ 302, 303 et 401 ont vue sur mer (elles valent le coup). Terrasse sur le toit pour contempler la mer de Marmara, la mosquée Bleue et Sainte-Sophie. Si c'est complet, on vous proposera des chambres au même prix à l'hôtel *Hanedan* (même propriétaire), juste en face (voir plus haut).

## De prix moyens à chic (de 40 à 100 €)

**Marmara Guesthouse** *(zoom détachable 2, E6,* ***48****) : Akbıyık Cad., Terbıyık Sok. 15. ☎ 638-36-38. • marmaraguesthouse.com* • Dans cet établissement récent, à l'esprit chambre d'hôtes, vous ne trouverez pas le charme de l'ancien, mais un accueil souriant et aimable. Chambres climatisées, lumineuses, sommairement meublées mais à la propreté irréprochable. Quelques effets de serviettes vous surprendront ! Les plus chères se logent aux étages supérieurs. Terrasse avec balancelle et vue sur mer, quelques tables sous la treille, où est servi un copieux petit déj. Une très bonne adresse.

**Berk Guesthouse – Grandma's House** *(zoom détachable 2, E6, **52**) : Kutlugün Sok. 29. ☎ 517-65-61. • berkguesthouse.net •* Une *guesthouse* transmise de mère en fille depuis 3 générations (l'aventure a commencé en 1934 !). Dans ce bâtiment tout en hauteur, les chambres sont modestes et pas bien grandes, mais c'est le lot de nombreux hôtels dans le coin. Au dernier étage, l'une d'elles bénéficie d'une vue sur la mer de Marmara, l'autre sur Sainte-Sophie et la mosquée Bleue (les plus chères). Une chambre est même directement desservie par l'ascenseur (classe !). Terrasse sur le toit avec une vue à 360°, s'il vous plaît ! Salle de petit déj en sous-sol, chaleureusement aménagée. Accueil aimable.

**Şebnem Hotel** *(zoom détachable 2, E6, **58**) : Akbıyık Cad., Adliye Sok. 1. ☎ 517-66-23. • sebnemhotel@superonline.com •* Dans une ruelle assez tranquille, planqué derrière sa façade couverte de glycine, un hôtel de caractère à prix raisonnables. L'intérieur ne manque pas de cachet : boiseries, parquet ciré, joli mobilier ; lit à baldaquin pour certaines. Vue sur la rue pour les chambres les moins chères, petit jardin privé pour les plus onéreuses, mais qui manque d'un peu d'intimité. Grande terrasse avec vue.

**Terrace Guesthouse** *(zoom détachable 2, E6, **53**) : Kutlugün Sok. 39. ☎ 638-97-33. • terraceguesthouse.com •* Une maison à la jolie façade couverte de bois qui s'étire tout en hauteur, parfaitement tenue par Doğan, l'aimable propriétaire. Il règne un esprit familial. Une poignée de chambres simplement meublées mais correctement équipées, avec clim. Certaines bénéficient d'une vue sur la mer de Marmara. Mention spéciale pour la *Honey Moon,* qui permet de garder un œil sur Sainte-Sophie, l'autre sur la mosquée Bleue. Terrasse avec vue de choix pour le petit déj. Une adresse intime et sympathique.

**Hotel Sultan Hill** *(zoom détachable 2, D6, **57**) : Tavukhane Sok. 15-19. ☎ 518-32-93. • hotelsultanhill.com • Réduc de 10 % si paiement en espèces.* Un hôtel à la belle façade de bois, proposant des chambres de facture classique, propres, où il est agréable de poser sa valise. Le vrai plus ici, c'est la terrasse au pied de la mosquée Bleue. Parfait en soirée pour prendre le frais et laisser vagabonder son regard sur la mer de Marmara. Le confort est au rendez-vous : clim, minibar dans chaque chambre, et une cuisine à dispo pour préparer son café. Le petit déj est servi dans un sous-sol assez lumineux. Bon accueil.

**Romantic Hotel** *(zoom détachable 2, E6, **55**) : Amiral Tafdil Sok. 17. ☎ 638-96-35. • romantichotelistanbul.com •* Hôtel à la façade rose bonbon, qui semble tout droit sorti d'un roman à l'eau de rose. Chambres décorées dans le style « turkish kitsch », avec fleurs artificielles, tête de lit matelassée, tables et chaises de couleur rose, fausses dorures... Un style qu'on aime ou qu'on déteste, et qui culmine dans les suites tout en dorures et murs à fleurs ; Barbie et Ken ont dû y passer leur voyage de noces ! En revanche, la terrasse du toit, avec une vue sur la mer de Marmara, mettra tout le monde d'accord. Accueil à la hauteur.

## Chic (de 70 à 100 €)

**Turkoman Hotel** *(zoom détachable 2, D6, **59**) : Asmalı Çeşme Sok. 2. ☎ 516-29-56. • turkomanhotel.com •* Bien situé à proximité du musée des Arts turcs et islamiques, un hôtel qui abrite des chambres lumineuses aux tons acidulés, dans une élégante demeure du XIX$^{e}$ s. Ambiance maison de famille avec parquet ciré, tapis, beau mobilier ancien, clim et petite vue sur la mosquée Bleue depuis la terrasse-bar partiellement vitrée où l'on sert le petit déj. Les « familiales » possèdent 2 vraies chambres mais elles ne sont pas cloisonnées. Petit balcon pour les plus chères. Une excellente adresse.

**Hotel Alilass** *(zoom détachable 2, E6, **43**) : Akbıyık Cad., Bayram Fırın Sok. 9. ☎ 516-88-60 et 61. • hotelalilass.com •* Un hôtel entièrement restauré et qui tranche avec ce que l'on trouve communément dans le coin.

Aidées par une amie architecte, les 2 sœurs propriétaires de l'établissement ont opté pour une déco contemporaine tous azimuts : murs blancs, abat-jours turquoise, béton ciré, salle de bains aux parois de verre sablé et agrémentée de belles faïences. Quelques chambres avec balcon. Le petit déj se prend au fond du jardin, dans une agréable verrière. Terrasse panoramique.

🏠 ***Tashkonak Hotel*** *(zoom détachable 2, E6,* ***60****) :* *Küçük Ayasofya Cad., Tomurcuk Sok. 5. ☎ 518-28-82. • hoteltashkonak.com •* Dans un secteur calme et pourtant stratégique (en contrebas de la mosquée Bleue), face à une autre petite mosquée, cet hôtel coquet arbore une jolie façade de pierre et bois. Belles chambres, modernes et de bon goût, toutes climatisées. Celles situées au dernier étage, avec balcon et vue sur la mer de Marmara (les plus chères), sont idéales en famille. Pour finir, 2 terrasses, une pour le petit déj au rez-de-chaussée, l'autre sur le toit (peu mise en valeur, dommage).

🏠 ***Esans Hotel*** *(zoom détachable 2, E6,* ***61****) :* *Yeni Saraçhane Sok. 4. ☎ 516-19-02. • esanshotel.com • Réduc de 10 % si vous payez en espèces.* Près des remparts du palais de Topkapı, un hôtel à la façade en bois à l'abri du brouhaha des restaurants. Dès la porte franchie, on sent tout de suite qu'une grande attention a été portée à la déco : lustres, meubles repeints, *kilim,* revêtements muraux harmonieux. Beaucoup d'espace et de clarté, accrue par les parquets et plafonds en bois. De la terrasse où l'on prend le petit déj, la mer de Marmara semble flotter au-dessus des toits. En souvenir de Hassan Ahmet, parfumeur officiel de la cour du sultan et ancien propriétaire de la maison, on vous propose de choisir votre parfum à la réception, et de le diffuser dans votre chambre.

🏠 ***Sarı Konak Oteli*** *(zoom détachable 2, E6,* ***62****) :* *Mimar Mehmet Ağa Cad. 26. ☎ 638-62-58. • istanbulhotelsarikonak.com •* Cette maison couleur sable entièrement rénovée a tout pour plaire : un emplacement idéal, des chambres confortables et climatisées, accessibles par un ascenseur. Élégant salon-cafétéria prolongé par un petit patio donnant sur des murs byzantins, grande terrasse sur le toit avec vue sur la mer de Marmara, Sainte-Sophie et la mosquée Bleue. L'accueil est charmant. Une adresse raffinée, sans superflu ni tape-à-l'œil.

## Plus chic (de 100 à 180 €)

🏠 ***Hotel Empress Zoe*** *(zoom détachable 2, E6,* ***63****) :* *Akbıyık Cad. 10. ☎ 518-25-04. • emzoe.com • Réduc de 10 % si vous payez en espèces.* L'hôtel, dont la façade est dévorée par des glycines géantes, jouxte un hammam du XV<sup>e</sup> s en ruine. Décor de style « ethnico-byzantin » réalisé de main de maître par Ann et Cristina, les 2 sœurs américaines en charge des lieux. Rien n'a été laissé au hasard. Volumes assez biscornus, parfois exigus, certes, mais qui apportent de l'originalité. Miroirs, cuivres, mosaïques, les salles de bains ont parfois été conçues façon hammam. Terrasse aux 4e et 5e étages, très beau jardin verdoyant et ombragé, plein de coins et de recoins pour bouquiner, prendre un thé ou laisser passer les heures. Petit déj servi à l'extérieur quand il fait beau. Une vraie adresse de charme.

🏠 ***Barbera Boutique Hotel*** *(plan détachable, E5,* ***64****) :* *Darüssaade Sok. 17-19. ☎ 526-83-83. • barberahotel.com •* Un boutique-hôtel abritant une quinzaine de chambres de différentes tailles, toutes de grand confort et décorées avec goût. Literie douillette, toiles contemporaines aux murs, minibar dans un frigo vintage, salles de bains soigneusement fignolées... Bonne isolation phonique, mais la rue est calme de toute façon. On apprécie l'accueil pro, délicat et personnalisé : le personnel se fait fort de connaître le nom de chaque client. Petit déj de qualité. Resto-bar à tapas au rez-de-chaussée.

🏠 ***Kybele Hotel*** *(zoom détachable 2, E5,* ***65****) :* *Yerebatan Cad. 23. ☎ 511-77-66. • kybelehotel.com •* À proximité de la citerne-basilique, une véritable maison des *Mille et Une Nuits,* avec pas moins de 4 000 lampes multicolores aux plafonds des chambres, des salons et salles de réception. Superbe,

LE VIEIL ISTANBUL

des boiseries sculptées et peintes de toutes les couleurs. Mobilier et bibelots anciens comme chez un antiquaire. Les chambres sont décorées avec imagination, vous vous en doutez, et offrent tout le confort. Petite cour-terrasse intérieure à l'étage, agrémentée d'une bibliothèque avec coin coussins. Resto sur place. Le petit déj est servi en bas, mais rien ne vous empêche de monter votre plateau. Accueil au top.

☗ ***Miniature Hotel*** *(zoom détachable 2, D5,* ***66****)* **:** *Molla Fenari Sok. 22. ☎ 514-01-31. • hotelminiatureistanbul.com •* Un boutique-hôtel à l'étonnante et jolie façade en pierre sculptée que les immeubles de la rue jalousent. L'endroit est calme et pourtant, on n'est qu'à 10 mn à pied du cœur de Sultanahmet. Cette vieille demeure a été restaurée avec beaucoup de goût et le résultat est du plus bel effet : beau parquet, murs en briques apparentes, mobilier design, ascenseur en verre. Le petit déj est servi dans un agréable patio, mais il y a une terrasse sur le toit avec vue sur Sainte-Sophie. Une adresse de charme qui porte bien son nom, car il n'y a qu'une dizaine de chambres. L'accueil personnalisé ajoute au sentiment d'exclusivité.

☗ ***Agora Life Hotel*** *(zoom détachable 2, D5,* ***67****)* **:** *Cağaloğlu Hamam Sok. 6. ☎ 526-11-81. • agoralifehotel.com •* Un hôtel brillamment restauré dont les chambres, plutôt spacieuses, sont desservies par un ascenseur. Certes, le décor contemporain ne dégage pas le charme d'une ancienne maison ottomane, mais les carreaux de ciment et les murs gris sont du plus bel effet et l'endroit est calme. Les chambres standard sont déjà très bien, les *deluxe* bénéficient d'une vue plus sympa. Le petit déj est servi au sous-sol, mais vous pouvez monter avec votre plateau sur la terrasse gratifiée d'une belle vue sur Sainte-Sophie et le quartier de Galata.

☗ ***Dersaadet Hotel*** *(zoom détachable 2, D6,* ***68****)* **:** *Küçük Ayasofya Cad., Kapıağası Sok. 5. ☎ 458-07-60. • hoteldersaadet.com • À 200 m de la mosquée Bleue. Réduc de 10 % si paiement en espèces.* Reconstruit dans le style ottoman du XIXᵉ s et magnifiquement restauré, cet ancien *konak* à la superbe façade de bois rouge se nomme « La Maison du Bonheur ». À l'intérieur, le style néo-ottoman donne la primeur au mobilier de charme, au parquet, aux médaillons peints, aux tapisseries à petites fleurs et aux tapis turcs. Chambres très confortables (clim, TV et minibar), certaines avec salle de bains inspirée des hammams. Superbe terrasse, en partie couverte et même fleurie, avec une vraie vue dégagée sur la mer de Marmara et la mosquée Bleue. Vraiment une belle adresse.

### Très chic

☗ ***Hotel İbrahim Pasha*** *(zoom détachable 2, D6,* ***69****)* **:** *Terzihane Sok. 7, Adliye Yanı. ☎ 518-03-94. • ibrahimpasha.com • Doubles env 150-200 €.* À quelques mètres de l'hippodrome, dans une ancienne maison restaurée façon magazine de déco. Elle recèle une vingtaine de chambres élégantes, d'une sobriété calculée, climatisées et distribuées autour d'un atrium plongeant sur la réception. La n° 305 dispose d'un balcon. Celles du dernier étage, sous les combles, sont moins spacieuses mais ont un petit côté douillet. Plusieurs salons avec cheminée. Le petit déj se prend au rez-de-chaussée, mais rien ne vous empêche de le monter en terrasse.



# OÙ MANGER ?

## *À Sultanahmet*

Sultanahmet est le centre touristique du vieil Istanbul. S'il est facile de s'y loger, bien y manger relève parfois de la gageure, et c'est souvent le décorum que l'on paie. Les Stambouliotes, eux, sortent plutôt dans l'Istanbul moderne, de l'autre côté de la Corne d'Or, autour de l'avenue İstiklâl. C'est souvent là que l'on mange le mieux...

## Bon marché (de 30 à 50 TL / env 5 à 8,50 €)

🍽 ☂ ***Caferağa Medresesi*** *(zoom détachable 2, E5,* ***120****) : Caferiye Sok. 5 (au fond de l'impasse). ☎ 513-36-01. Tlj sauf lun 9h-19h (cuisine 12h-18h). Pas d'alcool.* Un véritable havre de paix installé dans la cour centrale d'une ancienne école coranique, construite par Sinan en 1559. Un lieu unique en son genre, avec des ateliers d'artisans logés sous les arcades. Idéal pour un déjeuner ou une pause-fraîcheur en sortant de Topkapı ou de Sainte-Sophie. Bons *mantı* (raviolis turcs), *köfte,* pâtes et copieux plat du jour à prix riquiqui, à accompagner d'un *ayran* maison. La bonne adresse cachée que l'on aimerait garder pour soi.

🍽 ***Erol Restaurant*** *(zoom détachable 2, D5-6,* ***121****) : Çatal Çeşme Sok. 3. ☎ 511-03-22. Tlj sauf dim 11h-21h (plus tôt si les plats du jour sont finis). Pas d'alcool.* Un resto monté il y a plus de 40 ans par 2 frangins. L'un des fils a rejoint l'affaire familiale et cette cantine proprette, au décor sans fard, est appréciée des gens du coin. Normal, on y mange bien, l'accueil est sincère et aimable comme tout. Un resto qui a gardé son âme, ce qui est rare dans le quartier. Quelques tables dans la ruelle.

🍽 ☂ ***Tarihi Çeşme Restaurant*** *(zoom détachable 2, D6,* ***122****) : Kadırga Liman Cad., Küçük Ayasofya Camii Cad. 1. ☎ 516-35-80. Tlj jusqu'à 23h30 env. Sert de l'alcool.* À 2 pas de la Petite Sainte-Sophie, dans un quartier touristique et vivant. Salle bien nette, prolongée d'un joli bout de terrasse. Au menu : *mezze,* nombreuses variantes de *kebap,* grillades de viande ou de poisson, *pide,* le tout à prix démocratiques. Service attentionné.

🍽 ☂ ≪ ***Doy-Doy*** *(zoom détachable 2, D6,* ***123****) : Şifa Hamamı Sok. 13. ☎ 517-15-88. Tlj 10h-22h env. L'addition peut atteindre la catégorie « Prix moyens ». Pas d'alcool.* Simple et économique, ce resto – certes touristique – se distingue par un rapport qualité-prix plus qu'honnête. On y sert de copieux *kebap* et *pide* à prix très raisonnables. Pas moins de 5 étages coiffés d'une terrasse sur le toit, offrant une belle vue sur la mosquée Bleue et sur la mer. Les escaliers font faire pas mal de sport aux serveurs !

🍽 ☂ ***Karadeniz Aile Pide ve Kebap Salonu*** *(zoom détachable 2, D6,* ***124****) : Hacı Tahsin Bey Sok. 1/1. ☎ 528-62-90. Tlj 7h-23h. Sert de l'alcool.* Attention aux contrefaçons : plusieurs *Karadeniz* (signifie « Mer Noire », marque non déposée !) ont ouvert dans le quartier. Celui-ci a une salle carrelée de blanc et de noir, en demi-sous-sol (sans oublier la terrasse au bord de la rue). Ce resto pas trop racoleur attire autant les Turcs (c'est rare dans le quartier) que les touristes. Spécialités de *kebap* et *pide* ; le *süper pide* est... super ! Cuisine simple qui ne vous ruinera pas.

## Prix moyens (de 50 à 90 TL / env 8,50 à 15 €)

🍽 ☕ ***Mitara Café & Art*** *(zoom détachable 2, D6,* ***127****) : Kaleci Sok. 5. ☎ 638-44-80. Tlj 10h-23h env. Sert de l'alcool.* Un petit bistrot à tendance *slow food* proposant une carte réduite, saine et goûteuse. Délicieux *mezze,* soupes, viandes, poisson du jour ou plats végétariens. L'adorable proprio ajoute une touche personnelle à ses recettes, par exemple de savoureux ragoûts pleins d'herbes et d'épices qui ont mijoté pendant des heures. Jolie salle parée de bois et de brique, rehaussée d'objets artisanaux, avec une cheminée ; 3 petites tables sur le trottoir. C'est aussi un lieu où les gentils chiens et chats du quartier font partie du décor ! Également de quoi prendre le petit déj, des tisanes, thés et cafés. Un lieu original qui change des classiques du coin.

🍽 ***Erhan*** *(zoom détachable 2, D6,* ***128****) : Klodfarer Cad. 29. 📱 0544-288-32-12. À l'angle de Peykhane Sok. Tlj 11h-minuit. Sert de l'alcool.* Petit resto très bien planqué. Il faut grimper une volée de marches pour gagner les quelques tables posées sur un balcon qui donne sur la rue. Sinon, quelques places en salle. Cuisine traditionnelle et service soigné (plats en terre cuite, serviettes blanches et verres à pied).

Spécialités kurdes, poissons, salades, *mezze*, omelettes, pâtes, etc.

**Tahiri Sultanahmet Köftecisi** *(zoom détachable 2, D-E6,* ***129****)* **:** *Divan Yolu Cad. 12 (à gauche de l'hôtel, ne pas confondre avec un resto du même nom situé 50 m plus loin). ☎ 520-05-66. Tlj 10h30-23h. CB refusées. Pas d'alcool.* Un resto bientôt centenaire qui sert d'honnêtes *köfte,* des soupes et un excellent gâteau de riz. Néons et ventilos au plafond, tables de marbre, personnel qui papillonne entre la cuisine et les convives. Le tout, c'est de trouver un coin de table ! Une institution à Istanbul.

**Fatih Belediyesi Cankurtaran Sosyal Tesisleri** *(zoom détachable 2, E6,* ***126****)* **:** *Ahırkapı İskele Sok. 1. ☎ 458-54-15. Tlj 8h30-22h env. Pas d'alcool.* La municipalité a installé un immense resto sous les arches des remparts maritimes, avec vue partielle sur la mer de Marmara (et la voie rapide !). Les Turcs y viennent en famille, surtout le week-end et le soir aux beaux jours. Ici, vous pouvez manger en terrasse *dolma* et grillades de viande ou de poisson, ou encore déguster un thé ou une glace dans le jardin autour d'un jet d'eau. Si les entrées sont servies illico, le plat principal met bien les 25 mn indiquées sur la carte avant d'arriver.

**Dubb Restaurant** *(zoom détachable 2, E6,* ***130****)* **:** *İncili Çavuş Sok. 10. ☎ 513-73-08. Tlj 12h-23h30 env. Sert de l'alcool.* Si vous en avez assez des *kebap* et *pide,* voici un resto indien de qualité, proposant des plats veg et non veg savoureux, à accompagner de bons *naan.* Copieux *thali.* Salles chaleureuses sur plusieurs niveaux, excellent accueil et vue de toute beauté sur Sainte-Sophie depuis la terrasse couverte perchée sur le toit. L'établissement ne disposant pas de monte-plat, les serveurs méritent largement leur pourboire...

**The Shadow Kitchen** *(zoom détachable 2, E6,* ***131****)* **:** *Akbıyık Cad. 26. 0545-655-73-47. Tlj jusqu'à 3h (cuisine 23h). Sert de l'alcool.* Parmi la pléthore de restos-bars que compte cette rue au cœur de l'animation de Sultanahmet, celui-ci est plutôt un bon choix. À l'intérieur, genre cabane de bûcheron turc, ou en terrasse, à l'orientale sur des banquettes recouvertes de *kilim.* Cuisine variée et joliment présentée, avec une pointe d'originalité (excellent *çökertme kebap,* pâtes, pizzas, plats végétariens). Tout indiqué aussi pour boire un verre le soir.

**Rumist** *(zoom détachable 2, E6,* ***45****)* **:** *Akbıyık Cad. 5. ☎ 458-66-41. Tlj 9h30-minuit. Pas d'alcool.* À l'angle de la rue piétonne la plus animée du quartier. On y trouve un large choix de bons plats turcs ou internationaux, dont des *pide* et pizzas cuites au feu de bois. Sinon, cassolettes de viande qui arrivent bouillonnantes, poisson au four et quelques spécialités pour 2 servies dans des jarres de terre cuite : toujours spectaculaire ! Plutôt que dans la petite salle décorée de lampions (qui sont à vendre), on s'installera de préférence en terrasse. Staff accueillant et efficace. L'endroit est également agréable en dehors des repas, pour siroter un café de qualité et fumer un narguilé.

**Pudding Shop** *(zoom détachable 2, E6,* ***125****)* **:** *Divan Yolu Cad. 6. ☎ 522-29-70. Tlj 7h30-22h30. Sert de l'alcool.* Ce libre-service dont la cuisine usine du matin au soir en continu n'a l'air de rien, et pourtant, l'endroit est mythique. Dans les années 1970, les voyageurs du monde entier y consultaient le tableau des petites annonces avant d'entreprendre la route des Indes. Le *Routard* a commencé ici, en 1973. Aux murs, plein de photos de l'époque, dont celle d'un ancien routard passé par là : Bill Clinton ! Menu illustré par des photos, abordable et typique mais à la qualité déclinante. Étonnant *chicken pudding* (crème dessert au poulet, oui !). Souvenirs, souvenirs...

## Chic (de 90 à 180 TL / env 15 à 30 €)

**Garden Mezze** *(zoom détachable 2, D6,* ***148****)* **:** *Şehit Mehmet Paşa Sok. 5 (dans la cour de l'hôtel* Garden House*). 0532-349-02-38. Tlj 12h30-minuit. Sert de l'alcool.* Un havre de paix et de fraîcheur, autour d'une cour ombragée. Plats turcs et internationaux fort bien tournés, à base d'ingrédients de qualité. En se contentant d'une assiette d'excellents *mezze,* d'une salade composée ou de *börek* (feuilletés), la facture ne dépassera pas les « prix moyens ». Les viandes sont délicieuses mais plus chères. Bon petit choix de plats végétariens également. Service prévenant.

**Magnaura** *(zoom détachable 2, E6,* ***132****) : Akbıyık Cad. 27. ☎ 518-76-22. Tlj 11h-14h, 19h-23h. Sert de l'alcool.* Un resto touristique aux allures chicos, mais pas si cher que ça (on peut s'en tirer à prix moyens). On a été agréablement surpris par une cuisine plutôt bonne, qu'il s'agisse des plats turcs ou internationaux. Sur plusieurs étages, les salles de taille modeste sont plaisantes. Terrasse en bord de rue piétonne et au dernier étage. Rapport qualité-prix honnête.

**Sultanahmet Fish House** *(zoom détachable 2, D5,* ***133****) : Prof. Gürkan Cad. 14. ☎ 527-44-41. Tlj 12h-22h30 (service en continu). Sert de l'alcool.* Dans la famille « restos de poisson », celui-ci s'en sort avec une mention très honorable. Cadre chaleureux avec de multiples lampes de couleur au plafond et de belles tables recouvertes de nappes blanches. Quelques plats traditionnels turcs dont d'excellentes cassolettes. Petite terrasse en bord de rue.

**Amedros Café-Restaurant** *(zoom détachable 2, D6,* ***134****) : Divan Yolu Cad., Hoca Rüstem Sok. 7. ☎ 522-83-56. Tlj 10h-23h. Sert de l'alcool.* Un resto au cadre design proposant une cuisine aux saveurs ottomanes et asiatiques. Vous pourrez y goûter le *testi kebap* (pour 2) : viande, légumes et vin blanc cuits dans un pot de terre que le serveur brisera devant vous à grand renfort de mise en scène. Pâtes et plats végétariens également. La carte est plutôt variée.

### *Près du Bazar égyptien*

## De très bon marché à bon marché (moins de 50 TL / env 8,50 €)

Pour ceux qui ont un budget serré, on trouve toute la journée à l'embarcadère d'Eminönü (à gauche du pont de Galata pour être précis ; *plan détachable, D4,* ***138***) de petits bateaux à la déco surchargée qui vendent des ***balıklı ekmek,*** sandwichs au poisson (souvent du maquereau), pour environ 10 TL. À déguster assis sur un tabouret devant une table modèle réduit ou sur le quai, en compagnie des Stambouliotes. Sur la même place, des ***épis de maïs grillés,*** servis tout chauds, permettent de compléter le pique-nique.

**Namlı Pastırmacı** *(plan détachable, D4-5,* ***139****) : Hasırcılar Cad. 14. ☎ 511-63-93. Prendre la rue qui, de l'entrée occidentale du Bazar égyptien, part vers la mosquée de Rüstem Paşa. Tlj sauf dim 7h-20h. Pas d'alcool.* À l'entrée de la rue, les chalands font la queue devant le renommé torréfacteur *Mehmet Efendi.* L'épicerie fine *Namlı* est un peu plus loin sur la droite. Vous pouvez y acheter *mezze,* fromages et *pastırma* (viande de bœuf salée et épicée, séchée au soleil). À emporter ou à déguster sur place : dans ce cas, on vous garnira l'assiette et vous paierez au poids à la caisse avant de monter au 1er étage où se trouve la salle. Une excellente occasion de goûter un peu de tout : la qualité, la variété et la fraîcheur des produits sont au rendez-vous et les employés sont de bon conseil.

**Güvenç Konaylı** *(plan détachable, D5,* ***140****) : Ankara Cad., Hocapaşa Hamam Sok. 4. ☎ 527-52-20. Tlj sauf dim 8h-21h30 env. Bon marché. Pas d'alcool.* Une cantine agréable qui fait le plein le midi, en proposant une goûteuse cuisine d'Anatolie centrale. Réputée pour ses soupes, comme la *bamya çorbası,* aux pois chiches, ou la *mercimek çorbası,* à base de lentilles corail et de menthe. Sur le mur, les photos des célébrités turques qui ont honoré le restaurant de leur présence. Accueil très gentil. Pour vous sucrer le bec après tout ça, descendez Ankara Caddesi sur 50 m en direction de la gare de Sirkeci, vous tomberez sur le pâtissier *Hafiz Mustafa,* ouvert 24h/24.

**Bir Ben** *(plan détachable, D5,* ***141****) : Arpacılar Cad. 13. ☎ 522-63-03. Tlj jusqu'à 23h. Pas d'alcool.* Aux portes du Bazar égyptien, voici une halte plaisante et pas chère pour un repas rapide et sans chichis. L'endroit est spécialisé dans les délicieuses assiettes de *kebap*, les *pide* et autres *lahmacun*. Les produits sont frais (gros débit), les plats savoureux et copieux. Bonne note également pour le cadre à tendance post-indus (murs de brique, gros tuyaux au plafond) et le service aimable et diligent.

**Balkan Lokantası** *(plan détachable, D5, **142**) : Ankara Cad. 35A. ☎ 514-36-88. Tlj sauf 7h-22h. Très bon marché. Pas d'alcool.* Un self-service au cadre neutre qui fait le plein tous les midis. Il faut dire que le lieu est très propre, les plats sont frais car réalisés au jour le jour et il y a du débit. Il suffit de montrer du doigt votre choix pour garnir votre plateau avant de filer vers une table libre.

## Prix moyens (de 50 à 90 TL / env 8,50 à 15 €)

***Hamdi Restaurant** (plan détachable, D4, **143**) : Kalçın Sok. 11. ☎ 444-64-63. Entrée par la pâtisserie du rdc. Tlj 10h-23h. Prix un peu musclés, on paie forcément le cadre...* Sur plusieurs niveaux, un ensemble de salles qui se veulent un peu chic. On prendra l'ascenseur pour grimper jusqu'au 3e étage. Là se dressent des tables couvertes de nappes blanches et, surtout, une vue panoramique d'Istanbul, depuis la rive asiatique jusqu'à la mosquée de Soliman le Magnifique. C'est l'un des points forts du restaurant. La carte est spécialisée dans les *kepap* (une quinzaine en tout). Le *fıstıklı kepap,* parfumé à la pistache, mérite votre intérêt.

### *Près du Grand Bazar*

Évitez absolument les petits restos en face de l'entrée du Grand Bazar et de l'université de Beyazıt, qui racolent comme c'est pas permis et proposent des poulets à la broche à des prix prohibitifs. Réfugiez-vous plutôt à l'intérieur, dans les restos des passages.

## De bon marché à prix moyens (de 30 à 90 TL / env 5 à 15 €)

***Les restaurants près de la mosquée de Soliman le Magnifique** (plan détachable, C5, **145**) : Prof. Sıddık Sami Onar Cad. Tlj 12h-23h. Bon marché. Pas d'alcool.* Au pied de la mosquée, une dizaine de restaurants ont investi l'ancienne médersa et étalent leur terrasse sur l'agréable esplanade piétonne. Ils proposent tous plus ou moins la même chose, notamment des *kuru fasulye,* des haricots blancs préparés avec de la sauce tomate, des épices et accompagnés de riz. Également des *köfte.* Installez-vous là où bon vous semble...

***Seyhmuz Kebap** (zoom détachable 2, D5, **149**) : Medrese Sok. 2. ☎ 526-16-13. De Yeniçeriler Cad. (où passe le tramway), prendre la rue en face de la Şekerbank, puis la 1re à droite. Tlj sauf dim 11h30-18h. Pas d'alcool.* Agréable terrasse à l'ombre des immeubles, au calme dans la rue piétonne. Sinon, on se serre un peu à l'intérieur climatisé. Un établissement familial proposant une cuisine simple, servie par une équipe efficace. Noter la photo d'Atatürk en train de faire de la balançoire placardée au mur.

***Burç Kebap** (Gaziantep Burç Ocakbaşı ; plan Le Grand Bazar, A1, **146**) : Yağlıkçılar Cad., Parçacılar Sok. 12. ☎ 527-15-16. Tlj sauf dim jusqu'à 17h30. Bon marché. Pas d'alcool.* Au cœur du Grand Bazar et au milieu des boutiques, une poignée de tables posées dans la ruelle en pente. L'endroit sert de cantine, le midi, aux boutiquiers des échoppes voisines. De simples mais bonnes grillades, accompagnées d'une salade de tomates aux oignons et coriandre. L'Orient, quoi !

## De prix moyens à chic (de 90 à 180 TL / env 15 à 30 €)

***Havuzlu Restaurant** (plan Le Grand Bazar, A2, **150**) : Gani Çelebi Sok. 3. ☎ 527-33-46. À l'intérieur*

LE VIEIL ISTANBUL

*du Grand Bazar, à côté du bureau de poste. Tlj sauf dim jusqu'à 17h. Pas d'alcool.* On mange dans une très jolie salle voûtée. Une halte reposante (même si ça résonne un peu) dans l'agitation de ce dédale de commerces. On y retrouve les poncifs de la cuisine turque, bien exécutés et servis avec rapidité : aubergines farcies, viandes grillées, *kebap, köfte...* Passez commande à l'index, en pointant la vitrine d'une moue approbatrice. Prix un peu surévalués tout de même ! Le personnel est fort prévenant mais n'oublie jamais de réclamer ses 10 % (service non inclus).



### À Fatih

## De bon marché à prix moyens (de 30 à 90 TL / env 5 à 15 €)

**Sur Ocakbaşı** *(plan détachable, B4,* ***151****) : İtfalye Cad. 19. ☎ 533-80-88. Tlj 10h-1h (minuit en hiver). Pas d'alcool.* Un resto propret, au bord d'une esplanade arborée qu'on aime bien avec ses airs de place publique, ses étals de fruits, d'épices, ses vendeurs de *simit.* En toile de fond, les arches de l'aqueduc de Valens. Cuisine turque classique (*büryan, kepab, pide, lahmacun,* etc.). Salle à l'étage et terrasse pour contempler l'animation populaire.

### À Samatya ou près des remparts

Samatya, avec ses ruelles pavées en écailles de poisson et ses petites églises arméniennes, est un quartier authentique pour goûter à l'ambiance des tavernes stambouliotes. Les restaurants se trouvent pratiquement tous au niveau du marché aux poissons (Balık Pazarı), autour d'une petite place. Pour y aller, prendre le métro Marmaray à Sirkeci *(plan détachable, E5),* direction Kazlıçeşme ; descendre à Yenikapı *(plan détachable, B6),* puis parcourir 1,5 km à pied ou prendre un taxi.

## De bon marché à prix moyens (de 30 à 90 TL / env 5 à 15 €)

**Küçük Ev Balık Lokantası** *(plan Les remparts, B3,* ***153****) : Büyükkuleli Sok. 46. ☎ 588-51-01. Tlj 11h-23h env. Sert de l'alcool.* Un petit resto qui installe ses quelques tables et chaises en plastique sur la terrasse, au bord de la place, dès les 1ers rayons de soleil. Friture de calamars, de sardines ou d'anchois de la mer Noire *(hamsi),* à relever d'une petite mélasse acidulée de grenade et de piment. Sinon, poissons grillés à prix raisonnables. Pas de carte, tout dépend des arrivages (bien demander le prix avant de passer commande, pour éviter les embrouilles). Bien entendu, les salades ou *mezze* proposés sont facturés.

## Chic (de 90 à 180 TL / env 15 à 30 €)

**Kuleli Meyhane** *(plan Les remparts, B3,* ***153****) : Büyükkuleli Sok. 32A. ☎ 587-94-28. Tlj jusqu'à 23h30 env. Sert de l'alcool.* Un des plus anciens restaurants sur la petite place de Balık Pazarı et certainement l'un des plus réputés, notamment pour ses *mezze* chauds à base de poissons et fruits de mer. Ils ont sûrement un secret car le poulpe grillé fond littéralement sous la langue, sans parler des anchois. Sinon cuisine typiquement levantine, avec du poisson frit ou grillé servi avec des accompagnements sucrés-salés : figues, noix, grenades, réductions d'oignons aux épices. Terrasse ombragée au bord de la place.

**Develi Restaurant** *(plan Les remparts, B3,* ***153****) : Balık Pazarı, Gümüşyüzük Sok. 7. ☎ 529-08-33. Tlj midi et soir. Sert de l'alcool.* Une adresse connue de tous les Stambouliotes depuis de nombreuses années. C'est en effet en 1966 que naît à Istanbul le 1er rejeton d'un resto fondé par M. Develi en 1912 à Gaziantep. Un nom qui essaimera bientôt dans toute la ville. La spécialité de la maison, c'est la cuisine de l'est de la Turquie, mais pas que, puisque celle d'Anatolie est aussi bien représentée. Ici, pas de poisson. Vous avez le choix entre la carte et des menus (mais ces derniers, surtout destinés aux groupes, sont chers). Comme dessert, demandez la spécialité, le *künefe* : un *kadayıf* chaud fourré au fromage et recouvert de pistaches. Un peu l'usine, quand même...

## OÙ DÉGUSTER DES PÂTISSERIES ET AUTRES DOUCEURS ?

☕ ***Çiğdem Pastanesi*** *(zoom détachable 2, D6,* ***155****)* **:** *Divan Yolu Cad. 56A. ☎ 526-88-59. Tlj 7h30-23h.* Au bord du grand boulevard bercé par le passage du tramway. Cette discrète pâtisserie, fondée en 1961, reste l'une des meilleures d'Istanbul, notamment pour ses profiteroles. Ne résistez pas non plus aux sablés à la cannelle ou aux amandes. Petit salon climatisé à l'arrière.

☕ ***Hafız Mustafa*** *(plan détachable, D5,* ***156****)* **:** *Hamidiye Cad. 20C. ☎ 513-36-10. Tlj 7h-22h.* À l'angle de la rue, cette pâtisserie, fondée en 1864, a maintenu la vraie tradition gourmande du bazar tout en modernisant son décor. On trouve ici un délicieux *acı badem* (sablé aux amandes). Fait aussi salon de thé ; on préfère les jolies mosaïques du rez-de-chaussée au plafond bas de la salle située à l'étage. Possède plusieurs succursales dans la ville.

☕ ⛱ ***Kahve Dünyası*** *(plan détachable, D4,* ***143****)* **:** *Asmaaltı Cad., Kızılhan Sok. 18. ☎ 520-02-04. Au bout de l'esplanade qui fait face à Yeni Cami. Tlj sauf dim 7h-19h30.* Dans la petite échoppe de ce torréfacteur de renom, l'*espresso* simple, double, agrémenté d'une chantilly ou d'une boule de glace, est savoureux. Également des chocolats. Petite terrasse idéale pour un break après avoir écumé le Bazar égyptien.

☕ 🍸 ⛱ ***Cafe Naftalin K*** *(plan détachable, B3,* ***157****)* **:** *Yıldırım Cad. 27. 📱 0535-643-80-98. Tlj 10h-22h.* Au pied de la colline de Fatih, un café-salon de thé installé dans un étonnant et dynamique quartier grand comme un mouchoir de poche. On y déniche des adresses gentiment branchées, à l'esprit jeune et décalé par rapport à l'ambiance plutôt rigoriste qui règne à Fatih. L'endroit est idéal pour reprendre des forces en journée (ça grimpe dur dans le coin !) avec un thé, un jus de fruits ou un gâteau fait maison. On s'est posé au *Cafe Naftalin K,* mais n'hésitez pas à chiner dans les rues mitoyennes, à la recherche d'autres petits havres bienvenus. On peut y grignoter salades, sandwichs, etc.



## OÙ BOIRE UN THÉ ? OÙ FUMER LE NARGHILÉ ?

☕ ■ ⛱ ***Erenler Nargile & Tea Garden*** *(plan détachable, D5,* ***271****)* **:** *Yeniçeriler Cad. (sans n°), dans la cour de la mosquée Çorlulu Alipaşa ; repérer le petit cimetière qu'il faut traverser. Tlj 8h-2h. Pas d'alcool.* Dans une ancienne médersa pour derviches vieille de 300 ans, une grande cour tranquille et très bien ombragée, au décor 100 % oriental. Une halte populaire et salvatrice après avoir arpenté le Grand Bazar. Prix doux. Au programme, narghilé, thé ou café turc. Et tout le temps devant soi...

☕ ■ ***Art Cafe*** *(zoom détachable 2, D6,* ***274****)* **:** *Küçük Ayasofya Cad. 68. 📱 0532-417-04-45. Tlj 8h30-minuit.* Face à la Petite Sainte-Sophie, voici un café délicieusement désordonné, décoré de tableaux et d'artisanat local. Quelques tables basses sur le trottoir. Un lieu apaisant pour boire un thé ou un *ayran* maison, accompagné de délicieux baklavas. Possibilité de fumer un narghilé. Propose également des petits déj.

***Türk Oçağı Kültür Ve Sanat Merkezi*** *(zoom détachable 2, D6,* ***275****) : Divan Yolu Cad. 74. Entrée en face du café* Loti Restaurant. *Au mausolée de Mahmut II, traverser le cimetière, c'est au fond. Tlj 9h-23h. Pas d'alcool.* Ce café, géré par un centre culturel, déploie sa large terrasse ombragée au fond d'un petit cimetière ottoman. Vous y siroterez un thé en compagnie de quelques Stambouliotes. Un endroit reposant.

***Minar Sinan Teras Cafe*** *(plan détachable, C4,* ***272****) : Fetva Yokuşu Sok. 34. ☎ 514-44-14. Entrée presque en face du türbe de Sinan, le grand architecte du XVI^e s. Ouv 24h/24.* Un café-terrasse réhabilité dans un style assez kitschouille. N'empêche que depuis la vaste terrasse située au dernier étage, l'endroit offre une vue de toute beauté sur Istanbul : du palais de Topkapı jusqu'au fond de la Corne d'Or, en passant par l'entrée du Bosphore, la colline de Beyoğlu et la tour de Galata ! Thé, café, narghilé et sandwichs à prix raisonnables. Le dimanche, c'est le rendez-vous des familles.

***Cafe 90'Lar*** *(plan détachable, C4,* ***272****) : Nazır İzzet Efendi Sok. 9. ☎ 513-08-29. Tlj 10h-1h du mat.* Encore un café-resto qui profite d'un emplacement stratégique et d'une vue sur Galata et la Corne d'Or depuis sa terrasse, au dernier étage. Déco vintage qui plaira aux nostalgiques des années 1980 et 1990. On y croise de jeunes stambouliotes sirotant un milkshake, un smoothie ou grignotant *pide,* sandwich ou wrap. On peut y fumer le narghilé. Garder la carte magnétique qui vous permettra de payer à la sortie.



## OÙ BOIRE UN VERRE ?

Peu d'endroits pour prendre un verre à Sultanahmet. Les adresses fréquentées par les Stambouliotes se trouvent de l'autre côté de la Corne d'Or, dans l'Istanbul moderne.

***Reggae Café-bar*** *(zoom détachable 2, D6,* ***230****) : Kadırga Limanı Cad. 147. 0534-707-88-88. Tlj 15h-3h.* Un lieu décalé, mi-jardin, mi-terrasse couverte, avec mobilier bricolé à partir d'objets de récup (bois, pneus, barils de pétrole, etc.) et des loupiotes multicolores. Au choix, un peu plus de 70 *shooters* différents, au mélange d'alcools et fruits assez détonants. Sert aussi bières, cocktails classiques en long drink (le 2^e est offert !), et possibilité de fumer un narghilé (certains avec alcool comme le whisky au chocolat !). Bonne musique, qu'on peut choisir soi-même. Accueil franchement amical. Si vous avez la flemme de repartir, vous pourrez y grignoter un morceau.

***Terrasse de l'hôtel Seven Hills*** *(zoom détachable 2, E6,* ***231****) : Tevkifhane Sok. 8 (à l'angle d'Utangaç Sok.). Tlj 10h-23h.* Certainement l'une des plus belles terrasses d'Istanbul, idéale pour voir Sainte-Sophie rosir au couchant. Le tout, c'est d'être suffisamment en bourse pour commander une bière pression. Cela dit, pour le même prix, vous aurez 4 thés, à vous de choisir... Dès 19h30, le lieu se transforme en resto.

***The Rounder's Irish Pub*** *(zoom détachable 2, E6,* ***229****) : Akbıyık Cad. 31. 0532-771-01-87. Tlj 8h-4h du mat.* Ce pub animé, aux horaires très larges, propose un vaste choix de bières du monde entier : 5 pressions et une cinquantaine de bouteilles. Les prix cléments, la terrasse prisée, l'intérieur plus clair et aéré qu'un pub irlandais traditionnel, la bonne musique rock & folk et l'accueil chaleureux donnent vraiment envie de s'y éterniser !

***Cheers « Just Bar »*** *(zoom détachable 2, E6,* ***131****) : Akbıyık Cad. 28. Tlj 12h-3h du mat.* L'une des rares terrasses sur cette rue très touristique, bordée de nombreux restaurants, qui fassent seulement bar. Bières fraîches et choix assez large de cocktails à tarifs abordables. On peut s'asseoir aussi au ***Shadow,*** juste à côté, pour le même type d'ambiance. Sinon, allez faire un tour au bar sur le toit du **Bahaus Guesthouse** *(zoom détachable 2, E6, **43**)* tout proche : le cadre est sympa, l'ambiance y est bonne et la bière un peu moins chère.

**Fes Cafe Nuruosmaniye** *(zoom détachable 2, D5, **232**) : Ali Baba Türbe Sok. 25-27. ☎ 526-30-70. Tlj sauf dim 9h-19h env. Pas d'alcool.* Un café décalé et branché, tout près de la mosquée Nuruosmaniye, à ne pas confondre avec son homonyme le *Fes Cafe* du Grand Bazar. Ici, l'atmosphère est nettement moins clinquante : murs en béton, tendance industrielle et mobilier design. En guise de déco, des œuvres à vendre, réalisées par de jeunes créateurs stambouliotes. Fait aussi resto, mais les prix nous ont paru surestimés. On préfère l'endroit pour un verre en journée, notamment en terrasse.

**Palatium** *(zoom détachable 2, E6, **233**) : Kutlugün Sok. 31. ☎ 516-51-32. Difficile à manquer avec sa façade vitrée racoleuse. Tlj 12h-minuit (1h w-e).* Un bar (plus qu'un resto) aménagé sur les vestiges de l'ancien palais des empereurs byzantins. À Sultanahmet, ce n'est pas le seul édifice dans ce cas-là, sauf qu'ici, on peut pénétrer librement dans les anciennes salles voûtées, en sous-sol. Affalés dans les poufs, derrière une large baie vitrée, on regarde l'animation de la rue (à moins que ce ne soient les passants qui vous regardent !). Bières à prix raisonnables. Terrasse pour fumer le narghilé. La cuisine ne nous a pas emballés.



## OÙ PRENDRE UN BAIN TURC ?

Istanbul possède peu de hammams proportionnellement à son nombre d'habitants. Les plus anciens arborent de très belles architectures, dégageant une atmosphère orientalisante des plus raffinée.
De manière générale, le massage relève le plus souvent d'un savonnage énergique et parfois brutal. Il dure rarement plus de 5 mn. Ceux qui ont des problèmes de dos feraient mieux de les éviter. Il est de coutume de laisser un pourboire aux masseurs. Certains hôtels ont leur propre hammam, accessible parfois à ceux qui n'y résident pas (mais payant dans tous les cas).

■ **Tarihi Örücüler Hamamı** *(plan Le Grand Bazar, A1, **300**) : Örücüler Sok. 32. ☎ 527-92-63. À 10 m de la porte Örücüler Kapısı du Grand Bazar. Tlj 6h-22h. Entrée : 60 TL ; 80 TL avec massage.* Ce hammam date du XVe s. Mais de nombreux apports datent de la période ottomane du XIXe s, comme le salon de thé. Une adresse authentique, même si elle n'inspire pas forcément confiance vue de l'extérieur. On n'y parle pas l'anglais.

■ **Çemberlitaş Hamamı** *(zoom détachable 2, D5-6, **305**) : Vezirhan Cad. 8. ☎ 522-79-74. • cemberlitashamami.com • En face de la colonne de Constantin. Tlj 6h-minuit ; une section pour les hommes, une autre (qui ouvre à 7h30) pour les femmes. Entrée : 160 TL ; 255 TL avec massage.* Hammam du XVIe s, même s'il ne reste pas grand-chose d'origine. Et c'est loin d'être le moins cher...

■ **Cağaloğlu Hamamı** *(zoom détachable 2, D5, **304**) : K.I. Gürkan Cad. 24. ☎ 522-24-24. • cagalogluhamami.com.tr • Tlj 9h-22h (pour les femmes et les hommes). Entrée : 30 €. Massages 50-120 € selon services et durée (entre 10 et 45 mn ; entrée comprise).* Fondé en 1741 par Mahmut Ier et dessiné par Cigalo Sinan Paşa (un Italien qui commanda la flotte turque), voici l'un des plus beaux hammams d'Istanbul. À l'entrée, noter la galerie de portraits des clients célèbres qui ont fréquenté le lieu : le kaiser Guillaume II, le musicien Frantz Liszt, Omar Sharif, Rudolf Noureev et des stars de Hollywood (Tony Curtis, Cameron Diaz, John Travolta...), ainsi que le regretté Wolinski. Voir aussi les peintures des 28 sultans de l'Empire ottoman. Cadre magnifique et très propre, mais prestations très chères même si elles sont de qualité.

# ACHATS

## Artisanat

**Dösim** *(plan détachable, D5,* ***280****) : Şeyhülislam Hayri Efendi Cad. 2. ☎ 526-68-13. Lun-ven 8h-18h, sam 9h-17h. Fermé dim. Ici, pas de négociation ; prix sur les étiquettes.* C'est un magasin d'État agréablement climatisé, dépendant du ministère de la Culture et du Tourisme. Verrerie, faïence, maroquinerie, cuivres, tapis, bijoux, livres à profusion sur 2 étages. Les collections sont joliment présentées, on dirait un musée. N'hésitez pas à réveiller le personnel pour avoir un conseil...

## Librairie

**Galeri Kayseri** *(English Bookshops ; zoom détachable 2, D6,* ***282****) : Divan Yolu Cad. 11 et 52. ☎ 516-33-66. Tlj 9h-19h30.* 2 librairies, une ancienne et une plus moderne, presque en face l'une de l'autre, proposant un beau choix de livres sur Istanbul, dont certains en français.

## Tapis

Envie d'un tapis ? Vous n'aurez que l'embarras du choix. Soyez surtout vigilant face aux pratiques de certains marchands (lire notre rubrique « Achats » dans le chapitre « Hommes, culture, environnement » en fin de guide).
2 adresses de confiance :

**Kirkit Rugs** *(zoom détachable 2, E6,* ***10****) : Kutlugün Sok. 37. ☎ 516-80-45. Tlj 9h-22h. Prix compétitifs.* Cette boutique propose une grande variété de *kilim* traditionnels et contemporains et de tapis dénichés en Anatolie, en Iran et en Asie centrale. L'équipe francophone vous expliquera l'historique de ces merveilles. Amusez-vous à composer vous-même un tapis (en patchwork) à partir de morceaux de tapis anciens. Ils vous l'assembleront sur place. Depuis la terrasse, vue imprenable sur la mer de Marmara, Sainte-Sophie et la mosquée Bleue.

**Galerie Metin** *(zoom détachable 2, E6,* ***284****) : Arasta Bazar 127. Tlj 9h-20h30. Prix affichés en euros mais négociables.* Situé derrière la mosquée Bleue, dans un mini-bazar destiné aux touristes. Yaşar et Ahmet Aksay, amoureux de tapis, y racontent les multiples variétés de tapis, en français s'il vous plaît : le *halı*, le *kilim*, le *yamalı* (superbe patchwork)...

## Pâtisseries et autres douceurs

N'oubliez pas que les baklavas, contrairement aux loukoums, ne se conservent que quelques jours.

**Dedeoğlu Baklavacı** *(plan détachable, D6,* ***285****) : Gedikpaşa Cad. 15. ☎ 516-87-98. Près du Grand Bazar. Tlj 7h-21h (20h dim).* Parmi les meilleurs baklavas d'Istanbul, mais bien demander le prix avant.

**Hacı Bekir** *(plan détachable, D5,* ***286****) : Hamidiye Cad. 33. ☎ 522-06-66. Tlj 8h-20h.* C'est l'un des plus vieux confiseurs d'Istanbul, créé en 1777 ! On y vend toutes les variétés de loukoums : à la noisette, aux amandes, aux noix, à la rose, à la menthe, à la résine de pin... Il y a même des loukoums aux épices (cannelle, gingembre, clou de girofle, etc.).

# À VOIR

## DANS LE QUARTIER DE SULTANAHMET

**De Sainte-Sophie à la mosquée Bleue, 1 000 ans d'histoire vous contemplent. Prenez vos repères : les minarets, les palais, les ponts sur la Corne**

**d'Or. Arrivez dès l'ouverture ou en fin d'après-midi pour réduire le temps d'attente à l'entrée des monuments et en profiter sans prendre un bain de foule. Mais surtout, revenez au soleil couchant, pour admirer le spectacle des goélands tournoyant autour des minarets illuminés. De quoi garder, en s'endormant, une vision poétique de cette ville ancienne aux couleurs de miel.**

– Rappel : l'***Istanbul Museum Pass*** coûte 220 TL (env 37 €) et permet d'accéder aux principaux monuments de la ville pendant ***5 jours consécutifs.*** Ce *pass* est intéressant si vous comptez enchaîner plusieurs visites. Gros avantage : on ne fait pas la queue. Pour plus d'infos, se reporter à la rubrique « Budget – Musées, sites et monuments » dans « Istanbul Utile ».
– Les ***tarifs*** des sites et musées augmentent régulièrement. Il arrive que les prix des entrées changent juste après la parution du guide : ne nous en tenez pas trop rigueur !



## ***SAINTE-SOPHIE*** *(Ayasofya Müzesi ; plan détachable et zoom détachable 2, E5-6)*

*• ayasofyamuzesi.gov.tr • Tlj 9h-19h (17h nov-mars) ; fermeture des guichets 1h avt. Entrée : 72 TL ; gratuit moins de 12 ans. Inclus dans l'*Istanbul Museum Pass. *Audioguide : 45 TL. Officiellement, flash et pied photo interdits. Certaines parties peuvent être en cours de restauration. Allez-y en fin d'ap-m, 2h avt fermeture (moins de queue au guichet et peu de monde à l'intérieur) ; il y a un peu plus de visiteurs le mar, j. de fermeture du palais de Topkapı.*

### Un peu d'histoire

La construction de la basilique Sainte-Sophie fut ordonnée par l'empereur Justinien, pour remplacer les anciennes constructions : la 1re, celle de Constance, inaugurée en 360, brûla au cours d'une émeute populaire en 404. La 2e, rebâtie par Théodose II en 415, fut également incendiée avec les monuments de la place de l'Hippodrome lors de l'insurrection des *Nikâ* (Victoriats) en 532. Justinien la fit reconstruire non seulement pour satisfaire un souhait de son épouse Théodora, mais aussi pour rivaliser avec le Temple de Jérusalem, et faire oublier au peuple les émeutes des *Nikâ,* qui durèrent plus de 6 jours. L'édifice actuel, inauguré en l'an 537, nécessita plus de 10 000 ouvriers travaillant sous les ordres d'une centaine de chefs de chantier. Il fut ***réalisé en un temps record*** : 5 années, 10 mois et 10 jours pour élever dans le ciel son audacieuse coupole, 32 m de diamètre qui, d'ailleurs, s'effondra 2 ans plus tard ! Du coup, Isidore de Milet, un des 2 architectes en charge de l'édifice, dut revoir sa copie en renforçant la structure à l'aide d'énormes contreforts, ce qui lui donne aujourd'hui son côté un peu massif. Elle culmine à 56 m du sol, reposant sur 4 énormes piliers. Cela tient du prodige architectural. La plus grande mosquée d'Istanbul, celle de Soliman le Magnifique, ne l'aura pas égalée.

**UNE HÉGÉMONIE DE 11 SIÈCLES**

*L'empereur Justinien, qui décida d'ériger la basilique Sainte-Sophie au VIe s, souhaitait réaliser le plus grand monument de la chrétienté au monde. Forte ambition, certainement. Un poil de mégalomanie, probablement... Toujours est-il que le pari fut gagné pendant plus de 1 000 ans ! Ce symbole de la chrétienté d'Orient triomphante ne perdit son titre glorieux qu'avec l'édification de la basilique Saint-Pierre de Rome, en 1626.*

Carte blanche avait été donnée aux entrepreneurs, qui pillèrent les monuments païens d'Europe et d'Asie, depuis le gymnase d'Éphèse jusqu'aux temples d'Athènes et de Delphes. Toutes les carrières de marbre furent exploitées, et le coût de la construction mit en péril l'économie de l'empire, pourtant prospère. On raconte que la seule construction de la chaire aurait coûté une somme équivalant à 5 années des impôts perçus en Égypte. Rien n'était trop beau pour l'église de la Sainte-Sagesse, *Ayasofya* en turc, appelée de nos jours Sainte-Sophie. En fait, ***elle ne fut jamais dédiée à aucun saint.***

### ET LA PROSTITUÉE ÉPOUSA L'EMPEREUR

*Fille d'un montreur d'ours au Ve s, Théodora se prostituait à l'hippodrome de Constantinople. L'empereur Justinien, charmé par sa grande beauté, en fit sa maîtresse, avant de l'épouser en 525. Tenace et vertueuse, elle aida son mari à gérer son empire et à résister à diverses révoltes. Théodora est considérée comme une sainte par les orthodoxes.*

On prétendit que Justinien avait reçu d'un ange le plan de l'édifice et l'argent nécessaire à sa construction... Une aide d'autant plus précieuse que les matériaux les plus riches furent employés : colonnes en porphyre rouge d'Égypte, plaques d'argent et d'or, ivoires d'Éphèse, de Baalbek et de Delphes, marbre vert d'Eubée, marbre rouge de Synada, etc. On comprend que, devant la splendeur des lieux, Justinien ait déclaré le jour de l'inauguration du sanctuaire : « Ô Salomon, je t'ai dépassé. » Non loin, il installa d'ailleurs une statue de bronze représentant le roi Salomon en train d'admirer Sainte-Sophie, qui avait effectivement dépassé son temple en grandeur et en beauté.
Le 29 mai 1453, quelques heures à peine après la prise de Constantinople, ***le sultan Mehmet II effectuait la 1re prière qui transformait la basilique en mosquée.*** Les sultans firent de nombreuses donations pour enrichir le sanctuaire. On fit suspendre un immense lustre à la coupole, les mosaïques byzantines furent recouvertes d'un badigeon, des médaillons de 7,50 m de diamètre portant les noms d'Allah, de Mahomet et des 4 premiers califes furent accrochés aux murs, des versets du Coran peints autour de la coupole, et la loge du sultan fut installée à gauche de l'abside. Un croissant remplaça le crucifix géant, et un mihrab la chaire qui avait coûté tant d'argent. Jusqu'en 1935, Ayasofya servit de mosquée, puis ***Atatürk la transforma en musée.***

## La visite

#### *L'extérieur*

Il faut oublier les contreforts qui alourdissent l'architecture et changent l'idée que l'on se fait d'une basilique. Sans eux pourtant, les murs n'auraient pas supporté la pression de la coupole, ni les différents séismes.
Avec un peu de recul, jetez un coup d'œil aux 4 minarets entre lesquels trône le grand dôme. Certes un peu massifs, ils contrastent néanmoins avec les murs en assise rose dont les travaux de remise à nu ont partiellement dégagé les briques rouges originelles. Mehmet II fit élever le minaret au sud-est, son fils Beyazıt II celui au nord-est. Et l'architecte Sinan en personne s'occupa des 2 autres pour le compte de Murad III. Juste avant d'entrer dans l'édifice, sur la gauche, noter les anciennes marches et le fronton en contrebas : ce sont les vestiges de l'ancienne ***église de Théodose II.***

#### *L'intérieur*

On pénètre dans une 1re salle (l'exonarthex) au fond de laquelle une vidéo (en anglais) présente l'histoire de Sainte-Sophie. Ne vous en privez pas, on y découvre des détails difficiles à voir à l'œil nu. De là, on passe dans le narthex (porche

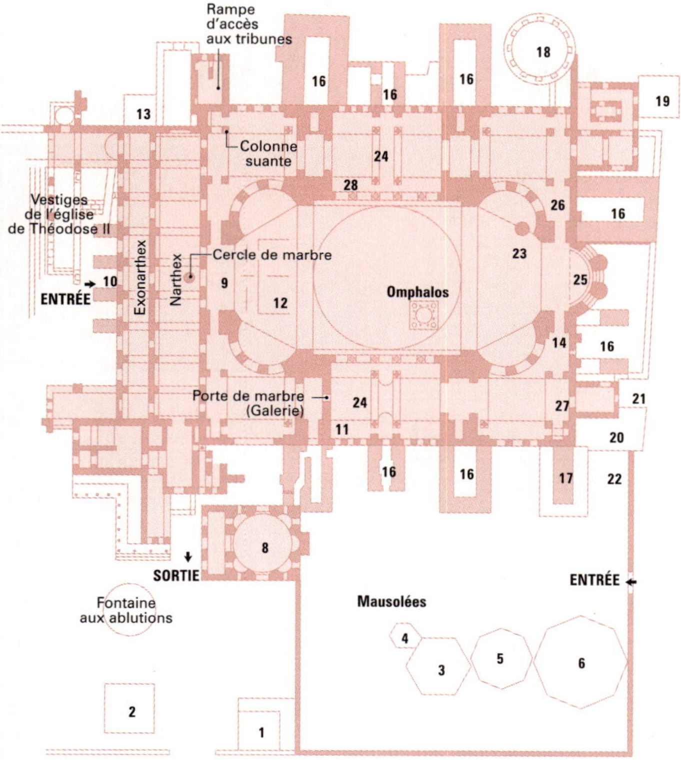


1 Salle de l'Horloge
2 Cuisine construite par Mehmet II
3 Tombeau de Murad III
4 Mausolée des Princes
5 Tombeau de Selim II
6 Tombeau de Mehmet III
8 Baptistère, tombeaux des sultans Mustafa Ier et İbrahim
9 Portes royales
10 Restes du clocher latin
11 Déisis (galerie)
12 Restes de l'église de Constantin (fouilles)
13 Minaret du sultan Selim
14 Portrait de l'impératrice Zoé (galerie)
16 Contreforts byzantins
17 Contreforts turcs
18 Trésor (Skevophylakion)
19 Minaret de Beyazıt II
20 Minaret de Mehmet II Fatih
21 Porte orientale
22 Puits sacré
23 Loge impériale
24 Galerie des chantres
25 Abside et mihrab
26 Passage aux faïences
27 Faïences (représentation de la Kaaba)
28 Portrait d'Alexandre (galerie)

## SAINTE-SOPHIE

couvert précédant la nef ; référez-vous au plan pour plus de précision). Dans ce dernier, l'escalier sur l'extrême gauche permet de monter aux galeries, là où le peuple se tenait tandis que le sultan priait seul, en bas. On entre dans la nef par une grande et imposante porte en cèdre du Liban (la légende affirme que le bois proviendrait de l'arche de Noé). Au-dessus, une mosaïque figure un christ en majesté. Noter les dalles de marbre vert sur le pas de la porte, plus usées sur les côtés à cause du piétinement des gardes impériaux.

En pénétrant dans le sanctuaire, les fidèles restaient interdits par la hardiesse de l'œuvre d'***Anthémios de Tralles*** et d'***Isidore de Milet,*** les 2 architectes grecs. La nef, flanquée de 2 bas-côtés, est un vaste rectangle d'environ 80 m sur 70 m. Mais le regard est irrésistiblement attiré vers le haut par la coupole, dont les ors ont été restaurés et à laquelle sont suspendus les lustres qui semblent flotter à hauteur d'homme. En 557, des tremblements de terre provoquèrent des fissures, puis son effondrement ; on allégea alors son poids, en utilisant des briques de tuf (roche poreuse légère) spécialement fabriquées dans l'île de Rhodes, pesant 12 fois moins qu'une brique ordinaire. Mais en 986, puis en 1348, de violents tremblements de terre provoquèrent à nouveau l'écroulement du dôme central. Sur les pendentifs de la coupole, ne manquez pas les 4 chérubins (dont un seul a le visage découvert) à 6 ailes qui planent au-dessus du vaisseau depuis le X^e s (pour les 2 à l'est du moins, car les 2 autres ne sont que des imitations peintes au XIX^e s !).

## L'OMPHALOS

*Au sol, les dalles circulaires en marbre près du centre de Sainte-Sophie, un peu à droite, marquent le lieu précis où les empereurs étaient couronnés. L'Omphalos (« nombril du monde » en grec) était l'endroit le plus sacré de l'Empire byzantin.*

Ce que nous voyons aujourd'hui ne donne qu'une faible idée de la splendeur passée. Le pavement de mosaïque, l'iconostase d'argent, l'autel en or massif incrusté de pierreries et une grande partie des fresques murales ont disparu. Le sanctuaire fut dépouillé notamment lors de la 4^e croisade. Auparavant, la période iconoclaste (voir le chapitre « Hommes, culture, environnement » en fin de guide) aura sacrifié sur l'autel de l'image d'autres mosaïques. ***La plus grande mosaïque aujourd'hui visible*** est celle de la conque de l'abside : Marie est assise sur un trône serti de pierres précieuses. Sur ses genoux, elle porte l'Enfant vêtu d'or. Sur leur gauche, on devine (non sans effort !) l'archange Gabriel, un globe de cristal à la main, et ses ailes multicolores.

Près de la porte d'entrée, les 2 grandes urnes d'albâtre, d'une capacité de 1 250 l chacune, furent apportées au XVI^e s. Un heureux paysan de Pergame les aurait trouvées remplies de pièces d'or dans son champ.

En se dirigeant vers la rampe d'accès aux tribunes, on passe près de la ***colonne suante*** (sur la droite), censée exaucer les vœux, guérir les maux de tête et favoriser les maternités. Pour cela, il faut mettre son pouce dans le trou, à hauteur d'homme, et, avec la main à plat, faire un cercle complet de la gauche vers la droite en formulant le souhait. Cela dit, il y a souvent beaucoup d'attente pour un geste sans garantie de résultat...

***Les tribunes***

Remarquer le parapet en marbre ceinturant la ***galerie des tribunes*** ; toutes les croix ont été consciencieusement grattées, à l'époque ottomane, afin de ne laisser qu'un décor en forme de lance. Seule la superbe ***porte de marbre*** de la galerie sud a échappé à cette détérioration. Dans la galerie située au-dessus du narthex, repérer le cercle de marbre vert au sol : c'est là que se trouvait le trône de l'impératrice. Continuer ensuite la galerie pour admirer les plus belles mosaïques de Sainte-Sophie. Juste après la porte de marbre, sur la droite, ***la Déisis (11)*** représente la prière de la Vierge et de saint Jean-Baptiste le jour du Jugement dernier. La finesse des traits et les nuances des couleurs donnent une grande humanité au Christ. Au fond de la même tribune, à côté de la grande abside, voir le ***portrait de l'impératrice Zoé (14)*** avec son 3e mari et le Christ au milieu. L'impératrice faisait changer à chaque fois le visage et le nom de son ancien époux pour celui du nouvel élu.

#### *L'extérieur, à nouveau*

En sortant de Sainte-Sophie par le vestibule et la belle porte en bronze qui était réservée à l'empereur, repérez le miroir ingénieusement disposé, puis retournez-vous pour observer la mosaïque de la fin du Xe s représentant la Vierge assise tenant dans ses bras l'Enfant Jésus – à qui Constantin Ier d'un côté et Justinien de l'autre offrent respectivement la ville de Constantinople et une maquette de Sainte-Sophie.
Dans la cour, vous verrez sur la gauche l'***ancien baptistère (8),*** qui fut transformé par les Ottomans en huilerie, puis, en 1623, en tombeau pour recevoir les dépouilles de 2 sultans : Mustafa Ier, puis İbrahim.
Sur la droite de la cour, une ***fontaine aux ablutions*** construite par Mahmut Ier vers 1740. De plan octogonal, la coupole recouverte d'une toiture de plomb repose sur 8 colonnes de marbre. Juste avant la sortie, une ancienne ***cuisine (2)*** et la ***salle de l'Horloge (1).***

#### *Les mausolées*

*Accès par le côté est, proche de l'entrée de Topkapı. Tlj 9h-18h (16h nov-mars). GRATUIT.* Vous verrez le ***tombeau de Mehmet III (6),*** de plan octogonal, puis celui de ***Selim II (5)*** et de sa famille (42 sarcophages), également de plan octogonal et construit par Sinan en 1577, doté d'un beau portique. Ensuite, le ***tombeau de Murad III (3),*** qui contient 54 sarcophages, édifié en 1599, avec de jolis vitraux, et le ***mausolée des Princes (4),*** du XVIe s, qui renferme la descendance de Mehmet III. Enfin, sur la droite, un superbe ***baptistère du VIe s (8),*** indépendant de Sainte-Sophie et converti en mausolée en 1639, renferme 19 sarcophages, dont ceux de Mustapha I, du sultan Ibrahim, de la fille de Murad IV et du fils d'Ahmed II.

## *DE SAINTE-SOPHIE À LA MOSQUÉE BLEUE*

Comment résister à la visite de la mosquée Bleue en sortant de Sainte-Sophie ? Les 2 architectures se répondent avec une telle évidence. Et pourtant, elles sont si différentes : la gracieuse finesse de *Sultanahmet Camii* contraste tellement avec le caractère massif d'*Ayasofya.*
Sur le chemin, vous traverserez de jolis jardins fleuris, ornés de bassins.

***Le hammam Haseki Hürrem*** *(zoom détachable 2, E6)* **:** *Ayasofya Meydanı 2.* ☎ *517-35-35.* • *ayasofyahamami.com* •
Appelé aussi *Ayasofya Hamam,* il s'agit du plus grand hammam de Turquie après celui de Bursa, et le plus célèbre par son architecture. L'épouse de Soliman le Magnifique, Roxelane (d'origine russe), en confia la construction, en 1556, au plus grand architecte de l'époque, le fameux Sinan. Le site n'a pas été choisi au hasard ; tout près se trouvaient les fondations des anciens bains de Zeuxippe, les plus grands thermes de la ville à l'époque romaine.
Le plan du hammam était assez révolutionnaire, car il fut construit en 2 parties symétriques (côté hommes et côté femmes), séparées uniquement par un mur (solide !). Comme il y avait 2 entrées et 2 sorties, on ne risquait pas de se croiser. À l'époque, on construisait les hammams en forme de « L », avec 2 bâtiments bien distincts pour plus de sécurité. Ce bain fut utilisé jusqu'en 1911, puis laissé à l'abandon. Il a retrouvé sa fonction initiale à l'issue d'une longue restauration. Les prestations sont haut de gamme et les tarifs exorbitants *(formules 55-160 € ; sur résa seulement).*

***Le mausolée d'Ahmet Ier*** *(Sultan Ahmet I Türbesi ; zoom détachable 2, E6)* **:** *entre Sainte-Sophie et la mosquée Bleue. Tlj sauf lun 8h30-17h. GRATUIT.* C'est le mausolée du sultan à qui l'on doit la construction de la mosquée Bleue. Il fit d'ailleurs appel au même architecte. Plusieurs épouses de sultan y reposent. Quelques belles faïences d'İznik à l'intérieur.

## ***LA MOSQUÉE BLEUE*** *(Sultanahmet Camii ; plan détachable et zoom détachable 2, D-E6)*

*Pour les musulmans, ouv tlj de la 1re à la dernière prière. Pour les non-musulmans, l'accès est autorisé uniquement en dehors des heures de prière, par la porte située au fond de la cour.* ***Entrée gratuite,*** *aucune donation n'est obligatoire. File d'attente souvent impressionnante : arriver dès le début de chaque créneau horaire. Ce serait dommage que l'édifice ferme avt que vous n'ayez pu y accéder ! Les* ***horaires*** *varient : grosso modo, accès possible en matinée, en début d'ap-m (sauf ven pour la grande prière) et en fin d'ap-m. Consultez le panneau à l'entrée, qui indique les créneaux précis où les touristes sont admis.*
***Tenue correcte exigée :*** *pas de shorts, de nombrils à l'air ou d'épaules découvertes. Des châles sont prêtés aux femmes, et des sortes de jupes unisexes aux étourdis qui se pointent en bermuda ; penser à les emprunter avt d'aller faire la queue, dans le cabanon qui précède l'entrée.* ***Tant que les travaux de restauration sont en cours, les parois intérieures sont hélas partiellement masquées.***
***Un dernier conseil :*** dans la file d'attente, refuser toute proposition d'individus qui prétendent vous faire entrer plus vite : vous finirez assurément chez un marchand de tapis ! De même, en ville, inutile de croire les faux guides qui vous disent que la mosquée est fermée, sous prétexte de vous accompagner ailleurs (chez un marchand). Prenez un sac plastique distribué à l'entrée pour y mettre vos chaussures. N'oubliez pas qu'il ne s'agit pas d'un musée, mais d'un lieu de prière : discrétion de rigueur.

***La mosquée la plus célèbre d'Istanbul*** fut commandée par le sultan Ahmet Ier à un architecte, disciple de Sinan (Mehmet Ağa, dit le « Sedefkâ », c'est-à-dire « l'artisan qui travaille la nacre »), qui l'acheva après 6 années de travaux, en 1616. Elle fut terminée 10 ans avant Saint-Pierre de Rome, dont la construction dura près de 2 siècles (1452-1626). Il paraît que, durant la construction, le sultan était si impatient de voir l'achèvement de sa mosquée qu'il venait chaque vendredi travailler au milieu de ses ouvriers. Il faut parfois donner l'exemple, n'est-ce pas ? En fait, il s'agissait pour lui de faire mieux que la Sainte-Sophie voisine, qu'il n'a pourtant pas réussi à surpasser, du moins en monumentalité.

### SIX À SEPT

*La mosquée Bleue est célèbre pour ses 6 minarets, dont seules se parent les mosquées les plus sacrées. On raconte que le sultan qui commanda sa construction tenait absolument à ce nombre. Afin de satisfaire les autorités religieuses, outrées d'un tel désir, le sultan offrit un 7e minaret à la mosquée de La Mecque, qui était la seule de tout l'Empire islamique à en posséder déjà 6. 6 à 7, la hiérarchie était sauve !*

Pour mieux apprécier la beauté de la mosquée Bleue, il est préférable d'en faire le tour complet avant d'entrer. On découvre alors l'ensemble harmonieux que forme le dôme central entouré de 4 demi-dômes. En fin d'après-midi, le soleil déclinant donne à la pierre une douce couleur de miel. La lumière pénètre alors à travers les ***260 vitraux.***
À l'intérieur, on comprend pourquoi cet édifice a perdu son nom d'origine de *Sultanahmet Camii* pour prendre celui de mosquée Bleue. Plus de ***21 000 carreaux de faïence d'İznik à fond bleu*** tapissent les parois et en font l'un des joyaux de l'art musulman. Roses, œillets, tulipes et cyprès stylisés sont représentés en

motifs variés sur les faïences pourtant considérées de « 2e choix » car nombre de carreaux sont de glaçure terne ou de réemploi, notamment en provenance du palais de Topkapı (la production de la faïence d'Iznik ayant sérieusement décliné à la fin du XVIe s). Malheureusement, on ne peut accéder aux galeries où se trouvent les plus belles. La ***coupole centrale,*** qui pourrait presque rivaliser avec celle de Sainte-Sophie, repose sur 4 piliers massifs en « pattes d'éléphant » qui n'ont pas moins de 5 m de diamètre. C'est du haut de la ***chaire de marbre blanc*** (minbar) que, le 15 juin 1826, le sultan Mahmut II proclama la dissolution du corps des janissaires, entraînant le massacre de 7 000 d'entre eux.

## *LE MUSÉE DES MOSAÏQUES*
*(Mozaik Müzesi ; zoom détachable 2, E6)*

*Torun Sok., près de l'Arasta Bazar. Tlj 9h-19h (17h nov-mars) ; fermeture des guichets 30 mn avt. Entrée : 24 TL ; gratuit moins de 12 ans. Inclus dans l'*Istanbul Museum Pass.

Discret petit musée, mais vous y verrez de grands fragments de mosaïques assez exceptionnels. Excavés au XXe s, ils décoraient le palais des empereurs byzantins *(Palatium Magnum),* qui s'étendait sur 100 000 m² sur les hauteurs de Cankurtaran et dont les fouilles se poursuivent lentement sur le côté est de Sainte-Sophie.

Les mosaïques sont étonnantes par leurs motifs comme par leur taille. Bien que tardives (entre les IVe et VIe s), il s'agit bien de ***mosaïques de style romain*** et non byzantin, figurant des scènes de chasse, de jeux, des animaux fabuleux. Noter la richesse des détails dans la représentation des chevaux et des chèvres, ainsi que les scènes très vivantes : enfants jouant sur des chameaux, singe faisant tomber des dattes, combat de l'éléphant et du lion. Nous sommes bien loin de la mosaïque byzantine, qui avait un sens uniquement religieux et que l'on retrouve surtout dans les coupoles des églises et monastères de la ville.

## *LE MUSÉE DES ARTS TURCS ET ISLAMIQUES*
*(Türk Ve Islam Eserleri Müzesi ; dans le palais d'İbrahim Paşa ; zoom détachable 2, D6)*

*☎ 518-18-05 • tiem.gov.tr •. Tlj 9h-19h (17h nov-mars) ; fermeture des guichets 30 mn avt. Entrée : 42 TL ; gratuit moins de 12 ans. Inclus dans l'*Istanbul Museum Pass.

İbrahim Paşa, esclave grec, devint le grand vizir de Soliman le Magnifique en 1523. L'année suivante, il se maria avec la sœur du sultan, Hatice, et fit construire ce palais sur le côté est de l'hippodrome. Ce superbe édifice fut successivement la résidence de vizirs puis d'ambassadeurs étrangers, une manufacture de tissus et enfin une prison. Restauré à l'identique, il abrite aujourd'hui le musée des Arts turcs et islamiques, qui recèle quelques pièces rares.

Juste après le contrôle des tickets, dans une salle en retrait, sur la gauche, subsistent des vestiges de l'hippodrome. La très riche collection d'objets d'art est exposée à l'étage, dans une enfilade de petites pièces qui donne une idée de l'architecture d'un authentique palais ottoman du XVIe s. Il s'agissait de la partie privée du palais. Toutes les périodes historiques sont représentées, de la période antéislamique jusqu'au XIXe s (Empire ottoman), en passant par les dynasties qui magnifièrent le monde musulman. Pour chacune des époques, les objets sont peu nombreux, mais ils ont été choisis avec minutie, et l'éclairage les met superbement en valeur. De manière chronologique, citons quelques tout 1ers corans de la période omeyyade (661-1031), puis de la période abbasside (750-1258), époque où l'islam s'appuyait sur les routes marchandes pour essaimer à travers le monde. Admirer ceux de la période mamelouke (1250-1517), enluminés à une époque où les sultans favorisaient les sciences et les arts. Remarquables livres et miniatures de la période

timouride (1370-1507), l'une des ères les plus abouties en la matière. Des Safavides (1501-1736), noter le superbe *kashkul* (bol de mendiant) à tête de dragon.
Au fond du couloir, dans une atmosphère de recueillement, sont exposées des reliques du prophète Mahomet : quelques poils de sa barbe dans une châsse en or, une empreinte de son pied gravée dans le marbre (plus petite que celle exposée à Topkapı). Enfin, admirer la remarquable *qiblanuma* datée de 1738, un instrument astronomique comprenant boussole et pointeur, qui permettait de retrouver la direction de La Mecque à partir de plusieurs villes de l'empire (les noms sont écrits en arabe).
La visite prend fin avec une superbe collection de tapis ottomans – très prisés aux XVe et XVIe s. Les marchands vénitiens les exportèrent dans toute l'Europe, et seules la grande bourgeoisie, la noblesse et l'Église pouvaient les acquérir, celles-là mêmes qui commandaient des portraits aux grands artistes de l'époque. Voilà comment les tapis ont involontairement servi de décor aux peintures de la Renaissance italienne et hollandaise. Des types de tapis furent ainsi désignés par les noms de peintres Renaissance suivant leurs motifs : Holbein pour les grands octogones, Lotto pour les motifs à palmettes, Memling, Crivelli... La dernière grande salle présente quelques immenses tapis d'Uşak et de Konya, ainsi que différents objets du XIIIe au XIXe s.



## ***L'HIPPODROME*** *(zoom détachable 2, D6)*

Il ne reste que peu de choses de la splendeur passée de l'hippodrome : 2 obélisques et la colonne Serpentine de Delphes. Il fut pourtant, pendant 10 siècles, le cœur de Constantinople. Son histoire commence au IIIe s avec la construction d'un 1er édifice commandé par l'***empereur Septime Sévère,*** en 203 de notre ère, après qu'il eut détruit la ville. Le plan original s'inspirait de l'hippodrome de Caracalla à Rome. Ce n'est qu'en 324 que l'***empereur Constantin*** lui donne ses dimensions définitives : 370 m de longueur sur 120 m de largeur, ce qui le plaçait au 2e rang des hippodromes de l'Antiquité, après le Circus Maximus à Rome. Il fut inauguré le 11 mai 330, quand Constantin nomma sa cité Nouvelle Rome. Il pouvait accueillir jusqu'à 35 000 personnes !
S'il reste si peu de l'hippodrome aujourd'hui, c'est qu'après la prise de Constantinople par les croisés, en 1147, il fut allègrement pillé. On retrouve des éléments un peu partout dans les monuments d'Istanbul et d'ailleurs. Durant la période ottomane, l'hippodrome a été le lieu de revendications des janissaires, en somme leur place de Grève, perpétuant en cela la tradition des factions du cirque. Là encore, il servit de carrière de marbre pour la construction de mosquées.
L'hippodrome n'était pas exclusivement un lieu ludique. Une partie de la politique de Constantinople se faisait sur le champ de courses : celles-ci étaient non seulement un divertissement, mais aussi une sorte de sondage de popularité pour le pouvoir en place. Les compétitions suscitaient de terribles émeutes, parfois même des soulèvements. Imaginez chez nous des élections remplacées par le tiercé... L'équipe des « Verts », à la gauche de la loge impériale, représentait le peuple, et celle des « Bleus », à sa droite, la classe dirigeante.

### HOOLIGANS DES TEMPS ANCIENS

*Les courses de chars qui se déroulaient sur l'hippodrome provoquaient parfois des violences inouïes parmi les supporters. En 532, la révolte des Nikâ se solda par une émeute de 6 jours, l'incendie de Sainte-Sophie et des bâtiments de l'hippodrome. Passablement agacé, l'empereur Justinien fit massacrer quelque 30 000 spectateurs qui s'étaient insurgés. Ils furent enterrés sur place (donc sous vos pieds !). Cette révolte fit vaciller le trône impérial.*

L'empereur présidait les courses de sa loge et donnait lui-même le signal du départ. Chaque course durait environ 30 mn. Les chars tournaient autour de la *spina* (l'arête centrale) ornée de monuments dont il reste aujourd'hui 3 vestiges, légèrement enterrés, ce qui vous donne, soit dit en passant, le niveau du sol de l'antique hippodrome.

L'hippodrome serait à l'origine du film *Ben Hur* ! Ambassadeur des États-Unis d'Amérique auprès de l'Empire ottoman de 1881 à 1885, Lewis Wallace fut inspiré par l'hippodrome pour écrire son roman *Ben Hur,* d'où a été tiré le film du même nom réalisé par William Wyler en 1959.

– ***L'obélisque de Théodose*** est ***le monument le plus ancien de la ville*** (3 500 ans). Il a été commandé par le pharaon Thoutmosis III pour célébrer sa victoire en Mésopotamie. Comme son nom l'indique, ce fut l'empereur romain Théodose Ier qui le fit venir, en 390, d'Alexandrie. Originaire du temple de Karnak, ce monolithe en porphyre de Syène (l'actuelle Assouan) de 300 t, mesurait à l'origine 32,50 m. Il n'en fait plus que 20 aujourd'hui. Les hiéroglyphes célèbrent les louanges du pharaon ; au sommet sont représentés le dieu Amon et Thoutmosis III. Le socle de marbre sur lequel il repose date de 389. Y sont gravées des scènes représentant la remise de la couronne aux vainqueurs par l'empereur Théodose, l'érection de l'obélisque face à l'empereur, la remise d'offrandes à ce dernier par des ennemis vaincus, et enfin l'empereur entouré de ses gardes assistant à une course de chars depuis la tribune qui se trouvait en face de l'obélisque, sur le côté est du stade. À l'entrée de l'esplanade, côté Sainte-Sophie, vous aurez noté la ***fontaine*** kitsch offerte au sultan par l'empereur Guillaume II d'Allemagne lors d'une visite en 1895.

– ***La colonne Serpentine*** *(Yılanlı Sütun)* **:** entre les 2 obélisques. Elle est datée de 479 av. J.-C. et fut rapportée du temple d'Apollon à Delphes en 326 apr. J.-C. par Constantin. Cette étrange colonne en bronze représente 3 serpents enlacés, d'où son nom. L'histoire raconte que la colonne fut fondue d'un seul bloc avec les boucliers récupérés chez les soldats perses vaincus après la bataille de Platées (479 av. J.-C.). Les têtes des serpents furent mutilées au fil des siècles. Elles supportaient un grand vase en or, lui aussi aujourd'hui disparu. Plus aucune nouvelle des têtes de serpent jusqu'en 1847, date à laquelle l'une d'entre elles (sa mâchoire supérieure, plus précisément) fut miraculeusement retrouvée.

– ***L'obélisque muré*** *(Örme Dikilitaş)* **:** son origine est incertaine. Il mesure 33 m de haut. Les croisés, en 1204, arrachèrent les plaques de bronze dont Constantin VII Porphyrogénète le recouvrit au Xe s. L'obélisque a été restauré en 1894, après un tremblement de terre, encore un.

Pour prendre la mesure de l'ancien hippodrome, imaginer ses dimensions passées, poussez un peu plus au sud. Prenez la rue Şehit Mehmet Paşa Yokuşu et, lorsqu'elle oblique vers la droite, repérez la cour où trône un buste d'Atatürk. La courbe de la balustrade qui clôture la cour (on peut y entrer en semaine) est, ni plus ni moins, celle de l'extrémité sud de l'hippodrome. En poursuivant la rue et en bifurquant dans la 1re à gauche, vous longerez de hautes voûtes de pierre rouge : ce sont les fondations de l'hippodrome, qui datent de son agrandissement par Constantin.

### UNE CHEVAUCHÉE FANTASTIQUE

*C'est de la loge impériale de l'hippodrome que proviennent les célèbres chevaux de la basilique Saint-Marc à Venise. Ces fameux quadrupèdes, probablement originaires de Delphes, auraient surmonté l'arc de Trajan à Rome avant que Théodose ne les fasse transporter à Constantinople. Les croisés s'en emparèrent et les installèrent à Venise, sur la façade de Saint-Marc. Bonaparte les récupéra pour les placer devant le Louvre, sur l'arc de triomphe du Carrousel. Mais, après ses défaites, il dut les restituer à Venise. Ceux que l'on peut observer aujourd'hui sur le Carrousel, à Paris, ne sont que des copies...*

## LA CITERNE AUX MILLE ET UNE COLONNES (Binbirdirek Sarnıcı ; zoom détachable 2, D6)

*İmran Öktem Cad. Tlj sauf dim 9h-18h. Entrée : env 20 TL ; gratuit moins de 8 ans. N'accepte pas l'*Istanbul Museum Pass. Dite aussi « citerne Philoxène ». Elle aurait été construite par Philoxenus, sénateur romain qui accompagna Constantin dans sa nouvelle capitale au IVe s, ce qui en fait l'une des plus anciennes de la ville. 2e en taille après la Yerebatan (la citerne-basilique, voir plus loin) avec 40 000 m³ et 224 colonnes, elle fait partie des 22 citernes souterraines que compte Istanbul. Elle servait à alimenter les bains de Zeuxippe (les plus grands de la ville à l'époque), qui se trouvaient à l'autre extrémité de l'hippodrome. À la fin de l'Empire ottoman, elle servit de filature, puis devint un simple lieu de stockage. Si vous devez faire un choix, préférez, sans la moindre hésitation, la citerne-basilique, située à 2 pas.

## LA CITERNE-BASILIQUE (Yerebatan Sarayı ou Yerebatan Sarnıcı ; zoom détachable 2, E6)



*Yerebatan Cad. ☎ 522-12-59. • yerebatan.com • Tlj 9h-18h30 (17h30 nov-mars) ; fermeture des guichets 30 mn avt. Entrée : env 20 TL ; gratuit moins de 8 ans. CB refusées. N'accepte pas l'*Istanbul Museum Pass. Le « Palais englouti » *(Yerebatan Sarayı),* comme l'ont baptisé les Turcs, est l'un des monuments byzantins les plus impressionnants par sa taille, l'un des endroits les plus fascinants de Sultanahmet. Immense citerne byzantine, longue de 140 m, large de 70 m, haute de 8 m, sa capacité est de 78 000 m³. Elle était alimentée avec de l'eau acheminée par l'aqueduc de Valens. Construite par l'empereur Justinien en 542 grâce à 7 000 esclaves, elle se trouvait sous la cour d'une basilique civile incendiée, puis reconstruite, et fut ainsi appelée la citerne-basilique. Elle fournissait en eau le Grand Palais (palais des empereurs byzantins). Oubliée après la conquête de Constantinople par les Ottomans, elle fut mise au jour en 1545, et on l'utilisa alors pour approvisionner le palais de Topkapı. Véritablement explorée pendant la Première Guerre mondiale, on pouvait alors la visiter en barque (c'est d'ailleurs ce que fait l'intrépide James Bond dans le film *Bons baisers de Russie,* tourné en partie à Istanbul). On y descend aujourd'hui plus simplement par un escalier (glissant !). La citerne-basilique compte 336 colonnes réparties en 12 rangées de 28, ce qui lui donne l'aspect d'une forêt de troncs. Une de ces colonnes possède d'ailleurs des nodules, imitant pour les uns un tronc d'arbre, figurant pour les autres des yeux ou encore des larmes. Le tout baigne non seulement dans l'eau, mais aussi dans un éclairage orangé qui renforce le sentiment d'étrangeté. Rapportées de différents temples, comme en témoignent leurs styles disparates (on distingue cependant une centaine de chapiteaux corinthiens identiques), les colonnes présentent néanmoins une uniformité remarquable. Tout au fond, ne manquez pas les 2 colonnes qui reposent sur des socles représentant de fascinantes ***têtes de méduse*** originaires de Didymes. Dans l'Antiquité, les sculptures représentant des têtes de méduse servaient à détourner les influences maléfiques. On peut supposer qu'elles ont été placées ici dans le même but.

## VERS LE PALAIS DE TOPKAPI

***La fontaine du Sultan Ahmet III*** *(zoom détachable 2, E6)* **:** *devant la porte d'entrée de Topkapı.* Istanbul compte de très nombreuses fontaines construites par les sultans ottomans, souvent à des endroits stratégiques. Celle-ci, édifiée en 1728, est inspirée de celle d'Eminönü qui date de 1663. Plus on avancera dans le XVIIIe s, plus les fontaines d'Istanbul seront influencées par le rococo européen. Elle a été intégralement restaurée.

**Le musée des Tapis** (Halı Müzesi ; zoom détachable 2, E5-6) **:** *Soğukçeşme Sok. ☎ 512-69-93. L'entrée se trouve juste derrière Sainte-Sophie. Tlj sauf lun 9h-17h (16h nov-mars). Entrée : env 10 TL ; gratuit moins de 15 ans. N'accepte pas l'Istanbul Museum Pass.* Aménagé dans des dépendances de Sainte-Sophie qui datent du XVIIIe s, ce musée, dont la porte d'accès est l'un des plus beaux exemples de baroque ottoman à Istanbul, présente une collection de tapis anatoliens, du XIVe au XIXe s. Les pièces sont exposées de manière chronologique dans 3 pavillons restaurés (profitez-en pour admirer l'architecture !). Le 1er bâtiment accueille les plus vieilles. Dans le 2e, essayez d'identifier les motifs et leur signification grâce aux panneaux explicatifs. C'est dans le 3e pavillon que se trouvent les plus grands tapis (impressionnant !).

**La rue Soğukçeşme** (zoom détachable 2, E5) **:** *entre le rempart de Topkapı et Sainte-Sophie.* Cette rue bordée de maisons restaurées donne une idée de ce qu'était le vieil Istanbul avant que la plupart de ses maisons de bois ne soient détruites par des incendies et surtout par des promoteurs sans scrupules. Les tremblements de terre étant assez fréquents, on avait pris l'habitude de construire les habitations en bois pour limiter les dégâts lors des secousses telluriques. Les plus beaux spécimens restent les fameux ***yalı*** (maisons traditionnelles) sur les rives du Bosphore.

LE VIEIL ISTANBUL

## LE PALAIS DE TOPKAPI
*(Topkapı Sarayı ; plan détachable, E5)*

*☎ 512-04-80. • topkapisarayi.gov.tr • Tlj sauf mar 9h-18h45 (16h45 oct-mars) ; fermeture des guichets 45 mn avt. Billetterie au fond de la 1re cour et à l'entrée du harem ; également des bornes automatiques (qui acceptent seulement le paiement par CB). Entrée : 72 TL pour le palais + 42 TL pour le harem ; gratuit moins de 12 ans (moins de 6 ans pour le harem). Inclus dans l'Istanbul Museum Pass (harem compris). Audioguide en français (plutôt intéressant) dans la 2e cour : 45 TL pour le palais de Tokapı seul et 70 TL pour celui incluant aussi le harem (caution : 100 TL). Sinon, panneaux en anglais assez complets.*
*Conseils pour la visite :*
*– Le palais reçoit beaucoup de visiteurs ! Mieux vaut arriver dès l'ouverture ou vers 13h, heure où les groupes sont partis déjeuner. Le trésor et le pavillon des reliques saintes étant les plus prisés, il est judicieux de débuter la visite par l'un ou l'autre (la queue s'étire à mesure que l'heure avance).*
*– Le palais se visite indifféremment dans un sens ou dans l'autre. Alors autant essayer d'éviter les queues inutiles et les salles trop encombrées : passez-les et revenez-y quand elles vous sembleront plus accessibles. Enfin, sachez que* ***les travaux de restauration entraînent souvent la fermeture de certaines salles*** *: un panneau à côté de la billetterie principale indique celles qui sont fermées lors de votre passage.*

**À MOITIÉ À L'OUEST**

*Les sultans étaient turcs par leurs pères. Leurs mères, issues du harem, étaient souvent des esclaves chrétiennes. Les chefs ottomans recevaient donc une double éducation très influencée par la culture occidentale. Les sultans avaient ainsi un œil tourné vers l'Occident. C'est ainsi que Nakşidil (Aimée du Buc de Rivery, de son nom français) aurait inspiré la politique profrançaise de son fils Mahmud II !*

Contrairement au gigantisme des mosquées, qui ont nécessité des prouesses d'ingénierie pour supporter les coupoles héritées des bâtiments de la Renaissance, Topkapı n'est pas le reflet d'une architecture imposante. Séparé de l'extérieur par une muraille pourvue de tours et de portes, il s'apparente plutôt à une ville-palais dotée de nombreux pavillons en liaison avec de vastes jardins

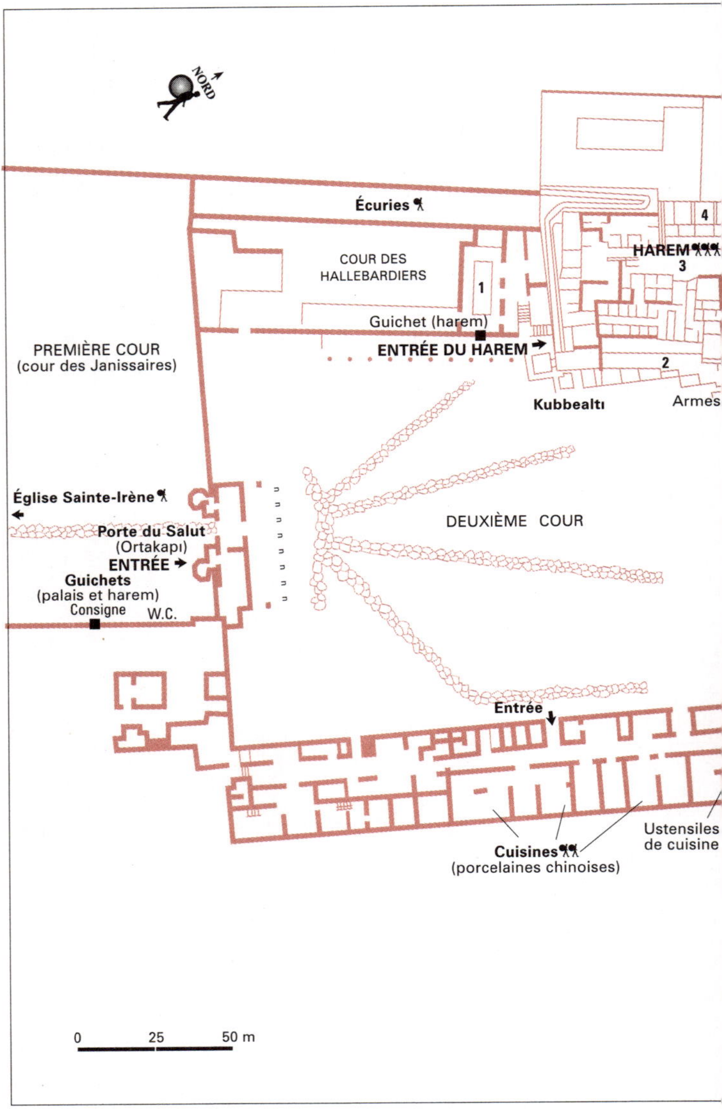
NORD
Écuries
COUR DES HALLEBARDIERS
1
4
HAREM
3
Guichet (harem)
ENTRÉE DU HAREM
2
PREMIÈRE COUR
(cour des Janissaires)
Kubbealtı
Armes
Église Sainte-Irène
DEUXIÈME COUR
Porte du Salut
(Ortakapı)
ENTRÉE
Guichets
(palais et harem)
Consigne
W.C.
Entrée
Ustensiles de cuisine
Cuisines
(porcelaines chinoises)
0
25
50 m

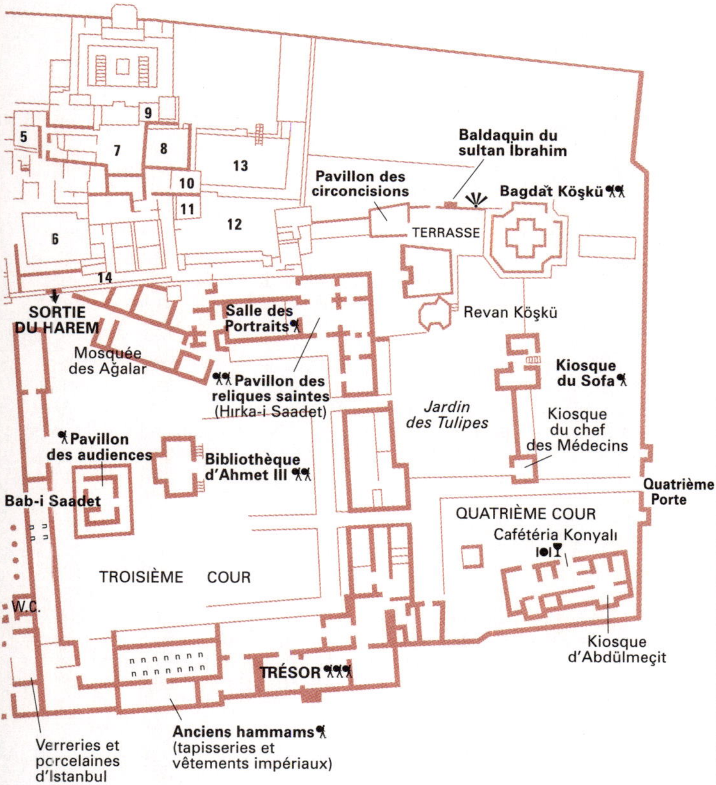


**1** Mosquée de eunuques
**2** Cour des eunuques
**3** Cour des *kadın*
**4** Appartement des *kadın*
**5** Appartement de la *valide*
**6** Cour de la *valide*
**7** Hall impérial
**8** Salon de Murad III
**9** Salle des fruits d'Ahmet III
**10-11** Salon des princes
**12** Cour des favorites
**13** Piscine du harem
**14** Passage d'or

## LE SÉRAIL DE TOPKAPI

silencieux et propices au vagabondage de l'âme. Un silence d'autant plus présent que le mutisme absolu était de rigueur en présence du sultan.
Topkapı (la « porte du Canon ») fut, de la fin du XVe s au milieu du XIXe s, la résidence principale des sultans, depuis le règne du sultan Mehmet II (1451-1481) jusqu'à celui du sultan Mahmut II (1808-1839). En pénétrant dans leur intimité, on imagine sans mal leur puissance, à l'époque où ils régnaient sur le Proche-Orient et la moitié de la Méditerranée. Durant ces 4 siècles, chaque souverain a apporté des embellissements à cet immense palais, construisant des pavillons en belvédère sur le Bosphore et la mer de Marmara, créant une bibliothèque, une mosquée ou un hammam, agrandissant sans cesse le harem en y ajoutant des cours et des couloirs, enrichissant considérablement la décoration de telle ou telle pièce... Sur 36 sultans de la dynastie ottomane, 26 vécurent à Topkapı ; quant aux autres, rassurez-vous, ils n'habitèrent pas dans des squats, mais plutôt dans des palais comme Dolmabahçe, Beylerbeyi, Çirağan ou encore Küçüksu, plus proches de l'eau !
À la différence des châteaux européens, peu de grandes et magnifiques salles richement meublées à Topkapı. Le dénuement en matière de mobilier des palais ottomans n'est pas sans évoquer leur origine nomade. Seule la masse imposante du harem contraste avec la légèreté des pavillons isolés, ouverts sur les 4 côtés, afin de bénéficier de la brise du large.

On accède aux jardins de la 1re cour du palais par la ***Porte impériale*** *(Bab-i Hûmayun ; zoom détachable 2, E5)*, qui fut construite par Mehmet le Conquérant en 1478, comme l'atteste une inscription sur l'arche. Elle est toujours gardée par des militaires en armes. Il faut passer les contrôles de sécurité, et dites-vous bien que, à l'époque, c'était un corps d'une cinquantaine de gardes qui résidait en permanence à l'intérieur de la porte !



## La 1re cour, ou cour des Janissaires

***Le corps d'élite des janissaires*** était composé de jeunes enfants chrétiens kidnappés chez les peuples soumis. Convertis à l'islam, ces esclaves recevaient dans les écoles du sérail une éducation destinée à en faire des soldats ou des cadres du régime. Certains ont même pu devenir grands vizirs du palais. Ces soldats, qui participèrent en 1453 à la prise de Constantinople, étaient au service exclusif du sultan, leur père nourricier et bienfaiteur. Interdits de mariage, ils étaient condamnés au célibat. Ce qui ne les a pas empêchés de se multiplier...
Leur nombre ne cessa de croître au cours des siècles, pour atteindre 140 000 hommes au début du XIXe s. Leurs pouvoirs et leurs privilèges aussi ne cessaient de s'étendre, jusqu'à mettre en péril le régime. Mais au XVIIe s, le recrutement fut ouvert aux Turcs. En 1622, ils assassinèrent Osman II, qui souhaitait dissoudre leur régiment, et quelques années plus tard son successeur, qui avait eu la prétention de vouloir leur faire payer des impôts. Non mais ! Lassé de leurs revendications, le sultan ***Mahmut II*** décida en 1826 d'inverser les rôles et de se débarrasser de ce corps d'élite. Il n'y alla pas par quatre chemins et ***extermina en un jour les 7 000 janissaires*** qui faisaient de l'ombre à son trône. Crac !

### ON NE CHOISIT PAS SA FAMILLE

*Aux XVe et XVIe s, afin d'éloigner tout risque de complot, le nouveau sultan faisait souvent assassiner ses frères et ses neveux. Lors de son accession au trône en 1595, Mehmet III fit d'ailleurs bon usage de cette coutume : une vingtaine de ses frères furent tués et 7 concubines enceintes noyées dans le Bosphore ! Soliman le Magnifique élimina un fils et un petit-fils, avant de le regretter toute sa vie. À partir de 1603, cette pratique fut interdite. Les frères des sultans étaient alors enfermés dans le palais de Topkapı, véritable prison dorée, jusqu'à la mort du souverain.*

– Juste à côté des guichets, la petite fontaine servait, paraît-il, aux bourreaux pour nettoyer leur sabre après les exécutions. On tuait beaucoup à Topkapı Sarayı, et personne n'était à l'abri : ni les ministres, ni les favoris, ni même le grand vizir quand il avait cessé de plaire. C'est pourquoi les bourreaux (sans doute ceux qui risquaient le moins leur tête) séjournaient en permanence dans le palais, toujours prêts à rendre service.

***L'église Sainte-Irène*** *(Aya İrini Kilisesi ; zoom détachable 2, E5)* **:** *à 100 m sur la gauche après le passage de la Porte impériale. Tlj sauf mar 9h-19h (17h oct-mars). Dernière admission 45 mn avt fermeture. Entrée : 36 TL (ce qui est exagéré...) ; gratuit moins de 6 ans. Inclus dans l'*Istanbul Museum Pass. C'est l'une des plus grandes églises byzantines de la ville. Construite par l'empereur Constantin, elle servit de lieu de réunion au 2e concile œcuménique de la chrétienté, en 381. Incendiée en 532 en même temps qu'Ayasofya, elle fut reconstruite par l'empereur Justinien. Ce fut l'une des seules églises byzantines à ne pas être transformée en mosquée après la conquête turque en 1453. L'édifice a servi d'arsenal aux janissaires. Elle est très sobre dans sa déco : pas de mosaïque, ni peinture, ni statue.

## La 2e cour, ou cour des Cérémonies



C'est dans cette grande cour que se déroulait la vie publique du palais et se décidait, pour une bonne part, l'orientation politique de l'empire. On y entre par la monumentale ***porte du Salut*** (également baptisée *Ortakapı*, porte du Milieu), encadrée par 2 tours octogonales à toiture conique, entre lesquelles court un parapet crénelé. Elle a beau avoir été commandée par Soliman le Magnifique en 1524, son architecture n'a rien d'oriental, et pour cause : elle fut dessinée et construite par des prisonniers hongrois... Seul le souverain avait le droit de franchir cette porte à cheval.
Jusqu'au XVIIIe s, le Conseil impérial, également appelé le ***Divan,*** siégeait dans le ***Kubbealtı,*** petit pavillon rococo surmonté d'un bel auvent vert rehaussé d'or. La pièce de gauche servait au conseil des vizirs. On y débattait des affaires de l'empire sous le regard attentif du sultan, tandis que la pièce de droite servait de secrétariat. Les affaires courantes de l'État, notamment le montant des taxes sur les marchandises, y étaient traitées. C'est là également que les janissaires percevaient leur solde trimestrielle, et là encore que s'ameutait la foule mécontente du sultan.

À droite du *Kubbealtı,* 2 salles regroupent une ***intéressante collection d'objets d'art.*** La 1re expose de remarquables horloges dont certaines sont joliment marquetées par Boulle, des montres et un assortiment d'instruments de mesure très utiles pour déterminer avec précision la position de La Mecque. Des mécaniques de précision qui sont autant de petits bijoux. D'ailleurs, dès l'entrée, l'étonnante horloge-griffon signée Fabergé donne le *la.* L'autre salle dresse l'inventaire de tout ce qui, de près ou de loin, pouvait servir à percer, écrabouiller ou découper son ennemi en petits morceaux : sabres, dagues, casse-têtes, escopettes, tromblons et pistolets...

***Le harem***

*Possibilité d'acheter le billet au guichet situé à l'entrée du harem. Là encore, des travaux de restauration peuvent entraîner la fermeture temporaire de certaines salles.* On doit la création du harem à la 2e favorite de Soliman le Magnifique, après l'incendie du palais de Beyazıt. Les 1ers appartements du harem furent conçus par Sinan, l'architecte favori de Soliman le Magnifique, mais la décoration actuelle date du XVIIIe s. Il se compose de près de 300 pièces, mais on n'en visite qu'une vingtaine. Il y avait 46 toilettes (à la turque, bien sûr), 8 bains, 4 cuisines, 2 mosquées, 6 celliers, 1 piscine et 1 infirmerie. Outre la mère du sultan et ses 4 épouses principales, des centaines de concubines y logeaient et presque autant de petites mains : servantes, dames d'entretien, nourrices, couturières, musiciennes... Sans compter les eunuques noirs en charge de surveiller

ces dames... Aucun autre homme n'avait le droit de pénétrer dans cet univers clos qui ressemblait, en fait, plus à une institution religieuse qu'à un lieu de débauche. Lire aussi la rubrique « Harem » dans « Hommes, culture, environnement » en fin de guide.
Ce qui marque lors de la visite, c'est ***l'importance des bains et des sanitaires,*** et, surtout, la différence entre les styles de vie d'un monarque ottoman et d'un monarque européen. La vie privée du 1er ne supportait aucune intrusion étrangère. Le sultan mangeait seul. Les rencontres avec le vizir et les émissaires se faisaient à l'extérieur. Il n'avait pas de chambre particulière et se faisait dresser le lit là où il désirait dormir (toujours la réminiscence des traditions nomades).
Tout de suite après l'entrée, l'escalier sur la gauche mène à la ***mosquée des eunuques (1).*** Noter les superbes faïences. Retour sur vos pas pour rejoindre la ***cour des eunuques (2).*** Leurs anciennes cellules se trouvent sur le côté gauche, derrière la rangée de colonnes. L'ensemble est orné de superbes faïences du XVIIe s provenant des ateliers de Kütahya. Il y avait 2 sortes d'eunuques : les Blancs, dont on avait « seulement » coupé les bourses, qui surveillaient l'extérieur, et les Noirs, entièrement émasculés, placés à l'intérieur, qui étaient « les intraitables gardiens des femmes ». Des « monstres sans sexe » comme l'écrivait Théophile Gautier en voyage à Istanbul en 1855. Aux époques fastes, on comptait jusqu'à 600 eunuques dans le palais. Leur chef, bras droit de la sultane-mère, portait le titre de *Kızlar Ağası,* ce qui signifie littéralement le « maître des femmes ». Au moins, les choses étaient claires.
Plus loin, on pénètre dans une nouvelle cour ***(3),*** laquelle donnent les fenêtres des chambres des *ikbal* (les favorites) et des *kadın* ***(4),*** les femmes ayant donné des enfants au sultan. Les autres femmes logeaient en dortoir sous l'étroite surveillance d'une vieille gardienne. Au centre du harem se trouvent l'***appartement de la reine mère (5),*** la *valide sultane,* et la 3e cour ***(6),*** qui lui était réservée. Cela lui permettait de mieux contrôler son monde, comme une mère supérieure dans un couvent (si l'on peut dire !).
Dans le ***hall impérial (7),*** intéressant mélange d'Orient et d'Occident, noter la galerie de bois doré où se tenait parfois un orchestre pour des concerts. Les musiciennes jouaient dos à la salle, avec interdiction de se retourner. Les plus jeunes filles restaient là aussi pour apprendre à se tenir devant le sultan. En effet, c'était dans cette pièce que les femmes venaient à tour de rôle danser devant le sultan, afin qu'il effectue son choix pour la nuit en jetant son mouchoir. Juste à côté, le ***salon privé de Murad III (8),*** dont la construction a été confiée à Sinan. Le bruissement de l'eau devait couvrir les soupirs des ébats amoureux du sultan ou les conversations engagées avec la femme qu'il avait choisie. Belles faïences d'İznik du XVIe s (son apogée). La chambre du prince était appelée la ***cage en or*** parce qu'il n'avait pas le droit d'en sortir, ni même celui de regarder par la fenêtre les femmes qui se promenaient dans les jardins ! Aller jusqu'à l'entrée de la ***salle des fruits d'Ahmet III (9),*** pour porter une attention particulière aux admirables peintures. Avant de quitter les lieux, un coup d'œil au ***salon des princes (10 et 11).*** On est tombé en admiration devant la faïence d'İznik qui recouvre les murs, sans oublier les remarquables vitraux ! La visite se termine en longeant la ***cour des favorites (12)*** qui surplombe l'ancienne ***piscine (13).*** On sort du harem par le passage d'or ***(14)*** pour rejoindre la 3e cour.

***Les cuisines***

*Photos interdites.* La visite peut commencer complètement sur la gauche par les cuisines proprement dites : chaudrons, tables de travail en marbre. À l'époque, les foyers étaient situés au centre des pièces, au-dessous des cheminées (identiques à celles du palais des Papes d'Avignon !). On pouvait ainsi tourner autour des plats qui mijotaient. Une mention particulière pour les parties dédiées aux confiseries. C'est là que se confectionnaient les sirops, les confitures, les sucreries comme le *helva* et peut-être les loukoums.
Notez les belles porcelaines dans lesquelles étaient stockées les préparations médicinales. Les mets destinés au sultan étaient préparés dans une pièce

séparée. Plus de 1 000 personnes s'activaient dans ces cuisines afin d'être en mesure de servir 5 000 couverts chaque jour et parfois jusqu'à 15 000 lors des festivités. Un banquet pouvait se composer d'une cinquantaine de plats !

Revenu dans la cour, filez vers l'enfilade de salles. Elles recèlent de véritables trésors de raffinement : porcelaine russe, allemande et polonaise du XVIIIe s, française du XIXe s, mais aussi chinoise, dont la fabuleuse porcelaine monochrome datant du XVe s, remarquable de sobriété. Notez bien qu'il s'agit surtout de plats et non d'assiettes, car dans le monde musulman, manger dans le même plat avec pouce, index et majeur – comme le faisait le prophète – est gage de piété.

Quelques vidéos retracent les routes d'approvisionnement de ces petits bijoux très cassants.

**ESSAIE-LA DONC !**

*Les pièces en porcelaine chinoise les plus sobres, et surtout les plus mystérieuses, sont les fameux céladons, des poteries chinoises du XIIIe s. Ils avaient la réputation de changer de couleur lorsqu'un poison était versé dans les aliments. Un détail essentiel, vital même, à une époque où l'on aimait volontiers se débarrasser de son voisin !*

***Les écuries***

Ce long bâtiment restauré accueille en général des expositions temporaires.

## La 3e cour

Si vous n'avez pas rejoint la 3e cour en sortant du harem, la *Bab-i Saadet,* ou porte de la Félicité, y conduit logiquement. Gardée par les eunuques blancs, cette cour était accessible uniquement au sultan et à ses proches. Sous le large auvent rococo surmonté d'un dôme et soutenu par des colonnettes, on avait coutume de dresser, lors des fêtes, le fameux trône d'İsmaïl, que le sultan Selim Ier avait enlevé aux rois de Perse lors d'une campagne victorieuse en Azerbaïdjan.

***Le pavillon des audiences (Arz Odası)***

Le 1er pavillon, *Arz Odası,* édifié par Selim Ier, revêtu de magnifiques faïences, servait de salle d'audience au sultan. Sur un trône serti de joyaux, il y recevait les hommages des ambassades venues de tout l'empire, de Perse et d'Europe. Les cadeaux et butins de guerre dérobés aux pays soumis étaient déposés dans la salle du trésor. Astucieux : le bruissement du jet d'eau devait empêcher les intrus d'écouter les conversations. La dalle de porphyre a servi à étendre le corps de Selim III lorsqu'il fut assassiné, en 1803.

L'intérieur de la salle, avec ses boiseries viennoises de la 2de moitié du XIXe s, renferme un trône couvert d'un baldaquin, daté de 1596 ainsi que des textiles du XVIe s tardif.

***La bibliothèque d'Ahmet III (Ahmet III Kütüphanesi)***

Édifice en marbre blanc du XVIIIe s. Ses murs sont couverts de faïence émaillée. Armoires et volets incrustés de nacre. Elle renfermait autrefois près de 6 000 volumes, des manuscrits arabes et grecs inédits.

***Les anciens hammams***

Ils abritent une étonnante garde-robe constituée de vêtements anciens. Parmi eux, vous remarquerez les magnifiques caftans en brocart du XVe au XVIIIe s. Également le gilet taché de sang d'Abdülaziz. Celui-ci fut trouvé mort en 1876, 5 jours après son abdication en faveur de son neveu Murad, les veines ouvertes à l'aide d'une paire de ciseaux. Suicide ou assassinat ?

***Le trésor (Hazine)***

Photos interdites. Le temps fort de la visite. Les vitrines de la place Vendôme et de la rue de la Paix paraissent bien pauvres à côté de celles-ci ! Tout y est démesuré : les 48 kg d'or massif des chandeliers kitsch incrustés de 6 666 diamants, le trône, dit « des cérémonies », recouvert de plaques d'or et orné de plus de 950 gros péridots, sans parler du célèbre ***Hançer,*** poignard dont la lame est nichée dans un fourreau d'or et de diamants. Sur sa garde : 3 émeraudes, et une 4e sur le pommeau contenant une montre (probablement pour lire l'heure du crime). Pour la petite histoire, en 1964, avec la complicité de Peter Ustinov, Melina Mercouri décide d'organiser le casse de l'année dans le film *Topkapi,* réalisé par Jules Dassin. Suspendu dans les airs à un filin, un homme-oiseau s'apprête à mettre la main sur le fameux poignard *Hançer* quand un oiseau, un vrai celui-là, s'introduit par un carreau cassé et déclenche l'alarme du musée... La cascade fera le tour du monde, ainsi que la renommée du poignard. Elle inspirera même Brian De Palma pour son film *Mission impossible,* dans lequel c'est Tom Cruise qui joue les acrobates.
À ne pas manquer non plus, le célèbre ***Kaşıkçı (le « diamant du Marchand de cuillères »).*** C'est la pièce la plus prestigieuse du trésor. En forme de poire de 86 carats entouré de 49 énormes brillants, ce diamant a une histoire qui ne manque pas de piquant. Il aurait été trouvé au XVIIe s dans un tas d'ordures. Un brocanteur l'aurait acheté au découvreur pour 3 cuillères, d'où son nom. Lui tiennent compagnie 3 autres diamants non moins célèbres : l'Étoile brillante, la Lumière de la nuit et le Silhatar.
C'est une avalanche de joyaux et d'objets précieux : armures, casques, carquois couverts de diamants, meubles incrustés de nacre et d'ivoire, vaisselle de jade, berceau pour nouveau-né (bien né !) couvert de plaques d'or et incrusté d'émeraudes, rubis et diamants. Le trône offert par Nadir Shah à Mahmut Ier au XVIIIe s est de facture indienne, en plaqué or et incrusté de pierres précieuses et de perles. Avec son décor floral, il semble sorti d'un conte des *Mille et Une Nuits.* C'est à Nadir Shah qu'avait été destiné le célèbre poignard avec la montre. Comme il mourut avant de recevoir son cadeau, celui-ci reprit le chemin de Topkapı.
De la terrasse, belle vue sur le Bosphore.

***Le pavillon des reliques saintes (Hırka-i Saadet)***

Photos interdites. Ces salles à coupoles abritent les ***reliques les plus précieuses du monde islamique.*** Des versets du Coran sont d'ailleurs psalmodiés en permanence. Il s'agirait des reliques du prophète Mahomet et des califes. Un inestimable trésor sur lequel Selim Ier avait fait main basse lors de la conquête du royaume des Mamelouks. Une manière pour les Ottomans d'inscrire leur rôle de protecteur des Lieux saints de La Mecque et de Médine, et d'accroître leur domination dans le monde islamique. Sont exposés l'empreinte de pied du Prophète (elle est plus grande que celle du musée des Arts turcs et islamiques), quelques poils de sa barbe, une de ses dents et son sabre. Plus loin, la *jubba* d'Hussein et encore des poils de la barbe du prophète ; bien visibles, ceux-là ! On y voit aussi le sabre du prophète David, le bâton qui aurait permis à Moïse d'ouvrir la mer Rouge en 2, le couvre-chef du prophète Abraham, un morceau du bras de saint Jean ainsi que son turban. Ces objets sont en excellent état, vu leur âge supposé : évidemment, leur authenticité est sujette à caution...

***La salle des portraits***

Photos interdites. Quand bien même le Coran n'interdit nullement les représentations du vivant, l'interprétation qu'ont faite certains théologiens des recueils de *hadith* (les paroles de Mahomet) a conduit à en interdire toute forme de représentation. Les sultans ottomans, comme les autres souverains islamiques, ont pourtant favorisé l'art de la peinture afin de laisser à la postérité des témoignages d'eux-mêmes et de leurs faits glorieux. Pour ne pas mécontenter leurs conseillers les plus fanatiques, ils gardaient leurs peintures cachées. C'est aussi pour cette raison que

de nombreuses œuvres sont parties à l'étranger. Beaucoup d'entre elles ont été réalisées de mémoire d'après des croquis faits sur place par des peintres européens.
C'est sous le règne de Soliman le Magnifique que la ***peinture en miniature*** atteint son apogée. Bien qu'elles n'aient pas la délicatesse et le raffinement des peintures persanes, les miniatures turques ont la vigueur et la qualité de la simplicité. Elles se distinguent des autres peintures islamiques par le manque total d'expression émotionnelle sur les visages. Du coup, exécutions et massacres sont peints avec des visages indifférents et impassibles.
L'ancienne salle de classe à colonnades accueille aujourd'hui une collection de ***portraits des sultans.*** Un arbre généalogique permet de s'y retrouver dans cette grande famille (peu souriante !). Ne pas manquer le tableau représentant une cérémonie du sultan Selim III.

## La 4e cour

Elle est appelée ***jardin des Tulipes.*** La tulipe était la fleur favorite du sultan Ahmet III (1703-1730), dont l'époque fut d'ailleurs baptisée « ère des tulipes ». Dans le jardin, plusieurs pavillons avec une grande terrasse surplombant le Bosphore, la mer de Marmara et la côte d'Asie.

***Cafétéria du restaurant Konyalı :*** *tlj sauf mar, le midi seulement.* Pour la vue plus que pour l'assiette. Pratique, mais rapport qualité-prix franchement discutable.

Le pavillon le plus intéressant est, sans conteste, le ***Bağdat Köşkü,*** recouvert de faïences bleues d'İznik, avec des boiseries incrustées de nacre et une coupole qui étonnera les plus blasés, sous laquelle on a placé un brasero de cuivre offert par Louis XV au sultan de l'époque. Cette remarquable construction octogonale est entourée d'une colonnade de 22 piliers. Elle fut édifiée en souvenir de la conquête de Bagdad par Murad V et achevée en 1639, soit 1 an avant la mort de ce glorieux souverain.
À l'extérieur, le ***baldaquin du sultan İbrahim*** est un prétexte idéal pour les photos-souvenirs, mais il est interdit de pénétrer sous le chapiteau de cuivre doré. C'est ici que le sultan venait rompre le jeûne pendant le ramadan. Les fontaines murmurent autour d'un bassin de marbre une mélopée tout orientale et rafraîchissante. De cet endroit, on profite d'une vue merveilleuse sur la Corne d'Or et la côte d'Europe.
Plus loin se dresse le ***pavillon des circoncisions*** (superbes faïences datant de l'âge d'or de la production d'İznik). Sur la petite esplanade, le ***kiosque d'Erevan et celui de Bagdad,*** tous 2 édifiés à l'occasion des victoires de Murad IV (1623-1640) dans ces mêmes villes. Ils étaient voués à la contemplation du paysage.
– Vous devez maintenant revenir sur vos pas, afin de sortir de la 4e cour par le même chemin que celui que vous avez emprunté pour y entrer : il n'y a pas d'autre issue (à moins d'avoir un tapis volant !).
Avant d'arriver au passage conduisant dans la 3e cour, vous apercevrez sur votre gauche le ***kiosque du Sofa*** *(Sofa Köşkü),* appelé aussi pavillon du Pasha Mustafa, un pavillon d'été construit par Mehmet IV (1648-1687), restructuré à plusieurs reprises. C'est un précurseur du style rococo turc.

➢ En sortant du palais, la rue pavée qui descend à droite avant l'église Sainte-Irène mène aux Musées archéologiques.

## *LES MUSÉES ARCHÉOLOGIQUES*
*(Arkeoloji Müzesi ; plan détachable, E5)*

*On peut y accéder du palais de Topkapı par la rue pavée qui descend sur la gauche de la 1re cour (la cour des Janissaires), ou bien par le parc de Gülhane (T Gülhane) en montant la rue sur la droite après avoir passé l'arche d'entrée du parc.*

*☎ 520-77-40. Tlj sauf lun 9h-20h (17h oct-mars) ; fermeture des guichets 1h avt (30 mn avt en hiver). Entrée : 36 TL pour les 3 musées ; gratuit moins de 12 ans. Inclus dans l'*Istanbul Museum Pass. *Audioguide : 25 TL, panneaux explicatifs en anglais.*
Vous trouverez une agréable cafétéria-buvette dans le jardin. Cet immense complexe compte en fait 3 musées.

## Le musée de l'Ancien Orient *(Eski şark eserleri Müzesi)*

*À gauche près de l'entrée en venant du parc de Gülhane.* Section dédiée à la période préislamique. Beaucoup de sculptures hittites, des sarcophages égyptiens, de nombreux objets et sculptures des civilisations mésopotamiennes, des stèles, statues et, en particulier, les somptueux bas-reliefs d'animaux en faïence jaune sur fond bleu qui ornaient la voie menant à la porte d'Ishtar de la cité de Babylone. Perdu dans une vitrine (au fond du musée, sur la droite par rapport à l'entrée), gravé en caractères cunéiformes sur une pierre, le ***traité de paix de la bataille de Kadesh,*** conclu entre Hittites et Égyptiens au XIII^e s av. J.-C.



## Le musée de la Céramique *(Çinili Köşkü)*

Logé dans un beau kiosque construit juste après la conquête de Constantinople, en 1472. La façade principale, partiellement couverte de faïence turquoise et bleu foncé, est précédée par une colonnade et une balustrade de marbre blanc qui ont remplacé l'auvent en bois après un incendie survenu en 1737. C'est l'unique exemple d'architecture civile seldjoukide d'Istanbul. Le kiosque restauré sert d'écrin à une collection de faïences d'époque seldjoukide, puis d'İznik, de Kütahya et de Çanakkale. Dans la pièce principale, superbe mihrab d'une mosquée de Kahraman (1432) en faïence d'İznik où se mêlent bleu, turquoise, vert, marron, rouge, blanc et doré. Dans la salle située à droite de la pièce principale, drôle de girafe sur une assiette de Çanakkale. Dans une pièce au fond à gauche, voir la belle fontaine du XVI^e s, peinte sur marbre blanc. Ce musée donne une bonne idée de l'évolution de la céramique ottomane, mais les véritables trésors de cet art se trouvent surtout dans les mosquées et à Topkapı ! Les amateurs de céramiques pourront aussi visiter le musée de Péra (voir « L'Istanbul moderne pas à pas ») et le musée Sadberk Hanım (voir « La croisière sur le Bosphore »).

## Le Musée archéologique *(Arkeoloji Müzesi)*

***Seule l'aile ouest est ouverte,*** *en attendant la fin des travaux de rénovation de l'aile est (fragilisée à la suite d'un séisme).* Dans un beau décor de *palazzo* romain, construit à la fin XIX^e s pour abriter les collections issues des fouilles de la nécropole de Sidon (la plus grande découverte archéologique de l'époque). Il abrite aujourd'hui des artéfacts allant de l'Antiquité gréco-romaine au Moyen Âge byzantin.

***Dans l'aile gauche***

– ***Salles de la nécropole de Sidon :*** *au rdc.* Superbes ***sarcophages*** finement sculptés (35 au total), provenant de la nécropole de la ville antique de Sidon, dans l'actuel Liban. Richement ornementés et de dimensions impressionnantes ! Le plus ancien est égyptien (roi Tabnit, VI^e s av. J.-C.). Le plus célèbre et le plus récent est celui dit d'*Alexandre le Grand,* découvert en 1887. Tous les panneaux sculptés étaient peints, mais les couleurs se sont estompées. On prétend que ce sarcophage appartiendrait en fait à un satrape perse, car Alexandre mourut à Babylone, et sa dépouille fut enterrée à Alexandrie. Ceux qui n'auront pas l'occasion d'aller à Kaş et à Fethiye ne manqueront pas les ***tombeaux lyciens*** en forme de carène de navire renversé, étonnamment bien conservés depuis le V^e s av. J.-C.
– ***Dans l'enfilade de salles*** après celles de la nécropole de Sidon sont exposés des ***tombeaux et bas-reliefs de l'Antiquité romaine.*** Vous passez devant les

2 statues de lion qui flanquaient la porte monumentale du palais du Boucoléon (décrit plus loin dans « À voir autour de la Petite Sainte-Sophie »). Dans la salle suivante, frises de temples et beaux pavages de mosaïques au sol.

***Dans l'aile droite***

- ***Salles des antiquités grecques et romaines :*** *au rdc.* Les sculptures et bas-reliefs sont présentés dans l'ordre chronologique, de la période grecque archaïque (VIIe-VIe s av. J.-C.) à la période romaine (jusqu'au IIe s apr. J.-C.). Ne pas rater le beau torse de *kouros* de la période archaïque et une statue d'éphèbe drapé dans sa toge. Ensuite, succession de bustes et de têtes d'empereurs dont ceux de Néron, Marc-Aurèle, de dieux, comme Apollon jouant de la cithare, ainsi que ceux d'artistes (dont la poétesse Sapho) illustrant l'art du portrait à Rome.
- ***Le 1er étage*** présente, de manière chronologique, des ***vestiges des principaux sites historiques de Constantinople.*** À ne pas rater (dans l'ordre de la visite) : l'une des 3 têtes de serpent en bronze qui ornaient la colonne Serpentine de l'hippodrome ; la fresque de saint François d'Assise et ses oiseaux, datant du XIIIe s, réalisée quelques années après sa mort ; la colonne de marbre sertie d'améthyste de l'église de Saint-Polyeucte ; des fragments de vitraux de l'église du Christ Pantocrator. Et enfin, un bout de la chaîne qui fermait l'entrée de la Corne d'Or avant la chute de la ville en 1453 (un autre morceau est exposé au musée de la Marine).
- ***Le 2e étage*** évoque les civilisations de l'Anatolie, depuis le Paléolithique jusqu'à l'âge du fer. Remarquables statuettes en terre cuite de Cybèle, déesse de la nature. L'expo s'attarde particulièrement sur le site de Troie. Une salle (la plus sombre), est consacrée aux Phrygiens, qui dominèrent l'Anatolie du IXe au VIIe av. J.-C. Poteries, objets décoratifs, tablettes cunéiformes, etc.
- ***Le 3e étage*** traite des civilisations orientales voisines de l'Anatolie, avant la période gréco-romaine : Chypre, Syrie et Palestine. Parmi les pièces les plus remarquables figure l'un des plus anciens textes en hébreu connus à ce jour, le *calendrier de Gezer,* daté de 925 av. J.-C.



## *LE PARC DE GÜLHANE*

*(Gülhane Parkı ; plan détachable, E5)*

En sortant des Musées archéologiques, on peut rejoindre, en descendant, le parc de Gülhane *(ouv tlj jusqu'à 22h en été, 21h en hiver).* Créé en 1913 sur ordre du sultan Mehmet V, le parc de Gülhane (« parc de la roseraie » en turc) est planté de grands arbres et traversé par de belles allées pour un moment de verdure au centre d'Istanbul, avec des pelouses qui appellent à la sieste. Quelques dizaines de mètres après l'entrée sur la droite, l'entrejambe étincelant de la statue en bronze d'Atatürk témoigne de la ferveur de ses admirateurs venus se faire tirer le portrait en sa compagnie. Sinon, l'allée principale passe près d'une ancienne citerne byzantine, probablement du IVe s.

***Le musée d'Histoire des sciences et techniques dans l'Islam*** *(İslâm Bilim ve Teknoloji Tarihi Müzesi)* ***:*** *dans le parc. ☎ 528-80-65. Tlj 9h-19h (17h oct-mars). Entrée : 15 TL ; gratuit moins de 12 ans. Inclus dans l'*Istanbul Museum Pass. *Panneaux explicatifs en français.* Les sciences et techniques du monde musulman du IXe au XVIe s, à travers différents objets et maquettes présentés dans une muséographie moderne. Juste à l'entrée, au rez-de-chaussée, une carte étonnante représente ***le monde connu au IXe s*** ; les cartographes avaient déjà pressenti sa forme globulaire, mais l'hémisphère sud est totalement vierge. Au 1er étage : riche ***section d'astronomie*** (maquettes du 1er observatoire créé à Istanbul au XVIe s et détruit 3 ans plus tard par les religieux, de celui de Samarkand, collection d'astrolabes et d'objets de mesure pour définir les coordonnées d'étoiles fixes, le passage du soleil aux équinoxes...). Règles parallactiques, sphères armillaires zodiacales... de quoi briller lors des soirées mondaines !

Suit une section consacrée à la ***mesure du temps*** (cadran solaire, sablier, clepsydre, bâton de Jacob, boussole et de nombreux appareils pour les déplacements et la navigation). Une salle est ensuite dédiée aux ***techniques de la guerre*** (maquettes de mangonneaux, de trébuchets...), et une dernière traite de la ***médecine*** au cours des siècles (surprenants outils chirurgicaux, gynécologiques, urologiques...).
Retour au rez-de-chaussée pour la ***minéralogie,*** la ***physique,*** la ***géométrie,*** l'***architecture,*** l'***optique*** (noter comment, au XVIe s, Al-Fârisi explique l'arc-en-ciel) et la ***chimie*** (distillateurs d'eau de rose). Un musée passionnant, même pour celles et ceux qui ne sont pas spécialement portés vers les sciences.

– En continuant sur l'allée principale du parc, prenez à droite le chemin juste avant la sortie ; vous verrez, en montant, la ***colonne des Goths*** (vestige byzantin), un brin cachée par les arbres.



# AUTOUR DE LA PETITE SAINTE-SOPHIE

**Les rues du quartier de la Petite Sainte-Sophie *(Küçük Ayasofya ; zoom détachable 2, D6),* au sud-ouest de Sultanahmet, descendent vers la mer de Marmara, qu'on aperçoit parfois à travers le dédale des maisons de bois, ruinées ou rénovées, désertées ou habitées. On voit ici vivre un Istanbul populaire : conversations de cafés, enfants jouant dans les rues, échoppes. L'histoire n'est pas en reste : les murs de brique rouge de la vénérable église byzantine qui donna son nom au quartier voisinent avec la mosquée de Sokollu Mehmet Paşa, dont la pierre blanche et lisse tranche avec certaines façades.**

## *LA MOSQUÉE DE SOKOLLU MEHMET PAŞA*
*(Sokollu Mehmet Paşa Camii ; zoom détachable 2, D6)*

*Entrée par Şehit Çeşmesi Sok. Tlj 12h-21h30. GRATUIT, mais il arrive qu'on vous incite à faire une petite donation à l'entrée (mais ne vous sentez pas obligé !). Photos interdites à l'intérieur.*
***L'une des plus belles mosquées de la ville.*** La fille du sultan Selim II, qui avait épousé le grand vizir Sokollu Mehmet Paşa, commanda à Sinan cette mosquée construite en 1571. Né en Bosnie dans une famille de sang royal, Sokollu Mehmet fut grand amiral à 40 ans, puis gouverneur de la Turquie d'Europe, avant de grimper les échelons et de devenir grand vizir. Il eut une longue vie puisqu'il survécut au sultan Soliman, à son fils Selim II, et fut même aux ordres de son petit-fils Murad III. Il a été assassiné par un détraqué en 1579 ; sa tombe est visible près de la mosquée d'Eyüp.
Outre son architecture, c'est à la fois le parfait équilibre du décor et la remarquable diversité de revêtements en céramique qui font l'intérêt de cette mosquée. Les faïences polychromes d'İznik, sur lesquelles figure une alternance de fleurs imaginaires et de feuilles de style saz, caractéristiques de cette époque, sont exceptionnellement belles. Leurs couleurs sont mises en valeur par les chatoiements de la lumière à travers les vitraux. Elle est surmontée d'une unique coupole et bordée sur 3 côtés d'une galerie en bois peint. L'ensemble est un harmonieux mariage de faïences turquoise et de marbre blanc. Ceux qui ont une vue d'aigle pourront apercevoir, au-dessus du mihrab, un tout ***petit fragment de la Pierre noire de La Mecque*** dans un serti d'or ; 3 autres fragments sont visibles dans la mosquée, dont un au-dessus de la porte et un autre dans un carreau d'İznik. Cherchez bien le 4e...

## *LA PETITE SAINTE-SOPHIE*

*(Küçük Ayasofya Camii ; zoom détachable 2, D6)*

*Tlj 9h30 (14h30 ven)-20h30. GRATUIT, mais donation possible.*
Cette église byzantine fut construite au VIe s, quelques années seulement avant Sainte-Sophie, par l'empereur Justinien et l'impératrice Théodora, dont les monogrammes sont visibles sur certains chapiteaux. Elle fut ensuite convertie au XVIe s en mosquée, et on ajouta à l'entrée un portique surmonté de petites coupoles.
C'est un joyau magnifiquement restauré, le résultat de la ***fusion entre l'art byzantin*** (plan, volume, colonnes et chapiteaux) ***et l'art ottoman*** (décor peint). Bien plus petite que sa monumentale grande sœur, elle dégage une intimité et un charme apaisants. Son plan est très différent de celui de Sainte-Sophie : le dôme repose sur 8 piliers qui dessinent un octogone inscrit dans le rectangle des murs extérieurs. Les marbres byzantins et les mosaïques d'or qui devaient couvrir les murs ont disparu.

Dans l'ancien cloître, autour de ce qui est désormais la fontaine aux ablutions, un petit jardin ombragé où les hommes du quartier viennent bavarder. L'occasion idéale pour faire une pause autour d'une des tables et boire un thé ou un café turc. On pourra aller aussi au petit ***Asmaalti Cafe,*** dont la terrasse s'étale devant l'entrée du cloître, ou dans le sympathique ***Art Cafe*** face à l'église (voir « Où boire un thé ? Où fumer le narghilé ? » plus haut). Bon choix pour se reposer les gambettes et laisser un peu filer le temps.



## *LES RUINES DU PORT DU BOUCOLÉON*

*(Bukoleon Sarayı ; zoom détachable 2, D6)*

*Accès par Kennedy Cad.*
Grandeur et décadence. Ces quelques ruines de brique rouge et de marbre blanc donnent une idée de l'ampleur du palais habité par les empereurs byzantins depuis la fondation de Constantinople, au IVe s, jusqu'au sac de la ville en 1204 par les croisés. Ce vaste palais couvrait les pentes de l'hippodrome jusqu'à la mer de Marmara. Le port du Boucoléon était le port privé de l'empereur. Il occupait le rivage aujourd'hui comblé par la voie rapide sur berge.
On aperçoit les vestiges d'une porte d'entrée du palais en marbre gravée de feuilles d'acanthe et d'un grand monogramme de l'empereur Justinien. Cette porte était encadrée par 2 statues de lion s'attaquant à un bœuf. Celles-ci sont exposées au musée des Antiquités. La porte s'ouvrait sur un balcon surplombant un quai de marbre. À 20 m sur la gauche subsiste une ancienne citerne aujourd'hui abandonnée (éviter d'y aller à la nuit tombante).

# AUTOUR DU GRAND BAZAR

**Tout autour du Grand Bazar, la vie continue, aujourd'hui comme hier, fidèle à ce que vous pouviez imaginer dans vos rêves les plus orientalistes : échoppes regorgeant de produits colorés aux multiples senteurs, bouquinistes vendant des images pas toujours saintes (ne rêvez pas trop quand même !), musiciens de rue, fumeurs de narghilé... C'est toute la civilisation du *keyif,* cette manière nonchalante de laisser filer le temps, qu'on vous propose de savourer à petites gorgées.**

## *DE SULTANAHMET AU GRAND BAZAR*

*(zoom détachable 2, D5-6)*

***La colonne de Constantin (Çemberlitaş** ; zoom détachable 2, D6)* **:** *en bordure de Yeniçeriler Cad.* Elle est en porphyre pourpre, rapporté d'Égypte et extrait des carrières appartenant à la famille impériale. La colonne fut érigée par l'empereur Constantin en 330 pour inaugurer sa nouvelle capitale. ***Point kilométrique zéro*** pour toutes les distances de l'empire, elle marquait le centre d'une antique place ovale entourée de portiques, d'un sénat, de temples et d'églises, qui constituait le forum de Constantin et dont il ne reste aujourd'hui plus rien. Jusqu'à son récent nettoyage, on peinait à reconnaître le porphyre sous le noir de fumée et les cercles de fer posés après un incendie en 1779. La colonne, faite de 6 tambours de porphyre (il y en avait 9 à l'origine), ne mesure désormais plus que 35 m. Au sommet se tenait à l'origine une statue de Constantin... en Apollon ; après qu'elle fut renversée par une bourrasque en 1106, on la remplaça par une croix, dont on voit encore le socle là-haut.

***La mosquée Nuruosmaniye*** *(Nuruosmaniye Camii ; zoom détachable 2, D5)* **:** *descendre la rue derrière la colonne de Constantin, puis prendre la 2e à gauche.* Belle et grande mosquée baroque, construite au XVIIIe s. Baroque mais pas surchargée.

***La maison de Pierre Loti*** *(zoom détachable 2, D6)* **:** *Yeniçeriler Cad. 15. Presque en face de la petite mosquée Gazi Atik Ali Paşa (Gazi Atik Ali Paşa Camii). Ne se visite pas.* Au-dessus du porche, vous verrez une plaque sculptée dans le marbre : « Pierre Loti, de l'Académie française, le noble et fidèle ami des Turcs, dans leurs jours de prospérité ou de malheur, a habité cette maison en 1910. » Pierre Loti vécut ici, l'été 1910, lors de son 7e et dernier séjour à Istanbul. À signaler aussi, le *Café Pierre-Loti,* situé dans le quartier d'Eyüp (lire plus loin « Autour de la Corne d'Or »).

**PAS TRÈS CATHOLIQUE ET BIEN ALLUMÉ**

*Pierre Loti, écrivain turcophile qui passa plusieurs séjours à Istanbul, décida un jour de baptiser sa chatte ! La comédienne Sarah Bernhardt en fut témoin. Le baptême de l'animal fit scandale dans la presse...*

## *LE GRAND BAZAR*

*(Kapalı Çarşı ; plan détachable, D5)*

*Accès : Ⓣ Beyazıt, juste devant. Tlj sauf dim, fête du Sucre, fête du Mouton et 29 août, env 9h-19h.*
Ce bazar est l'un des plus célèbres du Proche-Orient. Depuis le XVe s, on y vend, on y achète de tout. Construit en 1461 par Mehmet le Conquérant (il était en bois à l'époque, brûla, puis fut reconstruit en pierre), il compte des boutiques au rez-de-chaussée et d'anciens logements à l'étage. Victime de plusieurs incendies, le Grand Bazar que l'on visite aujourd'hui ne date que des 1res années du XIXe s.

Il ne comporte pas moins de 4 000 échoppes et demeure ***le plus grand marché couvert du monde.*** Il est devenu très touristique et les boutiques proposent quasiment toutes la même marchandise. Fini le temps où chaque rue abritait sa corporation, orfèvres, dinandiers (fabricants d'objets en laiton), ferblantiers, marchands de tapis, de vêtements ou de chaussures... On disait alors qu'« un homme dépouillé de tout pourrait sortir du bazar complètement vêtu et meublé » et... ruiné ! La pacotille, le bric-à-brac, la verroterie, le clinquant et la contrefaçon de grandes marques de fringues ont, depuis des lustres, remplacé les soieries, brocarts, cuirs et fourrures qui, transportés par des caravanes, arrivaient chez les commerçants grecs, juifs ou arméniens. Voilà pour la séquence nostalgie...

Au Grand Bazar, le meilleur côtoie le pire. D'abord, les prix sont annoncés en euros. Ensuite, si on y trouve à foison faïences, cuivres, pipes en écume de

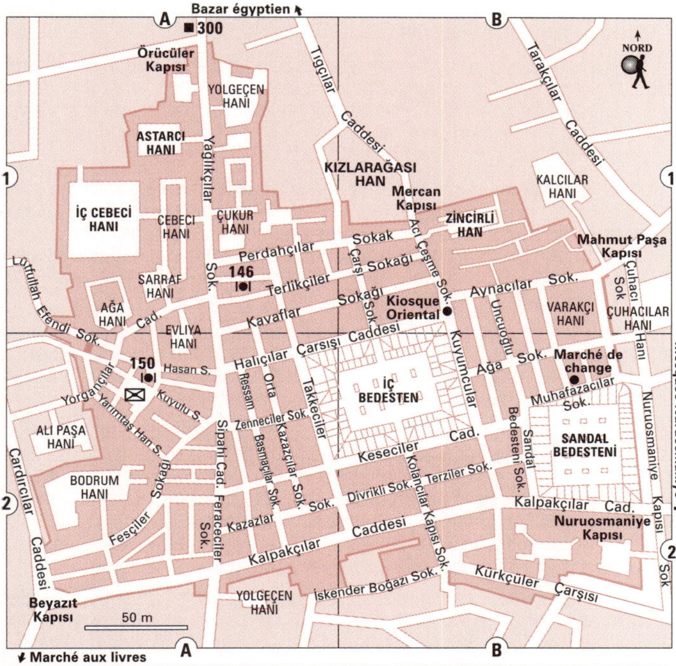


LE GRAND BAZAR

| Où manger ? | Où prendre un bain turc ? |
|---|---|
| **146** Burç Kebap (A1)<br>**150** Havuzlu Restaurant (A2) | **300** Tarihi Örücüler Hamamı (A1) |

mer ou cuirs, il n'y a là rien de bien original qu'on ne puisse acheter ailleurs. On préfère admirer son architecture ou se perdre dans ses ruelles par goût du jeu, plutôt que de se lancer dans des négociations enfiévrées qui, de toutes les manières, vous feront payer l'objet 3 fois son prix...

## La visite

Voici un itinéraire pour découvrir les différentes sections du Grand Bazar, les 2 *bedesten* et des *han,* plus petits, qui désignaient autrefois des caravansérails à l'intérieur de la ville. Cela dit, vous pouvez quitter cet itinéraire à tout moment et avoir le plaisir de vous perdre (après tout, c'est un bazar, non ?), il y a des panneaux partout et vous trouverez toujours quelqu'un pour vous indiquer l'une des sorties. Attention aux pickpockets !

➢ Pénétrez dans le Grand Bazar par la ***Nuruosmaniye Kapısı*** *(plan Le Grand Bazar, B2),* la porte située du côté de la mosquée Nuruosmaniye. Vous êtes dans la rue principale, la Kalpakçılar Caddesi (rue des Chapeliers), bordée exclusivement de bijoutiers. Elle rejoint, en ligne droite, la porte de Beyazıt, côté ouest, et l'université. En Turquie, il est de coutume d'offrir des pièces et des bracelets d'or aux moments-clés de la vie (naissance, circoncision, mariage, notamment) ; une sécurité, en quelque sorte, en cas de pépin financier.

➢ À 10 m sur la droite se trouve l'entrée de ***Sandal Bedesteni*** *(plan Le Grand Bazar, B2).* C'est l'une des parties les plus anciennes du bazar (1457). Autrefois, ce *bedesten* abritait des marchands de tissus précieux comme la soie et le velours. Aujourd'hui, on y trouve un petit café branchouille, un resto hors de prix et des boutiques chic. Allez-y pour admirer l'architecture.

➢ Sortez du *bedesten* (par la même porte par laquelle vous êtes entré) et prenez la 1re rue à droite, la Sandal Bedesteni Sokak. Tournez une nouvelle fois dans la 1re à droite, la *Muhafazacılar Sokak.* Quelques clameurs vous signifieront que vous approchez du petit ***marché de change*** *(plan Le Grand Bazar, B2).* Dans les ruelles aux alentours, quelques courtiers, le portable collé à l'oreille, passent leur temps à spéculer en bourse et à conclure des affaires de gros sous.

➢ Revenez sur vos pas. Au niveau de la Sandal Bedesteni Sokak, tournez à droite. Dépassez le croisement avec la Ağa Sokak. Un peu plus loin se trouvent les petites boutiques des ***monts-de-piété*** *(plan Le Grand Bazar, B1).* C'est là que l'on peut déposer ses objets de valeur, en cas de pépin financier.

➢ Continuez tout droit jusqu'à Aynacılar Sokak. Au bout de cette rue, sur la droite, on aperçoit la ***porte Mahmut Paşa*** *(Mahmut Paşa Kapısı ; plan Le Grand Bazar, B1).* Tournez à gauche en arrivant dans l'Aynacılar Sokak. Notez le joli (et pas très d'aplomb) ***Kiosque Oriental*** *(plan Le Grand Bazar, B1)* au milieu de la rue, à côté d'une fontaine nommée ***Acı Çeşme*** (littéralement « Eau amère »). Construit au XVIIe s, ce *kiosk* était un salon de thé d'où le sultan pouvait observer les allées et venues, sans être vu. Il accueille aujourd'hui une bijouterie.

➢ À la hauteur du kiosque, prenez sur la droite (rue Acı Çeşme) jusqu'au bout. Avant la Mercan Kapısı, l'une des portes du Grand Bazar, sur la droite, juste avant de franchir la porte, notez l'ancien caravansérail ombragé par un grand marronnier, ***Zincirli Han*** *(plan Le Grand Bazar, B1).* Jolie galerie et vieux pavements. Autrefois, on y pratiquait le travail de l'or et de l'argent.

➢ Revenez dans la rue Acı Çeşme et sortez du Grand Bazar par la porte Mercan. Environ 10 m plus loin, engouffrez-vous dans la 1re entrée sur votre gauche, pour découvrir le ***Kızlarağası Han*** *(plan Le Grand Bazar, B1).* Le *Kızlarağası* était le chef des eunuques du harem. Dans ce *han,* une poignée d'orfèvres recyclent encore des copeaux d'or et d'argent.

➢ Retournez à l'intérieur du Grand Bazar et suivez, tout de suite sur la droite, la Perdahçılar Sokak. Tout au bout, tournez encore à droite dans la Yağlıkçılar Sokak. Vous trouverez le calme, un peu plus loin, en tournant à gauche dans le ***İç Cebeci Hanı*** *(plan Le Grand Bazar, A1),* une cour fermée à l'abri du feuillage d'un grand noyer... et des touristes. Montez sur la galerie pour contempler le bric-à-brac d'objets en cuivre.
🍷 Dans la cour, un café agréable pour se poser et prendre un verre au milieu des habitués qui jouent aux cartes. Revenez ensuite sur vos pas dans Yağlıkçılar Sokak et prenez à gauche.

➢ Plus haut dans la rue, sur la gauche, ***Astarcı Hanı*** *(plan Le Grand Bazar, A1).* Autrefois, dans ce *han,* résonnait le bruit des métiers à tisser. Aujourd'hui, quelques habitués viennent y jouer au backgammon. Petit café-resto.

➢ Sortez du *han* et revenez sur vos pas dans Yağlıkçılar Sokak. Prenez à droite, puis continuez tout droit dans la Sipahi Caddesi Feraceciler, la rue la plus longue et certainement la plus touristique du bazar.

➢ Un peu plus loin, tournez à gauche dans la Zenneciler Sokak pour rejoindre le ***İç Bedesten*** *(plan Le Grand Bazar, B2),* indiqué « Old Bazaar » au-dessus de la porte, également connu sous le nom de ***Cevahir Bedesten.*** C'est le vieux bazar, endroit superbe (et accessoirement le plus cher !), où s'entassent les tapis les plus somptueux, les antiquités les plus rares, les bijoux les plus beaux, les corans les mieux enluminés.

## *LE MARCHÉ AUX LIVRES, LA MOSQUÉE ET LA PLACE DE BEYAZIT* (plan détachable, C5)

Pour y aller du Grand Bazar, sortez par *Beyazıt Kapısı (plan Le Grand Bazar, A2)*, empruntez la Cadırcılar Caddesi sur 50 m et tournez à gauche, sous l'arche en pierre avec un escalier.

***Le marché aux livres*** *(Sahaflar Çarşısı ; plan détachable, C5)* **:** *tlj 7h-20h (10h-18h dim).* Le marché aux livres existait déjà du temps de Constantinople. À l'ombre des grands arbres, les boutiques vendent recueils universitaires ou livres d'art, papeterie, calligraphies et miniatures. Un peu plus loin, au niveau de la mosquée, quelques brocanteurs.

– La sortie au fond du marché vous mène à la ***mosquée de Beyazıt*** *(Beyazıt Camii ; plan détachable, C5).* **Fermée pour restauration.** C'est la 2e mosquée impériale de la ville et la plus ancienne ; la mosquée de Mehmet le Conquérant (le père de Beyazıt II) ayant été détruite par un tremblement de terre au XVIIIe s et remplacée par l'actuelle mosquée de Fatih (lire plus loin « Dans le quartier de Fatih »). La mosquée de Beyazıt a été construite en 1505 par Beyazıt II, à l'emplacement d'une ancienne nécropole byzantine. ***Son plan s'inspire de Sainte-Sophie*** : un dôme central, 2 absides est et ouest, 2 ailes latérales, mais pas de galeries à l'étage. Dans la cour, les colonnes proviennent de sites antiques. L'ancienne médersa abrite aujourd'hui le musée de la Calligraphie (*fermé pour rénovation* ; voir plus loin). Derrière la mosquée, un petit cimetière conserve la tombe du sultan.

– ***La place de Beyazıt*** *(plan détachable, C5),* devant la mosquée, occupe l'emplacement de l'ancien forum de l'empereur Théodose Ier (celui qui divisa l'Empire romain entre Occident et Orient en 395). La porte monumentale qui fait face à la mosquée est celle de l'université d'Istanbul.

***Le musée de la Calligraphie*** *(Hat Sanatlari ; plan détachable, C5)* **:** *sur la pl. de Beyazıt. ☎ 527-58-51.* **Fermé pour restauration ; impossible de préciser une date de réouverture.** Il n'y a que 2 civilisations dans le monde où l'écriture est élevée au rang d'art, au même titre que la peinture en Occident : l'Extrême-Orient (Chine et Japon) et les pays de l'Islam. Au-delà du sens des mots, l'écriture elle-même a gagné une valeur esthétique. Peu importe qu'elle reproduise un « Bismillah » (« Je commence par le nom de Dieu »), un verset du Coran ou le texte intégral, la valeur plastique prime.

La calligraphie turque a une place à part dans l'art de la calligraphie islamique. Les sultans lui ont toujours accordé une grande importance, et l'art calligraphique s'est fortement développé dans la société ottomane. Il s'étendait du palais des sultans jusqu'au *tekke* (couvent des derviches), sur les écriteaux des mosquées et des mausolées, sur les fontaines, les étoffes tissées, les broderies et les tissus peints.

### LES ILLUSIONS DE BALZAC

*Balzac portait un talisman islamique : le Bedouck. Marqué de lettres turques calligraphiées, ce cachet en cire lui avait été offert à Vienne, en 1835, par le baron de Hammer-Pugstall, auteur d'une* Histoire de l'Empire ottoman *en 18 volumes ! Le Bedouck tirait sa force des lettres magiques qui, selon la croyance, connectaient l'individu à l'univers entier. Balzac tenait beaucoup à son porte-bonheur : « J'ai aussi vaincu bien des gens et des choses par mon Bedouck », affirma-t-il.*

Passez la porte monumentale de l'***université d'Istanbul*** *(plan détachable, C5)* pour entrer dans le parc *(ouv tlj sauf w-e),* havre de verdure dominé par la tour de Beyazıt. À cet emplacement se trouvait le vieux sérail, 1er palais du sultan Mehmet le Conquérant avant que ne fût construit Topkapı. Plus tard, les anciennes concubines et les veuves des sultans y finissaient leurs jours, loin du harem de Topkapı. Signalons le restaurant de l'université, avec vue sur la place de Beyazıt.

## LA MOSQUÉE DE SOLIMAN LE MAGNIFIQUE
*(Süleymaniye Camii ; plan détachable, C5)*

*Elle se trouve à l'autre extrémité du parc. L'entrée pour les non-musulmans se situe à gauche.*
Fort de ses conquêtes territoriales, Süleyman, dit « Soliman le Magnifique » (1520-1566), gouvernait un empire immense. Il décida d'affirmer sa grandeur en choisissant la situation la plus élevée d'Istanbul. Son objectif : construire un bâtiment qui soit aussi impressionnant et chargé de symboles que le dôme du Rocher sur l'esplanade du Temple à Jérusalem. C'est aujourd'hui ***la 2e mosquée d'Istanbul*** après Sainte-Sophie. Construite entre 1550 et 1557 par Mimar Sinan, l'architecte ottoman le plus célèbre, à qui l'on doit, entre autres, la *Selimiye Camii* d'Edirne, son chef-d'œuvre (Edirne était la capitale de l'Empire ottoman avant la conquête de Constantinople). Autour de la Süleymaniye, une véritable cité *(külliye)* a été bâtie, comprenant un hôpital, une bibliothèque, des écoles, un hammam, un resto populaire et divers autres services publics. Soliman voulait une construction digne de la grandeur de son règne (1520-1566), qui fut d'ailleurs souvent appelé le « siècle de Soliman ».
Encadrée de 4 minarets agrémentés de balcons ouvragés, véritables collerettes de dentelle de pierre, la mosquée est précédée d'une cour à portique dont les colonnes proviennent de l'hippodrome. Les coupoles de différents diamètres qui se superposent forment un bel ensemble.
***La salle de prière*** est impressionnante par ses proportions. L'***acoustique*** est étonnante : le moindre son émis à un endroit, un claquement de mains par exemple, est immédiatement perçu dans tous les coins de la mosquée. Ici, pas de mosaïques ni de faïences, mais des motifs peints « à fresque » avec des médaillons à calligraphie arabe. Dans l'épitaphe qui figure au-dessus du portail, l'accent est mis sur la légitimité du sultan comme maître du monde. D'ailleurs chaque jour, le juge suprême du souverain faisait lire la 6e sourate, celle qui célèbre le pouvoir de Dieu en ces termes : « Et c'est lui qui vous a désigné comme successeur sur cette terre... ». De quoi prendre la grosse tête...
Les 138 fenêtres déversent une belle lumière sur l'ensemble, principalement lorsque les rayons du soleil éclairent les vitraux à fleurs colorés, au-dessus du ***mihrab,*** magnifiquement sculpté, en marbre blanc, comme le ***minbar.*** La coupole principale, de 27,50 m de diamètre, culmine à 47 m. Elle repose sur 4 piliers de plus de 7 m de large, tandis que, sur les bas-côtés, les autres coupoles reposent sur des voûtes à *muqarnas.* Une galerie est soutenue par des colonnes de porphyre provenant d'Alexandrie.
Du jardin, superbe vue sur l'entrée du Bosphore et la Corne d'Or.
– ***Le cimetière et le mausolée* (türbe) *de Soliman le Magnifique :*** *à 50 m de l'entrée principale de la mosquée. Tlj sauf lun 9h-17h.* Il s'agit d'un pavillon en pierre (le plus grand). Il abrite les sarcophages de Soliman le Magnifique et d'une partie de sa descendance, couverts de tissu vert. À l'intérieur, les murs sont tapissés de faïences d'İznik. À côté se trouve le mausolée de son épouse Hürrem (ou Roxelane) qui contient 3 sarcophages. Là encore, l'intérieur est couvert de magnifiques faïences d'İznik. Ancienne esclave du harem, Roxelane devint favorite de Soliman, puis sa 2de épouse. Les diplomates occidentaux l'avaient surnommée « Russelazie » en raison de ses origines slaves.

LE VIEIL ISTANBUL

– ***Le mausolée de Sinan*** *(Mimar Sinan Türbesi ; plan détachable, C4-5)* **:** *Mimar Sinan Cad. Fermé au public.* C'est dans ce modeste mausolée, au pied de son œuvre, que repose le célèbre architecte.

## *LA MOSQUÉE DE KALENDER*
*(Kalender Camii ; plan détachable, C5)*

*Depuis la mosquée de Soliman le Magnifique, emprunter la Süleymaniye Cad. ; la mosquée se trouve à droite, peu après être passé sous une arche de l'aqueduc de Valens (lire plus loin « Dans le quartier de Fatih »).*
Petit bijou de l'architecture byzantine, l'ancienne église *Theotokos Kyriotissa,* convertie en mosquée *Kalender Camii,* fut identifiée grâce à une fresque trouvée lors des fouilles de 1966 à l'entrée du narthex et représentant la Vierge avec la dédicace *Kyriotissa.* Cette fresque est exposée aux Musées archéologiques, ainsi qu'une mosaïque de la présentation de l'Enfant au Temple et, surtout, une fresque du XIIIe s racontant la vie de saint François d'Assise. C'est le plus vieux cycle de saint François d'Assise connu au monde, peint seulement 25 ans après sa mort ! Ici, à Constantinople... Pendant la 4e croisade, l'église aurait été donnée aux franciscains, et donc dédiée à saint François d'Assise.
On pense que le bâtiment initial date du règne de l'empereur Maurice (582-602). Cependant, la construction que l'on peut voir aujourd'hui est du XIIe s. Dès la chute de Constantinople, l'église fut convertie en mosquée et servit d'hospice pour les derviches de l'ordre des Kalenders. Les murs à l'intérieur sont recouverts de marbre, comme à Sainte-Sophie. À l'extérieur, l'édifice s'appuie en partie sur l'aqueduc de Valens. Entre l'ancienne église et l'aqueduc, vestiges de bains romains du IVe ou Ve s.

## *LA MOSQUÉE DE BODRUM*
*(Bodrum Camii ; plan détachable, C6)*

*Dans le quartier commerçant de* ***Lâleli.*** *Depuis Ordu Cad. (la ligne de tramway ; T Lâleli), tourner à gauche dans Lâleli Cad. (face à la mosquée Lâleli), puis à droite dans Sait Efendi Sok. La mosquée, coincée entre des immeubles, se trouve côté gauche, sur une esplanade à laquelle on accède par des escaliers.*
Ce petit édifice est l'ancienne église du monastère du Myrelaion. Elle date du Xe s et présente 2 étages (au sous-sol, une crypte fermée), d'où son nom de *Bodrum Camii* (« mosquée au sous-sol »).
L'esplanade par laquelle on y accède est le toit d'un ancien tombeau du IVe s transformé en citerne par l'empereur Romain Ier Lécapène, fondateur du monastère du Myrelaion au Xe s. Circulaire, de diamètre impressionnant (30 m), cette citerne possède 74 colonnes, aux chapiteaux ornés de croix. En 1911, lors du grand incendie qui ravagea le quartier, la mosquée et la citerne furent terriblement endommagées. La mosquée devint un dépôt de charbon, puis un refuge pour vagabonds. Après rénovation, des boutiques furent installées dans la citerne au début des années 1990. On y entre par... une boutique de chaussures depuis Aksaray Caddesi, située juste sur la droite de l'escalier.

# DANS LE QUARTIER DE FATİH

**Fatih est l'arrondissement le plus rigoriste du vieil Istanbul, surtout le secteur entre la *mosquée de Mehmet le Conquérant (Fatih Camii)* au sud et la mosquée de Sultan Selim *(Sultan Selim Camii),* Çarşamba. Les femmes entièrement voilées de noir y sont nombreuses. Une tenue décente et une attitude discrète sont recommandées. Ne sortez vos appareils photo que pour les monuments.**

**C'est à Sultan Fatih Mehmet (Mehmet le Conquérant) que le quartier doit son nom. Vous découvrirez tantôt de grands complexes impériaux comme *Fatih Camii* ou *Sultan Selim Camii,* tantôt d'anciennes églises byzantines transformées en mosquées comme *Fethiye Camii.* Plus à l'ouest, les remparts de Constantinople (lire plus loin « Du côté des remparts ») marquent les limites nord du quartier de Fatih.**

## *LA MOSQUÉE DE ŞEHZADE*

*(Şehzade Camii ; plan détachable, C5)*

Imposante et majestueuse, c'est l'une des 1res mosquées construites par Mimar Sinan. Elle lui a été commandée par Soliman le Magnifique pour honorer la mémoire de son fils Mehmet, mort en 1543 de la variole. Elle fut achevée en 1548, après 4 ans de travaux seulement. Ce complexe regroupe une mosquée, des monuments funéraires, une école coranique, un hôpital et une cantine populaire *(imaret).* Sinan lui-même affirmera plus tard que cette commande était pour lui l'occasion de « se faire la main ».
Sobre et aérienne, avec sa coupole de 19 m de diamètre s'élevant à 37 m de haut, encadrée par 4 demi-coupoles (Sainte-Sophie n'en possède que 2), l'intérieur baigne dans une lumière adoucie de rouge et de jaune. Le minbar est à lui seul une prouesse. Noter l'harmonie des figures géométriques qui se dégage de ses parois latérales. Vus de l'extérieur, les piliers qui soutiennent la coupole sont cylindriques alors qu'à l'intérieur ils sont anguleux et massifs. Les minarets octogonaux possèdent des bas-reliefs géométriques incrustés de motifs en terre cuite.
Ombragé par de vénérables platanes, le parc est très prisé des Stambouliotes, notamment des femmes (l'un des arbres est censé favoriser la fécondité). Derrière la mosquée, la médersa a été réhabilitée.
Sur le côté de la mosquée, à droite de l'entrée, se trouvent les mausolées d'Ibrahim Paşa, celui de Şhezade Mahmud, le fils de Mehmet III et de sa mère, ainsi que celui de Rüstem Paşa, gendre et grand vizir de Soliman le Magnifique. Belles faïences.

Derrière la mosquée, vous ne pourrez pas manquer l'***aqueduc de Valens*** *(Bozdoğan Kemeri ; plan détachable, B-C5).* Commencé par Constantin le Grand, il ne fut achevé qu'en 378 par l'empereur Valens. Au cours de sa longue existence, l'aqueduc de Valens fut souvent endommagé et remis en état. Au VIe s, il fut restauré par l'empereur Justinien à la suite d'un tremblement de terre. Dans les dernières années de l'Empire byzantin, d'autres séismes le détruisirent partiellement. Fatih Mehmet II commença sa restauration pour alimenter son sérail, puis Soliman le Magnifique ordonna à l'architecte Sinan d'en réaliser la réfection complète.
En 1912, une partie importante, voisine de la mosquée de Fatih, fut supprimée pour des raisons d'urbanisme. L'eau, apportée de la forêt de Belgrade au nord-est d'Istanbul, pénétrait dans la ville par les remparts occidentaux au niveau de la porte d'Edirne. Elle était acheminée par des conduites souterraines jusqu'au site de la mosquée de Fatih, d'où elle empruntait ensuite l'aqueduc de Valens, bel exemple de technicité romaine au service de la grandeur byzantine puis ottomane. De nos jours encore, cette construction, dont il subsiste une longueur d'environ 800 m, culmine à 20 m au-dessus du boulevard Atatürk. Une autre section de l'aqueduc est visible près de la mosquée de Kalender.

***Vefa Bozacısı*** *(plan détachable, C5,* ***320****)* **:** *Vefa Cad. 66. Tlj 8h-22h30 (minuit en hiver, boza oblige).* Ici siège, depuis 1876, une institution de quartier dont la réputation dépasse les limites de la ville : le maître incontesté du *boza* (boisson ottomane à base de millet fermenté) vous y sert, à la louche depuis une vasque en marbre, cet élixir délicieusement écœurant. Même Atatürk vint y goûter, comme l'atteste son verre glorieusement exposé sous cloche.

## *L'ÉGLISE DU CHRIST PANTOCRATOR*
*(Molla Zeyrek Kilise Camii ; plan détachable, C4)*

*Malgré sa dénomination, ce n'est pas une église mais une mosquée. On peut éventuellement y accéder entre les heures de prière, mais rien de sûr car la plupart du temps l'imam referme la porte juste après.*
Cette église byzantine date du XIIe s. Elle fut construite pour l'impératrice byzantine Irène (son sarcophage a été retrouvé lors de fouilles menées en 1960, sous un plancher). La longue façade en brique de l'église s'étend sur 70 m. Il s'agit en fait de 2 édifices reliés par une chapelle qui servit de caveau aux familles impériales des Comnènes et des Paléologues. Narthex à étage et exonarthex séparés par des encadrements en marbre rouge. Dans l'église sud, qui sert de mosquée, les murs sont couverts de beaux marbres polychromes, et les chapiteaux des colonnes arborent toujours leur croix chrétienne.
Sur la place de l'église, au sous-sol de la maison en bois de la Türkiye Eğitim Gönüllüleri Vakfı (au nº 23), un escalier mène à une ***fontaine ottomane.*** Frappez, la porte s'ouvrira (peut-être), et demandez à voir la *çeşme* (« fontaine »). Sinon, dans le quartier, quelques anciennes maisons ottomanes.
Enfin, vous reconnaîtrez à sa façade de brique rouge donnant sur le boulevard Atatürk la ***citerne du Pantocrator.*** À l'intérieur, 2 rangées alternant chacune 8 colonnes et 4 piliers, ainsi qu'un escalier qui court contre le mur droit jusqu'à une galerie à l'étage, percée de petites ouvertures visibles de l'extérieur.

***La mosquée de Mehmet le Conquérant ou mosquée de Fatih*** *(Fatih Camii ; plan détachable, B4)* **:** la grande mosquée impériale de Mehmet II le Conquérant se voit de partout avec son dôme gigantesque et ses minarets qui s'élancent triomphalement vers le ciel. Elle a été construite au XVe s, 10 ans après la chute de Constantinople, par un Grec converti à l'islam, sur les ruines de l'église des Saints-Apôtres où étaient enterrés Constantin (ses restes n'ont jamais été retrouvés) et les premiers empereurs byzantins. Ce qui attire le plus la curiosité, c'est l'ambiance qui règne ici, avec tous les fidèles évoluant au milieu des marchands. Il faut absolument voir cette mosquée le matin, et si possible un mercredi, jour de marché (éviter le vendredi, jour de la grande prière). Vous êtes ici en pleine enclave fondamentaliste, alors une attitude discrète s'impose. Cette mosquée a joué un rôle historique dans les mouvements sociaux et les révoltes.
En partie détruite par un tremblement de terre, elle fut rebâtie à la fin du XVIIIe s. L'ensemble du sanctuaire s'étend sur une dizaine d'hectares et comprend de nombreux bâtiments annexes : une bonne quinzaine de médersas, un hôpital, des bains, des chambres d'étudiants ainsi qu'une soupe populaire qui distribuait plus de 3 000 pains par jour ! L'idée était de faire d'Istanbul un exemple de foyer de la culture islamique. On y formait des juges et une bonne partie des fonctionnaires de l'État.
L'intérieur immense de la mosquée a été restauré, ce qui met en valeur la coupole ovale et sa décoration, datant du siècle dernier. Beau minbar en marbre polychrome. La galerie repose sur une alternance de colonnes fines ou épaisses en marbre. La 1re cour est restée telle qu'elle était lors de la 1re construction avec ses quelques panneaux de faïences polychromes, ses 22 dômes soutenus par des colonnes de granit provenant d'anciens bains, et son kiosque aux ablutions.
Dans le jardin *(tlj 8h30-16h30)*, plusieurs tombeaux, dont le plus

### TROP COURT D'UNE TÊTE !
*Mehmet II le Conquérant, le sultan de l'époque, avait commandé la construction de la mosquée portant aujourd'hui son nom. Il constata amèrement, à la fin des travaux, que la coupole de l'édifice était moins élevée que celle de Sainte-Sophie. Funeste erreur de l'architecte ! N'y allant pas par quatre chemins, le sultan décida alors de le punir en lui faisant couper la main, avant de lui faire trancher la tête. Choisissez bien votre employeur !*

imposant est celui de Mehmet le Conquérant. Juste à côté, celui de son épouse Gülbahar Hatun. Le catafalque du mausolée est surmonté d'un turban (noter l'œuf d'autruche qui pend du lustre).

## LA MOSQUÉE DE SULTAN SELIM
*(Yavuz Sultan Selim Camii ; plan détachable, B3)*

*Pour s'y rendre depuis la mosquée de Fatih, prendre Darüşşafaka Cad. de l'autre côté de la mosquée et tourner à droite dans Yavuz Selim Cad.*
Juchée sur la 5e colline d'Istanbul, la mosquée de Sultan Selim domine un vieux quartier pittoresque et offre, depuis la terrasse, un beau panorama sur la Corne d'Or. Elle fut réalisée en un temps record (1520-1522) pour le compte de Soliman le Magnifique. Ce dernier voulait honorer la mémoire de son père, Selim Ier, despote si cruel qu'il fut tout bonnement, si l'on peut dire, surnommé « le Terrible ». Il faut dire aussi que Selim avait empoisonné son père, assassiné tous ses frères et fait décapiter 8 des grands vizirs. Les psys, s'ils avaient existé, auraient pu lui consacrer un livre. Assuré de sa puissance, il partit à la conquête de l'Égypte, de la Syrie et de la Perse (Iran actuel) ; ce qui lui valut le titre de calife de l'islam, porté par tous ses successeurs jusqu'à la proclamation de la République en 1923. Ce « Terrible » était à la fois faucon et colombe, un souverain à 2 visages. Il savait aussi, à sa manière, être un pacifiste : il écrivit une œuvre poétique en persan, langue littéraire de l'époque...
Cette mosquée compose un ensemble harmonieux avec une grande cour entourée de portiques et une belle fontaine aux ablutions. Magnifique porte sculptée à *muqarna* (éléments décoratifs en forme de stalactites).
L'intérieur est d'une grande sobriété avec sa coupole reposant sur les 4 murs sans l'aide d'aucun pilier. Les portes et fenêtres sont surmontées de magnifiques céramiques bleues et jaunes d'İznik.
Dans le ***cimetière*** *(tlj sauf lun 9h-16h30)*, on peut admirer plusieurs tombeaux *(türbe)*, dont celui du « Terrible ». Il est surmonté d'un dôme côtelé et clos par une porte incrustée de nacre. Juste à côté, le tombeau de Hafsa, la mère de Soliman le Magnifique.

Juste à côté de la Selimiye Camii, vous verrez la ***citerne d'Aspar.*** C'est la plus vaste des citernes à ciel ouvert de la ville : 152 m de côté et 8 m de profondeur. Creusée en 459, elle était probablement déjà désaffectée à l'époque byzantine, puisqu'elle était connue sous le nom de « jardin sec ». Elle est devenue un terrain de jeux.

## LA MOSQUÉE DE FETHIYE ET LE MUSÉE DE PAMMAKARISTOS
*(Fethiye Camii ve Müzesi ; plan détachable, A-B3)*

*Pour y aller, bus no 90 au départ d'Eminönü. Tlj 9h-19h (17h d'oct à mi-avr) ; fermeture des guichets 30 mn avt fermeture. Entrée : env 10 TL ; gratuit moins de 12 ans. Inclus dans l'*Istanbul Museum Pass. ***Fermé pour travaux ; impossible de préciser une date de réouverture.***
Il ne s'agit pas d'un musée à proprement parler, mais de la chapelle latérale du XIVe s de l'ancienne église byzantine Théotokos Pammakaristos du XIIIe s. *Pammakaristos* signifie « la plus heureuse » (on parle de la Vierge, bien sûr). Ces bâtiments furent transformés en mosquée à la fin du XVIe s. Avant leur conversion, ils servirent de siège au patriarcat œcuménique orthodoxe (1456-1568). C'est là que, peu après avoir conquis Constantinople, Mehmet le Conquérant vint s'entretenir de théologie avec le patriarche Gennadios. Cette rencontre se déroula dans la chapelle latérale, ou *parecclésion,* qui a été restaurée dans sa splendeur byzantine.

Bien que beaucoup plus modeste par sa taille (et même très petite !), Pammakaristos se place ***au 3e rang des églises byzantines d'Istanbul,*** après Saint-Sauveur-in-Chora et Sainte-Sophie, pour sa somptueuse décoration. Les ***mosaïques,*** très bien conservées, représentent Jésus, des apôtres, la Vierge Marie, saint Jean-Baptiste, des anges et des saints. Contrairement à Saint-Sauveur, les mosaïques de la coupole centrale sont parvenues jusqu'à nous : le Christ, entouré des 12 prophètes, se détache sur un resplendissant fond de carreaux dorés. Noter aussi, en haut à droite de l'abside, celle qui représente le Christ nu dans le Jourdain. Le jeu de la lumière sur les chapiteaux, délicatement sculptés, est d'une grande élégance. En revanche, la mosquée de Fethiye ne présente guère d'intérêt.

***Le Patriarcat grec orthodoxe et l'église Saint-Georges*** *(plan détachable, B3)* **:** *pièce d'identité demandée à l'entrée et contrôle systématique des sacs.* Une petite cité que l'on pourrait comparer à un Vatican miniature, haut lieu de culte pour les orthodoxes de toute l'Europe et du monde. Le grand patriarche de Constantinople, qui vit ici, n'exerce plus aujourd'hui son autorité que sur le mont Athos, la Crète, les îles du Dodécanèse et les quelques diocèses turcs restants, mais il garde depuis l'origine une primauté d'honneur qui lui confère à l'échelle universelle un rôle d'initiative et de préséance.

– ***L'église Saint-Georges :*** *tlj 9h-16h. GRATUIT.* Reconstruite en 1720, l'église abrite de nombreuses reliques dans un décor surchargé duquel la sobriété des mosquées nous avait déshabitués. Lustres en cristal de Venise, sièges de velours rouge, iconostase rococo composée de plus de 90 icônes enchâssées dans un mur de bois recouvert de feuilles d'or. Pendant le culte, on ouvre le panneau central et on dévoile ainsi l'autel, auquel les fidèles ne peuvent pas accéder. Dans la symbolique orthodoxe, l'iconostase sépare la terre (la nef) du ciel (l'autel). Dans le bas-côté droit, reliques reposant dans de massifs sarcophages de cuivre ou d'argent ciselé. On ne sait que retenir de cette débauche de richesses. À gauche du sarcophage en argent, ne manquez pas l'icône de mosaïque représentant la Vierge et l'Enfant Jésus *(Pammakaristos),* datant probablement du XIe s : mais ce n'est pas la pièce la plus ancienne, puisque l'on trouve ici la *colonne de la Flagellation* conservée dans un coffre de bois, sur le côté droit de l'iconostase.
Le dimanche à 9h (16h30 en semaine) est célébré un office chanté. Une occasion de voir le patriarche officier sur son magnifique trône incrusté d'ivoire et d'entendre de belles voix de basse.

# AUTOUR DU BAZAR ÉGYPTIEN

**Vu du pont de Galata, le Bazar égyptien, long couloir de brique rouge en forme de « L », est situé entre 2 mosquées : à droite, celle de Rüstem Paşa émerge du lacis des rues marchandes qui remontent vers le Grand Bazar. De l'autre côté, la mosquée Neuve *(Yeni Cami)* domine le quartier de ses innombrables dômes. Plus à gauche encore, votre regard glisse le long des quais du *port de Sirkeci* pour aboutir au palais de Topkapı qui toise la pointe du Sérail. La *gare de Sirkeci,* anciennement appelée gare d'Europe, se situe juste derrière les quais. Cette gare était le terminus d'un de ces trains mythiques : l'*Orient-Express,* bien sûr, qui fit son entrée pour la 1re fois à Istanbul en 1888.**

***La mosquée Neuve*** *(Yeni Cami ; plan détachable, D4-5)* **:** elle n'est, en fait, pas si neuve que cela. Sa construction fut entreprise dès 1597, par Safiye, d'origine vénitienne, épouse de Murad III et mère de Mehmet III. Les travaux furent suspendus et s'achevèrent bien plus tard, en 1660. Image familière du paysage stambouliote, elle est élégante sans être originale, mais surtout remarquablement située au fond de la place Eminönü, à la sortie du pont de Galata.

Cette mosquée est un exemple harmonieux d'architecture ottomane classique, ***la dernière grande mosquée d'Istanbul édifiée selon les normes traditionnelles.*** La superposition de coupoles et de demi-coupoles est impressionnante, et ses 2 minarets à triples balcons s'élancent vers le ciel. Elle forme un carré de 41 m de côté et est bordée par 4 gros piliers qui soutiennent la coupole. Les murs, jusqu'au-dessus des galeries, et les parties basses des piliers sont décorés de faïences bleues, tandis que la coupole et les demi-coupoles sont ornées de motifs géométriques et floraux peints. À gauche, à l'extérieur, l'accès à la loge impériale se faisait par-dessus une ancienne porte de la ville, la porte Hébraïque.

## *LE BAZAR ÉGYPTIEN*

*(Mısır Çarşısı ou Spice Market ; plan détachable, D4-5)*

*Tlj env 9h30-19h.*

Il fut construit en 1660 (grâce à l'argent des impôts rapporté d'Égypte, mais il n'y eut jamais de marchands égyptiens ici !) et appartenait au complexe de la mosquée Neuve. Bien auparavant, le site servait déjà au commerce. Les marchands génois et vénitiens y tenaient un ***marché aux épices, aux parfums et aux plantes médicinales,*** qui faisait partie des Échelles du Levant. Le Bazar égyptien a été complètement restauré en 1943, et une partie des épiciers ont laissé désormais leur place aux bijoutiers et à d'autres commerces.

Avant de rentrer au pays, allez profiter de ses odeurs et remplir votre cabas des produits qui prolongeront la magie stambouliote de nombreux mois encore : herbes de cuisine (ah ! les thyms, la menthe...), fromages (certains sont encore dans leur peau de chèvre), confitures de roses, *pastırma* (viande de bœuf séchée comme celle des Grisons en Suisse, mais enrobée d'une coque d'épices et servie découpée en fines lamelles), saucissons de mouton, noisettes, amandes ou pistaches (les meilleures du monde, on ne le dira jamais assez !), etc.

➢ Le bazar s'étend au-delà de la partie couverte dans les rues adjacentes, où l'on trouve bien d'autres boutiques. Alimentation, vaisselle, grossistes en tout genre, etc. La rue *Hasırcılar Caddesi* est particulièrement intéressante et les prix y sont un peu moins élevés.

À l'extérieur du Bazar égyptien, face à la mosquée Neuve, vous découvrirez aussi un petit ***marché aux plantes, poissons et oiseaux.*** Sangsues médicinales et poissons exotiques, plantes qui le sont tout autant à nos yeux et poussins multicolores. On peut encore s'y faire prédire l'avenir par des pigeons (mais le plus pigeon des 2, bien sûr, reste celui qu'on pense !).

***Tahtakale*** est le petit quartier qui s'étend du bazar à la mosquée de Rüstem Paşa. Toujours très animé, il mérite que l'on s'y attarde. On peut commencer par le petit marché, sur la droite du bazar, qui est lui aussi haut en couleur avec ses fruits et légumes bien alignés, ses épices et ses poissons frais. Après la *fontaine ottomane* sur la droite et en suivant la bonne odeur de café, vous arrivez chez *Mehmet Efendi,* le « marchand de café », *kurukahveci* en turc : boutique hors du temps avec les versets du Coran peints derrière la balance et la vieille machine à café. La longue file d'acheteurs en mal de caféine prouve le succès de l'enseigne ! Prendre la rue à droite, Hasırcılar Caddesi, et se faufiler entre les étals, jusqu'à la mosquée de *Rüstem Paşa,* située sur la droite.

## *LA MOSQUÉE DE RÜSTEM PAŞA*

*(Rüstem Paşa Camii ; plan détachable, D4)*

*Accès par 3 côtés, en empruntant à chaque fois un escalier. Pdt les heures de prière, pas de visite pour les non-musulmans.* ***En cours de restauration.***

Cette petite mosquée fut commandée par ***Rüstem Paşa,*** le gendre et grand vizir de Soliman le Magnifique. Voici sans doute l'un des plus beaux exemples du style ottoman religieux. La mosquée se tient au-dessus d'une arcade de boutiques et de rues bordées de caravansérails. Sous la voûte de la cour, un pan de mur est tapissé de carreaux monochromes. À droite de la porte principale, un petit carreau représente la K'aaba avec ses 6 minarets. À l'époque (en 1561), le 7e n'était pas encore construit. L'intérieur est richement décoré de céramique d'İznik (Nicée), notamment les piliers qui supportent la coupole avec un nombre incalculable de carreaux identiques. On remarque aussi les peintures et, au-dessus de la porte principale, un balcon de bois finement décoré. Avec sa coupole et ses demi-coupoles, on sent l'influence des églises byzantines sur l'architecte, dont l'obsession était de rivaliser avec Sainte-Sophie.

***Musée İş Bankası*** *(İş Bankası Müzesi ; plan détachable, D5)* **:** *Bankacılar Cad. 2.* ☎ *511-13-31.* • *muze.isbank.com.tr* • *À côté de la mosquée Neuve (Yeni Cami). Tlj sauf lun 10h-18h. GRATUIT.* Fondée à Ankara au début de la République, la « Banque du travail » *(İş Bankası)* s'est installée ici en 1927. Le bâtiment, reconnaissable à sa façade rose, a été construit en 1892 (la même année, la *Banque ottomane* s'installait juste en face, dans l'immeuble Art nouveau à la façade étrangement asymétrique, aujourd'hui occupé par la banque *Garanti*). Plus que les collections du musée à l'étage (destinées aux fonctionnaires nostalgiques avec ses 1ers ordinateurs des années 1980, ses télex et machines à écrire des années 1950, sa galerie de portraits de grands banquiers du XXe s), c'est le bâtiment qui vaut la visite : on peut jouer au banquier derrière les beaux guichets en bois du rez-de-chaussée et chercher les petites surprises cachées dans les anciens coffres de la banque au sous-sol...

***Büyük Yeni Hanı*** *(plan détachable, D5)* **:** *par la Tahtakale Cad., rejoindre la Çakmakçılar Yokuşu.* Le long de la rue, vous trouverez différents ***caravansérails*** décrépis dont en particulier, sur le côté gauche, le *Büyük Yeni Hanı,* noyé dans les maisons qui s'y sont accolées. La même lourde porte d'époque, couverte de plaques de fer rivetées, vous accueille à l'entrée. À l'intérieur, des boutiques construites autour des cours masquent les arcades d'antan au niveau du rez-de-chaussée. Ne vous arrêtez pas là et grimpez l'escalier situé sur la droite juste avant la 1re cour qui permet d'accéder au 2e étage et d'apercevoir le toit du *han,* avec ses cheminées et ses dômes si caractéristiques. Tout autour, les anciennes cellules du caravansérail où se sont installés différents artisans.



# DU CÔTÉ DES REMPARTS

**Rénovés en certains endroits, les anciens remparts sont passablement ruinés en d'autres.**
**L'empereur Théodose II les fit construire au Ve s pour protéger la ville des invasions terrestres. Alors qu'Attila et les Huns avançaient sur Constantinople, un violent tremblement de terre détruisit les remparts en 447, forçant les habitants à les reconstruire à la hâte. En 2 mois à peine, ce long ruban de pierre fut rebâti, sauvant la Nouvelle Rome du désastre qui attendait son aînée.**
**De la mer de Marmara à la Corne d'Or, ce sont ainsi près de 7 km de remparts qui fermaient à l'ouest la péninsule du vieil Istanbul : un mur intérieur haut de 12 m et large de 5 m, un mur extérieur haut de 8 m et large de 2 m, et enfin une douve large de 20 m et profonde de 10 m. Elle sert maintenant de vaste jardin potager. On entrait jadis dans la ville par des portes aujourd'hui encore traversées (en alternance, aux heures de pointe !) par les voitures. 15 siècles après leur édification, la plupart des 96 tours qui jalonnaient la muraille**

**intérieure sont toujours là. Lézardées, décapitées ou fraîchement rénovées, elles témoignent de l'ouvrage du temps, mais aussi de l'ouragan qui, au matin du 29 mai 1453, s'abattit sur la cité. Ce jour-là, les troupes turques de Mehmet II le Conquérant pénétraient dans la ville. L'Empire byzantin était mort et, le soir même, le croissant remplaçait la croix au sommet du dôme de Sainte-Sophie.**

➢ ***Comment faire la balade des remparts ?*** À moins d'être marathonien, on vous déconseille de la faire à pied. Les remparts s'étirent sur près de 7 km le long d'un axe de circulation important et bruyant. Le mieux consiste à prendre un taxi entre les différents lieux d'intérêt, ou de faire un choix de visite et d'y accéder par les transports en commun (Marmaray depuis Sirkeci pour Samatya et Yedikule au sud ; tram pour le musée *Panorama 1453* dans la partie centrale ; Ⓣ Edirnekapı – pour la partie nord ; ligne 4).



## LE QUARTIER DE SAMATYA

➢ ***Accès :*** *en taxi ou Ⓜ Yenikapı (ligne Marmaray au départ de la gare de Sirkeci ; plan détachable, B6), puis continuer à pied sur 1,5 km (ou en taxi).* Pour éviter les mauvaises surprises, ne pas s'y rendre la nuit tombée.

***Le marché aux poissons*** *(Balık Pazarı ; plan Les remparts, B3)* **:** une charmante petite place pavée, vivante et colorée, où les étals de poisson voisinent avec des restaurants du plus simple au plus chic. C'est l'occasion de déguster un rouget, un loup ou quelques sardines grillées, précédés de *mezze* agrémentés d'un *rakı,* à même la place ou du haut d'une terrasse animée (voir « Où manger ? À Samatya ou près des remparts »).

## LE QUARTIER DE YEDİKULE

➢ ***Accès :*** *en taxi ou par le métro Marmaray au départ de la gare de Sirkeci et descendre au terminus Kalıçeşme (plan Les remparts, A3), puis continuer à pied sur 500 m env.*

***Le château des Sept-Tours*** *(Yedikule Zindaları ; plan Les remparts, A3)* **: *fermé dans l'attente d'un hypothétique projet de restauration.*** Plutôt une enceinte fortifiée qu'un château fort, elle servait sous les Ottomans à loger les garnisons qui défendaient les portes d'Istanbul. Elle a été construite sous Mehmet le Conquérant en 1457 à l'emplacement d'une ancienne forteresse byzantine qui reliait les murailles terrestres et maritimes. Son caractère défensif lui a valu de nombreuses utilisations : elle a successivement gardé le Trésor d'État, puis a servi de prison aux chrétiens d'Europe en disgrâce avec les sultans. C'est donc un symbole de la puissance de l'Empire ottoman. Mais aussi de sa faiblesse, lorsque les janissaires exécutèrent en 1622, dans la cour de garnison, le sultan Osman II, qui avait osé réformer l'armée.
***Le mur occidental*** (opposé à l'entrée) est le plus intéressant : s'y découpent les 3 arches d'un monumental arc de triomphe, construit au IVe s. Il s'agit de l'antique ***porte Dorée,*** qui servait aux empereurs d'entrée triomphale dans Constantinople. Tant que le site est fermé, pour observer la porte Dorée, contourner le château par la porte de Yedikule, puis prendre la 1re rue à gauche, et entrer dans le cimetière qui se trouve derrière le mur occidental. On l'aperçoit alors derrière les feuillages.
La porte est encadrée par 2 énormes tours de marbre carrées (18 m de largeur, 17 m de profondeur et 20 m de hauteur). La tour méridionale, dite « tour des Ambassadeurs », est de sinistre réputation : c'est ici que fut étranglé Osman II et que furent emprisonnées de nombreuses « huiles », tel l'ambassadeur de France qui y séjourna d'octobre 1660 à février 1661 comme gage d'une dette impayée... À l'intérieur, un puits communiquait, d'après la légende, avec la mer de Marmara : on y aurait jeté les têtes des condamnés !

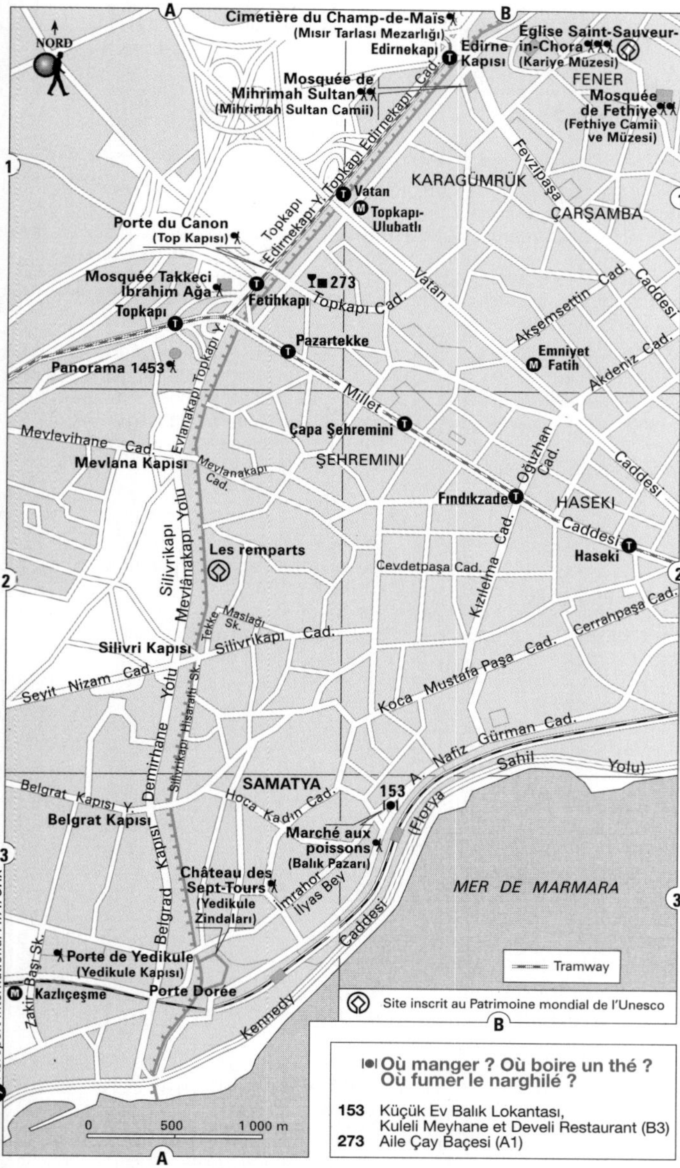


LES REMPARTS

Sur la droite de la **porte de Yedikule** *(Yedikule Kapısı)* commencent les anciens remparts de Constantinople.

## LA PORTE DU CANON

*(Top Kapısı ; plan Les remparts, A1)*

➢ **Accès :** *à 4,5 km env au nord de Yedikule. T Topkapı (direction Bağcilar ; plan Les remparts, A3) ou M Topkapı-Ulubatlı (depuis Yenikapı ; lignes M1a et M1b ; plan Les remparts, B1).*

La **porte du Canon** est célèbre à plus d'un titre. Mehmet le Conquérant avait placé ici un des plus gros modèles de canon du fondeur hongrois Orban. Il pouvait lancer des boulets de 600 kg ! C'est ici aussi qu'on retrouva... le cadavre du dernier empereur byzantin, mort bravement au combat et dont la tête fut exposée devant Sainte-Sophie.

***Aile Çay Baçesi*** (plan Les remparts, A1, **273**) **:** *Topkapı Cad. (sans n°). M Ulubatlı ou T Pazartekke. À 50 m des remparts et de la porte du Canon (Top Kapısı). Tlj. Pas d'alcool.* Un café dissimulé dans un jardin frais et ombragé. Vous ne viendrez pas exprès, mais l'endroit est appréciable pour une pause dans le coin. Thé, café turc et narghilé au programme. À proximité, quelques restos « Bon marché » si une faim se fait sentir.

***Panorama 1453*** (plan Les remparts, A1) **:** *Topkapı Kültür Parkı, Merkez Efendi Mah. ☎ 415-14-53. • panoramikmuze.com • T Topkapı. Tlj 8h-18h. Entrée : 15 TL ; gratuit moins de 7 ans. Audioguide en français (5 TL).* Les plus studieux se muniront de l'audioguide pour parcourir la galerie historique, car les explications sont écrites seulement en turc. Passé cette galerie, vous arrivez en plein champ de bataille sur un belvédère placé au centre d'une coupole de 38 m de diamètre, entièrement peinte d'une grande fresque illustrant la prise de Constantinople en 1453. Devant vous, les remparts de Théodose, passablement ébréchés, d'où émergent les dômes des églises de Constantinople. Derrière vous, les bouches des canons fument et tonnent, les fantassins et cavaliers mènent l'assaut au son de la fanfare des janissaires, sous l'œil vigilant du sultan Mehmet le Conquérant sur son cheval blanc. Le tout à la gloire du vaste empire qui plaît tant à Erdoğan.

***La mosquée Takkeci İbrahim Ağa*** (Takkeci İbrahim Ağa Camii ; plan Les remparts, A1) **:** *327 Sok. ; à 200 m env de la porte du Canon, à l'extérieur des remparts.* Cette petite mosquée de 1592 vaut le détour si vous y passez à l'heure d'une prière (sinon, elle est souvent fermée). C'est l'une des rares à avoir conservé son dôme d'origine en bois, sans doute parce que, située au-delà des remparts, elle fut épargnée par les incendies. À l'intérieur, outre le dôme qui s'appuie sur une corniche octogonale, vous pourrez admirer le balcon en bois et les faïences d'İznik, ornées de vases de fleurs et de feuilles.

## DE LA PORTE DU CANON VERS LA CORNE D'OR

➢ **Accès :** *M Topkapı-Ulubatlı (depuis Yenikapı ; lignes M1a et M1b ; plan Les remparts, B1), puis poursuivre en taxi. Sinon, T Topkapı (ligne 1), puis T Edirnekapı (ligne 4). Ensuite, il faut marcher un peu.*

***Le cimetière du Champ-de-Maïs*** (Mısır Tarlası Mezarlığı ; plan Les remparts, B1) **:** *à l'extérieur des remparts, près d'Edirne Kapısı ; entrée à 100 m du rond-point en suivant l'avenue qui longe les remparts (ne pas confondre avec un cimetière plus récent proche de la station de tram Edirnekapı).* Les cimetières sont nombreux extra-muros, au niveau des portes de Topkapı et d'Edirne. Lors de la construction du réseau routier le long de ces murailles terrestres, nombre de tombes ottomanes ont été déplacées et alignées dans un champ de maïs qui a donné son nom à ce cimetière. C'est une forêt de pierres tombales, coiffées de fez ou de turbans et ornées de calligraphies, qui émerge des herbes folles.

**La mosquée de Mihrimah Sultan** *(Mihrimah Sultan Camii ; plan Les remparts, B1)* **:** *à env 2 km au nord-est de la porte du Canon. Depuis* T *Edirnekapı, marcher jusqu'à la porte d'Edirne, puis descendre Fevzi Paşa Cad. sur env 200 m, puis à droite au niveau de la pâtisserie* Nur Muhammad. Chef-d'œuvre de Sinan à la mémoire de la princesse Mihrimah, fille de Roxelane et de Soliman le Magnifique, et épouse du grand vizir Rüstem Paşa. C'est l'une des 6 mosquées impériales bâties sur l'une des collines de la ville (avec Sainte-Sophie, Nuruosmaniye Camii, Fatih Camii, la Süleymaniye et la Selimiye). Comme les autres (hormis Sainte-Sophie), elle fut construite sur l'emplacement d'une église byzantine qui a été détruite. Grande salle de prière magnifiquement décorée d'arabesques peintes et éclairée par près de 200 fenêtres. La surélévation de la coupole, remarquable de l'extérieur, donne une impression de grand volume. Il se dégage une atmosphère des plus reposante.

➢ D'ici, on peut gagner Saint-Sauveur-in-Chora à pied. Il faut revenir sur Fevzi Paşa, traverser la rue, prendre la Şeyh Eyüp Sokağı en face, la suivre sur environ 300 m, puis à droite (suivre le fléchage *Kariye Müzesi*).

## *L'ÉGLISE SAINT-SAUVEUR-IN-CHORA* *(Kariye Müzesi ; plan détachable, A3, et plan Les remparts, B1)*

*Tlj 9h-18h30 (16h30 nov-mars) ; fermeture des guichets 30 mn avt. Entrée : 54 TL ; gratuit moins de 12 ans. Inclus dans l'*Istanbul Museum Pass. *Audioguide (intéressant) : 25 TL. Flash et pied photo interdits.* ***Certaines parties sont en cours de restauration.***

Construite sur une colline entourée de quelques pittoresques maisons ottomanes, l'ancienne église Saint-Sauveur-in-Chora fut transformée en mosquée sur ordre d'Atik Ali Paşa, grand vizir de Beyazıt II.

L'édifice est si ancien que personne ne sait plus quand il fut fondé. Une seule certitude : c'est à la fin du XIIIe s qu'on le fit restaurer, qu'on y ajouta l'exonarthex et le *parecclésion* (chapelle funéraire à droite), et qu'on commanda les peintures murales et les ***mosaïques à fond d'or,*** considérées, à juste titre, comme les plus belles du monde byzantin. Tout cela à l'initiative d'un seul homme, Théodore Metochite (1270-1332), humaniste et savant qui y consacra sa fortune personnelle. Dans le tympan au-dessus de la nef, l'artiste l'a représenté, offrant son église à Dieu. Il finira ses jours comme moine à Saint-Sauveur-in-Chora. Ces œuvres ont été recouvertes de chaux lorsque l'église est devenue mosquée, ce qui leur a permis de parvenir jusqu'à nous avec toute leur fraîcheur et leur éclat. Seules les mosaïques de la coupole centrale ont disparu, mais les autres sont, sans discussion possible, ***les plus belles d'Istanbul.***

En entrant, prendre à droite pour rejoindre le *parecclésion.* Les décors sont peints et développent les thèmes de la mort, de la Résurrection et du Jugement dernier. La technique de la fresque a permis aux artistes d'agrandir la taille des personnages. De nombreuses scènes sont tirées des Évangiles apocryphes (ceux que l'Église a retirés de la Bible au XIIIe s, car elle doutait de leur authenticité, ce qui prouve leur singularité), par exemple, Joseph reprochant sa grossesse à Marie ! Ne manquez pas la *Déisis,* c'est-à-dire la prière du Christ en compagnie d'un empereur et d'une impératrice.

Les ***peintures de l'abside*** sont remarquables : les 6 pères de l'Église, une *Vierge à l'Enfant* et surtout l'*Anastasis* (« Résurrection ») où le Christ, drapé de blanc et auréolé d'une mandorle, tire Adam et Ève de leurs tombeaux. Il écrase les portes de l'enfer. On a eu du mal à reconnaître Adam et Ève, vieux et habillés de façon inhabituelle, lui barbu et pieds nus et elle couverte d'un voile rouge et chaussée.

LE VIEIL ISTANBUL

Les ***mosaïques de l'exonarthex*** racontent la vie du Christ, celles du narthex la vie de la Vierge. Le Christ est représenté comme le sauveur du monde, maître de l'univers, le Pantocrator. Ces mosaïques, pleines d'humanité et de mouvement, se lisent comme une bande dessinée de l'âge d'or, car l'artiste a multiplié les scènes pour raconter un même épisode de la vie des personnages.
Enfin, dans la nef, au-dessus de la porte, magnifique *Dormition de la Vierge*. Les parties dépourvues de mosaïques sont recouvertes de panneaux de marbre de différentes couleurs.

Face à l'église, un ***café-resto*** économique propose pizzas, *kebap* et *pide* corrects sur une terrasse ombragée. Sinon, le restaurant ***Āsitāne*** du *Kariye Otel* (☎ *635-79-97 ; tlj 12h-23h),* situé à côté de l'église, sert une bonne cuisine traditionnelle ottomane dans un agréable jardin en été mais à prix chic.

***Le palais de Constantin Porphyrogénète*** *(Tekfur Sarayı ; plan détachable, A2)* **:** ***fermé pour travaux.*** Il ne reste plus que les hauts murs, mais les fenêtres cintrées de blocs de marbre rouge et blanc laissent deviner l'élégance de cette architecture du XIIe s. Le palais a servi de faïencerie sous les sultans au XVIIIe s.
– Si vous passez un dimanche, allez faire un tour derrière le palais : un marché aux pigeons voyageurs se tient en plein air, à côté du terrain de foot.

LE VIEIL ISTANBUL

# AUTOUR DE LA CORNE D'OR

➢ **Accès :** *le moyen de transport le plus pittoresque pour visiter la Corne d'Or est le bateau pour Eyüp (avec la compagnie* Şehir Hatları*). Il ne vous en coûtera que 5 TL (env moitié moins avec l'*Istanbulkart*). De l'embarcadère de Karaköy (plan détachable, E4, et plan Le quartier de Karaköy). Départ env ttes les 1h ; lun-sam 7h45-20h, dim et j. fériés 10h45-21h. Compter 35 mn de trajet jusqu'à l'embarcadère d'Eyüp. Le bateau fait escale à Kasimpaşa, Fener, Balat, Hasköy, Ayvansaray et Sütlüce, avt de terminer son trajet à Eyüp. Également des bateaux depuis l'embarcadère de Kabataş avec la compagnie* Dentur Avrasya.
*Sinon, la ligne de tram T5 qui devrait ouvrir prochainement reliera Eminönü à la gare routière Alibeyköy avec un arrêt à Teleferik Pierreloti. On peut aussi prendre le bus (lignes nos 44B, 99, 36CE, 399B ou 399C au départ d'Eminönü) et descendre à l'arrêt Teleferik Pierreloti au bout d'un petit 1/4 d'heure. Pour le retour, bien vérifier les horaires à l'embarcadère d'Eyüp, sinon bus assez nombreux et fréquents.*

***La mosquée et le tombeau d'Eyüp*** (plan d'ensemble, A1) **:** *accès tlj (sauf lun pour le tombeau). GRATUIT. Une tenue décente et une attitude discrète sont requises. Éviter d'y aller le w-e, il y a foule.* C'est sur cette colline que se trouve la mosquée et la tombe d'Eyüp, un compagnon et porte-étendard du Prophète, mort sous les murs de la ville vers 670. 8 siècles plus tard, un coup de pioche miraculeux mit au jour les ossements du saint homme. Le sultan Mehmet le Conquérant ordonna alors la construction d'une mosquée, qui fut la première à être élevée après la conquête ottomane. Celle que nous voyons aujourd'hui, tout en marbre blanc et entourée de minarets, date du XIXe s. Noter le platane dans la cour qui semble avoir eu raison de la grille chargée de le protéger. Eyüp est aussi réputé à Istanbul pour ses ateliers de fabrication de jouets en bois.
– *Le tombeau d'Eyüp : accès par la cour de la mosquée.* Se distingue par ses parois en faïences d'İznik et sa somptueuse grille. Il est possible de se mêler discrètement aux pèlerins pour voir, dans la chambre funéraire magnifiquement tapissée, la châsse contenant les reliques du Prophète (une empreinte de son pied, quelques poils de sa barbe).
– *Les tombes :* la mosquée se dresse au milieu de jardins-cimetières où tous les dignitaires de la ville se sont fait enterrer pendant des siècles. Résultat : une vaste cité des morts, hérissée de cyprès, calme et pleine de charme. Les *türbe* sont

réservés aux personnages les plus importants. On trouve entre autres celui de Siyâvuş Paşa, le grand vizir de Murad III, et de Sokullu Mehmet Paşa, le grand vizir de Soliman le Magnifique. Les sépultures des femmes sont surmontées d'une fleur et celles des hommes coiffées d'un tarbouche ou d'un turban.
Traverser la cour intérieure de la mosquée. De l'autre côté, une avenue pavée traverse le cimetière et passe devant l'entrée monumentale de l'*imaret* (la soupe populaire), fondé par Mihrişah Sultan, la mère du sultan Selim III : ici, depuis le XVIIIe s, on continue de donner à manger à ceux qui sont sans le sou. Tourner à droite pour passer devant la tombe de *Mehmet V Reşat* (1909-1918), l'unique sultan inhumé à Eyüp.

***Çay Istanbul*** *(hors plan d'ensemble par A1)* **:** *Merkez Mah., Camii Kebir Sok. 1. ☎ 545-05-50. Dans la rue qui part en face de l'entrée B de la mosquée (de l'autre côté de la fontaine) ; le café se trouve au bout de la rue, sur la droite, juste avt le dernier mausolée. Tlj 9h-23h30. Prix moyens.* Un café littéraire créé à l'initiative de l'écrivain Hikmet Anil Öztekin. Les milliers de mots d'amour punaisés à l'entrée en disent long sur les rencontres qui ont eu lieu dans l'arrière-cour. Côté restauration, il s'agit surtout de snacks vite expédiés. Mais l'endroit est reposant. Service exclusivement féminin.

***Le Café Pierre-Loti*** **:** *contourner la mosquée d'Eyüp par le haut et suivre les indications « Café Piyerloti ». On l'atteint en 15 mn par un sentier qui monte au milieu des sépultures chaotiquement étagées en terrasses. Accès également par le téléphérique situé à 300 m env de l'embarcadère d'Eyüp (départ en permanence, 8h-23h – 22h en hiver ; prix : 5 TL, possibilité d'utiliser l'*Istanbulkart*). Café tlj 8h-minuit.* Si toutes les tables en balcon sont prises, passez votre chemin : vous trouverez d'autres cafés un peu plus haut, avec une vue parfois meilleure. C'est l'occasion de marcher sur les pas de cet écrivain grand voyageur. C'est ici, prétend-on, que Pierre Loti (1850-1923), alors jeune officier de marine et amoureux malheureux d'Aziyadé, aurait eu coutume de se rendre lorsqu'il habitait Eyüp. Dans le petit salon du café, un vieux poêle en céramique, ainsi que de nombreuses lithographies de Loti. Quelques-unes de ses œuvres en vente à la boutique attenante au café. La vue est remarquable.

➢ Pour passer de l'autre côté de la Corne d'Or : des petits bateaux assurent la liaison entre les embarcadères d'Eyüp et de Sütlüce pour un prix modique. Organisent aussi des excursions sur la Corne d'Or, notamment vers Miniatürk. *☎ 553-14-54. • seyrusefadenizcilik.com •* Une fois sur l'autre rive, depuis l'arrêt Sütlüce, bus pour Miniatürk (arrêt Miniatürk) ou Santral Istanbul (arrêt Haliç Parki à l'aller, puis continuer à pied ; arrêt Bilgi Üniversitesi au retour, bus nos 399B, 44B, 47Ç, 47E et 47 pour Eminönü).

***Le musée des Transports et de l'Industrie*** *(Rahmi M. Koç Müzesi ; plan détachable, B2)* **:** *Hasköy Cad. 5, à Hasköy. ☎ 369-66-00. • rmk-museum.org.tr • Bus directs nos 47, 47Ç, 47E ou 47N au départ d'Eminönü ou nos 36T, 54HT ; 54HS au départ de Taksim. Arrêt : Kırmızı Minare. Tlj sauf lun 9h30-17h (18h w-e oct-mars ; 19h w-e avr-sept). Entrée : env 21 TL ; ajouter 10 TL pour la visite du sous-marin (interdite moins de 6 ans) ; réduc étudiants et de 20 % avec l'*Istanbul Museum Pass*. Le w-e, possibilité de faire une balade gratuite en petit train le long de la Corne d'Or (départs ttes les 1h, résas à l'accueil). Propose également (mai-oct seulement) une croisière sur la Corne d'Or ; le w-e, en bateau à vapeur de 1873 ou de 1936 (utilisés en alternance) et, en sem, en bateau électrique ; compter 10 TL/pers.* Musée privé créé à l'initiative du grand groupe industriel et bancaire Koç. Dans une fonderie d'ancres marines du XVIIIe s très bien restaurée, il présente une magnifique collection de véhicules intelligemment replacés dans leur contexte historique avec, pour fil rouge, l'impact de la révolution industrielle en Turquie. Au menu, des merveilles comme s'il en pleuvait : voitures rutilantes, de la 1re *Ford T* (1908) aux *Lincoln* et *Cadillac* des années 1960, en passant par les françaises

*De Dion-Bouton* et *Citroën DS*. Motos de 1915 à nos jours, carrioles, chaises à porteurs, poussettes et landaus, tricycles et vélocipèdes du XIXe s... Panorama complet des progrès domestiques, depuis les 1ers ordinateurs à l'électroménager. Au détour d'une salle, on peut s'adonner en famille à des expériences de physique ou découvrir le fonctionnement d'un moteur à explosion.
D'autres salles très bien faites présentent l'essor du rail en Turquie, des véhicules utilisés pendant les 2 guerres mondiales ou encore les chantiers navals turcs. Ce qui nous amène logiquement vers les quais, où sont amarrés des bateaux de toutes tailles et de toutes époques, notamment des yachts à vapeur civils ou militaires, des chalutiers ou encore l'étonnante réplique d'un bateau de commerce du IXe s d'après une épave trouvée au fond du port de Théodose. Une rue portuaire a été reconstituée, avec ses échoppes et ses artisans. Dans la cour extérieure, ne pas manquer l'expo d'avions, tramways, tracteurs, bus à impériale... Faire enfin un petit tour dans le sous-marin (en supplément). Une visite que l'on vous conseille vivement, car elle a le mérite de faire rêver et d'instruire à la fois !

Sur place, 3 agréables ***cafés à thème :*** un *tea room* au décor rustique (qui sert aussi sandwichs et petite restauration) devant la collection de voitures, un *food truck* dans un camion Coca-Cola vintage garé à l'extérieur, et enfin un café portuaire sur le quai des bateaux. Tous sont dotés d'une terrasse.

***Le pavillon des Miroirs*** *(Aynalıkavak Kasrı ; plan détachable, B2)* **:** *Aynalıkavak Cad., à Hasköy. ☎ 256-97-50. • millisaraylar.gov.tr • Bus n° 47 au départ d'Eminönü ou n° 54HT au départ de Taksim (arrêt Aynalıkavak). Tlj sauf lun 9h-17h ; dernière entrée 1h avt. Entrée : 20 TL ; visite guidée obligatoire (en anglais ; env 30 mn) ; jardins seuls 5 TL.* Un haut mur d'enceinte sert d'écrin à ce mignon pavillon saumon du XVIIIe s. Son style rococo s'inspire des grandes capitales européennes pendant le règne du sultan Ahmet III. Celui-ci avait un faible pour les fleurs d'Anatolie, tout particulièrement les tulipes. Son règne (1703-1730) fut d'ailleurs appelé l'« ère des Tulipes ». Ce pavillon lui servit de résidence d'été. On peut imaginer le faste qui s'étalait avec insouciance sur les rives de la Corne d'Or. Belle salle de réception rococo, mobilier incrusté de nacre...
– Au sous-sol, petit *musée de la Musique* présentant les instruments traditionnels de la musique ottomane.

***Miniatürk*** *(hors plan d'ensemble par A1)* **:** *İmrahor Cad., Sütlüce. ☎ 222-28-82. • miniaturk.com.tr • Bus nos 47, 47Ç, 47E ou 47N d'Eminönü, nos 36T ou 54HT de Taksim. Tlj 9h-19h. Entrée : 15 TL.* Un parc d'attractions plutôt destiné aux familles. La visite se fait à pied ou en petit train. Cette « Turquie en miniature » présente les monuments de l'Anatolie et de l'Empire ottoman en taille réduite.

# L'ISTANBUL MODERNE

IND. TÉL. : 212

Une fois passé le pont de Galata, les minarets résonnent toujours du chant des muezzins, les commerçants continuent de s'activer et, pourtant, c'est une autre Istanbul qui commence. Longtemps, ici, la tour de Galata fut le symbole d'une autre cité : la ville génoise de Galata cultiva son indépendance derrière ses remparts, narguant les sultans du palais de Topkapı, de l'autre côté de la Corne d'Or. Plus tard, les puissances étrangères y installèrent leur ambassade, et le quartier développa une manière de vivre à l'européenne. Il suffit de parcourir aujourd'hui İstiklâl Caddesi pour se convaincre qu'il en est toujours ainsi. De la place de Taksim à celle de Tünel, İstiklâl Caddesi, la grande rue piétonne parcourue par un tramway rétro, descend la colline dite autrefois « de Péra ». Le boulevard Tarlabaşı mène, lui, directement de Taksim à la place de Karaköy, au bout du pont de Galata. Entre la place de Karaköy et la place Tünel, reliées par un funiculaire (le *Tünel,* précisément), c'est le quartier de Galata, dominé par la tour génoise. De Taksim, toujours, part la longue Sıraselviler Caddesi qui s'achève sur Cihangir, dont les maisons des années 1930 accueillent bon nombre d'expatriés. Au pied de Cihangir, quelques rues forment Çukurcuma, le fief des antiquaires. Tous ces quartiers sont aujourd'hui regroupés sous le nom de *Beyoğlu.*

*Pera* signifie en grec « au-delà », c'est-à-dire au-delà de Galata. Au début du XVI$^{e}$ s, ce site était recouvert de vignobles, de vergers et de potagers, quelques rares constructions s'y élevaient. Ce n'est que depuis 1536, année où l'Empire ottoman commença à entretenir des relations avec la France, que l'installation de l'ambassade de cette dernière fut décidée et donna le coup d'envoi à l'urbanisation de Beyoğlu. Succédant aux Français, les ambassadeurs de Venise commencèrent à résider à Beyoğlu (1695), puis les autres nations suivirent : Pays-Bas, Pologne, Prusse, Russie...

À la suite de l'installation des ambassades, Péra devint un site important où résidait une population cosmopolite et très majoritairement chrétienne. Jusque dans les années 1930, la langue la plus utilisée n'était pas le turc, mais le français. De même, les rues et le nom des commerçants étaient indiqués en français. Les Levantins faisaient généralement office de traducteurs auprès de l'appareil d'État ou dans les établissements privés. Les traducteurs attitrés d'origine grecque-ottomane, vénitienne ou génoise, en fonction dans les ambassades, jouissaient d'une grande considération dans la société. Certains d'entre eux s'enrichirent au point d'octroyer des prêts à l'État ottoman. Les célèbres banquiers résidaient à Péra, comme la famille Camondo. Agents de change et usuriers, les Camondo s'élevèrent au rang de banquiers, puis fondèrent leur propre banque. La famille émigra en France avant la fondation de la République turque. Les derniers membres furent déportés dans les camps en Allemagne pendant la dernière guerre.

Beyoğlu a vécu ses années d'or au XIX$^{e}$ s et jusqu'au milieu du XX$^{e}$ s. Après 1970, le quartier a commencé à changer d'identité, et ce n'est que depuis les années 1990 qu'il a regagné sa popularité d'antan. Les événements des 6 et 7 septembre 1955 (1$^{re}$ crise de Chypre) ont contribué à éloigner les étrangers et les non-musulmans de Péra et du pays. Ils ont été remplacés par les populations d'Anatolie.

Sa démographie a en partie changé, mais on trouve encore nombre de Levantins, de Grecs, d'Arméniens et de Juifs au milieu d'une majorité désormais musulmane. Les Russes blancs, fuyant la Révolution de 1917, furent les derniers à s'ajouter aux habitants ottomans de différentes religions et cultures du quartier.

**C'est à Beyoğlu que nous avons le plus de bonnes adresses à vous conseiller pour manger ou pour sortir. Ici, les nombreuses *meyhane,* des établissements à fréquenter le soir, servent des *mezze* et du *rakı* dans une chaude ambiance ; les bars à la mode et les boîtes de nuit sont innombrables.**
**Beyoğlu offre donc une véritable animation de quartier, de jour comme de nuit, qui reflète bien la vie moderne stambouliote. Côté hébergement, on y trouve quelques auberges de jeunesse privées et, bien sûr, un choix d'hôtels, mais surtout dans les catégories prix moyens ou haut de gamme. Cela dit, on peut toujours essayer de marchander un peu...**

# OÙ DORMIR ?



## *AUBERGES DE JEUNESSE*

### De bon marché à chic

Dans les adresses suivantes, les dortoirs appartiennent à la catégorie « Bon marché » ; les chambres doubles visent plutôt la catégorie « De prix moyens à chic ».

■ ***Stay Inn Taksim*** *(zoom détachable 1, E2,* ***85****) :* *Balık Sok. 7.* ☎ *244-88-08.* • *stayinntaksim.com* • L'emplacement à 5 mn d'İstiklâl Caddesi, la déco fraîche et actuelle, le design des chambres privées et des dortoirs (4 lits), l'accueil disponible, voilà autant de raisons pour loger dans cette AJ qui domine le lot des adresses habituelles. Un établissement à taille humaine, où tout a été pensé dans les moindres détails. Chambres lumineuses et climatisées ; elles sont assez petites mais disposent d'une salle de bains (avec w-c) entièrement vitrée. Dortoirs impeccables avec casiers, prises individuelles, sanitaires communs. Tous les services classiques : cuisine, bar, laverie, excursions... Terrasse sur le toit.

■ ***Bunk Hostel*** *(plan détachable, E1,* ***86****) :* *Papa Roncalli Sok. 34.* ☎ *343-00-95.* • *bunkhostels.com* • *À 5-10 mn à pied de la pl. de Taksim.* Une grande auberge de jeunesse (170 lits) dans une ancienne demeure relookée de pied en cap et à l'esprit moderne : murs de brique peints en blanc, éclairage indirect, couleurs laquées, parois de verre sablé. L'ensemble est lumineux. Dortoirs de 4 à 10 lits avec ou sans salle de bains, chambres doubles dotées d'un balcon (les moins chères avec salle de bains commune). Pas de cuisine à disposition mais une terrasse sur le toit où l'on peut prendre le petit déj et passer la soirée autour d'un verre. Parfois des DJs (électro *lounge*). Ambiance sympa.

■ ***World House Hostel*** *(zoom détachable 1, D3,* ***87****) :* *Galip Dede Cad. 85.* ☎ *293-55-20.* • *worldhouseistanbul.com* • Située dans la rue commerçante qui grimpe de Galata à İstiklâl Caddesi, une AJ privée toute colorée et très bien équipée. Dortoirs de 4 à 14 lits avec casiers et sanitaires communs. Chambres doubles ou triples avec douche, w-c et clim. Ensemble vraiment bien tenu et agréable. Pas de cuisine commune, mais des frigos à disposition et un resto au rez-de-chaussée. Plein de services (laverie, salle de jeux, garage à vélos) et d'infos pour votre séjour. Accueil pro et souriant.

■ ***Chambers of the Boheme*** *(zoom détachable 1, E2,* ***88****) :* *Küçük Parmakkapı Sok. 13.* ☎ *251-09-31.* • *boheme.ist* • *Réception 24h/24. AJ membre du réseau* Hostelling International. Une cinquantaine de places en dortoirs de 4 ou 12 lits dans une vieille maison qui dégage un certain charme : antiques lits en bois, miroirs anciens, parquet. Quelques doubles et triples avec balcon. Pas grand-chose à redire du confort (clim partout) et salles de bains privées ou communes. Accueil beaucoup plus placide que l'ambiance très animée du quartier qui déborde largement dans la maison les soirs d'été...

### HÔTELS

## De prix moyens à chic (de 40 à 100 €)

**Peradays Hotel** *(zoom détachable 1, D2,* ***92****) :* *Hamalbaşı Cad. 32.* ☎ *245-12-70.* • *peradays.com* • À 200 m de l'animation d'İstiklâl Caddesi, un bel exemple de petit hôtel-boutique installé dans un immeuble historique de Péra où règne plutôt une atmosphère de chambres d'hôtes. Les propriétaires ont restauré le lieu avec goût. Mélange de bois, de brique et de structures métalliques. Les chambres sont agencées d'une manière design et meublées avec intelligence, plus claires aux étages supérieurs. Les plus chères ont l'esprit loft. Vue sur la rue et le boulevard Tarlabaşı très animé, mais les fenêtres sont insonorisées. Agréable terrasse au dernier étage pour prendre un verre le soir. Excellent accueil de Murat et Bora, les propriétaires.

**Galata Life** *(zoom détachable 1, D3,* ***89****) :* *Galip Dede Cad. 75.* ☎ *245-23-15.* *0533-963-72-93.* • *galatalifeistanbul.com* • *Prix moyens (la moins chère de la catégorie).* À moins de 100 m de la place Tünel et au bord de la rue commerçante qui rejoint İstiklâl Caddesi, cette étroite maison renferme un hôtel modeste et sans prétention à prix sages. Il n'y a qu'une poignée de chambres, dont 2 familiales. Simples, nettes et d'un honorable confort (avec clim). Les chambres pour 2, de taille très modeste, donnent à l'arrière ; du coup, elles sont beaucoup plus calmes. Sympathique café-resto avec bonne cuisine préparée par la propriétaire, dont la salle est ouverte sur l'animation de la rue. Bon accueil.

**Cihangir Hotel** *(zoom détachable 1, E2,* ***90****) :* *Aslan Yatağı Sok. 17.* ☎ *251-53-17.* • *cihangirhotel.com* • Situé dans une rue très calme du quartier de Cihangir, et passé le hall d'accueil un peu impersonnel et tristounet, cet hôtel dévoile des chambres pas très spacieuses mais confortables (clim, coffre-fort, minibar, bonne literie). Les plus chères disposent d'un balcon et offrent une vue sur le Bosphore. La déco passe-partout évoque celle d'un petit hôtel d'affaires. Au dernier étage, le café-restaurant offre une vue magnifique le soir. Excellent accueil. Au final, un rapport qualité-prix intéressant.

**Grand Hôtel de Londres – Büyük Londra Oteli** *(zoom détachable 1, D3,* ***91****) :* *Meşrutiyet Cad. 53.* ☎ *249-10-25 ou 245-06-70.* • *londrahotel.net* • Non loin du luxueux *Pera Palas*, l'ex-*Grand Hôtel de Londres* est un superbe édifice construit en 1892 par un architecte italien dans un style très *Orient-Express.* Façade avec colonnes et cariatides, lustres en cristal de Bohême dans le hall. Chambres avec une décoration « vieux luxe patiné par le temps ». Les moins chères sont petites et donnent sur l'arrière. Le mobilier et la literie ont vécu, les tapisseries et les rideaux d'autrefois ainsi que les sanitaires mériteraient d'être refaits. Difficile d'imaginer, enfermé dans sa chambre pour éviter le bruit de la circulation, qu'en 1902 cette mémorable institution entrait dans le *Guide bleu* avec ce commentaire : « Hôtel de tout 1er ordre. Cuisine éminemment française. » Mais ce côté suranné contribue au charme du lieu... Dommage que l'accueil soit blasé.

## De chic à plus chic (de 70 à 180 €)

**Sub Karaköy** *(plan Le quartier de Karaköy, D1,* ***97****) :* *Necatibey Cad. 91.* ☎ *243-00-05.* • *subkarakoy.com* • *Arrêt de tramway Tophane à 2 pas.* Un bel hôtel design situé dans le quartier vivant de Tophane. Parfait pour ceux qui veulent faire la tournée des nombreux bars et restos à la mode du coin ! Pourtant, l'établissement reste calme : les bars nocturnes sont à distance respectable et le double vitrage fait son travail. Les chambres, d'un confort irréprochable, affichent un style post-industriel réussi : béton brut, brique, œuvres d'art, éclairages savamment distillés... L'ambiance est feutrée et branchée. Autres atouts : un accueil super sympa et un petit déj-buffet très bien fourni.

**Hammamhane** *(zoom détachable 1, E3,* ***93****) :* *Çukurcuma Cad. 45.* ☎ *293-49-63 ou* *0534-642-01-43.*

• *hammamhane.com* • Dans cette rue des antiquaires, voici un bel établissement parfaitement restauré et construit sur l'emplacement d'un ancien hammam qui subsiste toujours. Chambres aménagées dans un esprit actuel : vieux murs de brique apparente, lorsqu'ils ont pu être conservés, structures métalliques, mobilier design. Les suites avec grande terrasse (et vue sur Galata !) au dernier étage sont top. Avis aux lève-tard : la mosquée du quartier se trouve à 50 m, à vol de goéland.

**Faik Paşha** *(zoom détachable 1, E3, **94**)* **:** *Faik Paşa Cad. 41-45.* ☎ *244-43-43.* • *faikpashapartments.com* • Ce boutique-hôtel est sans conteste à sa place dans le quartier des antiquaires. Il propose des chambres et des appartements (pour 4-5 personnes) répartis dans plusieurs demeures levantines de la rue, aujourd'hui restaurées. Beaucoup de charme avec ses vieux meubles chinés et ses tableaux encadrés de dorures qui nous plongent dans l'atmosphère d'une époque révolue. Ce qui n'empêche pas, ici et là, quelques touches plus contemporaines. Accueil familial et distingué.

**Corinne Hotel** *(zoom détachable 1, E2, **99**)* **:** *Turnacıbaşı Cad. 41.* ☎ *293-94-94.* • *corinnehotel.com* • ♿ Particulièrement bien situé, cet hôtel occupe un immeuble de 1911 joliment restauré. Décoration au goût du jour, avec des murs ornés de toiles contemporaines. Chambres d'excellent confort (clim, coffre-fort, baignoire). Les plus chères sont dotées d'un balcon ou d'un jacuzzi. On aime le plaisant café au rez-de-chaussée et le restaurant en terrasse sur le toit, propice aux dîners romantiques. Accueil pro. Le week-end, la rue est tout de même assez animée.

**The House Hotel – Vault Karaköy** *(plan Le quartier de Karaköy, B2, **95**)* **:** *Bankalar Cad. 5.* ☎ *244-64-34.* • *househotels.com* • *Les chambres les plus chères atteignent la catégorie « Très chic ».* Un hôtel de standing aménagé dans un immeuble de caractère, siège autrefois de l'ancienne banque ottomane. D'ailleurs, au rez-de-chaussée, les coffres-forts sont toujours là ! Très belles chambres avec parquet, mobilier de charme, plafonds peints pour certaines, salles de bains en marbre. Resto au dernier étage. Spa. L'accueil est à la hauteur. Beaucoup de classe et d'élégance.

**Anemon Hotel** *(plan Le quartier de Karaköy, B1, **96**)* **:** *Büyük Hendek Cad. 5.* ☎ *293-23-43.* • *anemonhotels.com* • Appartient à une chaîne turque d'hôtels de luxe. Au pied de la tour de Galata, cette « Anémone »-là est plus intime que les autres. On entre dans un hall de réception style Second Empire avec des vitraux Art nouveau. Chambres tout confort avec moulures et moquette épaisse. Évitez toutefois les chambres qui donnent sur la place de la tour de Galata, à cause du bruit. Au dernier étage, une vaste terrasse, sur laquelle est servi le petit déj, donne sur le Bosphore d'un côté et sur la Corne d'Or de l'autre. Les tarifs restent abordables au vu des prestations.

## Très chic

**Soho House** *(zoom détachable 1, D3, **98**)* **:** *Meşrutiyet Cad. 56.* ☎ *377-71-00.* • *sohohouseistanbul.com* • *Doubles à partir de 250 € en été (200 € hors saison) ; petit déj en sus (cher !).* Le *Soho House* a investi les murs prestigieux du palais Corpi, un superbe édifice imaginé par l'architecte italien Giacomo Leoni à la fin du XIXe s, et qui abrita le consulat des États-Unis jusqu'au début des années 2000. Les chambres se trouvent dans le bâtiment moderne mitoyen. Elles n'ont peut-être pas la patine du palais, mais sont néanmoins de grande classe. Artistes et artisans locaux ont spécifiquement conçu tapis, tapisseries, luminaires, etc. Certaines chambres ont une mezzanine. Préférez celles avec vue sur la Corne d'Or. Jardin fleuri à l'entrée où l'on prend le petit déjeuner. Sur le toit, terrasse avec piscine (en été). Salle de gym, spa... Tout y est, absolument tout, y compris l'ambiance très exclusive. Dans l'ancien palais à proprement parler, bar et resto au décor majestueux, voyageant entre Orient et Occident. Mais il faut être membre pour y être admis ou loger à l'hôtel.

L'ISTANBUL MODERNE

# OÙ MANGER ?

## De très bon marché à bon marché (moins de 50 TL / env 8,50 €)

|●| ***Canim Ciğerim*** *(zoom détachable 1, D3,* ***161****) : Minare Sok. 1. ☎ 252-60-60. Tlj 12h-23h. Bon marché. Pas d'alcool.* Un petit resto sur 2 étages, sans prétention mais propret, spécialisé dans les brochettes de foie, de poulet et d'agneau. Le *şiş serviç* est constitué d'un bouquet de 10 petites brochettes accompagnées de salade, d'herbes fraîches et de piments à picorer. Quelques tables dehors. Parfait pour se restaurer de manière typique et à prix fort modérés. Accueil cordial en turc.

|●| ***Ehlitat Lokantası*** *(zoom détachable 1, E2,* ***162****) : Balo Sok. 21. ☎ 249-56-92. Tlj 11h-22h. Bon marché. Pas d'alcool.* En marge de la trépidante İstiklâl Caddesi, ce self est très apprécié le midi par les ouvriers du coin. Le choix est large, tout est frais, on ne se ruine pas, et il y a même une petite terrasse au 1er étage à l'arrière.

|●| ***Öztürk Pide ve Kebap Salonu*** *(zoom détachable 1, D3,* ***164****) : Galip Dede Cad. 72. ☎ 243-06-63. En tournant le dos à la tour de Galata, prendre à gauche la rue Galip Dede, la remonter sur 20 m à peine. Tlj sauf dim 12h-22h. Bon marché. Pas d'alcool.* Il s'agit d'un petit restaurant de quartier. Cuisine ouverte sur la salle où le chef prépare d'excellentes *pide* et des grillades. Quelques tables au bord de la rue.

|●| ***Suat Usta 33 Mersin Tantuni*** *(zoom détachable 1, E2,* ***165****) : Büyük Parmakkapı, Tel Sok. 3. ☎ 292-59-77. Tlj 9h-4h. Très bon marché. Pas d'alcool.* Cette gargote, à l'angle de 2 rues et au cadre sans importance, sert des *tantuni,* spécialité de Mersin, ville côtière du Sud-Est : viande de bœuf hachée menu et enroulée dans une crêpe avec oignons, persil, tomate et épices. Bien pour manger sur le pouce.

|●| ***Serince Çiğ Köftecisi*** *(zoom détachable 1, E3,* ***166****) : Boğaz Kesen Cad. 53A. ☎ 245-74-08. Tlj jusqu'à 1h. Très bon marché. Pas d'alcool.* Un peu excentré, mais on vient ici pour les *çiğ köfte,* des boulettes épicées de *bulgur* et de viande crue... sauf qu'ici elles sont végétariennes, servies en *porsiyon* (une demi-portion par personne peut suffire) ou en *dürüm* (enroulées dans une crêpe), à emporter ou à déguster sur les quelques tables qui se battent en duel.

## Prix moyens (de 50 à 90 TL / env 8,50 à 15 €)

|●| ***Zübeyir*** *(zoom détachable 1, E2,* ***167****) : Bekar Sok. 28. ☎ 293-39-51. Tlj 12h-23h30. Résa conseillée. Sert de l'alcool.* Une institution qui reste une valeur sûre. Sur 2 étages, le cadre oscille entre le chic (nappes blanches, chandeliers) et le rustique, avec les photos des célébrités qui ont fréquenté l'endroit. Quelques tables aussi dans la ruelle. On y vient pour ses viandes grillées *(kebap)* d'une qualité exceptionnelle, à la cuisson parfaitement maîtrisée. L'agneau est divin, le pain aux herbes et aux épices également ! Pour le spectacle, installez-vous à une table près du gril : certes, il y fait chaud, mais on est aux 1res loges.

|●| ***Tavanarası*** *(zoom détachable 1, D3,* ***169****) : Asmalı Mescit Sok. 10. ☎ 244-28-82. Sous les toits, au dernier étage de l'immeuble desservi par un vieil ascenseur. Tlj 11h-1h du mat. Sert de l'alcool. Pour vivre heureux, vivons cachés,* telle pourrait être la devise de ce resto perché dans un immeuble. Une sorte de chalet suisse à la turque, plutôt insolite avec ses lambris et ses tables vernis en surplomb de la rue. On écrit soi-même son menu sur un petit papier. Ambiance familiale, accueil aimable et cuisine variée (il y a même des plats végétariens). Petit choix de vins de Turquie.

|●| ***Bilice Kebap*** *(zoom détachable 1, D3,* ***160****) : Asmalı Mescit Sok. 13A. ☎ 244-28-82. Tlj 11h-2h. Pas d'alcool.* Cadre de bois et brique joliment

travaillé, avec tissus artisanaux aux murs et cuivres au plafond. On s'assied sur des tabourets et c'est parti pour la ronde des plats ! Spécialité de brochettes, surtout d'agneau : outre sa viande, la brave petite bête se fait aussi embrocher la tête, la queue, le foie, le cœur et même les testicules... Au moins, rien ne se perd ! Également du poulet et de la chèvre. Le tout servi accompagné d'herbes et piments (forts !) sur de grands plateaux. Service sympa mais parfois débordé.

**Cafe Privato** (*zoom détachable 1, D3,* **171**) **:** *Tımarcı Sok. 3B. ☎ 293-20-55. Tlj 9h-22h30 (16h-21h30 dim). Sert de l'alcool.* Dans une rue perpendiculaire à la Galip Dede Caddesi qui grimpe de la tour de Galata à la place Tünel, un resto à l'ambiance gentiment rétro avec ses meubles, tables et chaises chinés, ses murs de brique et son vieux plancher. Bonne cuisine turque et internationale (*turkish mezze platters,* plats géorgiens, végétariens, etc.) souvent élaborée à partir de produits bio. On y sert des petits déj traditionnels et pantagruéliques avec confitures maison (idéal pour un brunch) ! Excellents jus de fruits, thés et cafés bio. Musique tranquille, très bon accueil, avec, en prime, une vue inattendue sur la tour de Galata depuis la terrasse !

**Cuma** (*zoom détachable 1, E3,* **172**) **:** *Çukurcuma Cad. 53A. ☎ 293-20-62. Tlj 9h-minuit (20h dim). Sert de l'alcool.* Au cœur de la rue des antiquaires, il faut chiner pour débusquer ce resto discret dont la terrasse se dissimule derrière un écran végétal. L'intérieur est plaisant avec ses petites salles aménagées de manière intime dans une ancienne maison. On peut même s'installer sur des canapés autour d'une table basse. Cuisine à base de produits de qualité (pas mal de produits bio) qui s'éloigne des standards turcs. Quelques plats végétariens et véganes. Excellent pain fait maison, comme les gâteaux. Pensez-y aussi pour le petit déjeuner ou pour une pause autour d'un thé, d'un jus de fruits frais.

**Hacı Abdullah** (*zoom détachable 1, E2,* **176**) **:** *Sakızağacı Cad. 9A. ☎ 293-85-61. Tlj 11h-23h (fermé le midi lors du ramadan). Pas d'alcool.* Un resto cossu à l'ancienne, pour goûter une savoureuse cuisine ottomane traditionnelle. En entrant, admirez la vitrine de bocaux multicolores remplis de légumes et de fruits au vinaigre (*turşu*). Grande salle climatisée, avec une coupole au fond, où l'on trouve toujours de la place.

**Sütiş – Kebap Dünyası** (*zoom détachable 1, E2,* **168**) **:** *İstiklâl Cad. 13. ☎ 252-82-68. En face du consulat de France. Tlj jusqu'à 4h du mat. Attention aux petits suppléments facturés et qui font grimper l'addition. Pas d'alcool.* Un resto aux airs de cantine bien proprette (nappes en tissu), sur plusieurs étages, où l'on mange à toute heure. Spécialités de *kebap* frais, rapides et pas chers. Parmi les desserts, ne ratez pour rien au monde le *künefe* : on n'en a pas trouvé de meilleur dans toute la ville, foi(e) de routard !

**Zencefil** (*zoom détachable 1, E2,* **170**) **:** *Kurabiye Sok. 8-10. ☎ 243-82-34. Tlj 9h30 (16h dim)-23h30. Fermé 10 j. fin août. Sert de l'alcool.* Plats végétariens et cuisine végane qui captivent les intellos et les bobos. On mange dans un agréable patio avec véranda, entouré de vieux murs de brique et de plantes vertes. Si vous vous posiez la question, *zencefil* en turc, c'est le gingembre.

**Lale Işkembecisi** (*zoom détachable 1, E2,* **173**) **:** *Tarlabaşı Blv. 5. ☎ 252-69-69. Tlj 24h/24 ! Pas d'alcool.* À 150 m de la place de Taksim et au bord d'un grand boulevard très animé ; beaucoup de circulation, donc. Ce resto spécialisé dans les abats est ouvert depuis les années 1960. C'est un peu une institution, surtout avec ses horaires d'ouverture en illimité. Presque une expérience culinaire puisque la grosse affaire, dans ce cadre sans fioritures mais pas déplaisant, ce sont les soupes : notamment la célèbre soupe de tripes, mais aussi celles de pieds de mouton, de cervelle d'agneau ou, pour ceux qui n'aiment pas les abats, des soupes de tomate ou de lentilles. Revigorant, au petit matin, après avoir écumé les bars et boîtes du quartier !

## De chic à très chic (plus de 90 TL / env 15 €)

**Leb-i Derya** (*zoom détachable 1, E3,* **179**) **:** *Kumbaracı*

*Yokuşu 57/6. ☎ 293-49-89. Tlj 17h-1h (3h ven-sam). Résa conseillée.* Au dernier étage (avec ascenseur), sous une verrière ou sur la terrasse, quelle vue époustouflante sur le Bosphore et la pointe du Sérail ! Comme « au bord de la mer » (*leb-i derya* en turc), vous dînez à la lueur des étoiles dans un cadre tendance et élégant. Ah ! on allait oublier : cuisine turque fine, goûteuse et joliment présentée. Vous pouvez aussi y boire un verre en fin d'après-midi. DJ les vendredi et samedi soir (musique turque).

**Yeni Lokanta** *(zoom détachable 1, D3,* ***181****) : Kumbaracı Yokuşu 66. ☎ 292-25-50. Tlj sauf dim 12h-16h, 18h-minuit. Résa conseillée. Congés : août.* Le terme « bistronomique » colle particulièrement bien à cette *yeni lokanta* qui bouscule les codes de la gastronomie traditionnelle. Cadre de bistrot à l'atmosphère chic, mais pas guindée. L'accueil est décontracté. Et puis, lorsque les assiettes arrivent, on se dit qu'on a choisi la bonne adresse. On se régale de plats goûteux, élaborés à partir de simples associations de produits, parfois à peine travaillés, et de touches d'herbes et d'épices parfaitement dosées. C'est justement là que la magie opère. Mémorable.

**Meze by Lemon Tree** *(zoom détachable 1, D3,* ***175****) : Meşrutiyet Cad. 83B. ☎ 252-83-02. Tlj 18h30-23h30. Résa conseillée (l'endroit n'est pas grand). Sert de l'alcool.* Le resto aux allures de bistrot élégant avec ses chaises en bois, ses tables couvertes de nappes blanches, sa faïence turquoise du plus bel effet à l'entrée. L'endroit est apprécié par une clientèle aisée pour ses *mezze,* mais pas que. On y propose aussi des plats cuisinés. Le tout est goûteux, mais un peu onéreux.

**Litera Restaurant-Lounge Club** *(zoom détachable 1, E3,* ***178****) : Yeniçarsı Cad. 32. ☎ 292-89-47. Au 5e étage du Goethe Institut ; accès par un ascenseur. Tlj 11h-23h (minuit w-e). Résa conseillée le w-e.* Quelle surprise de débarquer ici au crépuscule ou à la nuit tombée quand la ville brille de 1 000 feux ! On vient boire un verre, manger une cuisine fusion et admirer la vue magnifique sur le Bosphore et la pointe du Sérail. Le décor est sobre, l'accueil aimable, la clientèle confortablement installée dans la vie et la musique tranquille. Toutefois, les prix tiennent compte de la vue plus que de la qualité gustative ! Plats turcs, grecs, français, italiens... Pour prendre un verre, ce n'est pas vraiment l'atmosphère *lounge,* mais juste une salle en marge du restaurant. Beaucoup de monde le week-end pour les soirées DJ. Soirée tango le dimanche !



## OÙ DÉGUSTER DES PÂTISSERIES ET AUTRES DOUCEURS ? OÙ MANGER UNE GLACE ? OÙ PRENDRE LE PETIT DÉJ ?

Les pâtisseries ne désemplissent pas tout au long de l'avenue İstiklâl. Quelques enseignes *(İnci, Markiz)* eurent leur heure de gloire au temps du Péra levantin et aristocratique, mais n'ont guère désormais que leur décor à l'ancienne et leur réputation pour les sauver. D'autres sont restées de véritables temples de la gourmandise.

**Saray Muhallebicisi** *(zoom détachable 1, E2,* ***207****) : İstiklâl Cad. 107. ☎ 292-34-34. Tlj 6h-2h.* Sur 4 étages, ce palais du dessert présente ses pâtisseries gourmandes derrière de grandes baies vitrées. Les baklavas vous laisseront un souvenir inoubliable, surtout s'ils sont fourrés de glace (en supplément). Quant au *keşkül,* un pudding aux amandes, c'est peut-être le meilleur de la ville. On y est servi avec gentillesse.

**Doğacıyız Gourmet** *(zoom détachable 1, E3,* ***208****) : Kasatura Sok.*

*16A. 0532-177-11-18. Formule brunch pour 2 env 80 TL. Tlj 8h-17h.* Ce café coloré où l'on passe de la musique agréable ne désemplit pas : habitants du quartier, expatriés et quelques touristes mis au courant se mélangent dans la petite salle au décor de *coffee shop* ou en terrasse sur le trottoir. Sert le petit déj toute la journée et peut également faire un bon point de chute pour un lunch de qualité : omelettes, gâteaux, confitures artisanales, *mezze* classiques, pains farcis... Café turc ou filtre, jus frais, limonade maison. Accueil adorable.

***Savoy*** *(zoom détachable 1, E3,* ***209****) : Sıraselviler Cad. 91A. ☎ 249-18-18. Dans le quartier de Cihangir. Tlj 6h30-23h30.* Terrasse bien agréable pour surveiller l'agitation de la rue. C'est aussi et surtout l'une des meilleures pâtisseries de la ville, quand elle ne cherche pas à imiter les croissants français.

***Mado*** *(zoom détachable 1, E2,* ***204****) : İstiklâl Cad. 38. Tlj 9h-1h.* L'accueil n'est pas l'atout principal de ce glacier, mais *Mado,* dont on retrouve les succursales un peu partout en ville, est le roi de la glace de Maraş. La tradition vieille de 300 ans vient de la ville de Maraş, au sud-est de l'Anatolie. Demandez la *kesme dondurma,* à base de *sahlep* (racine d'orchidée) et de lait : un trio vanille-pistache-chocolat de glace en tranches, à manger à la fourchette et au couteau !

Voir aussi plus haut le ***Cafe Privato*** *(zoom détachable 1, D3,* ***171****).*



## OÙ BOIRE UN THÉ ? OÙ FUMER LE NARGHILÉ ?

***Les terrasses des cafés Ufuk Çay Bahçesi et Fîruz*** *(zoom détachable 1, E3,* ***242****) : İtalyan Yokuşu. À côté de la mosquée Firuz Ağa. Tlj jusqu'à 2h. Pas d'alcool.* Dans le quartier de Cihangir, nous vous recommandons chaudement ces terrasses regroupant plusieurs cafés, bondées en été. Idéal pour déguster votre thé ou café turc accompagné de la gourmandise que vous aurez choisie dans l'une des pâtisseries voisines.

***Café Grand Boulevard*** *(zoom détachable 1, D2-3,* ***241****) : Han Geçidi Sok. Au niveau du n° 116 d'İstiklâl Cad. (au fond du passage Hazzopoulos situé en face du magasin Zara). Tlj 8h30-2h.* Oubliez l'enseigne puisque ce café n'est pas sur un grand boulevard mais planqué au fond d'un passage. La vaste terrasse occupe presque toute la cour intérieure. Tables et tabourets sont posés au ras du sol, comme le veut la tradition, pour boire un thé ou fumer un narghilé. Si une bière ou un *rakı* vous tente plus, il vous faudra vous installer à l'intérieur (il y a des balcons).

## OÙ BOIRE UN VERRE ? OÙ ÉCOUTER DE LA MUSIQUE ?

***Varuna Gezgin*** *(zoom détachable 1, D-E3,* ***240****) : Kumbaracı Yokuşu 77 et 79D. ☎ 293-66-27. Tlj jusqu'à 2h du mat. Sert de l'alcool.* Une adresse qu'on aime particulièrement, dotée de 2 entrées distinctes. Chacune mène vers de grandes salles patinées aux étagères couvertes de bouquins. Sur l'arrière, on trouve une terrasse côté 79D, un jardin côté 77. C'est un lieu plein de vie, à l'atmosphère décontractée, très agréable pour prendre un verre quelle que soit l'heure. On peut aussi y manger.

***Ara Kafé*** *(zoom détachable 1, E3,* ***234****) : Tosbağ Sok. 8. ☎ 245-41-05. Dans la ruelle à droite de la poste. Tlj 9h (w-e 10h)-23h30. Pas d'alcool.* Dans un coin discret mais toujours animé, c'est un beau café contemporain ouvert par le célèbre photographe Ara Güler (voir la rubrique « Personnages » dans « Hommes, culture, environnement » en fin de guide). Vaste terrasse ombragée avec quelques agrandissements de ses œuvres, toutes en noir et blanc, beaux témoignages d'une époque disparue... On peut aussi s'y restaurer d'une gentille cuisine occidentalisée à prix moyens. Agréable pour une pause en journée.

**Limonlu Bahçe** *(zoom détachable 1, E3, **235**)* **:** *Yeniçarşı Cad. 74. ☎ 252-10-94. Tlj 9h-minuit (2h ven-sam). Sert de l'alcool.* De la rue, on ne peut deviner que ce long couloir tarabiscoté débouche sur un havre de paix et de verdure. Beau lieu de rendez-vous plutôt cool mais pas donné. Dans un fauteuil sous la verrière ou à table sous les arbres (il y en a même un dans les toilettes), vous trouverez forcément un coin où vous poser devant un cocktail avec ou sans alcool. On peut aussi y manger (c'est très bon), mais les prix sont musclés. On paie forcément le cadre... L'endroit est très sympa pour les petits déjeuners.

**Urban Café** *(zoom détachable 1, E2, **236**)* **:** *Kartal Sok. 6A. ☎ 252-13-25. Accès par la ruelle discrète qui part sur la gauche lorsqu'on est face à la grille du lycée de Galatasaray. Tlj 10h-1h (22h dim). Sert de l'alcool.* Une ancienne boulangerie juive de Péra réhabilitée, où étudiants, journalistes et écrivains se retrouvent pour un thé ou un café au calme. La terrasse se résume à quelques tables au bord de la ruelle piétonne ombragée par une treille. On peut aussi y manger une assiette de pâtes, un sandwich, une pizza ou un plat cuisiné.

**Pendor Corner** *(zoom détachable 1, E2, **243**)* **:** *Yeşilçam Sok. 25. ☎ 244-80-79. Tlj 13h-2h.* À un jet de pierre de la furieuse animation de la rue *Nevizade Sokak,* un bar plutôt peinard pour siroter une bière ou un whisky, parmi une clientèle bien dans ses baskets. Intérieur sombre, où se donnent de temps à autres de petits concerts (en général vendredi et/ou samedi, sauf en juillet-août). Le reste du temps, excellente playlist qui change des standards du moment. Quelques tables dans la ruelle.

**Zanaat Atelye Cafe Restaurant** *(zoom détachable 1, E3, **174**)* **:** *Boğaz Kesen Cad. 65. ☎ 251-98-02. Tlj sauf lun 9h-20h.* Surprenant café-resto aménagé dans l'atelier d'un sculpteur sur plâtre. Installé dans le jardin, en regardant picorer les poules au bord du potager, on oublie l'effervescence de la ville ! On se croirait à la campagne... Quelques plats et petits en-cas à prix moyens, mais qui ne cassent pas des briques. Un petit coin secret pour une pause en journée.

**Ziba Pub** *(zoom détachable 1, E3, **237**)* **:** *Akarsu Sok. 10. 📱 0535-471-77-96. Tlj 13h-2h. Sert de l'alcool.* Un bar qu'on a pris d'affection pour son cadre chaleureux et actuel, ses tarifs raisonnables, ses bonnes playlists et sa clientèle de tout âge. On peut s'installer au bord de la rue piétonne, au 1er étage aménagé dans un esprit salon ou, l'été, sur la terrasse au dernier étage. Une adresse sympa à l'heure de l'apéro (carte des alcools bien fournie), animée en soirée.

**Solera** *(zoom détachable 1, E3, **238**)* **:** *Yeniçarşı Cad. 44. ☎ 252-27-19. Tlj jusqu'à 2h. Sert de l'alcool.* Un bar à vins à la salle sombre et tout en longueur, à la déco design. Musique cool qui va avec. Joli choix de vins 100 % turcs, dont beaucoup sont servis au verre. Un sommelier de bon conseil (si vous parlez le turc ou l'anglais...). Assiettes de fromages et *mezze* pour accompagner tout ça.

**5.Kat** *(zoom détachable 1, E3, **239**)* **:** *Soğancı Sok. 3. ☎ 293-37-74. Tlj 17h-2h. Sert de l'alcool.* Au 5e et dernier étage d'un immeuble levantin (ascenseur), ce bar-resto déploie sa terrasse chic face au Bosphore. L'endroit est chouchouté par quelques célébrités. La vue et le côté m'as-tu-vu concoctent un cocktail efficace, mais les prix s'en ressentent forcément. Après tout, il n'est pas si désagréable de jouer les *happy few,* un verre à la main, sous les étoiles. On peut aussi y manger (catégorie « Chic »).

Autour de la rue Süslü Saski Sokak *(zoom détachable 1, E2, **244**),* nos lecteurs rockeurs trouveront ***plusieurs bars*** à leur goût. Le très populaire

*Rasputin Bar Live (Süslü Saski Sok. 13 ; tlj 14h-4h ; jusqu'à 2h le w-e)* est un pub animé proposant régulièrement des concerts. Les barbus tatoués y sont la norme et personne n'y carbure à la musique pop ni au thé... Le *DRCK (Süslü Saski Sok. 14A et Imam Adnan Sok. 8 ; tlj 11h-3h)* possède 2 salles orientées rock et métal, autant de lieux où la cervoise et les décibels coulent à flots. À 2 pas, le *Rock n' Rolla (Kurabiye Sok. 17 ; tlj 11h-4h)* est lui aussi incontournable pour ses concerts et son large choix d'alcools.

## OÙ SORTIR ? OÙ DANSER ?

***Arsen Lüpen*** *(zoom détachable 1, E2,* ***250****) : Mis Sok. 15/4. 0555-706-59-99. Entrer dans le bar l'Adress, puis prendre l'ascenseur (4e étage). Tlj 17h-2h (4h ven-sam). Mer-sam concerts à partir de 23h (petite participation parfois demandée).* Un bar-concert au cadre patiné et aux murs recouverts de coupures de journaux jaunies (il y a même une cheminée). S'y produisent des groupes locaux, des Balkans, parfois plus alternatifs. Au dernier étage, terrasse sous les étoiles en été, avec vue sur les toits de Galata, pour prendre l'air frais ou s'en griller une. Un endroit très sympa pour boire un verre, même sans concert (bonne musique).

***Kiki*** *(zoom détachable 1, E2-3,* ***253****) : Sıraselviler Cad. 42. ☎ 243-53-73. En face de l'hôpital allemand. Tlj sauf dim 18h-2h (4h sam).* Un joli bar gentiment branché tout en longueur, rouge, avec une courette tout au fond plantée d'un figuier et où l'on boit sous les lampions. Après minuit, des fêtes plus ou moins improvisées s'y déroulent dans une bonne ambiance. On peut également y dîner (cuisine internationale, comme on dit...).

***Club 360 Istanbul*** *(zoom détachable 1, E3,* ***252****) : İstiklâl Cad. 163. Au 8e étage du Mısır Apartmanı. ☎ 251-10-42. • 360istanbul.com • Tlj 13h-2h (4h ven-sam). Résa indispensable le soir pour dîner et entrée assez sélecte (shorts, bermudas et tongs interdits pour les hommes, même en été). Prix forcément élevés (pas moins de 140 TL pour un repas) ; entrée (une boisson incluse) : 60 TL ven-sam après 22h.* Prendre l'ascenseur, mais, en journée, grimper par les escaliers pour visiter les galeries d'art aux différents étages. Comme son nom le laisse penser, la vue embrasse le Bosphore et on croirait toucher le clocher de l'église Sent Antuan voisine. Fait bar dans la journée, et, après minuit, on enlève quelques tables pour dégager la piste de danse. DJ chaque week-end et musique live certains vendredis et samedis. Un peu bling-bling, certes, mais emplacement et vue tellement glamour...

***Beat*** *(zoom détachable 1, E2,* ***251****) : Yeşilçam Sok. 9. ☎ 243-22-21. • beatistanbul.com • Tlj 22h-5h.* Derrière son entrée discrète, cette belle discothèque sur 3 étages est l'un des fers de lance des nuits stambouliotes. Fréquentation variée, tendance « jeunesse dorée » et sans prise de tête. DJs tous les soirs.

Si vous en voulez encore, la ***Nevizade Sokak*** *(zoom détachable 1, E2)*, près du musée Dağonçay, aligne tellement de bars et restos avec terrasse qu'on a renoncé à les compter ! Noire de monde et bruyante à souhait. La ***Balo Sokak,*** juste à côté, n'a rien à lui envier avec ses bars tonitruants, rivalisant de petits concerts tous les soirs.

## OÙ PRENDRE UN BAIN TURC ?

– ***Tahiri Galatasaray Hamamı*** *(zoom détachable 1, E3,* ***307****) : Turnacıbası Cad. 24. ☎ 252-42-42. • galatasarayhamami.com • Tlj 7h-22h pour les hommes, 8h-21h pour les femmes. Entrée 110 TL, massage à partir* *de 230 TL.* Ce hammam historique date de 1481. Restauré, il allie un cadre enchanteur à des équipements aux normes d'aujourd'hui. Accueil variable, parfois royal, parfois expéditif.

# ACHATS

## Bouquiniste

**Sahaflar** *(Kitap Pazarı Girişi ; zoom détachable 1, E2,* ***331****) : Sahne Sok. ; dans le marché aux poissons* (Balık Pazarı). *Entrée discrète : 50 m sur la droite après l'Avrupa Pasajı. Tlj sauf dim.* Un passage bourré de bouquinistes sur 2 étages : large choix de vieux livres (certains en français), vieux vinyles, affiches de cinéma, vieilles cartes postales.

## Vêtements

L'İstiklâl Caddesi est jalonnée de magasins de marques de fringues ouverts généralement jusqu'à 22h-23h.

***Terkoz Çıkmazı*** *(zoom détachable 1, D3,* ***291****)* **:** dans cette impasse, marché permanent à ciel ouvert. Tout est en vrac, il faut donc fouiller. Pour les vêtements, essayage impossible.

***By Retro*** *(zoom détachable 1, D3,* ***292****) : Suriye Pasajı 166C. ☎ 245-64-20. Sur la droite, tt au fond du discret passage de Syrie qui s'ouvre à hauteur du 166, İstiklâl Cad. et qui abrite également un barbier à l'ancienne, dont la boutique semble n'avoir pas bougé depuis les années 1920. Tlj 10h-23h.* Comme son nom l'indique, on y trouve des vêtements et des accessoires d'autrefois (des années 1930 aux années 1980), vintage, comme on dit. En sous-sol et sur 700 m², *By Retro* recèle des pièces parfois étonnantes, notamment des costumes de scène, des uniformes de police... Un magasin qui peut presque se visiter comme un musée...

## Instruments de musique

La rue Galip Dede *(zoom détachable 1, D3)* aligne plusieurs magasins d'instruments de musique. On vous signale en particulier une boutique qui vend des percussions de très bonne qualité : ***Emin Percussion*** *(Galip Dede Cad. 2D ; ☎ 249-04-96 ; ● eminpercussion.net ●).*

## Pâtisseries et autres douceurs

***Hacı Bekir*** *(zoom détachable 1, E2,* ***205****) : İstiklâl Cad. 83. Tlj 8h (9h dim)-21h.* Une institution depuis 1777 ! Une adresse incontournable, surtout pour ses *kaymaklı lokum,* dans la composition desquels entre de la crème de lait de bufflonne (les Italiens font la mozzarella avec le lait de la même bête). Rarissime, et à se damner. Attention, il n'y en a pas en été. On y trouve aussi, bien sûr, les loukoums classiques (aux amandes, aux noix, aux noisettes, à la pistache...). Quelques tables au fond pour boire un thé.

***Üç Yıldız*** *(zoom détachable 1, E2,* ***206****) : Duduodaları Sok. 7. ☎ 293-81-70. Tlj sauf dim en été 7h30-20h30 (10h30-17h dim).* Fondé en 1926, ce magasin de friandises est célèbre pour ses pâtisseries, ses loukoums et ses pâtes d'amandes ou de fruits. Le sympathique propriétaire parle le français, tout comme son fils. On y fabrique encore, de manière artisanale et suivant d'anciennes recettes, des confitures maison aussi exceptionnelles que sucrées : confitures de roses, de griottes, de coings, de figues sauvages, sans oublier la marmelade d'abricots ou d'oranges. Tout est maison, sauf le chocolat.

***Sakarya Tatlıcısı*** *(zoom détachable 1, E2,* ***206****) : Duduodaları Sok. 3. ☎ 249-24-69. Tlj 7h-22h30 (21h dim).* Une autre adresse remarquable pour les gourmets ! Coings à la crème succulents en saison, baklavas et *tel kadayıf* à profusion. La meilleure ***boulangerie*** que nous connaissions dans le quartier !

***Koska*** *(zoom détachable 1, D-E3,* ***287****)* ***:*** *İstiklâl Cad. 122A. En face du magasin Zara. Tlj 9h-23h (minuit w-e).* Une enseigne très connue à Istanbul, qui propose un choix impressionnant de douceurs (*helva, lokum,* etc.).

# L'ISTANBUL MODERNE PAS À PAS

Il nous a semblé logique de vous faire découvrir l'Istanbul moderne dans le sens de la descente (on prend soin de vous !), d'autant que l'itinéraire est long. Nous l'avons divisé en 2 :
– **de Taksim** *(Taksim Cumhuriyet Meydanı ; zoom détachable 1, E2)* **à Tünel** *(station supérieure du funiculaire ; zoom détachable 1, D3)* **:** le quartier de Péra ;
– ***de Tünel au pont de Galata*** *(plan détachable, D-E4, et plan Le quartier de Karaköy)* **:** les quartiers de Galata et de Karaköy.

## À voir de Taksim à Tünel

C'est là que bat, de jour comme de nuit, le cœur de la vie stambouliote. La journée, c'est la course aux courses, sur la ***grande rue piétonne İstiklâl Caddesi,*** traversée par un tramway débonnaire tout droit sorti d'un dessin animé, et dans les rues avoisinantes. En fin de journée et le soir, la place de Taksim charrie une marée humaine qui se déverse alors dans cette grande avenue également animée par des spectacles de rue. Commençons la balade de la place de Taksim.

➢ ***Accès :*** *de Sultanahmet, prenez le tramway jusqu'au terminus de Kabataş, puis le funiculaire Kabataş-Taksim (plan détachable, F2) qui vous mène sur la pl. de Taksim. Une façon originale de s'y rendre, mais un peu plus longue, consiste à prendre le tramway jusqu'à la station Karaköy (plan détachable, D4), puis à emprunter le funiculaire Tünel ; sortir à gauche et, 100 m plus loin, on peut prendre le petit tramway rouge de 1939 et descendre au terminus, sur la pl. de Taksim.*

***La place de Taksim*** *(Taksim Meydanı ; zoom détachable 1, E2)* ***:*** *Taksim* signifie « partage » en turc et désigne le bassin de répartition des eaux qui a donné son nom à la place. Celle-ci est aujourd'hui l'un des principaux centres névralgiques d'Istanbul. En juin 2013, elle fut le point de ralliement de milliers de manifestants contre le projet du centre commercial au niveau du parc Gezi et, plus largement, le symbole de la contestation de la politique du Premier ministre de l'époque, Recep Tayyip Erdoğan. Depuis, les fourgons de policiers ne quittent plus la place et les larges rassemblements n'y sont plus tolérés : on ne fait donc qu'y passer. Réalisé par l'architecte italien Canonica, le monument qui trône au centre de la place commémore la guerre d'Indépendance.

Au nord-est de la place de Taksim se trouve le ***parc Gezi*** *(Gezi Parkı ; zoom détachable 1, E-F2),* qui faillit être rasé en juin 2013 pour construire un centre commercial. Au sud, on aperçoit les clochers de l'***église Sainte-Trinité*** *(Aya Triada ; zoom détachable 1, E2,* ***330****),* de style néogothique, l'une des plus grandes églises orthodoxes d'Istanbul *(tlj 8h30-18h).*

***Le Musée militaire*** *(Askeri Müzesi ; plan détachable, F1)* ***:*** *Cumhuriyet Cad., à 800 m env au nord de la pl. de Taksim. ☎ 233-27-20. • askerimuze.tsk.tr • Y aller à pied en 15 mn ou en métro depuis Taksim ; descendre à la 1re station, Osmanbey. Tlj sauf lun-mar 9h-16h30 ; fanfare des janissaires 15h-16h (lorsqu'elle n'est pas en déplacement... c'est indiqué à l'entrée). Entrée : env 10 TL ; réduc de 20 % avec l'Istanbul Museum Pass.*
La Turquie et le sabre, c'est une vieille histoire. Avec l'armée, les sultans ont conquis l'empire, l'ont conservé et l'ont perdu, quand ils ne sont pas morts

étranglés par leurs gardes, les fameux janissaires. En chair et en os, les voici, dans un grand amphithéâtre ouvert sur un jardin (suivre le fléchage *Mehter concert*). L'après-midi, la fanfare des terribles janissaires enfile robes et turbans, empoigne cymbales et chapeaux chinois pour jouer des marches. Ce sont les seuls militaires autorisés à porter la moustache, vestige du vieil ordre. On sourit, goguenard, puis on se souvient que ces musiques ont terrifié les Byzantins lors du siège.
Quant au musée par lui-même, il vaut plus qu'un coup d'œil, notamment pour le rez-de-chaussée, avec sa très riche ***collection d'armes anciennes*** (IIe-XVIe s) : boucliers ottomans plaqués or et armes damasquinées, les fameux sabres *(kılıç)* et autres *yatağan,* dont certains sont de vraies œuvres d'art. L'étage, qui évoque au travers de multiples salles les conflits de l'histoire contemporaine, laisse plus dubitatif (notamment la salle consacrée au génocide arménien...).

**İstiklâl Caddesi** *(zoom détachable 1, D-E2-3)* **:** voici l'ancienne grand-rue de Péra, du temps de la splendeur du quartier. La rue a retrouvé beaucoup de son prestige d'antan, surtout depuis qu'elle a été transformée en voie piétonne. Elle ne désemplit pas jusqu'au cœur de la nuit et regorge de boutiques, de bars, de restaurants, mais aussi de quelques galeries d'art gratuites. Au début de la rue, sur la droite, aménagée dans un ancien bâtiment construit en 1730 pour stocker l'eau, la ***Cumhuriyet Art Gallery*** *(Cumhuriyet Sanat Galerisi ; zoom détachable 1, E2)* propose de belles expos temporaires *(tlj 10h-18h30 ; GRATUIT).* À peine plus loin, dans un ancien hôpital pour lépreux, le ***consulat de France*** *(zoom détachable 1, E2,* ***4****)* avec son centre culturel.

***L'ancien cercle d'Orient*** *(zoom détachable 1, E2)* **:** *İstiklâl Cad. 56.* Un grand et beau bâtiment construit par l'architecte français Alexandre Vallaury. Les concerts, représentations théâtrales, conférences et bals organisés par la Società Operaia, l'Union française, le Club suisse et la Teutonia jouaient un rôle éminent dans la vie culturelle de Péra. Le Cercle d'Orient *(Serkldoryan)* était le club le plus élégant de Péra au XIXe s. Les étrangers et les chrétiens pouvaient en devenir membres, alors que, parmi les Turcs, seuls quelques pachas y étaient admis. C'est aujourd'hui un centre commercial avec ses boutiques de mode.

Avec leurs façades décorées, les ***passages*** sont des constructions qui confèrent encore aujourd'hui à Péra l'une de ses principales caractéristiques. Ils sont apparus dès la fin du XIXe s et montrent l'influence française, leur nom étant le plus souvent écrit en français et en ottoman.
Parmi les passages réputés, on peut citer le *passage Rigo* et le *passage Tünel,* proches de Galata, puis les *passages d'Andria, Carlmann, Olivio, Fresco, Panaya, Hazzopoulos, Aznavur, d'Europe, Crespin, Hristaki, d'Alep, d'Anatolie, de Roumélie* et *d'Afrique.* Ces 3 derniers reflètent l'expansion ottomane (Asie, Europe, Afrique).

***Le passage d'Alep*** *(Halep Pasajı ; zoom détachable 1, E2,* ***341****)* **:** *İstiklâl Cad. 62.* Il fut construit en 1892 par la famille Hadjar, des Arabes chrétiens d'Alep, en Syrie. Le passage a perdu beaucoup de son ambiance mais la vieille façade sculptée offre un intérêt certain. C'est désormais une galerie marchande où l'on trouve des boutiques de bijoux, ainsi que le plus vieux cinéma d'Istanbul.

***Le musée Doğançay*** *(Doğançay Müzesi ; zoom détachable 1, E2)* **:** *Balo Sok. 42. ☎ 244-77-70. • dogancaymuseum.org • Petite enseigne très discrète ; sonnez, on vous ouvrira. Tlj sauf lun 10h-18h. GRATUIT.* Le musée personnel de Burhan Doğançay, l'artiste le plus cher de Turquie, disparu en 2013. Il s'agit du 1er musée privé d'art contemporain en Turquie. On y découvre une petite partie de l'œuvre étonnante (exposée dans d'autres prestigieux endroits comme le Met ou Beaubourg) de Burhan Doğançay, titulaire d'un doctorat en économie, passé dans les années 1950 à la Sorbonne. Les toiles et photographies d'un artiste fasciné par les murs du monde et leurs graffitis. Au dernier étage, quelques toiles également de son père, Adil, peintre lui aussi reconnu en son temps.

**Le passage des Fleurs** *(Çiçek Pasajı ; zoom détachable 1, E2)* **:** *İstiklâl Cad. 80.* Il fut construit par un architecte français pour l'éminent banquier grec Hristaki Efendi et doit son surnom à l'histoire soviétique. En 1917, les Russes blancs émigrent en masse vers Istanbul. L'ancienne aristocratie croit trouver de l'aide auprès des princes ottomans, mais, en cette période troublée, ces derniers éprouvent eux-mêmes des difficultés (fin de la monarchie). Ainsi, les nobles russes doivent-ils trouver des petits boulots pour subsister. On en retrouve certains dans le passage de Péra à vendre des fleurs. Leur popularité est telle que l'on finira par appeler l'endroit le **passage des Fleurs** *(Çiçek Pasajı).* Les brasseries et restaurants remplacent les vieilles échoppes vers les années 1940, et, très vite, l'endroit devient populaire. Il ne reste plus grand-chose du parfum d'antan. Les Stambouliotes ont battu en retraite dans les rues voisines du marché aux poissons *(Balık Pazarı).* C'est donc là qu'il faut poursuivre la visite.

**Le marché aux poissons** *(Balık Pazarı ; zoom détachable 1, E2,* ***331****)* **:** *le long et autour de la Sahne Sok. (juste après le n° 80B de l'İstiklâl Cad.). Tte la journée.* Certainement le lieu le plus animé de Beyoğlu. C'est en fait une ruelle très commerçante bordée d'étals de poissons, de fruits et légumes, de restos dont beaucoup servent des *kokoreç* (tripes grillées). Entre 2 stands de poissons, on voit aussi – avec un certain étonnement – de nombreuses bijouteries ! En s'enfonçant dans la ruelle depuis l'*İstiklâl Caddesi,* on trouve d'abord, sur le côté droit, l'une des entrées du *passage des Fleurs (Çiçek Pasajı),* décrit plus haut.
Presque en face, sur le côté gauche, c'est le ***passage d'Europe,*** aussi appelé *passage des Glaces.* Si les Turcs le nomment aujourd'hui *Avrupa Pasajı,* autrefois, on utilisait la traduction littérale du français : *Dörob Pasajı.* Son style Empire, ses glaces qui démultiplient les reflets et ses élégantes statues qui surmontent les façades des magasins créent une atmosphère particulière. Jadis, les merciers y étaient réunis. Aujourd'hui, le passage est truffé de bijoutiers et de boutiques de souvenirs.

En continuant dans le marché aux poissons (toujours dans la Sahne Sokak en fait), 50 m plus loin, sur le côté gauche, se trouve l'ancien ***passage Crespin*** *(Krepen Pasajı).* L'entrée actuelle porte, sur son fronton, le nom d'*Aslıhan Pasajı.* Le passage d'origine a été démoli pour être remplacé par un bâtiment insignifiant. De nombreux bouquinistes y sont aujourd'hui installés, ce qui explique qu'on appelle aussi cet endroit *Sahaflar* (bouquinistes, donc !).
De retour dans la Sahne Sokak, la grande porte noire au n° 6 est celle de l'***église arménienne Üç Horan*** (ou *Surp Yerrortutyun* ; toujours ouverte en journée aux visiteurs, même s'il faut parfois sonner). Cette église est l'œuvre de l'architecte Balyan, bâtisseur du palais de Dolmabahçe. En contournant le bâtiment par le côté gauche, remarquer la ***tombe d'un saint arménien*** : ***Surp Agop*** (saint Jacques). Les croyants viennent y faire un vœu. Pour être exaucé, il faut verser de l'eau bénite sur la tombe du saint de façon que cette dernière soit toujours mouillée.

**Le lycée de Galatasaray** *(Galatasaray Lisesi ; zoom détachable 1, E3)* **:** *İstiklâl Cad.* De la rue, on ne voit malheureusement que les impressionnantes grilles de fer forgé. C'est ici que le sultan Beyazıt II fonda, en 1481, une école du palais pour former les futures élites de l'Empire ottoman. Plus tard, suite à la visite historique du sultan ottoman à l'Exposition universelle de Paris en 1867, le lycée est inauguré en 1868. Il joua une influence énorme sur l'essor de la Turquie moderne et un rôle considérable dans l'expansion de la langue française à travers l'Empire ottoman. On y forma pendant des générations l'élite de la société stambouliote. Aujourd'hui, l'enseignement se fait toujours en français, et les grandes familles turques y envoient encore leurs rejetons. Une université du même nom a plus récemment ouvert ses portes sur le Bosphore.

**Le musée du Cinéma** *(Türvak ; zoom détachable 1, E3,* ***332****)* **:** *Yeniçarşı Cad. 24. ☎ 245-80-91. ● turvak.com ● Tlj sauf lun 10h-18h. Entrée : 10 TL ; réduc* *(notamment 20 % avec l'*Istanbul Museum Pass*)*. Un musée faussement petit et pas vraiment grand non plus. Il témoigne du dynamisme de longue date du cinéma turc. De la grande époque débutée dans les années 1950 jusqu'aux années 1970 notamment, quand plusieurs centaines de films étaient produits par les studios voisins de Yeşilçam. Au 1er étage, affiches, nombreuses photos et matériel (bancs de montage, caméras, projecteurs, etc.). Au 2e étage est exposée une série de mannequins d'acteurs et de réalisateurs turcs, façon musée Grévin. Parmi les hommes qui ont fait le cinéma turc, hommage à Ali Efendi (1861-1954), un restaurateur qui ouvrit le premier cinéma dans le quartier de Péra en 1914. Au 3e étage, zoom sur le théâtre turc.

***Le passage Hazzopoulos*** *(Hacopulos Pasajı)* **:** *İstiklâl Cad. 116.* Construit par la famille grecque du même nom. Pourtant, une atmosphère italienne domine dans ce havre de paix. À l'époque, beaucoup de magasins de marque s'y trouvaient réunis. C'est aujourd'hui plus pacotille, mais la fille de la fameuse modiste *Madame Katia* (disparue en 1986) y est installée *(*Butik Katia*, au no 4C du passage ; tlj sauf dim)*. Perpétuant un savoir-faire d'un autre temps, elle crée des modèles originaux à la demande de ses clients (des fidèles, notables, ministres, diplomates, riches arabes du Golfe et couturiers).
Ce passage débouche sur une cour largement occupée par une agréable terrasse (voir « Où boire un thé ? Où fumer le narghilé ? »).

***Mısır Apartmanı*** *(zoom détachable 1, E3)* **:** *İstiklâl Cad. 163. GRATUIT.* Cet immeuble, dont la façade blanche et Art nouveau est tout en balcons et loggias, fut construit en 1910 pour servir de résidence d'été à un pacha égyptien. Il abrite des galeries d'art (photographies et peintures ; *tlj sauf dim, plus lun pour certaines galeries ; GRATUIT*). Tant qu'à faire, poussez jusqu'au *Club 360 Istanbul* (voir plus haut « Où sortir ? ») au dernier étage, pour une vue à 360° sur Istanbul.

***L'église Saint-Antoine-de-Padoue*** *(Sent Antuan Katolik Latin Kilisesi ; zoom détachable 1, E3,* ***333****)* **:** *İstiklâl Cad. 171. Tlj 8h (9h w-e)-19h30.* Derrière les 2 corps de bâtiments reliés par une galerie couverte s'élève cette grande église construite en 1913 dans le style néogothique italien, avec sa belle façade néovénitienne de brique. C'est l'une des plus grandes églises catholiques d'Istanbul après la cathédrale Saint-Esprit à Harbiye, édifiée en 1907 par l'architecte Mongeri. Le pape Jean XXIII, alors nonce pontifical en Turquie sous le nom de Mgr Roncalli, y célébra la messe.

***Le palais de France*** *(Fransız Sarayı ; zoom détachable 1, E3)* **:** *Nüri Ziya Sok. 10. Dans une rue pavée qui part d'İstiklâl Cad., face à la moche tour Odakule. Ne se visite pas, mais on en aperçoit une partie depuis les grilles.* C'est l'ancienne ambassade française, du temps des sultans. Le terrain appartient à la France depuis plus de 4 siècles ! Le bâtiment actuel date de 1839.

## LE PACTE AVEC LE DIABLE

*Après avoir été capturé (et rançonné) par Charles Quint lors de la bataille de Pavie en Italie, François Ier signa un traité avec l'ennemi juré de la chrétienté de l'époque, Soliman le Magnifique. Même le pape faillit en avaler sa tiare ! Forte de cet accord, en 1536, la France installa une représentation diplomatique à Istanbul (le palais de France), qui n'est autre que la 1re ambassade française au monde.*

***Le palais de Hollande*** *(zoom détachable 1, E3,* ***334****)* **:** *İstiklâl Cad. 197. Ne se visite pas.* Construit par les architectes suisses Fossatti, ce bâtiment blanc est en forme de temple grec avec portique, colonne, et fronton. Noter la belle grille sur laquelle est écrite en français la devise de la famille d'Orange : *Je maintiendrai.*

Sur la gauche du palais de Hollande, prendre la *Postacılar Sokak.* Presque tout en bas, on débouche devant le ***palais de Venise*** *(zoom détachable 1, E3)*, la résidence stambouliote de l'ambassadeur d'Italie. Jouxtant le palais, l'élégante façade du ***tribunal de France.*** On y jugeait uniquement les ressortissants français. Ce privilège, que l'on appelle capitulation, avait été obtenu par d'autres étrangers comme les Russes, les Hollandais ou les Génois, alors que la puissance de l'Empire ottoman déclinait. Il a duré jusqu'à l'arrivée d'Atatürk. La bâtisse a été restaurée et héberge les classes de maternelle et de primaire de l'école française Pierre-Loti. Noter l'inscription en français : « Lois, Justice, Force ».

De là, il est possible de faire un détour agréable en continuant tout droit dans le ***quartier des antiquaires,*** qui s'est développé le long de *Çukurcuma Caddesi (zoom détachable 1, E3)* et dans quelques ruelles voisines. En journée, l'été, les magasins déballent leur mobilier dans la rue. Pas mal d'objets rigolos ou vintage. Remarquez dans le haut de la rue, à droite, la jolie petite mosquée en bois, *Çukurcuma Camii.* À noter que l'activité est moindre le dimanche.

***Le musée de l'Innocence*** *(Masumiyet Müzesi ; zoom détachable 1, E3)* **:** *Dalgıç Çıkmazı 2 (à l'angle de Çukurcuma Cad.). ☎ 252-97-38. • tr.masumiyetmuzesi.org • Tlj sauf lun 10h-18h (21h jeu). Entrée : 40 TL ; réduc. Audioguide : 5 TL (en anglais ; conseillé, sans quoi on ne comprend rien).* Dans une maison typique, avec une façade en bois de couleur framboise. Entre 1975 et 1999 y vivait en famille Füsun, l'héroïne du *Musée de l'Innocence,* célèbre roman d'Orhan Pamuk. C'est l'écrivain lui-même qui a acheté l'immeuble et conçu ce musée comme un prolongement de son œuvre littéraire. Collectionneur maniaque, Orhan Pamuk a accumulé des centaines d'objets dans autant de vitrines qu'il y a de chapitres au roman (soit 83). Chaque vitrine correspond à un chapitre du roman, et les objets présentés se retrouvent dans l'histoire d'amour fou entre le personnage principal, Kemal Basmacı, et Füsun : de la boucle d'oreille égarée par Füsun lors de leur première étreinte à des bouteilles de soda *Meltem,* en passant par des mégots de cigarette (4 213 exactement) fumés de 1976 à 1984 et dont chacun a sa petite histoire ! Au dernier étage, la chambre de Kemal Basmacı, le héros du livre, a été reconstituée. Il y vécut de 2000 jusqu'à sa mort, en 2007. Ainsi Orhan Pamuk aurait-il recueilli les souvenirs de cet homme vieillissant dont l'incroyable histoire d'amour fou aurait servi de base à la fiction.
Étonnant endroit où l'on ne sait jamais ce qui relève de la réalité ou de la fiction. On se croirait dans un cabinet de curiosités : tête de mort, corbeau empaillé, vieux peignes, machines à coudre et à écrire, dentier dans un verre, pot de chambre émaillé... Vu le prix de l'entrée, ce musée s'adresse surtout à ceux qui ont aimé le roman. Même s'il donne sûrement envie à ceux qui ne l'ont pas lu de se plonger dans *Le Musée de l'Innocence...*

***Arter, Space of Art*** *(zoom détachable 1, D3,* ***335****)* **:** *İstiklâl Cad. 211 (entrée par Postacılar Sok. 2). ☎ 292-07-90. • arter.org.tr • Mar-jeu 11h-19h, ven-dim 12h-20h. Fermé lun. GRATUIT.* La famille de Vehbi Koç, 1re dynastie industrielle turque, est le mécène de ce laboratoire d'art résolument contemporain. Expos temporaires à chaque étage de cet immeuble rénové.

***L'église catholique Sainte-Marie-Draperis*** *(zoom détachable 1, D3,* ***335****)* **:** *İstiklâl Cad. 215.* Passé la grille, une volée de marches descend vers cette église reconstruite après un incendie en 1871. Les plaques placées à l'entrée expriment la gratitude adressée au calife Abdülhamit pour les facilités qu'il avait accordées aux franciscains de l'époque. L'église abrite aussi, au-dessus de l'autel, une très ancienne icône considérée comme miraculeuse, représentant la Vierge.
– Juste à côté, au no 225, le ***palais de Russie,*** de style italien. Pour la petite histoire, il a été construit sur de la terre russe, transportée exprès par bateau jusqu'à Istanbul.

Au no 235 d'İstiklâl Caddesi, belle façade Art nouveau de la ***maison Botter*** *(Botter Hanı ; zoom détachable 1, D3,* ***336****),* œuvre de l'architecte italien Raimondo D'Aronco, édifiée pour le couturier du sultan de l'époque, Jean Botter. Son balcon en fer forgé est très original.

L'ISTANBUL MODERNE

De l'autre côté de la rue, en face, le *Narmalı Hanı,* surnommé le ***passage des Chats*** *(Kedi Pasajı ; zoom détachable 1, D3,* ***337****).* Ce bâtiment restauré était, du temps des capitulations, le tribunal russe et abritait aussi les services consulaires. Plus tard, les peintres les plus en vogue avaient des ateliers et y logeaient en tant que pensionnaires.

***Les Petits-Champs*** *(Tepebaşı ; zoom détachable 1, D2-3,* ***340****)* **:** *Meşrutiyet Cad.* Cet endroit était très à la mode au début du XX$^{e}$ s. C'est ici que l'on trouvait les luxueux hôtels de la ville. Bien que le coin ait perdu de son charme, il reste un bon nombre d'immeubles élégants.

***Le musée de Péra*** *(Pera Müzesi ; zoom détachable 1, D3)* **:** *Meşrutiyet Cad. 65. ☎ 334-99-00. • peramuzesi.org.tr • ♿ Mar-sam 10h-19h, dim 12h-18h. Fermé lun. Entrée : env 25 TL ; réduc (notamment 20 % avec l'*Istanbul Museum Pass*) ; gratuit moins de 12 ans et mer pour les étudiants.* Du bâtiment construit par l'architecte Achille Manoussos en 1893, il ne reste que l'élégante façade ; derrière, un ancien palace a laissé la place au musée de Péra, créé par Suna et İnan Kıraç. Au 1$^{er}$ étage, exposition d'instruments de poids et mesures anatoliens, ainsi que des céramiques ottomanes de Kütahya autour du thème du café et de son importance dans l'histoire de la société turque. Le 2$^{e}$ étage accueille des expos autour du riche fonds du musée (toiles d'artistes turcs et français des XVIII$^{e}$ et XIX$^{e}$ s). Avouons que la visite est plutôt chère pour ce qu'on y voit. Au rez-de-chaussée, un café au cadre cossu, avec, dans un coin, le piano acheté par le père de Maria Callas pour sa fille, alias Sophia Anna Maria Kalogeropolou.

– Également des expos temporaires dans le très beau bâtiment restauré du n° 47 de la même rue *(Istanbul Araştırmaları Enstitüsü),* entre les hôtels *Londra* et *Troya.* Il s'agit d'une annexe du musée de Péra *(mêmes horaires d'ouverture ; GRATUIT).* Noter la façade de biais et les beaux balcons arrondis.

***Pera Palas*** *(zoom détachable 1, D3)* **:** *Meşrutiyet Cad.* Jusqu'à la fin du XIX$^{e}$ s, il n'y avait pas d'hôtels de luxe à Istanbul. La *Compagnie des Wagons-Lits* entreprit la construction du 1$^{er}$ palace de la ville en 1892 à Péra, pour les voyageurs de l'*Orient-Express.* Les locaux des *Wagons-Lits* se trouvaient juste en face. Le *Pera Palas* fut le 1$^{er}$ bâtiment équipé d'électricité à Istanbul et, après la tour Eiffel, le 1$^{er}$ en Europe à se doter d'un ascenseur électrique, toujours en état de marche (les clients ont l'honneur de le prendre). Ce fut, aussi et surtout, dans l'entre-deux-guerres, un haut lieu d'espionnage. On vit y défiler (discrètement quand même) Kim Philby, agent double britannique retourné par le KGB, ou Elyesa Bazna, nom de code Cicéron, à la solde des nazis. On évoque aussi le passage de Mata Hari...

Plus qu'un hôtel, c'est une véritable légende. Atatürk occupa la chambre 101, la seule à disposer de l'eau courante à l'époque *(aujourd'hui transformée en un musée de poche ; visite tlj 10h-11h, 15h-16h ; GRATUIT).* Dans la chambre, ne pas rater les 2 tapis encadrés, qui lui ont été offerts par un prince indien 8 ans avant sa mort. L'un des 2, en soie brune tissée de fils d'or, a une signification étonnante. On y voit représentés des chrysanthèmes brodés (symboles de la mort et du mois de novembre), un chandelier à 10 branches et au-dessus une horloge indiquant

## LE MYSTÈRE DE LA CHAMBRE 411

*Certains affirment qu'Agatha Christie a écrit* Le Crime de l'Orient-Express *dans la chambre 411 du* Pera Palas*, expliquant par là-même le mystère de sa disparition d'une dizaine de jours, en 1926. Faux ! En fait, très affectée par la demande de divorce de son 1$^{er}$ mari, dame Agatha s'était cachée, sous un faux nom, dans un hôtel dans le Yorkshire jusqu'à ce qu'on finisse par la reconnaître. Plus tard, Agatha Christie reconnut avoir écrit la célèbre intrigue en Irak, en 1934.*

9h07. Des signes prémonitoires troublants, lorsqu'on sait qu'Atatürk est mort un 10 novembre précisément à cette heure... Le tapis aurait-il été réalisé par des diseuses de bonne aventure ?
Sarah Bernhardt dormit dans la chambre 304, Greta Garbo dans la 103, alors que Hemingway appréciait plutôt la 218. Joséphine Baker et Zsa Zsa Gabor firent également des passages remarqués au *Pera Palas.*
Aujourd'hui, entièrement rénové, l'hôtel est toujours un palace aux tarifs aussi imposants que le mythe (mais on peut – en soignant sa mise – profiter de l'ambiance du lieu dans le salon de thé) !
Parmi les autres hôtels ou palaces encore en activité, il faut aussi citer le ***Büyük Londra Oteli*** *(ex-Grand Hôtel de Londres ; zoom détachable 1, D3,* ***91****),* construit en 1892 par la famille levantine Glavani. Prendre un verre le soir dans le grand salon est un moment émouvant. Le décor, inchangé depuis le début du XX^e^ s, retrace ce que fut la vie à Péra en ces temps révolus.

En redescendant les Petits-Champs vers le sud *(Meşrutiyet Caddesi),* on arrive au ***palais Corpi*** *(Korpi Sarayı ; zoom détachable 1, D3).* Il accueille aujourd'hui l'élégant ***Soho House*** *(zoom détachable 1, D3,* ***98****)* ; voir « Où dormir ? ». C'est un ancien palais de style italien, construit par Ignazio Corpi, un riche armateur levantin, pour, paraît-il, l'une de ses maîtresses (il devait être très épris !). Il voulait édifier le plus beau palais de Péra. On raconte qu'une gitane avait prédit l'avenir de Corpi en lisant dans le marc de café. Elle lui annonça sa mort à la fin de la construction du palais. Par peur de cette prédiction, il fit durer les travaux pendant 10 ans, mais le jour où il entra dans le palais pour y habiter, il décéda. Depuis, on dit que la maison est hantée. Pendant longtemps, les acquéreurs se firent rares. Le prix baissa et les États-Unis l'achetèrent pour y installer leur consulat de 1937 jusqu'en 2001.

***Le musée d'Art moderne d'Istanbul*** *(İstanbul Modern Sanat Müzesi ; zoom détachable 1, D3,* ***338****)* **:** *Meşrutiyet Cad. 99. ☎ 334-73-00. • istanbulmodern.org • ♿ Pourrait déménager en 2021 près de la mosquée de Nusretiye, sur les rives du Bosphore. Tlj sauf lun 10h (11h w-e)-18h (20h jeu). Entrée : 60 TL ; réduc étudiants ; gratuit moins de 12 ans. Audioguide : 15 TL. N'accepte pas l'*Istanbul Museum Pass. Impossible de décrire les œuvres car la riche collection du musée est exposée par roulement. Mais le lieu est consacré exclusivement aux artistes turcs contemporains. Là est son originalité. On peut parfois y admirer les tableaux des 1^ers^ artistes turcs formés en Europe sous le règne d'Abdülmecid Efendi (1868-1944). Surnommé le « sultan artiste », il favorisa les arts et ne s'opposa pas à la modernité. Les pionniers turcs de l'art moderne avaient des yeux tournés vers Paris. Ainsi, la 1^re^ association des peintres et sculpteurs indépendants fondée en 1929 à Istanbul s'inspira de la Société des artistes de Paris. Le musée accueille aussi d'intéressantes expos temporaires.

On arrive ensuite à la ***maison Freige*** *(Frej Apartmanı ; zoom détachable 1, D3).* Cet immeuble fut construit par une riche famille libanaise. La façade mêle de façon surprenante les styles Art déco et classique, avec de curieux frontons ornés de femmes au-dessus des fenêtres.

## À voir de Tünel au pont de Galata

• Zoom détachable 1 en fin de guide
• Plan Le quartier de Karaköy *p. 160-161*

Galata fut l'un des 1^ers^ lieux habités sur le site actuel d'Istanbul ; on a retrouvé des traces d'habitations datant de 4000 av. J.-C. Au II^e^ s av. J.-C., des tribus gauloises, les Galates, s'y installent avant d'être progressivement hellénisées. Théodose II rattache ce qui n'était alors qu'un village à Constantinople au V^e^ s apr. J.-C. Quand

l'empereur byzantin reconquiert son trône et sa capitale en 1261, occupée par les croisés, il a besoin, pour faire face à la puissante République sérénissime (Venise), de l'aide de son ennemi héréditaire, la république de Gênes.
L'alliance byzantino-génoise aboutit à une concession accordée aux Génois pour bâtir une cité sur l'emplacement du ***village de Galata.*** Une vraie ville occidentale s'y développe, avec ses murailles et ses hautes maisons en pierre. L'ensemble est constitué autour des églises Saint-Dominique et Saint-François, et surtout de la cathédrale Saint-Michel, en bordure de la place centrale où se tient le marché.
La ville s'étend par concessions successives vers la colline. La tour du Christ (actuelle grande tour de Galata) est implantée pratiquement au sommet de la colline et domine les remparts. La rue principale part de la tour, passe devant les maisons patriciennes accrochées à la pente et le podestat, puis coupe la place de la cathédrale pour descendre jusqu'à la mer. C'est l'actuelle rue Perşembe Pazar, le long de laquelle on peut encore voir les dernières « maisons franques », l'ancienne prison (XIVe s) et surtout l'ancien tribunal génois.
Les Génois restent spectateurs du siège de Constantinople par les Turcs en 1453. Ils signent ensuite un acte de reddition qui non seulement garantit leurs personnes, leurs églises et leurs biens, mais leur donne aussi une certaine autonomie. Les grandes mosquées bâties de ce côté de la Corne d'Or (Sokollu Mehmet Paşa en 1576, Kılıç Ali Paşa en 1580) sont à l'extérieur de la muraille de Galata.
Galata se présente comme un ***ghetto latin.*** C'est là qu'on installe les ambassades chrétiennes au fur et à mesure de leur arrivée dans la capitale, et que se fait le commerce avec l'Occident. Dès le début du XIXe s, Galata devient le ***cœur économique de la ville*** avec l'installation des puissantes familles levantines, grecques et juives. C'est sur la rue des Banques *(Voyvoda)* que s'installe la *Banque impériale ottomane,* suivie par d'autres établissements bancaires comme celui d'Abraham Camondo. Lorsque la ville devient trop étroite, on pense à construire « au-delà », *pera* en grec. Toute la bourgeoisie s'installe donc sur les hauteurs de Galata, le long de ce qui deviendra la Grand-Rue de Péra, et ensuite au-delà de la place de Taksim, en laissant derrière elle des quartiers dégradés, progressivement occupés par les migrants ruraux et les petits commerces.
L'ancienne cité génoise conserve son site exceptionnel et sa situation de passage obligé vers la vieille ville de Stamboul. On constate actuellement une lente restauration du quartier. Quelques rues (comme la Camekan Sokak ou la Serdar-ı-Ekrem Caddesi) sont devenues le repaire des jeunes créateurs, avec des boutiques de mode et de design.

➢ ***Accès :*** *si on loge à Beyoğlu, se rendre sur la pl. Tünel pour commencer la balade. Depuis Sultanahmet,* Ⓣ *Karaköy, puis en sortant vers la gauche, prendre le funiculaire, le* Tünel, *jusqu'à la station supérieure (éviter d'y aller le dim : les petits commerces sont fermés et le quartier est désert). En sortant du métro sur la pl. Tünel, prendre la 2e rue à droite, la Galip Dede Cad.*

***Galip Dede Caddesi*** *(zoom détachable 1, D3)* **:** c'est le quartier de la musique, où l'on trouve autant d'instruments que de disques. Les fameuses cymbales turques sont fabriquées ici.

***Le tekke de derviches tourneurs (couvent) et le musée Divan Edebiyatı*** *(Galata Mevlevihanesi Müzesi ; zoom détachable 1, D3,* ***339****)* **:** *au début de la Galip Dede Cad., sur la gauche. ☎ 245-41-41. • tydalar.com • Tlj sauf lun 9h-18h (16h dim) ; fermeture du guichet 1h avt. Entrée (musée) : 12 TL ; gratuit moins de 12 ans. Inclus dans l'*Istanbul Museum Pass. *Cérémonies de derviches tourneurs en principe dim à 17h (mais se renseigner car horaire fluctuant) ; résa conseillée ; tarifs : 80-100 TL.* Un petit bâtiment ottoman qui abrite un *tekke* de derviches tourneurs et dont une partie sert de musée. C'est aussi une oasis de paix fort appréciable, avec un cimetière à hautes stèles enturbannées. L'une d'elles rappelle la mémoire du général français Claude de Bonneval (1675-1747), un transfuge qui se convertit à l'islam et fut commandant d'artillerie du sultan Mahmut Ier, sous le nom d'Ahmet Pacha.

Les derviches ont été ***interdits par Atatürk en 1925.*** Au début des années 1950, on assiste à une certaine tolérance à leur égard, qui s'est perpétuée jusqu'à nos jours. Le décor de ce *tekke* est octogonal, de style rococo ottoman. Il faut imaginer ces cérémonies au cours desquelles les derviches tournent jusqu'à l'extase, sans jamais se toucher, avec leurs robes blanches ouvertes comme des corolles. La main droite tournée vers le haut symbolise les dons de Dieu, qui sont redonnés aussitôt au peuple avec la main gauche tournée vers le sol. La cérémonie est précédée de prières en musique soufie, mais ne vous attendez pas à une ambiance recueillie : la salle est bondée et il y a toujours un trublion pour prendre une photo. Le musée, de taille modeste mais joli, présente sur 2 niveaux, différents objets, instruments de musique utilisés par les derviches, ainsi qu'une riche collection de manuscrits et une expo sur la calligraphie.

***La tour de Galata*** *(Galata Kulesi ; plan Le quartier de Karaköy, B1)* **:** *en continuant Galip Dede Cad. Tlj 9h-20h30. Accès en ascenseur : env 35 TL (cher !). Propose un film de 10 mn (10 TL supplémentaires) simulant un survol des principaux monuments d'Istanbul en hélicoptère. Y aller tôt le mat ; dans la journée, la queue est dissuasive, de quoi poireauter 2h en plein soleil !* La « tour du Christ » est l'un des derniers vestiges de l'***enceinte génoise*** (XIIIe s). On raconte qu'elle fut élevée à l'emplacement d'un phare. Elle perdit ses 2 derniers étages après la conquête de la ville, puis elle devint une prison sous Soliman le Magnifique et une tour d'observation astrologique sous Murad III... On peut se contenter d'admirer ses vieilles pierres de l'extérieur. Néanmoins, elle livre toujours son exceptionnel panorama sur les mosquées impériales du vieux Stamboul, sur le Bosphore et les îles. La tour a été restaurée et garde fière allure. Noter, dans le bout de jardin derrière la tour, une petite plaque traduite en français : « Isaac Rousseau (1672-1747), père du célèbre philosophe Jean-Jacques Rousseau, a vécu à Galata entre 1705 et 1711, comme horloger du palais. » La place, qui accueille touristes et jeunes mariés venus poser pour la photo-souvenir dans la journée, se transforme considérablement le soir dès les beaux jours. Une partie de la jeunesse de la ville l'occupe jusque très tard (ou très tôt le matin !). Guitares, chansons et force libations !

### PLUS DURE FUT LA CHUTE !

*On raconte qu'un certain Hezarfen Ahmet Çelebi, un sacré bricoleur, se lança, au début du XVIIe s, du haut de la tour de Galata et parvint à traverser le Bosphore pour atterrir à Üsküdar, porté par les ailes mécaniques qu'il avait conçues. Le savant fou, sans doute inspiré par Léonard de Vinci, fut largement récompensé de son exploit par le sultan Murad IV : ce dernier l'exila presque aussitôt à Alger, jugeant dangereux un sujet qui pouvait ainsi planer dans les airs !*

***Le Musée juif*** *(Musevi Müzesi ; zoom détachable 1, D3, et plan Le quartier de Karaköy, B1)* **:** *Büyük Hendek Cad. 39. ☎ 292-63-33. • muze500.com • ♿ Appuyer sur le bouton à l'entrée et attendre que la lourde porte s'ouvre. Tlj sauf sam 10h-17h (10h-13h ven) ; dernière entrée 30 mn avt. Entrée : 20 TL. Passeport ou carte d'identité indispensable. Panneaux en anglais.* Installé à côté de la synagogue Neve Shalom, ce musée retrace l'histoire mouvementée des juifs en Asie Mineure et en Turquie depuis le XIVe s. Il évoque la place des juifs dans la vie politique de l'Empire ottoman et de la Turquie d'aujourd'hui, les rites religieux des grands moments de la vie (mariage, naissance et mort). Fac-similés de documents historiques, nombreuses photos, objets religieux dont certains, très rares, illustrent le mélange entre judaïsme et culture ottomane.

L'Empire ottoman puis la Turquie ont toujours été une terre d'asile pour les Juifs. Le sultan Beyazıt II envoya sa flotte pour les sauver dans le port de Cadix en Espagne, alors qu'ils étaient pourchassés par l'Inquisition. ***La Turquie a été le 1er État à reconnaître officiellement Israël en 1948.*** Et puis, saluons cet acte de bravoure qui illustre la proximité qui a toujours existé entre la communauté juive et la Turquie : en 1941, Necdet Kent, consul de Turquie à Marseille, s'opposa au départ vers les camps d'extermination d'un convoi ferroviaire, en exigeant que les juifs turcs soient épargnés. Devant le refus allemand, il monta dans le train pour soutenir ses ressortissants. Au cours du voyage, un ordre de Berlin fit stopper le convoi et descendre les juifs turcs, sains et saufs.

Revenir au pied de la tour et prendre la Galata Kulesi Sokak qui débute sur la droite de la tour *(plan Le quartier de Karaköy, B1).* Plusieurs ***maisons levantines.*** Au n° 21 de la Galata Kulesi Sokak, le bâtiment à l'angle de la rue sur la gauche est l'ancien ***podestat génois*** du XIVe s, copie du palais San Giorgio à Gênes. Tourner à droite dans l'Eski Banka Sokak pour voir, au n° 5, la ***maison Saint-Pierre*** *(Sen Piyer Hanı ; plan Le quartier de Karaköy, B2)* : ici naquit, en 1762, le poète André Chénier, qui fut guillotiné à Paris. Le *han* fut construit au XVIIIe s par le comte de Saint-Priest, alors ambassadeur de France : ses armes sont gravées sur le mur, ainsi que celles des Bourbons.

En revenant sur ses pas dans la Eski Banka Sokak, on arrive dans la Kart Çınar Sokak. Au n° 6A se dresse un vieil immeuble du XIVe s à la façade défraîchie. Une plaque sur le mur rappelle que ce monument a été construit en 1314 par les Génois. Ce serait donc l'un des plus vieux, sinon ***le plus vieux monument génois*** conservé à Istanbul.

Sur Bankalar Caddesi, face à l'ancien musée de la Banque ottomane *(plan Le quartier de Karaköy, B2)*, remarquer les ***escaliers Camondo,*** construits dans les années 1920 dans un style Art nouveau très pittoresque. Le lieu est apprécié des touristes en mal de *selfies* !

***La maison Minerva*** *(plan Le quartier de Karaköy, C2)* **:** *Bankalar Cad. 2 ; à l'angle de Karaköy Cad.* Elle fut le siège de la *Banque hellénique* et date de 1920. Étrange façade convexe gardée par 2 angelots boudeurs. Dans les anciens « coffres-forts » de la banque, la ***Kasa Galeri*** propose des expos temporaires *(tlj sauf dim 10h-17h30 ; GRATUIT).*

***La place de Karaköy*** *(Karaköy Meydanı ; plan Le quartier de Karaköy, B-C3)* **:** élargie dans les années 1970, la place est bordée par un grand immeuble bourgeois, le ***Karaköy Palas.*** Élégants panneaux de marbre rose et motifs à rosace d'influence orientale. *Karaköy* est dérivé de *Karay Köy* ou « village des Caraïtes ». Vieille communauté juive déjà présente sur les lieux au temps de Byzance.

Autour du ***Bedesten Fatih*** *(plan Le quartier de Karaköy, B2)* s'étend le petit quartier des quincailliers et des grossistes en pièces mécaniques. De belles scènes de vie. Le *bedesten* est l'ancien bazar de Galata. Il est contemporain du Bazar égyptien.

# LE BOSPHORE ET LA MER DE MARMARA

Impossible d'oublier le Bosphore. Depuis des siècles, les Stambouliotes viennent s'aérer les poumons sur cette avenue maritime, longue d'une trentaine de kilomètres et régulière comme un fleuve, qui déroule quantité de palais aux portails dressés sur les eaux : les sultans s'y rendaient dans des barques dorées, fines comme des gondoles.

Le détroit fut nommé *Laimos,* c'est-à-dire « gorge », par les Byzantins, et *Boğaziçi* par les Turcs, soit « à l'intérieur de la gorge ». Plus tard, vers le XIVe s, les croisés le nommèrent « bras Saint-Georges ». Le nom Bosphore vient du grec *Bous Poros,* qui signifie le « gué de la Vache ». Selon la légende, Zeus (Jupiter) coule des jours heureux avec Io lorsque Héra (Junon), son épouse légitime, donne l'ordre au nuage qui cachait leur amour de disparaître. Zeus change alors sa maîtresse en génisse. Héra, trop habituée aux frasques de son mari, ne s'en laisse pas conter, se fait offrir la génisse en présent et la confie à un garde. Mais Zeus ordonne de tuer le garde. Furieuse, Héra jette alors sur Io un taon qui la rend folle et la contraint à errer jour et nuit, sans repos. Pour être libérée de cette calamité, la « vache folle » doit atteindre les bords du Nil. Io prend ainsi la direction du Grand Sud et traverse le bras de mer séparant l'Europe de l'Asie. Depuis cet épisode mythologique, le lieu s'appelle le « gué de la Vache ».

## LE DÉLUGE : MYTHE OU RÉALITÉ ?

*Selon des recherches scientifiques menées dans les années 1990, le Déluge décrit dans la Genèse aurait bel et bien existé. La fonte des glaces aurait provoqué l'augmentation progressive du niveau de la Méditerranée. Le « trop-plein » se serait déversé par le Bosphore dans la mer Noire, qui n'était alors qu'un lac, augmentant brutalement son niveau de 150 m. Ce cataclysme remonterait à 7 500 ans av. J.-C., ce qui correspond au début de l'écriture en Mésopotamie. Voilà pourquoi l'événement serait parvenu jusqu'à nous.*

Aujourd'hui, il passe moins de vaches dans ce détroit que de navires, dont le transit est régi par l'accord de Montreux de 1936 : celui-ci autorise la Turquie à contrôler le passage des bâtiments de guerre, mais en aucun cas celui des bateaux de commerce. D'où la vision angoissante qui frappe tout nouvel arrivant, la circulation sur le Bosphore s'étant fortement intensifiée en 70 ans. S'il ne passait en 1936 que 100 à 150 navires par an, il en passe pas moins de 45 000 aujourd'hui, dont un certain nombre chargés de pétrole, de gaz naturel ou de déchets radioactifs. Il est parfois possible également d'apercevoir des sous-marins dans le détroit. Malheureusement pour le spectacle (mais heureusement pour la détente mondiale), il en passe de moins en moins, et généralement à l'aube, aux heures où la ville dort...

Les villages du Bosphore étaient autrefois presque tous habités par des populations minoritaires ottomanes. Outre les sultans qui avaient fait bâtir de nombreux palais, des pavillons de chasse ou des kiosques, les riches familles phanariotes (du Fener) et pérotes (de Péra) résidaient l'été dans des *yalı.* Beaucoup de ces merveilleuses maisons peintes, en bois

**sculpté à fleur d'eau, de 3 ou 4 étages, hérissées de pignons et d'encorbellements, ont disparu sous le béton des constructions modernes. Celles qui subsistent servent de refuge à la gentry cosmopolite. Vous en verrez notamment à Arnavutköy et sur les îles des Princes. Les ambassades étrangères n'étaient pas en reste et possédaient elles aussi de somptueuses résidences sur le Bosphore. C'est toujours le cas pour la Russie, la France, l'Italie, l'Allemagne, l'Espagne et l'Autriche... vestiges d'un pouvoir disparu !**

**La zone urbaine d'Istanbul s'étend aujourd'hui sur les 2 rives jusqu'au pont de Fatih, le 2ᵈ pont du Bosphore. Il reste cependant de grandes surfaces boisées, généralement des propriétés privées. Elles nous font oublier que le Bosphore fait désormais la plus grande partie de son parcours au centre même de la ville.**

**Chaque week-end, les guinguettes et les piscines en eau de mer sont bondées. Superbe à l'œil, la mer n'est cependant pas propre et il est préférable de s'abstenir de s'y baigner. D'autant plus que les courants sont très dangereux dans le détroit, l'eau de la mer Noire étant moins salée, donc moins dense que celle de la mer de Marmara. Selon les endroits, la largeur de ce canal naturel qui sépare les 2 continents varie de 500 m à 3 km, et sa profondeur de 50 à 120 m. 3 ponts unissent l'Europe et l'Asie. À Istanbul, un tunnel ferroviaire reliant les 2 rives a été mis en service à l'automne 2013, un autre pour les voitures en 2016.**

**Si les *konak, yalı,* kiosques, palais et autres résidences vous font rêver à la gloire passée d'Istanbul, vous prendrez la vraie température des lieux dans certains villages, en particulier sur la côte asiatique, qui ont gardé un charme d'un autre temps.**



## LE BOSPHORE PAS À PAS...

Le détroit du Bosphore s'étend de la mer de Marmara à la mer Noire. Nous vous proposons de le découvrir en plusieurs étapes.

– ***La rive occidentale :*** une fois passé le pont de Galata, vous pouvez parcourir à pied la rive européenne jusqu'au palais de Dolmabahçe, pousser plus au nord jusqu'à Ortaköy, le temps d'un café ou d'un dîner au bord de l'eau.

– ***La rive asiatique :*** en Asie, *Üsküdar* fait face à Beyoğlu et *Kadıköy* à la pointe du Sérail de Topkapı. Ce sont 2 quartiers importants de la métropole, qui s'étend bien plus loin dans les terres à l'est. Au-delà commence l'Anatolie.

– ***La croisière :*** pour pousser plus au nord, au-delà du premier pont sur le Bosphore, prenez le bateau le temps d'une croisière qui vous mènera jusqu'aux forteresses de Rumeli Kavağı et Anadolu Kavağı, sentinelles du détroit.

## ... ET LA MER DE MARMARA

– ***Les îles des Princes :*** enfin, si vous voulez prendre le large, fuir un jour l'agitation d'Istanbul, pour un pique-nique au bord de l'eau ou une balade à vélo, n'oubliez pas les îles des Princes, en mer de Marmara.

# LA RIVE OCCIDENTALE

IND. TÉL. : 212

**Quand on vient de Sultanahmet et d'Eminönü, franchir le pont de Galata, c'est d'abord et avant tout quitter le vieux Stamboul pour l'Istanbul des XIXᵉ**

**et XXᵉ s (voir le chapitre précédent). Laissez derrière vous la mosquée Neuve et le Bazar égyptien, avancez jusqu'au milieu du pont. À votre gauche s'enfonce la Corne d'Or. À votre droite s'ouvre le Bosphore avec, en toile de fond, la rive asiatique et les grues rouges du port de Kadıköy ; au premier plan, le palais de Topkapı émerge des arbres du parc de Gülhane derrière les *vapur* qui embarquent les passagers pour la traversée du Bosphore. Devant vous, la tour de Galata a remplacé dans le ciel les minarets du vieux Stamboul.**
**Au bout du pont, voilà la *place de Karaköy (Karaköy Meydanı).* Sur cette rive, le premier ensemble impérial ottoman n'a été construit qu'en 1826 : c'est la mosquée Nusretiye à *Tophane.* Un peu plus tard et un peu plus au nord, le sultan Abdülmecit déménage : délaissant le sérail de Topkapı, il fait construire le palais de Dolmabahçe *(plan détachable, G2),* dans le quartier actuel de *Beşiktaş.***
**Idéal pour un début de soirée : poussez au nord jusqu'à la *place d'Ortaköy (hors plan d'ensemble),* dont la mosquée compose, avec le premier pont du Bosphore, une carte postale qui résume bien la balade : un trait d'union entre les XIXᵉ et XXᵉ s.**

## ***LE PONT DE GALATA*** *(Yeni Galata Köprüsü ; plan détachable, D4, et plan de quartier de Karaköy, B3)*

Il relie, à l'embouchure de la Corne d'Or, les quartiers d'Eminönü au sud, avec Yeni Cami, et de Karaköy au nord. Les marchands ambulants, cireurs de chaussures et pêcheurs à la ligne partagent avec les piétons pressés l'agitation perpétuelle des trottoirs de ce large pont à l'histoire mouvementée. C'est en 1845 que furent reliées pour la première fois les 2 rives de l'estuaire, à l'initiative de la mère du sultan Abdülmecit. Les cartes postales en noir et blanc nous montrent un magnifique pont de bois. L'actuel, moins folichon, a remplacé celui construit en 1910 par les Allemands, qui se meurt désormais, éventré, plus au fond de la Corne d'Or, en face du musée de l'Industrie. Lors de la rénovation du nouveau pont, les autorités ont tenté de réhabiliter tant bien que mal la tradition des boutiques qui, jadis, faisaient vibrer l'ancien, jour et nuit (on y trouvait même une boîte de nuit !). Aujourd'hui, on ne compte plus les restos de poisson.

### C'EST LE POMPON !

*Le nouveau pont de Galata, construit en 1992, était censé s'ouvrir pour laisser passer les bateaux construits dans les chantiers navals de la Corne d'Or. Mais bientôt, c'est le scandale : le satané pont refuse obstinément de s'ouvrir. Du coup, le dernier bateau sorti des bassins de radoub fut bloqué dans l'estuaire... On le chargea dare-dare, on démonta ses cheminées : le navire put ainsi prendre le large, de justesse. Ce n'est qu'en 2002 qu'une ultime rénovation permit l'ouverture du pont, évitant aux chantiers navals de couler...*

## ***L'OUEST DE KARAKÖY*** *(plan détachable, D-E4, zoom détachable 1 et plan Le quartier de Karaköy)*

### Où dormir ?

Se reporter à la rubrique « Où dormir ? » dans « L'Istanbul moderne ».

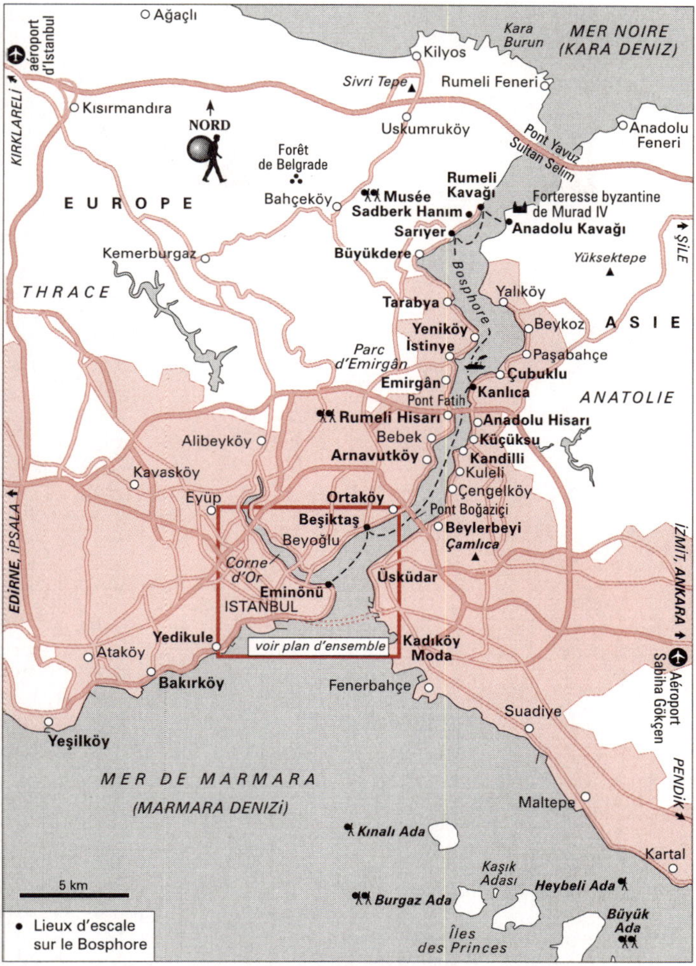


LE BOSPHORE



## Où manger ?

### De bon marché à prix moyens (de 30 à 90 TL / env 5 à 15 €)

**|●| *Karaköy Balık Evi*** *(plan Le quartier de Karaköy, B3,* ***184****) : au pied du pont de Galata, près de l'embarcadère Tyrol. ☎ 0538-810-95-26. Bon marché. Tlj 12h-21h30. Pas d'alcool.* Dans une ancienne halle aux poissons reconvertie en resto, avec des boxes de chaque côté. Décor marin en diable : chaises bleu azur, nappes imprimées de

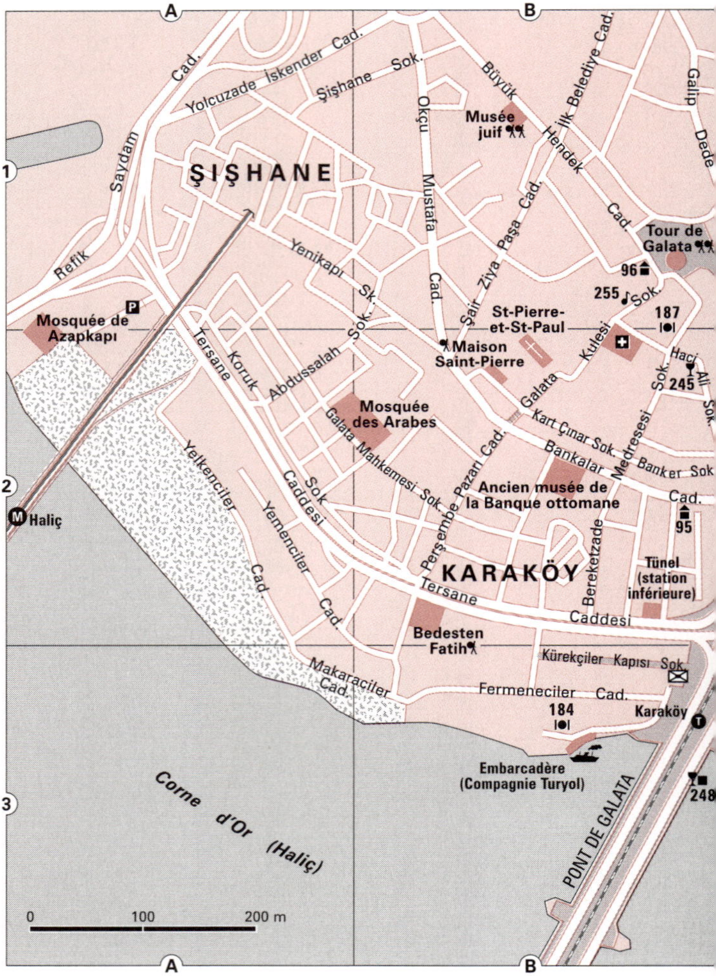




### Où dormir ?

**95** The House Hotel – Vault Karaköy (B2)
**96** Anemon Hotel (B1)
**97** Sub Karaköy (D1)

### Où manger ?

**184** Karaköy Balık Evi (B3)
**185** Fasuli (D1)
**186** Namlı Gurme (C2)
**187** F & B Culture (B1-2)
**188** Karaköy Lokantası (C2)

### Où déguster une douceur ? Où boire un thé ?

**186** Karaköy Güllüoğlu (C2)
**245** Galata Konak Cafe (B2)

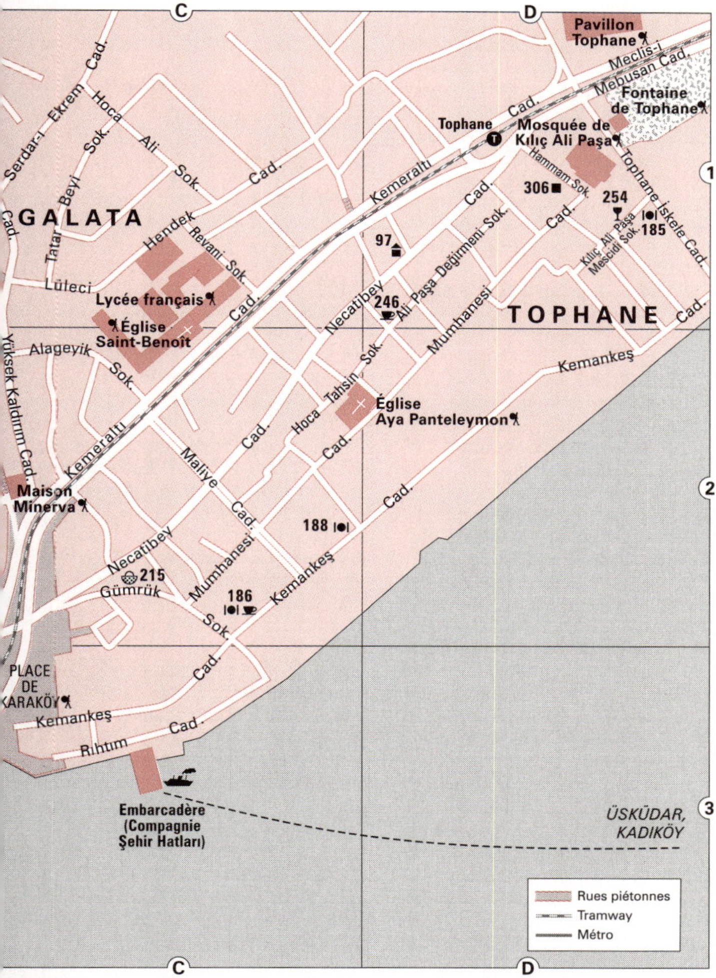


## LE QUARTIER DE KARAKÖY

**246** Filbooks (D1)

**Où fumer le narghilé ?**

**248** Dersaadet (B3)

**Où boire un verre ? Où sortir ?**

**254** Les bars du quartier de Tophane (D1)

**255** Nardis Jazz Club (B1)

**Où prendre un bain turc ?**

**306** Kılıç Ali Paşa Hamamı (D1)

**Achats**

**215** Chocolatier Mabel (C2)

petits poissons... On comprend tout de suite que ce n'est pas l'endroit où commander un *kebap* ! Assiettes de friture et pêche du jour simplement grillée, accompagnées de frites maison et d'une banale salade. L'accueil est sympa, la fraîcheur garantie, les prix affichés... et c'est toujours rempli de locaux, on peut donc y aller en toute confiance. Le lieu le plus recommandable qu'on connaisse pour déguster à moindre coût des produits de la mer à la bonne franquette !

**Fasuli** *(plan Le quartier de Karaköy, D1,* ***185****)* **:** *İskele Cad. 10. ☎ 243-65-80. À 50 m de la belle fontaine de Tophane. Tlj 12h-23h. Prix moyens. Pas d'alcool.* Cette petite institution sert d'originaux plats de la mer Noire. Elle s'est fait une spécialité des haricots blancs en sauce que le Tout-Istanbul semble se faire un devoir de venir goûter. On vous les conseille, effectivement, mais encore plus le *mıhlama* : une fondue au fromage, au beurre et à la farine de maïs. Une pour 2 personnes devrait suffire, d'autant plus que le *laz böreği* au dessert est succulent. En été, terrasse au dernier étage.

**Namlı Gurme** *(plan Le quartier de Karaköy, C2,* ***186****)* **:** *Kemankeş Cad. 29C. ☎ 293-68-80. Au rdc du parking. Tlj 8h-22h. Pas d'alcool.* Une immense épicerie-traiteur-resto-cafétéria en self-service, offrant un choix incroyable de produits alimentaires : charcuterie, fromages, confitures, miel, olives, fruits secs, etc. On peut aussi manger, en terrasse ou au milieu de la boutique, des plats du jour variés ou des assiettes de charcuterie appétissantes. Pas donné mais pas hors de prix non plus. Toujours beaucoup d'animation. Il y a parfois la queue, surtout le dimanche matin pour le brunch !

## De prix moyens à chic (de 50 à 180 TL / env 8,50 à 30 €)

**F & B Culture** *(plan Le quartier de Karaköy, B1-2,* ***187****)* **:** *Camerkan Sok. 6. 0532-275-69-94. Tt près de la tour de Galata. Tlj 9h-minuit (cuisine 23h). Prix moyens. Sert de l'alcool.* Dans la partie la plus touristique du quartier, voici un lieu indéniablement dans l'air du temps, bien installé dans son décor *arty,* entre des murs de brique rehaussés de toiles contemporaines. Musique *lounge,* véranda à l'arrière. On y consomme de bons burgers, viandes grillées, *pide,* pâtes et assortiments de *finger food* à arroser d'un verre de vin ou d'un cocktail. Accueil jeune et efficace.

**Karaköy Lokantası** *(plan Le quartier de Karaköy, C2,* ***188****)* **:** *Kemankeş Cad. 37. ☎ 292-44-55. Tlj sauf dim midi 12h-16h, 18h-minuit. Rejoint la catégorie « Chic » le soir. Sert de l'alcool.* C'est le style bistrot chic, avec des chaises en bois, des tables nappées de blanc et d'élégantes faïences dans les bleus turquoise. Un bel escalier en fer forgé grimpe vers un 2e étage, dans le même esprit mais peut-être plus intime (mais il vous faudra redescendre pour choisir vos *mezze* en vitrine). Excellente cuisine de tradition, simple et fraîche pour le déjeuner, un peu plus élaborée (donc un peu plus chère) le soir. Ambiance assez classe mais sans rien de guindé.

## Où déguster une douceur ? Où boire un thé ?

**Karaköy Güllüoğlu** *(plan Le quartier de Karaköy, C2,* ***186****)* **:** *Kemankeş Cad. 29C. ☎ 293-09-10. Tlj 7h (8h dim)-22h.* Grande pâtisserie classique ouverte depuis 1949. Kyrielle de plateaux remplis de baklavas – la spécialité maison – au kilo, à emporter ou à dévorer sur place. Réputation, gros débit (la file d'attente s'allonge parfois !), donc fraîcheur assurée.

**Galata Konak Cafe** *(plan Le quartier de Karaköy, B2,* ***245****)* **:** *Hacı Ali Sok. 2. ☎ 252-53-46. Au pied de la tour de Galata, suivre la Galata Kulesi Sok. ; après le nº 11A, prendre la rue sur la gauche, puis continuer tt droit ; c'est 100 m plus loin (50 m après la mosquée). Tlj 9h-minuit.* Sur les pentes en contrebas de la tour de Galata, dans un bel immeuble levantin, cette pâtisserie possède une terrasse au dernier étage. Les gâteaux ne sont pas fameux, les boissons ne sont pas données, mais la vue sur la tour de Galata et l'entrée de la Corne d'Or est trop belle pour se refuser un thé...

***Filbooks*** *(plan Le quartier de Karaköy, D1,* ***246****)* **:** *Ali Paşa Değirmeni Sok. 1/1. ☎ 243-19-94. Tlj sauf lun 10h-23h.* Au bord de la rue piétonne, une adresse au diapason avec la clientèle de jeunes urbains décontractés (et aisés) qui a investi le quartier. Un café-librairie qui court sur plusieurs étages, spécialisé dans les bouquins de photos. Murs blancs, banquettes couvertes de coussins colorés (il y a même une balancelle au 1er !), quelques tables dans la ruelle. L'endroit, lumineux et frais, est bienvenu pour une pause gourmande. Gâteaux faits maison à accompagner d'un café, d'un thé ou d'un jus de fruits.

## Où fumer le narghilé ?

***Dersaadet*** *(plan Le quartier de Karaköy, B3,* ***248****)* **:** *Galata Köprüsü altı. ☎ 292-70-01. Sous le pont de Galata, côté Bosphore. Tlj jusqu'à 2h. Sert de l'alcool.* Les banquettes et les tables sont installées en terrasse sous la structure métallique du pont, parmi des dizaines de boutiques. Pas mal pour fumer le narghilé ou boire une bière, tout en admirant le ballet des *vapur* à l'entrée de la Corne d'Or. Programme également des concerts et des soirées danse.

## Où boire un verre ? Où sortir ?

***Les bars du quartier de Tophane*** *(plan Le quartier de Karaköy, D1,* ***254****)* **:** *le long de la Kılıç Ali Paşa Mescidi Sok.* Cette rue piétonne couverte d'une tonnelle de vigne vierge est devenue un lieu de rendez-vous incontournable de la jeunesse branchée et occidentalisée. Les tarifs s'en ressentent. Le jour, beaucoup de monde dans les cafés à narghilé et les *coffee shops* à l'américaine. Le soir, les bars *lounge* et bars à bière ne désemplissent pas et la rue, éclairée par des guirlandes de lampions, prend des airs de fête au village. À l'heure où le muezzin de la mosquée voisine convie les fidèles, le télescopage culturel est saisissant. On peut aussi y manger (tout le monde s'est mis à la mode des burgers) dans des décors de style tour à tour contemporain, rétro ou ethnique-chic. Beaucoup de bars également dans les rues adjacentes (le quartier se développe à vue d'œil !), notamment dans la Haca Tahsin Sokak. N'hésitez pas à vous balader dans le coin en ouvrant vos antennes.

***Nardis Jazz Club*** *(plan Le quartier de Karaköy, B1,* ***255****)* **:** *Galata Kulesi Sok. 8. ☎ 244-63-27. • nardisjazz.com • Tlj sauf dim 21h-1h (2h ven-sam). Fermé en août. Résa conseillée (l'endroit n'est pas grand). Entrée : env 60 TL.* En contrebas (50 m) de la tour de Galata, un petit club de jazz (comme son nom l'indique) ouvert à toutes les mouvances du genre, des stars internationales aux meilleurs jazzmen turcs. Programmation de qualité.

## Où prendre un bain turc ?

***Kılıç Ali Paşa Hamamı*** *(plan Le quartier de Karaköy, D1,* ***306****)* **:** *Hamam Sok. 1. ☎ 393-80-10. • kilicalipasahamami.com • À côté de la mosquée du même nom. Tlj ; 8h-16h pour les femmes ; 16h30-23h30 pour les hommes. Entrée : 310 TL ; petite réduc si l'on paie en liquide (euros acceptés).* Vraiment cher, mais il s'agit d'un superbe hammam construit par l'architecte Sinan entre 1578 et 1583, entièrement restauré en 2012, et vous pouvez y rester tout le temps que vous voulez. Propose des massages (en supplément !).

## Achats

**Chocolatier Mabel** *(plan Le quartier de Karaköy, C2,* ***215****) : Gümrük Sok. 1. ☎ 244-34-62. Tlj sauf dim 8h30-19h.* Un chocolatier de renom ouvert depuis 1947. Demandez un assortiment *(karışık)* de chocolats au poids.

## À voir

***Le lycée et l'église Saint-Benoît*** *(Sen Bönuva Lisesi ; plan Le quartier de Karaköy, C1-2)* **:** *Kemeraltı Cad., entre les nos 7B et 11.* Il ne subsiste de l'église française du XVe s, fondée par les jésuites, qu'une tour médiévale. Plusieurs fois incendiée, ses restaurations en ont fait un patchwork d'architecture. Alors que les sultans interdisaient aux églises d'avoir une coupole, ce droit fut accordé ici exceptionnellement. Les lazaristes fondèrent au début du XVIIIe s une école française qui fonctionne toujours.

***L'église Aya Panteleymon*** *(Aya Panteleymon Kilisesi ; plan Le quartier de Karaköy, C-D2)* **:** *Hoca Tahsin Sok. 19. Au 6e étage sans ascenseur ; une fois là-haut, reprenez votre souffle, sonnez et on vous ouvrira. Tlj 10h-17h.* C'est l'une des églises russes suspendues qui furent construites sur les toits des immeubles par manque de moyens. Celle-ci ressemble d'ailleurs plus à un appartement qu'à une église malgré les fresques sur les murs. Vous êtes au cœur du petit quartier branché de Tophane avec de nombreux salons de thé, bars et restos tendance, lieux de rendez-vous d'une jeunesse occidentalisée.

***La mosquée de Kılıç Ali Paşa*** *(Kılıç Ali Paşa Camii ; plan Le quartier de Karaköy, D1)* **:** *Necatibey Cad.* Une élégante mosquée construite en 1580 par Sinan, sorte de réplique à dimension réduite de Sainte-Sophie. Mur de qibla orné de belles faïences. Jouxtant la mosquée, très belle ***fontaine de Tophane*** *(plan Le quartier de Karaköy, D1)*, du XVIIIe s, en marbre sculpté de motifs végétaux et de textes arabes. C'est une des plus belles fontaines de la ville.

### DON QUICHOTTE, ESCLAVE À ISTANBUL ?

*Miguel de Cervantes, l'auteur de* Don Quichotte, *participa à la célèbre bataille de Lépante en 1571, opposant les Européens à la flotte ottomane. Cervantes y perdit l'usage d'une main et fut fait prisonnier par les Turcs. Il aurait alors travaillé comme esclave à la construction de la mosquée Kiliç Ali Paşa. Des passages de* Don Quichotte *font d'ailleurs allusion à sa captivité.*

***Le pavillon Tophane*** *(Tophane-i Amire Kültur ve Sanat Merkezi ; plan Le quartier de Karaköy, D1)* **:** *Meclis-i Mebusan Cad. En face de la mosquée de Kılıç Ali Paşa. Tlj sauf lun. GRATUIT.* Un beau *konak* restauré. C'est le centre d'arts appliqués de l'université des Beaux-Arts Mimar-Sinan. À côté, le bâtiment ottoman du XVIIIe s en brique rouge, surmonté de coupoles, est une ancienne fonderie de canons, également propriété de l'université des Beaux-Arts. Intéressantes expos temporaires.

***La mosquée de Nusretiye*** *(Nusretiye Camii ; zoom détachable 1, E3)* **:** *Meclis-i Mebusan Cad.* Elle date du début du XIXe s. Intéressante architecture rococo de Baylan (l'architecte du palais de Dolmabahçe). Encorbellements des minarets pas très orthodoxes. On accède à la salle de prière par une rampe double. À l'intérieur, le niveau inférieur est décoré de plaques de marbre, tandis qu'au-dessus les fenêtres, les pendentifs et les coupoles sont peints de motifs en couleurs.

## BEŞİKTAŞ *(plan détachable, G1-2)*

Un quartier résidentiel qui, ces dernières décennies, a poussé en hauteur. Mais, entre les immeubles résidentiels sans âme et les tours de bureaux de verre et d'acier, Beşiktaş a eu l'intelligente idée de conserver pas mal d'espaces verts, où se cachent de nombreux souvenirs de l'époque des sultans, à commencer par le palais de Dolmabahçe.

## Le palais de Dolmabahçe *(Dolmabahçe Sarayı ; plan détachable, G2)*

### Accès

➢ ***En tramway :*** ligne T1 depuis l'arrêt de Karaköy ou Tophane ; descendre au terminus de Kabataş, puis marcher 10 mn le long du quai.
➢ ***En funiculaire :*** depuis la place de Taksim, il mène à Kabataş. Finir à pied là encore.
➢ ***À pied :*** depuis la place de Taksim, descendre la İnönü Caddesi *(plan détachable, F2)*, puis les escaliers qui mènent directement à la mosquée de Dolmabahçe. Compter 25 mn.
➢ ***En bateau :*** pas de liaisons directes depuis Eminönü. Des bateaux (compagnie *Dentur Avrasya*) font la navette entre Üsküdar-Kabataş et Kadıköy-Beşiktaş. Voir la rubrique « Transports » dans « Istanbul utile » en début de guide.

### L'entrée

*Dolmabahçe Cad. ; en face du stade de Beşiktaş.* ☎ *236-90-00.* • *millisaraylar.gov.tr* • *Tlj sauf lun 9h-16h ; fermeture des guichets 1h avt. Entrée : 60 TL pour le palais, audioguide en français compris (bien fait ; prévoir une pièce d'identité en guise de caution) ; 40 TL supplémentaires pour le harem ; billet combiné palais + harem 90 TL ; réduc étudiants ; gratuit moins de 6 ans. Compter 2h pour la visite complète (palais et harem). N'accepte pas l'*Istanbul Museum Pass. *Photos et films interdits (consigne gratuite à l'entrée).* Rappelons que le lieu est toujours un bâtiment officiel, d'où la présence de la garde militaire (possibilité d'assister à la relève de la garde) et l'interdiction frustrante de photographier. Pas de visite guidée. On est obligé de suivre un parcours imposé, en file indienne, coincé entre les groupes. Ce qui devient rapidement ennuyeux et rébarbatif.

### Un peu d'histoire

Comme Vienne, Istanbul semble flotter dans un passé trop grand. Entre les ors de Topkapı et le béton de la Turquie moderne, il manque la splendeur déliquescente du dernier siècle ottoman. Au XVIIIe s, l'empire joue son destin entre les murs clos du sérail où le sultan s'est cloîtré avec sa nombreuse famille : frères, oncles, enfants, *gözde* (« celle qui a attiré l'œil du maître »), *iqbal* (favorite) ou sultanes. Ils sont une centaine à tromper leur ennui en intriguant pour le pouvoir, en flattant les janissaires et en soudoyant les eunuques, vivant au milieu du luxe et des *temenah* (révérences).
Pendant ce temps, l'empire se lézarde. La Serbie, la Grèce, puis l'Égypte de Mehmet-Ali conquièrent leur indépendance. Les Arabes se révoltent, le tsar de Russie complote avec les Arméniens et les Roumains, avale la Crimée, le Caucase.
Fasciné par l'Occident qui le grignote, Istanbul se met à l'heure de Paris : toilettes, opéras, mobilier. Le style baroque Napoléon III explose en délires orientaux. Dès 1827, le sultan porte fez et redingote. En 1846 (2 ans avant la France !), Abdülmecit abolit l'esclavage. Comme l'humidité de Topkapı déclenche la phtisie, les

sultans se font bâtir un petit Versailles de l'autre côté de la Corne d'Or. Dans ces palais immenses et lumineux, pièces montées de marbre ou dentelles de bois, rafraîchis de roseraies et de fontaines, les *kalfa* (dames de compagnie) en robe de brocart servent le café dans des coupelles d'émeraude, les concours de poésie restent à l'honneur, les princesses apprennent le piano et le jacquet.
Et comme être sultan n'est pas un métier si prenant que cela, chaque *padişah* cultive son hobby : Abdülaziz aime la lutte et les combats de coqs, Reşat cueille des roses et nourrit les pigeons, Abdülhamit travaille le bois. Ce dernier, qu'Anatole France baptisait le « grand saigneur » (sic), régna 33 ans en maître absolu et paranoïaque. À force d'exécutions et d'assassinats, il est déposé en 1909. Avec la Première Guerre mondiale, les Anglais font prisonnier son successeur, Mehmet VI, dans Istanbul occupé. Pour le protéger du révolutionnaire Mustafa Kemal, les Britanniques finissent par favoriser sa fuite sur l'un de leurs cuirassés jusqu'à Malte, d'où il rejoint Paris avec toute sa famille. L'empire d'Osman était mort.

## La visite

Le terrain fut conquis sur la mer dès le XVIIe s pour le plaisir d'un sultan de l'époque, ce qui valut à l'endroit d'être appelé *Dolmabahçe,* c'est-à-dire le « jardin rempli ». 6 des 36 sultans de l'Empire ottoman y ont vécu.
Le palais, construit par des Italiens, des Français et des Turcs, se compose de 3 parties, une pour les hommes *(selamlık),* une pour les femmes *(harem)* et la dernière réservée à la vie officielle. Il fut achevé en 1856, après 14 ans de travaux. Théophile Gautier visita le chantier en 1852.
La façade de marbre blanc, de 248 m de long, s'étire en bordure du Bosphore dans un somptueux jardin clos par une grille monumentale de 600 m de long.
– Sur la place à l'entrée du palais, une ***tour de l'Horloge*** de 27 m et la ***mosquée de Dolmabahçe*** se font face, toutes 2 dans le style baroque et néoclassique que les sultans de l'époque appréciaient tant. Elles furent d'ailleurs conçues par l'architecte qui dessina le palais, Nikoğos Balyan. La mosquée a cette particularité de posséder les minarets les plus fins du monde !

***Saat Kule Kafé :*** *derrière la tour de l'Horloge ; dans l'enceinte du jardin (après le contrôle de sécurité). Tlj 8h-23h.* Quelques tables sous les arbres ou sur le quai pour savourer un thé face au Bosphore.

– ***Le palais,*** construit par *Abdülmecit,* sultan tenu pour raffiné, évoque plus un délire d'émir saoudien que les kiosques délicats de Topkapı. Il coûta 5 millions de livres-or de l'époque. Palais de la démesure, il comporte pas moins de 280 pièces, 43 salons aux volumes gigantesques, 6 hammams. Colonnes grecques, voûtes mauresques ou gothiques, festons hallucinés, rocailles victoriennes, parquets en lame d'ébène, d'acajou et de bois de rose se succèdent. Admirer l'***escalier de cristal signé Baccarat*** (si délicat qu'une simple bougie le rend transparent), le magnifique ***hammam en albâtre*** posé sur le Bosphore, et cette avalanche d'or, d'argent, de cristaux taillés en diamants... À la fin de la visite, on reste baba devant l'immense ***salon des audiences,*** de 2 000 m² de superficie ; il est entouré de galeries ornées de colonnes. D'étonnantes peintures en trompe l'œil en prolongent la profondeur. De sa coupole

### L'INSTANT FATIDIQUE

*L'une des pièces les plus émouvantes – pour les Turcs – du palais de Dolmabahçe est la chambre dans laquelle Atatürk, le Père de tous les Turcs, vécut ses derniers jours et dans laquelle il s'éteignit le 10 novembre 1938 à 9h05 précises. Voilà pourquoi les pendules sont toutes arrêtées à cette heure. On en compte d'ailleurs pas moins de 156 dans tout le palais. En guise de commémoration, les sirènes du pays pleurent aujourd'hui sa disparition tous les 10 novembre, de 9h05 à 9h06.*

peinte, qui culmine à 36 m du sol, pend un ***lustre en cristal de Waterford de 4,5 t,*** nécessitant pas moins de ***750 ampoules.*** Cette misérable loupiote fut achetée par la Turquie, et non offerte par la reine Victoria, comme on l'entend souvent. Les autres lustres sont en cristal de Baccarat.
Le palais s'est mis à l'heure de toutes les cours d'Europe puisque presque tous les souverains de la 2de moitié du XIXe s ont été invités et se sont rendus dans ces lieux : de Louis II de Bavière au tsar de Russie, en passant par Édouard VII.
– ***Le harem,*** qui comprend 50 pièces, fut construit en 1855. On y voit une succession de salons, de salles de réception que présidait la sultane mère *(valide).* Grande chambre jaune, salon japonais, bains, chambre d'Abdülaziz... Ce sultan s'était commandé un ***lit sur mesure de 6 m de largeur*** : c'était un homme qui aimait recevoir du monde !

## À voir encore

***Le musée de la Peinture*** *(Resim Müzesi ; plan détachable, G2)* **:** *Dolmabahçe Cad. 4. ☎ 236-90-00. • millisaraylar.gov.tr • Tlj sauf lun 9h-16h. Entrée : 20 TL ; réduc. N'accepte pas l'*Istanbul Museum Pass. Aménagé dans une dépendance du palais de Dolmabaçhe. Le rez-de-chaussée est consacré aux peintres turcs des XIXe et XXe s. Dans la pièce principale, tableaux de différents sultans qui avaient pris goût à se faire tirer le portait (voir notamment le tableau d'Hippolyte Berteaux représentant le sultan Selim III). Au 1er étage, section consacrée aux peintres orientalistes du XIXe s (Gustave Boulanger, Eugène Fromentin), aux peintres européens de la cour et au Russe Ivan Konstantinoviç Ayvazovski, qui fit plusieurs séjours à Istanbul. Pour finir, collection de tableaux représentant Istanbul à différentes époques.

***Le musée des Collections du palais de Dolmabahçe*** *(Saray Koleksiyonları Müzesi ; plan détachable, G2)* **:** *Dolmabahçe Cad. ☎ 236-90-00. • millisaraylar.gov.tr • Tlj sauf lun 9h-17h. Entrée : 20 TL ; réduc. N'accepte pas l'*Istanbul Museum Pass. *Photos et vidéos interdites. Explications en anglais.* Un petit mais intéressant musée, installé dans les anciennes cuisines du palais de Dolmabahçe. Juste après les guichets, dans la salle des expos temporaires, noter les vestiges des fours. La collection rassemble de nombreux et précieux objets de toutes époques, appartenant au palais : tapis, instruments de musique, jouets des enfants impériaux, services de table, meubles, téléphones du XIXe s, poêles de faïence, etc. Parmi les plus belles pièces, on remarquera un bureau incrusté de nacre du sultan Abdülhamit II, une caméra de 1910 et une calèche impériale.

***Le musée de la Marine*** *(Deniz Müzesi ; plan d'ensemble G1)* **:** *☎ 327-43-45. • denizmuzesi.dzkk.tsk.tr • Tlj sauf lun 9h-17h (10h-18h w-e) ; fermeture des guichets 1h avt. Entrée : 10 TL ; réduc. N'accepte pas l'*Istanbul Museum Pass. *Audioguide en anglais : 25 TL. Droit photo : 20 TL et vidéo : 40 TL.* Un très beau musée, le plus grand du genre en Turquie, avec quelque 20 000 pièces. L'occasion d'une piqûre de rappel pour ceux qui auraient oublié que la flotte turque régna sur la Méditerranée orientale et alla même jusqu'à s'aventurer dans l'océan Indien.
– ***Au rez-de-chaussée :*** collection incroyable d'une douzaine de caïques impériaux, mesurant de 15 à 32 m de long. Effilées, élégantes, terminées par des figures de proue sculptées et dorées, ces embarcations servirent jusqu'à l'arrivée des bateaux à moteur au début du XXe s. Au XIXe s, près de 19 000 naviguaient sur les eaux du Bosphore et de la Corne d'Or. Admirer l'authentique galère du XVIe s (39 m de long, 57 t) mue par des rameurs. Son *köşk* (pavillon de bois incrusté de nacre à l'arrière) daterait de l'époque de Mehmet III (1595-1603). À l'étage, d'autres caïques plus petits, certains utilisés pour la course ou le commerce. Ne ratez pas la pièce rare, *Gemi Sancağii,* la bannière de combat utilisée par les Turcs lors de la bataille de Lépante (7 octobre 1571), tout en soie brodée rouge. Les Turcs vaincus,

la bannière fut emportée par l'armée de la Sainte-Alliance, et remise au pape. Conservée au Vatican pendant plusieurs siècles, elle fut offerte à la Turquie par le pape Paul VI lors d'une visite d'État, en 1965.

– ***Aux étages :*** l'histoire des grandes batailles maritimes y est racontée en détail. Une salle est consacrée à la conquête de Constantinople en 1453 par Mehmet le Conquérant : on y voit un morceau (mesurant 33 m et pesant près d'1 t) de la fameuse ***chaîne qui barrait la Corne d'Or*** afin d'empêcher le sultan Mehmet de prendre la ville. La chaîne entière faisait pas moins de 550 m de long pour un total de 4,5 t ! Intéressante ***histoire de Barbaros*** (Barberousse), grand amiral de la flotte turque en 1534, sous le règne de Soliman le Magnifique. Son écusson comporte une étoile de David. Nombreuses marines et maquettes, instruments de navigation, sextants et astrolabes, une salle des machines complète, uniformes marins du XIVe s à nos jours, etc. Incroyable collection de plusieurs dizaines de ***scaphandres du monde entier*** mis en situation au fond de faux océans. Remarquez aussi cet étonnant petit sous-marin décapotable, dans lequel on se déplaçait en combinaison : son look de requin rappellera quelque chose aux tintinophiles !

– Émouvante ***section consacrée à Atatürk,*** où l'on voit la chambre du yacht qu'il utilisa entre 1925 et 1937, son lit « de style Louis XVI », la salle à manger du bateau qui le promena en mer Noire en 1924 et divers objets personnels, dont ses vinyles favoris. Présentation de l'histoire moderne de la marine turque depuis l'avènement de la République jusqu'à nos jours.

– Sur la place Barbaros, à 100 m environ du musée de la Marine en direction d'Ortaköy (c'est la place devant l'embarcadère de Beşiktaş), se dresse une ***statue du corsaire Barberousse,*** devenu amiral de la flotte du sultan Soliman le Magnifique au XVIe s. Sa tombe se trouve dans un mausolée situé au milieu de la place, avec un petit cimetière autour *(ouv seulement ven 13h30-16h30).*

***Le pavillon des Tilleuls*** *(Ihlamur Kasrı ; hors plan d'ensemble par G1)* ***:*** *s'y rendre à pied en grimpant Ilhamurdere Cad., qui débute entre Dolmabahçe et le musée de la Marine (compter env 30 mn) ; sinon, en taxi depuis Beşiktaş. Tlj sauf lun 9h-17h. Entrée du parc : 1 TL ; pour le pavillon : 20 TL ; réduc (pour ts ven-dim) ; droits photos élevés.* Dans un agréable petit parc, un palais modèle réduit (qui se visite), ancienne résidence d'été du XIXe s où le sultan logeait ses hôtes (Lamartine y a séjourné) et un petit kiosque (ancien pavillon impérial), le Maiyet Köşkü, en annexe, transformé en salon de thé. Les 2, de style rococo, ont pas mal d'allure.

***Le parc de Yıldız*** *(Yıldız Parkı ; plan d'ensemble, G1)* ***:*** *entrée principale sur Çırağan Cad., en face de l'hôtel Çırağan Palace. Tlj 8h-21h en été ; 9h-19h le reste de l'année. Accès libre.* Ancien jardin impérial aménagé au XIXe s pour le bonheur des sultans et de leur cour. Cette colline plantée d'essences rares est devenue le rendez-vous des amoureux. Elle est agrémentée de petits lacs artificiels, de ponts de bois et de ravissants ***kiosques*** rococo.

***Malta Köşkü :*** *au sommet de la colline (fléché). Tlj 9h-22h30. Prix moyens.* Un kiosque converti en café-restaurant. À l'intérieur, bassin de marbre sculpté d'animaux et des plafonds peints. Belle terrasse à l'extérieur, avec vue sur le Bosphore.

***La mosquée de Yıldız Hamidiye*** *(Yıldız Hamidiye Camii ; hors plan détachable par G1)* ***:*** *en contrebas de l'entrée du palais de Yıldız. Accès en dehors des heures de prière.* Intéressante mosquée contemporaine du palais de Yıldız. Les styles se mélangent sans vraiment s'harmoniser : fenêtres en ogive, frises ornées de stalactites et fronton aux motifs arabisants. La magnifique salle de prière est richement décorée de lustres en cristal de Bohême et de tribunes de bois peintes et rehaussées d'or. Les mosquées de la vieille ville ne nous avaient pas habitués à ce faste. Les femmes assistent à la prière au 1er étage à travers un moucharabieh.

## ORTAKÖY *(hors plan d'ensemble par G1)*

*À 3,5 km de l'embarcadère de Kabataş et à 2 km de celui de Beşiktaş.* Ortaköy est l'un des quartiers les plus populaires le week-end (nettement plus calme en semaine). Tout le monde se concentre sur un petit périmètre au bord de l'eau, et on vient ici pour faire comme tout le monde : avaler un *kumpir* (une patate fourrée) au milieu de la foule. Ortaköy est également connu pour abriter, sur les rives du Bosphore, quelques-unes des discothèques les plus huppées d'Istanbul.

➢ ***Pour s'y rendre :*** bus n^os 25E, 22 ou 22RE depuis Kabataş ou prendre un taxi.

### Où manger ? Où boire un verre ?

***La « rue aux kumpir » :*** *Köprübaşı Sok. Entre la mosquée et l'avenue principale. Tlj. Très bon marché.* Cette rue est bordée de kiosques numérotés vendant des *kumpir,* cette patate que vous fourrez à volonté de légumes et de mayonnaise. C'est bien meilleur marché que les restaurants du rivage. Allez donc la savourer sur un banc, tout en rêvant face au Bosphore. Également des *gözleme* (crêpes fourrées) et des gaufres dégoulinantes de fruits...

***Mantı Evi :*** *Değirmen Sok. 3A. ☎ 261-78-67. Dans la 1^re ruelle parallèle au quai. Tlj 12h-21h. Bon marché. Pas d'alcool.* Un petit bistrot sans façons qui malgré son enseigne ne sert pas toujours des *mantı,* les fameux raviolis à la turque, mais aussi de la soupe, des *börek,* des *içli köfte.* Des plats faits maison, simples et bons. Petite terrasse sur la rue piétonne.

***Beltaş :*** *Sahili Cami karşısı. ☎ 259-07-32. Juste derrière la mosquée Blanche, en la contournant par la gauche. Tlj. De bon marché à prix moyens. Pas d'alcool.* Un café avec sa terrasse au bord de l'eau, géré par la municipalité, qui propose en-cas et quelques plats (*kumpir, kebap,* gaufres...). Noir de monde le week-end.

Sinon, pour boire un verre sur le quai, plusieurs cafés et une multitude de terrasses jouent à touche-touche. Choisissez la vôtre, sans quoi les garçons de café s'en chargeront avec empressement et insistance ! Seul le *Malt Bistro & Pub* sert de l'alcool.

***The House Café :*** *Salhanesi Sok. 1 (à l'extrémité du quai opposé à la mosquée, 1^re rue à gauche lorsqu'on est dos à l'embarcadère). Sert de l'alcool.* La chaîne turque de bars au goût d'aujourd'hui. Superbe terrasse au-dessus des flots. Chic et branché mais relax quand même. On peut y manger.

### Où sortir ?

***Ruby :*** *Salhanesi Sok. 5. ☎ 327-28-44. Possibilité d'y dîner tlj à partir de 19h ; catégorie « Très chic ». Bar-boîte de nuit jeu-sam minuit-5h ; entrée payante et gros filtrage à l'entrée (les hommes non accompagnés ne sont pas les bienvenus).* Resto en première partie de soirée qui se transforme ensuite en discothèque parmi les plus belles et les plus branchées de la ville. Ne pas y venir en tee-shirt, ni en tongs. *Ruby* aime le style « chic et choc ». Grande terrasse au bord du Bosphore.

***Sortie :*** *Muallim Naci Cad. 54, à Kuruçeşme. ☎ 327-85-85. Au nord d'Ortaköy, 400 m env après le pont. En été seulement, tlj 18h-4h. Entrée gratuite en sem ; payante ven-sam.* C'est, en fait, un véritable complexe qui comprend plusieurs restaurants et cafés (chers) autour de la piste de danse en plein air. Quasiment au niveau de l'eau, sur un gigantesque ponton, on ne peut être plus proche du Bosphore pour danser sur les derniers tubes européens à partir de 23h.

## À voir

***La mosquée Blanche d'Ortaköy :*** *au bord du Bosphore.* Construite en 1854 par l'architecte Nigoğos Balyan (l'architecte du palais de Dolmabahçe) dans

le style néobaroque. La mosquée contraste avec les lignes élancées du ***pont Boğaziçi,*** qui enjambe le Bosphore depuis 1973. Ce fut le premier à relier les 2 continents, l'Europe et l'Asie. Son tablier de 1 074 m de long, entre les 2 énormes piliers, culmine à 64 m de haut. Il est interdit de le traverser à pied (sauf si vous avez décidé de courir le marathon d'Istanbul !) et de s'y arrêter en voiture. La présence continuelle des véhicules sur le pont semble donner son rythme trépidant à ce quartier où le passé, revisité, n'a jamais autant inspiré les artistes, et où l'on s'amuse à mélanger les genres, plus que jamais.
Juste derrière la mosquée Blanche (sur le côté gauche) partent des croisières de 1h sur le Bosphore.

# LA RIVE ASIATIQUE

IND. TÉL. : 216
**Le détroit du Bosphore est traversé de toutes parts par des bateaux (les *vapur*) qui vous mènent en quelques minutes sur l'autre continent (et qui permettent aux habitants de circuler facilement d'Istanbul à... Istanbul). Embarquez d'Eminönü, de Karaköy, de Kabataş ou de Beşiktaş, vers Üsküdar ou Kadıköy, où il fait bon passer une soirée.**
**La rive asiatique est plus calme, plus verte et plus modeste que la rive européenne : ce sont comme 2 sœurs qui s'interpellent d'un bord à l'autre du Bosphore.**



## ***ÜSKÜDAR*** *(plan d'ensemble, G3-4)*

Üsküdar fut dans l'Antiquité le port de Chrysopolis (« cité de l'Or »), contemporain de la voisine Chalcédoine (« cité du Cuivre », aujourd'hui Kadıköy). Il tire son nom du palais impérial byzantin du Scutarion. Il ne reste plus aucune trace des vestiges byzantins, mais la ville, conquise par les Ottomans 1 siècle avant Constantinople, a vu fleurir nombre de mosquées et de palais : l'occasion d'un 1er contact avec l'Asie. Ce fut l'un des 1ers quartiers d'Istanbul à être urbanisés sur le modèle occidental, avec des rues larges et aérées. De nombreuses familles arméniennes y vécurent.

### Un grand Arménien d'Üsküdar

C'est à Üskudar qu'est né, le 23 mars 1869, ***Calouste Gulbenkian,*** issu d'une riche famille arménienne. Après avoir appris le français au lycée Saint-Joseph de Kadıköy, Gulbenkian fit des études à Londres et se lança dans les affaires. Le sultan accorda à Gulbenkian le monopole de la prospection pétrolière en Mésopotamie, ce qui l'amena à fonder, en 1912, la *Turkish Petroleum Company.* Devenu citoyen britannique et milliardaire, il se retira à Lisbonne pendant la Seconde Guerre mondiale. Il y créa la Fondation Gulbenkian, qui abrite les fabuleuses collections d'art constituées avec son immense fortune. On estime qu'il gagnait 16 millions d'euros actuels par mois !

### Comment y aller ?

➢ ***En bateau :*** nombreuses liaisons entre Eminönü (si vous êtes à Sultanahmet) et Üsküdar. Bateaux également entre Karaköy et Üsküdar. Liaisons également depuis Kabataş et Beşiktaş. Voir la rubrique « Transports » dans « Istanbul utile » en début de guide.
➢ ***En métro :*** avec le métro ***Marmaray*** (station Sirkeci à Sultanahmet) qui

passe sous le Bosphore (descendre à la station Üsküdar). C'est rapide, pratique mais moins charmant qu'une traversée en bateau.

## Où manger ?

### De bon marché à prix moyens (de 30 à 90 TL / env 5 à 15 €)

|●| ***Kanaat Lokantası*** *(plan d'ensemble, G3-4,* ***173****)* **:** *Selmanipak Cad. 9. ☎ 553-37-91. En face du débarcadère, prendre la 1re rue à gauche après la Mihrimah Sultan Camii ; c'est 50 m plus loin. Tlj 6h30-23h30. Pas d'alcool.* Cette grande salle impersonnelle et climatisée qui propose plus de 150 spécialités a été fondée en 1933. Grand choix de plats cuisinés dans la tradition ottomane et présentés dans une vitrine. Délicieux farcis en entrée, *elbasan tava* (agneau sauce béchamel) et *özbek pilavi* (riz pilaf) en plat, entre autres. Nombreux desserts, avec notamment d'excellentes glaces maison en sorbet ou à base de lait de brebis. Beaucoup de monde, ce qui est bon signe.

## À voir

***La mosquée Mihrimah*** *(Mihrimah Sultan Camii ; plan d'ensemble, G3)* **:** *juste en face du débarcadère.* La large cour extérieure, les arcades, les minarets et la fontaine, tout est charmant et typique de l'époque de sa construction (1548). L'architecte Mimar Sinan en est l'auteur. Elle est dédiée à Mihrimah, la fille chérie de Soliman le Magnifique. L'histoire raconte que Sinan, âgé de 50 ans et déjà marié, était tombé amoureux de cette belle Ottomane. Elle n'avait que 17 ans et son père la poussa à épouser un homme plus jeune, le grand vizir Rüstem Paşa. Sinan serait resté secrètement amoureux de Mihrimah. Il y a une autre mosquée Mihrimah dans le quartier de Fatih, sur la rive européenne.

***La mosquée de Şemsi Ahmet Paşa*** *(Şemsi Ahmet Paşa Camii ; plan d'ensemble, G3-4)* **:** *de l'embarcadère (ou de la station de métro), longer le Bosphore (bd Üsküdar Harem Sahil Yolu) en partant sur la droite (vers le sud) sur env 500 m.* La mosquée se dresse au bord du Bosphore, face à la mer. Cette toute petite mosquée surmontée d'un simple dôme (signée Sinan également) abrite la tombe du vizir Şemsi Paşa. Les fenêtres de l'enceinte de la cour intérieure ouvrent sur les eaux du Bosphore.

***La mosquée d'Atik Valide*** *(Atik Valide Camii ; plan d'ensemble, G4)* **:** *à 1,5 km à l'ouest de l'embarcadère. Prendre Hakimiyeti Cad. jusqu'à l'intersection avec Dr Fahri Atabey Cad. (appelé aussi Toptaşi Cad.) ; 700 m plus loin sur la gauche, prendre la petite Valide İmaret Sok. qui monte sur la hauteur où se trouve la mosquée.* On entre dans l'Atik Valide Camii par un verdoyant jardin, bordé d'une allée dont les dômes sont supportés par des colonnes de marbre et qui abrite une belle fontaine ombragée. Il s'agit d'un immense complexe qui comprenait une mosquée, une école coranique, un hôpital et un hammam. C'est, après la mosquée de Soliman, la plus grande mosquée construite par Sinan à Istanbul, pour la mère de Murad III. Sous la coupole centrale, supportée par 6 colonnes, le mihrab est entouré de faïences d'İznik et le minbar de marbre est finement sculpté.

***La mosquée et le hammam de Çinili*** *(Çinili Camii et Çinili Hamam ; hors plan d'ensemble par G4)* **:** *à 500 m env de la mosquée d'Atik Valide. Continuer dans la Valide İmaret Sok., puis tourner à droite une fois arrivé dans la Çavuşdere Cad. ; c'est 250 m plus loin, sur la droite.* Située sur une hauteur, la petite mosquée aux Faïences *(Çinili Camii)* date du XVIIe s. La façade et l'intérieur sont couverts de faïences d'İznik. Le minbar de marbre est décoré d'or, de rouge, de vert, et coiffé d'un cône de faïence. Juste avant d'arriver à la mosquée, sur la droite, le *Çinili Hamam,* lui aussi du XVII^e s.

**La mosquée Şakirin** *(Şakirin Camii ; hors plan d'ensemble par G5) :* *Nuhküyüsu Cad., à env 3 km au sud-est de l'embarcadère d'Üsküdar, dans le quartier de Barbaros (y aller en taxi).* Surprenante mosquée moderne, aux lignes futuristes, surmontée d'un dôme en aluminium. Réalisée par l'architecte Husrev Tayla, elle a été inaugurée en 2009 et ne ressemble à aucune autre. On doit l'intérieur à la designer Zeynep Fadillioglü, première femme à avoir décoré une mosquée : étonnant mihrab de forme arrondie et d'un bleu éclatant, superbe minbar dont la silhouette élancée évoquerait presque un toboggan, lustres « à gouttelettes » et nombreuses parois de verre. À ses pieds s'étend le cimetière *Karaca Ahmet,* dont le calme des allées tranche avec l'incessante circulation de l'avenue voisine.

## À voir dans les environs

**Le palais de Beylerbeyi** *(Beylerbeyi Sarayı ; hors plan d'ensemble par G3) :* *☎ 321-93-20. • millisaraylar.gov.tr • Face à l'embarcadère à Üsküdar, monter dans n'importe quel autobus nº 15 sauf le 15F ; l'arrêt se trouve près du palais, juste après le 1^er pont du Bosphore. En taxi, depuis l'embarcadère d'Üsküdar, compter env 20-25 TL (ça vaut la peine car c'est compliqué à pied). Tlj sauf lun 9h-17h (16h30 nov-mars). Accès libre au jardin. Entrée du palais : 40 TL, audioguide compris ; photos interdites à l'intérieur.*
Plus modeste que le palais de Dolmabahçe, voici un autre palais de marbre devant les eaux du Bosphore, entouré d'un jardin en terrasses d'essences rares. Le pont reliant l'Europe à l'Asie, dressé au-dessus du palais, semble flotter jusqu'à l'autre rive. C'est dans ce palais luxueux que le dernier sultan Abdülhamit II passa la fin de sa vie. Après son règne (de 1876 à 1909), il fut déposé et emprisonné à Salonique par le mouvement des Jeunes Turcs. De retour d'exil en 1912, il s'installa à Beylerbeyi où il mourut, dans la solitude et l'amertume, en 1918. Sa mort marque à quelques mois près la fin officielle de l'Empire ottoman.

*La visite*
*Beylerbeyi* signifie « le Bey des Beys », titre donné aux gouverneurs de provinces. Le palais fut construit pour le sultan Abdülaziz (1861-1876), déposé pour cause de défaillance mentale. D'une superficie de 3 000 m², l'édifice comporte pas moins de 24 pièces et 6 grands salons. Il fut construit par Sarkis Balyan, un frère de l'architecte de Dolmabahçe, entre 1861 et 1865. Pour tenir la cadence, le sultan fit même venir 400 musiciens qui avaient pour mission de rythmer et d'égayer le travail des ouvriers. Le souverain avait 2 passions : l'ébénisterie et la marine. C'est ce qui explique les si nombreuses marqueteries et les peintures navales qui ornent chaque plafond, entourées d'arabesques. C'est qu'ici le style baroque s'agrémente de maintes variations : lustres XIX^e s en cristal de Baccarat, vases de Sèvres ou du Japon, meubles de Paris qui reposent sur un sol de papyrus (pour absorber l'humidité) et de tapis (de la fabrique de Hereke). Le palais (séparé en 2 parties : le ***selamlık*** pour les affaires de l'empire, le ***harem*** pour les affaires privées) servit autant de résidence d'été que pour les hôtes de marque. Ainsi l'***impératrice Eugénie,*** sur le chemin de l'inauguration du canal de Suez, y passa 5 jours en 1869. À cette occasion, on redécora sa chambre dans le style européen et on donna une grande fête dans la belle salle de réception, sur le grand ***tapis*** (150 m² !), entre les colonnes de marbre bleu (du stuc !). Le mobilier est pauvre et peu raffiné. Malgré sa grandeur, son histoire et son luxe, Beylerbeyi dégage une impression de vide et de mélancolie, celle des lieux à la splendeur déchue.
Avant ou après la visite, allez boire un thé près du kiosque ou flâner dans les jardins.

**AGENT TRIPLE**

*Dans le film* Le monde ne suffit pas, *sorti en 1999, la tour de Léandre sert de repaire à Elektra King (incarnée par Sophie Marceau), la méchante de ce* James Bond-*là. Le 007 du grand écran est d'ailleurs un habitué d'Istanbul : Sainte-Sophie et les citernes de Sultanahmet ont servi de décor à* Bons baisers de Russie *en 1963. Sans oublier le marché aux épices et le Grand Bazar, où furent tournées des scènes de* Skyfall, *un autre film consacré aux aventures du célèbre agent secret, sorti à l'automne 2012.*

***La tour de Léandre ou tour de la Vierge*** *(Kız Kulesi ; plan d'ensemble, G4)* **:** *☎ 342-47-47. • kizkulesi.com.tr • À env 1 km au sud de l'embarcadère d'Üsküdar, par la voie sur berge qui mène à Kadıköy, prendre une vedette qui fait l'A/R depuis la rive face à l'îlot (plan d'ensemble, G4) ; départs tlj 9h15-14h45, ttes les 15 mn. Également, en été, depuis l'embarcadère de Kabataş, départs ttes les 1h, 10h-18h. Tlj 9h-19h. Tarifs : env 30 TL ; réduc. Attention, après 20h (sur résa seulement), dîner (médiocre) dans la salle de resto (catégorie « Chic »).* Sise sur un îlot à environ 200 m de la rive asiatique, cette tour veille sur l'entrée du Bosphore. Selon la légende, la tour marquerait l'endroit où Léandre, héros de la mythologie grecque, s'est noyé dans le Bosphore en tentant de rejoindre sa maîtresse. Une autre version prétend qu'elle a servi à protéger une jeune princesse d'une terrible malédiction... C'est, plus sûrement, un élément de défense de la ville. Au XIIe s, une chaîne fermait l'accès du détroit, tendue entre l'îlot et la pointe du Sérail où se trouvait alors l'acropole. Les lumières de la tour qui abrite un restaurant brillent aujourd'hui dans la nuit sur le Bosphore.

## *KADIKÖY*

Un quartier bien vivant qui conjugue tradition et modernité, et que l'on aime vraiment. Située en Asie, Kadıköy fait curieusement plus européenne qu'asiatique, par son urbanisme, son style de vie, son ambiance générale. Ces dernières années, le quartier a vu arriver une population d'artistes, d'intellectuels et de jeunes urbains. Depuis la rive européenne, Kadıköy est facilement repérable à ses grandes grues rouges qui gardent l'entrée de son port marchand. Ici, ni monuments historiques (ou si peu) ni musées remarquables, mais un véritable labyrinthe de rues et de ruelles pavées qui grimpent sur la colline depuis la rive du Bosphore.

### Un peu d'histoire

L'histoire de *Kadıköy* (le « village du Juge ») remonte à des périodes plus anciennes que celle de la Constantinople byzantine. Le quartier s'étend sur le site de l'***antique Chalcédoine*** (nom qui signifie « cité du Cuivre »), une colonie grecque fondée en 685 av. J.-C. Devenue romaine puis chrétienne, elle accueille en 451 apr. J.-C. le concile de Chalcédoine. Prise par les Seldjoukides en 1080, reprise par Godefroy de Bouillon, rendue aux Byzantins, Kadıköy est placée sous le commandement ottoman vers la moitié du XIVe s, soit 1 siècle avant la conquête de Constantinople par Mehmet le Conquérant.

Au XIXe s, les riches Stambouliotes viennent s'y mettre au vert. Dans les années 1920, de nombreuses familles de Levantins (arméniens, juifs) s'y installent et y font du commerce. Aujourd'hui, les émigrés des campagnes anatoliennes ont grossi la population de Kadıköy, devenu un quartier bourdonnant d'activité et agréable à vivre.

Les étals des primeurs débordent dans la rue, les boulangeries confectionnent de grands pains ronds, les terrasses des cafés vous invitent à l'ombre des arbres, les bric-à-brac des brocanteurs à chiner et les étagères des bouquinistes à flâner. Les nouveaux restos et cafés qui ont ouvert leurs portes ces dernières années sont plutôt branchés, mais sans excès. Vous verrez passer le tramway en bois rouge qui fait le tour du quartier.

## Comment y aller ?

➢ ***En bateau :*** liaisons fréquentes avec Eminönü, Karaköy et Beşiktaş. Voir la rubrique « Transports » dans « Istanbul utile » en début de guide.

➢ ***En métro :*** avec la ligne Marmaray depuis Sirkeci ; durée env 15 mn ; passe par la station Üsküdar. Métro ttes les 10 mn, 6h-23h40. Descendre à Ayrılık Ceşmesi *(plan détachable Le métro et le tramway)* ; de là, poursuivre en métro (ligne M4, Kadıköy-Tavşantepe) jusqu'à la station Kadıköy. Au retour, le dernier métro part à minuit de la station Ayrılık Ceşmesi.

➢ ***En dolmuş ou en taxi***

– Depuis Üsküdar, prendre un *dolmuş* ou un taxi en passant par la voie sur berge. Pour se rendre de Kadıköy à Üsküdar, prendre le *dolmuş* à l'arrêt au nord de l'embarcadère *(plan Le quartier de Kadıköy, B1,* ***1****)* ; circulent jusqu'à 2h du mat env.

– Depuis la place de Taksim, prendre un *dolmuş* jusqu'au terminus, et admirer au passage la vue du pont sur le Bosphore ; à éviter aux heures de pointe à cause de la circulation. Pour revenir à Taksim, prendre un *dolmuş* à l'arrêt au sud de l'embarcadère *(plan Le quartier de Kadıköy, A1,* ***2****)* ; circulent jusqu'à 3h du mat env.

➢ ***Navette Havabus*** *(plan Le quartier de Kadıköy, B1,* ***1****)* **:** liaisons entre Kadıköy et l'aéroport Sabiha Gökçen. Voir « L'arrivée à Istanbul » au début du chapitre « Bienvenue à Istanbul : adresses et infos utiles ».

## Adresse utile

🛈 ***Kiosque touristique de la municipalité*** *(plan Le quartier de Kadıköy, B1)* **:** *sur l'esplanade du débarcadère. Ouv tlj ; horaires variables.* On y parle parfois l'anglais.

## Où dormir ?

### De bon marché à prix moyens (de 20 à 70 €)

☗ ***Hush Hostel Lounge*** *(hors plan Le quartier de Kadıköy par B1,* ***9****)* **:** *Iskele Sok. 46.* ☎ *450-43-63. • hushhostels.com • Du débarcadère, longer le front de mer sur la gauche puis prendre la ruelle qui monte à droite avt l'hôtel Deniz (juste avt le pont).* Une AJ calme et de bon confort pour tous budgets. Parties communes à la déco soignée, avec petits salons, cuisine à disposition, agréable terrasse dans un jardin verdoyant et une autre sur le toit. Dortoirs de 4 à 8 lits impeccables, avec clim ou ventilo, dont un réservé aux filles. Chambres lumineuses, des simples économiques (avec parquet, salle de bains commune et ventilo) aux supérieures avec clim, balcon, salle de bains privative. En prime, une foule de bons conseils. 2 bonnes raisons de loger à Kadıköy ? Plus paisible et moins cher que sur la rive européenne. Très sympa.

☗ ***Hush Hostel Moda*** *(plan Le quartier de Kadıköy, zoom,* ***7****)* **:** *Güneşli Bahçe Sok. 50B.* ☎ *330-11-22. • hushhostels.com • À 300-400 m du débarcadère, en plein cœur du quartier commerçant et animé.* Petite auberge de jeunesse très bien tenue comme sa grande sœur, *Hush Hostel Lounge.* Cadre, confort, prix et services identiques. Clim dans la plupart des chambres, pas dans les dortoirs (sauf dans celui réservé aux filles). Terrasse très sympa sur le toit. À signaler quand même que cette auberge de jeunesse,

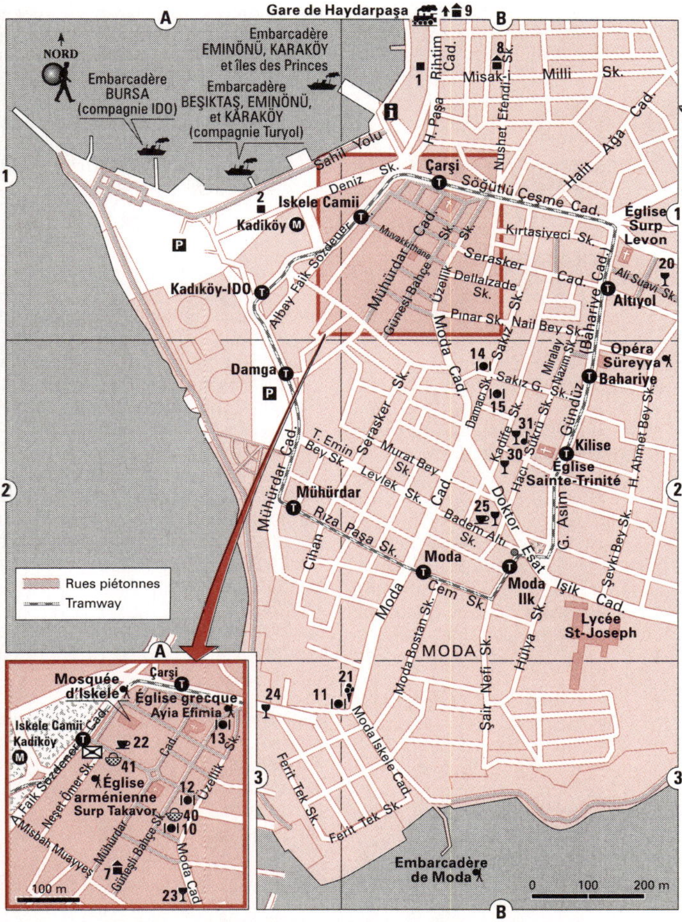


## LE QUARTIER DE KADIKÖY

### Adresses utiles

- Kiosque touristique (B1)
- 1 Arrêt des *dolmuş* pour Üsküdar et navette Havabus pour l'aéroport Sabiha Gökçen (B1)
- 2 Arrêt des *dolmuş* pour Taksim (A1)

### Où dormir ?

- 7 Hush Hostel Moda (zoom)
- 8 Akin Suites (B1)
- 9 Hush Hostel Lounge (hors plan par B1)

### Où manger ?

- 10 Çiya Sofrası (zoom)
- 11 Yer (A-B3)
- 12 Otantik Restaurant (zoom)
- 13 Yanyalı Fehmi Lokantası (zoom)
- 14 Basta ! (B2)
- 15 Viktor Levi (B2)

### Où boire un verre ? Où déguster une pâtisserie ou une glace ?

- 20 Piraye Kafe (B1)
- 21 Ali Usta Meşhur Dondurmacı (B3)
- 22 Baylan Pastanesi (zoom)
- 23 Zeytin Kafe & Bar (zoom)
- 24 Moda Aile Çay Bahçesi (A3)
- 25 Walter's Coffee Roastery (B2)

### Où sortir ? Où voir un concert ?

- 30 Masal Evi et Liman Kahvesi (B2)
- 31 Bahane I Kültür Kafe (B2)

### Achats

- 40 İmge Sahaf (zoom)
- 41 Hacı Bekir (zoom)

située dans une rue blindée de bars, s'adresse plutôt aux fêtards (pratique pour rentrer en pilotage automatique !).

## Chic (de 70 à 100 €)

**Akin Suites** *(plan Le quartier de Kadıköy, B1,* ***8****) : Kırmızı Kuşak Sok. 18. ☎ 405-13-70. • akinsuites.com •* Cet établissement moderne propose 3 types d'appartements à des prix défiant ceux d'un hôtel de standing. Ils sont spacieux (même les *standard* disposent d'un salon), calmes et très confortables (bonne literie, cuisine équipée, frigo, lave-linge). Avec leurs 2 chambres, les appartements *superiors* sont parfaits en famille.

# Où manger ?

## De bon marché à prix moyens (de 30 à 90 TL / env 5 à 15 €)

**Yanyalı Fehmi Lokantası** *(plan Le quartier de Kadıköy, zoom,* ***13****) : Yaglikçi 1. ☎ 336-33-33. À 50 m de la mosquée Osman (tt le monde connaît). Tlj jusqu'à 22h. Bon marché. Pas d'alcool.* Le resto est une institution, tenue par la même famille depuis plusieurs générations. On y sert une savoureuse cuisine locale, dans un joli cadre soigné et rétro, ou dans un patio à l'arrière. Les prix sont sages. Fait aussi pâtisserie.

**Çiya Sofrası** *(plan Le quartier de Kadıköy, zoom,* ***10****) : Güneşli Bahçe Sok. 32, 38A et 43. ☎ 330-31-90. Tlj 11h-22h. Bien vérifier l'addition. Pas d'alcool.* Dans cette rue très commerçante qui concentre moult bars et restos (pas de répit pour le chaland), il s'agit, sans conteste, de l'une des meilleures tables, entre tradition et innovation. Une institution, où même les habitués montrent du doigt le plat de leurs rêves au cuisinier. 3 restos sous la même enseigne dans cette portion de rue, dont un spécialisé dans les *mezze* et 2 autres dans les *kebap*. Les *mezze* sont servis au poids ; les plats chauds en *porsyon* ou demi-*porsyon* dans des assiettes en cuivre. De quoi en faire tout un repas et revenir bien vite le soir même ou le lendemain…

**Basta !** *(plan Le quartier de Kadıköy, B2,* ***14****) : Sakız Sok. 1A. ☎ 414-08-65. Tlj sauf lun jusqu'à 23h. Bon marché. Pas d'alcool.* Kaan a travaillé à Paris, puis en tant que chef cuistot dans un grand restaurant à Galata. Derin, lui, a fait ses études à l'Institut Paul-Bocuse. Parfaitement francophones, ils ont monté leur *street food bar,* comme ils le définissent. Derrière le joli mur recouvert de céramique bleue qui sépare la salle des fourneaux, ils préparent d'excellents *dürümler,* une sorte de wrap que l'on savoure sur des tabourets, accompagné d'une assiette de hoummous ou d'un dessert. Une petite adresse gentiment branchée qui tombe à point nommé pour manger sur le pouce (et bien !), pour pas cher, et basta !

**Otantik Restaurant** *(plan Le quartier de Kadıköy, zoom,* ***12****) : Muvakkithane Cad. 24A. ☎ 330-71-44. Tlj 10h-minuit.* L'adresse d'une petite chaîne locale de restos, simples, bons et pas chers. Petite carte avec un honnête choix de soupes, *gözleme, kebap,* poisson, etc. Pas mal de tables. Service pro.

**Yer** *(plan Le quartier de Kadıköy, A-B3,* ***11****) : Ferit Tek Sok. 25. ☎ 450-16-70. En descendant vers le front de mer de Moda. Tlj 9h-1h. Prix moyens.* Une terrasse qui s'avance vers la rue ombragée, une petite salle moderne, sobre et dans le vent. Ce n'est pas un resto typique mais plutôt un lieu jeune où l'on peut boire un verre ou manger tranquillement, sans se la raconter. Petite cuisine turque, allégée, revue et corrigée, simple et bien faite.

## De prix moyens à chic (de 50 à 180 TL / env 8,50 à 30 €)

**Viktor Levi** *(plan Le quartier de Kadıköy, B2,* ***15****) : Damacı Sok. 4.*

☎ 449-93-29. *Tlj 12h-minuit. Sert de l'alcool.* Cette ancienne demeure de 1914 au charme rétro abrite un resto connu de tous. Sa cour entourée de hauts immeubles mais très paisible et envahie de plantes vertes est séduisante. Sur la carte, pas vraiment de *Şiş kebap,* mais plutôt une cuisine internationale qui explore différents horizons culinaires lointains (fajitas, poulet à la thaïe, au curry, etc.). C'est réussi.

## Où boire un verre ?
## Où déguster une pâtisserie ou une glace ?

***Piraye Kafe*** *(plan Le quartier de Kadıköy, B1,* ***20****)* **:** *Ali Suavi Sok. 7.* ☎ *414-15-21. Tlj jusqu'à 22h30 env. Pas d'alcool.* Près de l'église arménienne Surp Levon, le *Piraye Kafe* est le café du centre culturel Nâzım-Hikmet *(Nâzım Hikmet Kültür Merkezi).* Ce lieu honore la mémoire du poète turc communiste mort en exil. Dans le vaste jardin ombragé, loin du tumulte révolutionnaire, on peut boire un thé ou même grignoter salades, *börek* ou plats de viande (bon marché), tout en feuilletant le journal du parti.

***Walter's Coffee Roastery*** *(plan Le quartier de Kadıköy, B2,* ***25****)* **:** *Badem Altı Sok. 21B.* ☎ *449-11-00. Tlj 10h-23h.* Un café « nouvelle vague » et branché, aux allures de laboratoire avec sa paillasse en carreaux blancs qui fait office de comptoir, ses tableaux périodiques sur les murs en béton, ses plafonds noirs et sa machine qui torréfie les grains de café derrière la grande verrière. Forcément, le café est bon (mais les prix corsés...). Thés bio, milk-shakes et excellents gâteaux complètent le tableau.

***Zeytin Kafe & Bar*** *(plan Le quartier de Kadıköy, zoom,* ***23****)* **:** *Moda Cad. 30A.* ☎ *330-05-62. Tlj jusqu'à 2h. Sert de l'alcool.* Derrière une façade qui n'attire pas le regard, ce *kafe* et bar dissimule un plaisant jardin ombragé par un tilleul un palmier. Sympa pour se mettre au vert et au calme, à deux pas des ruelles les plus trépidantes du quartier. On peut y manger.

***Moda Aile Çay Bahçesi*** *(plan Le quartier de Kadıköy, A3,* ***24****)* **:** *Ferit Tek Sok. À la pointe de Moda. Pas d'alcool.* À l'ombre des arbres et des parasols, les chaises et tables en plastique de cet immense et populaire « jardin de thé » surplombent le rivage de la mer de Marmara sur plusieurs centaines de mètres. Ambiance très familiale le week-end. Ne vous laissez pas imposer une place, choisissez celle que vous voulez.

***Ali Usta Meşhur Dondurmacı*** *(plan Le quartier de Kadıköy, B3,* ***21****)* **:** *Moda Cad. 176.* ☎ *414-18-80. Tlj 9h-2h du mat.* On vient ici pour déguster des glaces aux 1 000 parfums. Goûter à la glace au café (qui a le goût du café turc) ou, en hiver, au *Vefa Bozası...* du bout des lèvres. Ou encore à la *Santamaria* dont la composition est tenue secrète (même les serveurs n'en savent rien...). Également de grosses gaufrettes pour manger sa glace façon sandwich !

***Baylan Pastanesi*** *(plan Le quartier de Kadıköy, zoom,* ***22****)* **:** *Muvakkithane Cad. 9A.* ☎ *346-63-50. Tlj 7h-22h.* La maison est née avec la République, en 1923. Les gourmands choisiront la salle, désuète à souhait, pour garder un œil sur les rangées de pâtisseries, ou s'installeront à l'arrière, en terrasse sous la treille, pour déguster la *kup griye* (prononcer « coupe grillée ») : glace vanille, crème fouettée, caramel et croquant.

## Où sortir ? Où voir un concert ?

Le centre de Kadıköy est l'un des rendez-vous branchés de la vie nocturne (bars plus que discothèques classiques). La *Kadife Sokak (plan Le quartier de Kadıköy, B2)* est la rue des bars. Il y en a pour tous les goûts, avec terrasse, verrière ou cheminée, bars électro ou à l'esprit rock, cafés tranquilles pour lire son journal devant un café et un toast. En voici 2 qu'on a bien aimés. Pour être complet, beaucoup de bars s'alignent le long de la *Güneşli Bahçe Sokak (plan Le quartier de Kadıköy, zoom),* mais l'atmosphère y est plus bruyante, plus saturée.

***Masal Evi et Liman Kahvesi*** *(plan Le quartier de Kadıköy, B2,* ***30****)* **:** *Kadife Sok. 33 et 37.* ☎ *418-27-53. Tlj 13h-2h du mat ;* happy hours *jusqu'à 20h. 2 entrées pour un même lieu.* Le *Masal Evi* est une vieille maison grecque qui a gardé son caractère, un bar sur plusieurs niveaux, avec petits salons. Le *Liman Kahvesi* est sympa pour jouer au vieux loup de mer sans quitter la terre ferme. Accoudé au comptoir en forme de coque de bateau, on boit des verres à fond de cale, en admirant les belles maquettes de voiliers. Les 2 partagent la même grande cour à l'arrière. Bonne musique (jazz, pop, parfois reggae).

***Bahane I Kültür Kafe*** *(plan Le quartier de Kadıköy, B2,* ***31****)* **:** *Kadife Sok. 27.* ☎ *345-54-49.* • *face book* • *Tlj jusqu'à 2h30 du mat.* Un café culturel qui organise régulièrement des concerts payants. Ne pas hésiter à jeter un coup d'œil sur la programmation.

## Achats

***Hacı Bekir*** *(plan Le quartier de Kadıköy, zoom,* ***41****)* **:** *Muvakkithane Cad. 6A.* ☎ *336-15-19. Tlj 8h-20h.* Le célèbre fabricant de loukoums possède une succursale à Kadıköy. Jolie boutique à l'ancienne, avec quelques tables au fond pour se lécher tranquillement les doigts et les babines. On y vend toutes sortes de loukoums... la spécialité de la maison !

***İmge Sahaf*** *(plan Le quartier de Kadıköy, zoom,* ***40****)* **:** *Güneşli Bahçe Sok. 41A.* ☎ *449-39-64. Tlj 9h (11h dim)-18h.* En face du resto *Çiya,* une petite librairie à l'ancienne avec de vieux bouquins et B.D. turcs. Quelques livres en français en fouillant bien.

## À voir

En arrivant par le *vapur,* on passe devant la majestueuse ***gare de Haydarpaşa*** *(hors plan Le quartier de Kadıköy par B1),* construite au bord de l'eau en 1908 par 2 architectes allemands. Elle est désormais désaffectée et en attente de reconversion.

***La mosquée d'İskele*** *(İskele Camii ; plan Le quartier de Kadıköy, zoom)* **:** *en face de l'embarcadère.* Construite par Mimar Sinan pour la fille Mihrimah de Soliman le Magnifique. Juste au nord, la médersa.

À certains carrefours, on reconnaît des églises (grecques ou arméniennes) aux croix qui ornent les coupoles ou les clochers. De l'embarcadère, repérez l'immeuble bleu et blanc de la *Türkiye Bankası,* prenez la Söğütlü Çeşme Caddesi, puis la 2e à droite ; à l'angle de Yasa Caddesi, vous devriez tomber sur l'***église grecque Ayia Efimia*** *(plan Le quartier de Kadıköy, zoom).* Ici se serait tenu, en 451, le 4e concile œcuménique. Tout droit, à 150 m, jetez un œil au joli clocher en bois de l'***église arménienne Surp Tavakor*** *(Surp Tavakor Ermeni Kilisesi ; plan Le quartier de Kadıköy, zoom).*

Non loin de là, les ***ruelles*** se transforment en cavernes d'Ali Baba, avec plein de primeurs, de poissonniers, de boucheries, etc. La *Güneşli Bahçe Sokak (plan Le quartier de Kadıköy, B1)* est la mieux approvisionnée : en passant devant le nº 8A, n'hésitez pas à croquer dans les *cevizli hurma* (au miel et aux noix) vendues quand il fait beau par la *Gözde Şarküteri.*

La *Dellalzade Sokak (plan Le quartier de Kadıköy, B1)* est bordée d'innombrables boutiques d'antiquaires.

***L'opéra Süreyya*** *(Süreyya Operası ; plan Le quartier de Kadıköy, B2) : Bahariye Cad. 29. ☎ 346-15-31. • sureyyaoperasi.kadikoy.bel.tr •* Au bord de la Bahariye Caddesi, que se partagent piétons et tramway, se dresse la belle façade de ce théâtre. Construit en 1927 dans le style Art déco par le parlementaire et pacha İlmen Süreyya, son foyer est inspiré du théâtre des Champs-Élysées à Paris. Néanmoins, la scène et les coulisses ne furent jamais achevées. Il servit de cinéma jusqu'à ce que la municipalité le restaure en 2007 et le convertisse en opéra. Jetez un coup d'œil dans le hall, au cas où la salle serait ouverte.

Au sud du quartier, les immeubles du quartier huppé de Moda profitent de la vue sur la mer de Marmara. Poussez jusqu'à l'ancien ***embarcadère de Moda*** *(plan Le quartier de Kadıköy, B3),* construit en 1917 dans un style Art nouveau.

Le gigantesque ***marché de Kadıköy*** *(Salı Pazarı ; hors plan Le quartier de Kadıköy par B1* ; voir la rubrique « Marchés » dans « Istanbul utile », en début de guide) : *de Kadıköy, Ⓜ Göztepe (ligne M4). Le marché se trouve à côté de la station de métro. Mar et ven 8h30-17h.*

# LA CROISIÈRE SUR LE BOSPHORE

**Long de 28 km, large de 660 m à 2 km, le Bosphore est un très beau bras de mer qui relie la mer de Marmara à la mer Noire. Il s'agit d'un des détroits les plus stratégiques du monde ! Plutôt que de séparer l'Europe et l'Asie, le Bosphore rapproche les 2 continents car il s'agit bel et bien d'une « route fluviale », empruntée chaque année par des milliers de navires et de ferries. Une superbe croisière à faire, qui permet d'apprécier la beauté de ce détroit et de ses rives chargées d'Histoire.**

## Comment faire la croisière ?

Pour visiter les rives européenne et asiatique jusqu'au 1er pont du Bosphore, voir respectivement, plus haut, « La rive occidentale » et « La rive asiatique ».
Si vous voulez visiter le Bosphore au-delà du 1er pont qui relie Ortaköy et le palais de Beylerbeyi, prenez le temps d'une ***croisière sur les eaux du Bosphore*** en bateau.

### En bateau

Prenez un aller simple, pour avoir le choix de rentrer en bateau ou en bus selon votre humeur, ça ne vous coûtera guère plus cher.

***Départ*** des bateaux de l'embarcadère d'Eminönü *(plan détachable, D4)* ; *compagnie* ***Şehir Hatları*** *(☎ (0212) 444-18-51 ; • sehirhatlari.istanbul • ; plan détachable, D4,* ***20*** *; réduc avec l'Istanbul Museum Pass).* Le guichet de vente des billets se trouve sur la gauche du bâtiment Adalar Hatti ve Boğaz Turlari. Le billet est à utiliser dans la journée et à conserver jusqu'à la descente du bateau.

– ***Croisières longues :*** *env 15-18 TL l'aller ; 25-30 TL l'A/R ; réduc moins de 12 ans).* Tlj à 10h35 et 13h35. Prévoir env 2h pour atteindre Anadolu Kavağı, petit port situé au nord du Bosphore (juste avant d'arriver à la mer Noire). En partant à 10h30 d'Eminönü, on arrive à Anadolu Kavağı à 12h30. On reste sur place le temps de déjeuner (plusieurs restaurants), puis le bateau repart à 15h et 17h (18h w-e) pour arriver à Eminönü respectivement vers 16h40 et 18h40 (19h40 w-e). Au total, la croisière dure presque 6h. S'il fait beau, c'est un souvenir vraiment inoubliable !
Ceux qui logent à Beyoğlu pourront prendre le bateau qui passe, 15 mn

après son départ de l'embarcadère d'Eminönü, à l'***embarcadère de Beşiktaş*** *(plan d'ensemble, G2)*. Le bateau fait ensuite escale, 15 mn plus tard, à ***Üsküdar*** (pratique pour ceux qui logent à Kadiköy). Le bateau s'arrête dans différentes stations.

– ***Croisières courtes :*** *env 12-15 TL ; réduc moins de 12 ans.* On fait une boucle jusqu'au 2e pont, sans escale. Environ 1-3 départs/j. selon affluence ; durée : 2h env.

– ***Bosphore de nuit*** *(« moonlight tour »)* ***:*** de juin à mi-sept, le sam seulement. Départ d'Eminönü à 17h30 (bateau en provenance de Kadıköy), puis arrêts à Üsküdar et Beşiktaş. Arrivée à Anadolu Kavağı à 20h. On a le temps de dîner avant que le bateau ne reparte vers 22h30, avec retour à Eminönü vers minuit ; tarif : env 20-25 TL.

– ***Escales*** *(croisière longue seulement)* ***:*** les bateaux font des arrêts rapides à Beşiktaş (Dolmabahçe, sur la rive européenne), Kanlıca (rive asiatique), Sarıyer (rive européenne), Rumeli Kavağı (rive européenne) et Anadolu Kavağı (rive asiatique). Les escales sont les mêmes à l'aller et au retour. Si vous êtes descendu avant le terminus, vous pourrez reprendre l'un de ces bateaux au passage, mais en repayant.

***Autres possibilités***

– Avec la compagnie ***Turyol*** *(☎ (0212) 251-44-21 ; ● turyol.com ● ; plan détachable, D4,* ***21****)*, départ tlj, ttes les 45 mn-1h, 10h-21h, de l'embarcadère à gauche du pont de Galata à Eminönü. Balade de 1h30 jusqu'au pont de *Mehmet Fatih* (le 2e pont) et retour. Pas d'arrêt. Prix : env 25 TL. Départs également, avec la même fréquence, depuis les embarcadères de Karaköy (dernier départ à 20h05, le w-e 19h05), d'Üsküdar (10h30-20h20 ; un peu moins cher) et de Kadıkoy (3-7 départs/j.).

– Avec la compagnie ***Dentur Avrasya*** *(☎ (0212) 444-63-36 ; ● denturavrasya.com ●)*, depuis les embarcadères de Kabataş et de Beşiktaş. Propose des croisières courtes jusqu'au pont de *Mehmet Fatih* (durée : 1h30 ; pas d'escale) et des croisières longues jusqu'à Anadolu Kavağı, où le bateau fait une halte de 2h. Compter 20-30 TL selon la croisière.

***Quelques conseils***

Éviter les week-ends et arriver au moins 30 mn à l'avance pour avoir une place assise. Pour les meilleures photos, si vous faites l'A/R en ferry, en raison de l'orientation du soleil, placez-vous côté rive européenne le matin, côté rive asiatique au retour, l'après-midi.

## En bus

Un moyen de transport très bon marché. Ainsi, on peut prendre le bateau à l'aller et revenir en bus sur la côte européenne : gain de temps (compter 45 mn pour le retour).

Au départ de ***Sarıyer*** (rive européenne), les bus nos 40 et 25T longent la rive européenne jusqu'à Taksim. Pour le vieil Istanbul, bus nos 22, 22RE ou 25E jusqu'à Kabataş, puis prendre le tramway en direction de Zeytinburnu.

Si vous avez votre journée, vous pouvez suivre l'itinéraire que nous proposons plus loin (lire « À voir au retour en bus »). Pour cela, si vous êtes sur la rive asiatique à Anadolu Kavağı, prenez un bateau qui vous mène en 10 mn en face, à Sarıyer (il y a env 1 liaison/h), puis sautez dans un bus. De la même manière, le bus no 15 longe la côte asiatique entre Üsküdar et Beykoz (précisez votre destination au chauffeur en montant). Les billets s'achètent dans les cabines blanches aux principaux arrêts de bus.

## À éviter

– ***En taxi :*** cela vous coûtera cher pour ne pas aller beaucoup plus vite que le bus.

– ***En voiture :*** ne jamais y aller le week-end. Il faut parfois plus de 1h pour parcourir 10 km. Embouteillages monstres garantis, surtout sur la rive européenne.

# À voir à l'aller en bateau

## 1er arrêt : Dolmabahçe (près de Beşiktaş)

Après être passé devant le **palais de Dolmabahçe** (voir plus haut « La rive occidentale »), l'***université Galatasaray*** (francophone) et la ***mosquée Blanche d'Ortaköy*** (voir plus haut « La rive occidentale »), on arrive sous le 1er pont suspendu du Bosphore (le pont Boğaziçi), construit en 1973 pour le 50e anniversaire de la République turque. La distance entre les 2 tours est de 1 074 m et le tablier s'élève à 64 m au-dessus de l'eau. Sur la rive asiatique, le pont surplombe le ***palais de Beylerbeyi*** (voir plus haut « La rive asiatique »).

***Arnavutköy*** *(le village des Albanais)* **:** un peu après le 1er pont, sur la rive européenne. Un port de pêche où de vieux *yalı* (résidences au bord de l'eau) bien conservés trempent leurs pieds dans l'eau. En fait, il y a toujours eu ici plus de Grecs et de Juifs que d'Albanais. L'endroit est très fréquenté le soir, et nombreuses sont les tavernes où l'on casse les assiettes à la manière grecque ! Le village possède plusieurs églises grecques, une synagogue, l'université du Bosphore (ancien *Robert College*) et, devant, une curieuse petite île, l'***île de Galatasaray,*** qui est en fait le club de sport du même nom.

À ***Kuleli*** (rive asiatique), on ne peut manquer l'imposante façade du ***collège naval,*** reconnaissable à ses 2 tours pointues. Le bâtiment fut construit en 1838 et sert d'école militaire depuis 1947. À l'époque byzantine, l'impératrice Théodora, épouse de Justinien, y avait fait construire un asile de « repentance » pour les filles de joie... Au XVIe s, le sultan Selim Ier, réputé pour sa brutalité, se fâcha contre son jeune fils, Soliman, et ordonna à un sbire de le tuer. Pris de compassion, celui-ci refusa d'exécuter la sentence. Il aurait alors caché pendant 3 ans le seul et unique héritier mâle de la dynastie au cœur d'un jardin à Kuleli, en l'habillant en jardinier. Devenu sultan, Soliman le Magnifique revint y planter quelques arbres en souvenir de cet épisode de sa jeunesse durant lequel il vécut dans la peau d'un humble jardinier.

***Kandilli*** *(rive asiatique)* **:** c'est là que les courants sont les plus dangereux, ce qui leur vaut d'être appelés « courants du diable ». C'est là aussi que le Bosphore atteint sa profondeur maximale, un peu plus de 100 m.
Le village est réputé pour ses *yalı*. Les plus remarquables sont le ***yalı des Ostrorog,*** avec sa façade couleur rouille, et le ***Kıbrıslı Yalı,*** avec sa façade blanche longue de 64 m. Tous 2 datent du XVIIIe s.
Les Ostrorog, une noble famille franco-polonaise, habitèrent dans leur *yalı* de sa construction jusqu'à leur dernier descendant, le comte Jean Ostrorog, qui y mourut en 1975. Le *yalı* a été racheté par Rahmi Koç, un des entrepreneurs les plus riches de Turquie. On compte parmi les hôtes illustres Georges Pompidou et André Malraux. Pierre Loti y séjourna également.

***Küçüksu*** *(les Eaux douces d'Asie),* sur la rive asiatique, était à la mode au début du XXe s. La bourgeoisie stambouliote venait faire des balades en barque sur la petite rivière Göksu qui se jette dans le Bosphore. Au bord de l'eau, le ***palais de Küçüksu*** *(Küçüksu Kasrı ; ● millisaraylar.gov.tr ● ; tlj sauf lun 9h-17h ; entrée : 20 TL).* De style néobaroque, il fut construit en 1856 par Nikoğos Balyan, et servit de résidence pour les hôtes présidentiels de la jeune République turque. Juste à côté se trouve une magnifique fontaine édifiée en 1796 pour le compte du sultan Selim III.

***Le château d'Europe*** (Rumeli Hisarı) **:** *de l'autre côté, sur la rive européenne. Tlj sauf mer 10h-18h (17h oct-avr). Entrée : 18 TL. Inclus dans l'*Istanbul Museum Pass. C'est un énorme fort (250 m de long sur 120 m de large), bâti à flanc de colline par le sultan Mehmet Fatih quelques mois avant la conquête de Constantinople. L'objectif était de contrôler le Bosphore en son passage le plus étroit. Près de 3 000 maçons, porteurs et manutentionnaires y œuvrèrent jour et nuit. L'ensemble fut achevé en 1452. Les murailles de 15 m de hauteur sont épaisses de plusieurs mètres. Le sultan y avait installé un puissant canon dont la portée couvrait tout le Bosphore. De là-haut, le panorama est saisissant. En été, quelques concerts dans les ruines de la forteresse.

**À TOUR DE BRAS !**

*Le château d'Europe est un petit Carcassonne construit en 4 mois ! Il faut dire que le sultan de l'époque n'y est pas allé par 4 chemins : il avait confié la construction de chacune des tours (3 au total) à un vizir différent, avec menace de décapiter celui qui ne respecterait pas les délais. Aucun ne faillit à la tâche (comme quoi, il suffisait de demander...), et l'Occident chrétien fut terrifié par ce nouveau fort sorti de terre en un clin d'œil. On savait travailler à l'époque.*

***Le musée Aşiyan*** *(Aşiyan Müzesi)* ***:*** *derrière le Rumeli Hisarı. ☎ (0212) 263-69-86. Tlj sauf dim-lun 9h-16h30. GRATUIT.* C'est dans ce *yalı* que vécut le renommé poète turc Tevfik Fikret (1867-1915). La maison, avec vue sur le Bosphore, qui se visite, est ornée des œuvres de ses contemporains.

Puis on passe sous le 2d pont suspendu : construit en 1988, le ***pont Mehmet Fatih*** enjambe le détroit en son point le plus étroit (700 m).

## 2e arrêt : Kanlıca

***Kanlıca,*** sur la rive asiatique, est un tout petit village réputé pour ses yaourts. On les mange sucrés ou au miel *(bal).* Près de l'embarcadère, plusieurs cafés en servent, mais le plus renommé est *İsmail Ağa Kahvehanesi,* sur la petite place. À Kanlıca, quartier de Beykoz, il reste quelques très beaux *yalı,* dont le plus ancien du Bosphore, ***Amcazade Hüseyin Paşa Yalısı,*** construit au XVIIe s par le grand vizir du sultan. Il est aussi appelé ***Köprülü Yalı.*** Il se trouve aujourd'hui dans un état de délabrement avancé.

On passe devant ***İstinye,*** petit port blotti dans une crique, sur la rive européenne. Parmi les nombreux *yalı* au nord de l'embarcadère, l'un des plus beaux est le ***Ahmet Akif Paşa Yalısı,*** tout blanc avec 4 tours. Il a été construit au XIXe s par l'architecte français Alexandre Vallaury, qui a également conçu les bâtiments des Musées archéologiques et le *Pera Palas.*

Bien au nord de ***Yeniköy*** (ancienne *Neapolis* des Grecs), avant d'arriver à Tarabya, vous verrez le ***Kalender Yalı,*** un pavillon cubique, blanc et gris, construit vers 1870. Juste après, construit fin XIXe s sur un quai gris à balustrade, façade en bois blanc et toiture de tuiles rouges, le ***Huber Yalı,*** qui sert de résidence d'été au président de la République turque depuis 1985.

En face, à ***Çubuklu,*** sur la colline, on voit dépasser des arbres une tour blanche et carrée : ici se dresse l'ancien ***palais d'été du khédive d'Égypte,*** qu'il fit construire en 1907 dans le style Art nouveau pour fuir la chaleur estivale du Caire, sans doute. Acheté par la Ville en 1930, il fut transformé par le *Touring Club* de Turquie en hôtel-restaurant de luxe.

**PROMOTION CANAPÉ**

*Âgé d'à peine 20 ans, César fut envoyé pour négocier avec Nicomède IV, roi de Bithynie, royaume qui s'étendait sur la rive est du Bosphore et allié des Romains. Ils devinrent amants, à l'époque où la bisexualité était courante. On lui confia ensuite une troupe pour combattre Mytilène en Grèce. Ses victoires successives l'amenèrent au commandement suprême.*

On passe ensuite côté européen devant ***Tarabya,*** une autre station moderne et mondaine. Tarabya tire son nom de *therapia* (« thérapie » en grec), en raison de son air bénéfique. Naguère multiculturelle, on y trouve encore plusieurs églises arméniennes, grecques et une synagogue. Dans les années 1904-1905, Pierre Loti ancra son bateau *Le Vautour* dans le port du village, où l'ambassadeur de France avait sa résidence d'été. Il évoque d'ailleurs le site qu'il aimait tant dans son roman *Les Désenchantées.*
Au nord du port, le rivage est bordé de plusieurs vieux *yalı,* tous plus beaux les uns que les autres : ce sont les anciennes ***résidences d'été des ambassadeurs européens,*** datant de la fin de l'Empire ottoman. Après la façade de bois fantomatique de l'ancienne ambassade d'été italienne aujourd'hui abandonnée, vous verrez l'***ambassade d'été française,*** donnée à la France par le sultan Selim III. En novembre 1850, Gustave Flaubert rendit visite à l'ambassadeur de France dans sa résidence de Therapia. Sa façade en brique rouge abrite depuis 1989 une partie de l'université de Marmara.

## 3e arrêt : Sarıyer

***Sarıyer,*** sur la côte européenne, est le port le plus important du détroit. À la belle saison, la localité se transforme en un vaste restaurant de plein air.
Juste après Sarıyer, ne vous étonnez pas de voir quantité de mariées près du modeste ermitage de ***Telli Baba.*** Le tombeau de ce sage attire toutes les filles désireuses de trouver un époux. Elles viennent couper un fil d'argent au-dessus du tombeau du saint et le conservent pieusement jusqu'au moment où elles ont trouvé le conjoint. Le procédé est, paraît-il, infaillible. C'est pourquoi elles reviennent vêtues de leur robe de mariée remercier Telli Baba et lui rapportent le fil d'argent qui leur a permis d'en mettre un autre à la patte de leur époux.

## 4e arrêt : Rumeli Kavağı

***Rumeli Kavağı,*** sur la côte européenne. Son nom signifie le « peuplier de Roumélie ». La Roumélie était le nom donné aux provinces européennes de l'Empire ottoman, et, par extension, à la rive européenne du Bosphore. Encore un village de pêcheurs avec des restos de poisson, au pied d'une forteresse génoise.

## 5e arrêt : Anadolu Kavağı

***La forteresse byzantine de Murad IV :*** *à* ***Anadolu Kavağı,*** *sur la rive asiatique (terminus de la croisière). Pour s'y rendre depuis le village, prendre à gauche la route qui monte (compter 20 mn env à pied) ; à mi-chemin, l'asphalte se transforme en pavés : tourner alors à gauche.* Cette ancienne forteresse qui domine le village a été restaurée par les Génois, puis par le sultan Murad IV. Le site a vu se dérouler plusieurs batailles au fil des siècles. Ce fut la plus grande forteresse du Bosphore. Elle servit un temps de prison aux soldats espagnols de l'armée de Charles Quint, capturés par Barberousse (Barbaros), l'amiral de la flotte turque au XVIe s. Il ne reste en fait que quelques murs et 2 tours, d'un bel appareil de brique rouge, et de gros blocs de pierre qui encadrent l'entrée. À quelques mètres de hauteur sont encastrées 4 croix gravées dans le marbre. Belle vue sur l'embouchure de la mer Noire.
Si vous pensez à faire vos courses au village, vous pourrez pique-niquer sur les pelouses au pied des 2 tours de la forteresse. Vous pouvez aussi manger au village.

***Baltacı :*** *Macar Tabyası 29.* Bonne boulangerie vendant notamment un excellent *fish bread* pour le pique-nique.

**Restaurant Kavak et Doğanay :** *Yalı Cad. 13. ☎ (0216) 320-20-36. À 150 m à gauche du débarcadère, près du buste d'Atätürk. Prix moyens.* On y sert principalement du poisson, dont un délicieux petit maquereau. L'accueil n'est pas toujours top, mais vous apprécierez surtout son emplacement et sa terrasse particulièrement agréable au bord de l'eau.

**Le pont Yavuz Sultan Selim :** inauguré en août 2016, ce gigantesque pont enjambe le Bosphore après *Anadolu Kavağı,* juste avant d'arriver à la mer Noire. On l'aperçoit très bien depuis les rives mais aussi depuis le bateau. Avec une longueur de 1 408 m, c'est le plus grand pont suspendu de Turquie, et sans doute du monde. C'est une autoroute de 8 voies ! Un chantier colossal. Son architecte français, Michel Virlogeux, est l'auteur du pont suspendu de Millau, du pont de Normandie et du pont Vasco-de-Gama à Lisbonne.

## À voir au retour en bus (rive européenne)

Il est possible de faire le voyage aller en bateau sur le Bosphore et de revenir par la rive européenne en bus. Dans ce cas, prenez le bateau au départ d'Eminönü, faites la croisière jusqu'à son point le plus septentrional, Anadolu Kavağı, sur la rive asiatique. Le temps d'admirer l'embouchure de la mer Noire depuis les tours de la forteresse et de vous restaurer.
Puis traversez en bateau le détroit pour vous rendre à Sarıyer, sur la rive européenne. Billet pour la traversée : env 6 TL. Départ vers 14h (en sachant que le bateau arrive vers 12h10 à Anadolu Kavağı).

**Le musée Sadberk Hanım** (Sadberk Hanım Müzesi) **:** *au bord du Bosphore, à 1 km au sud (sur la gauche donc) de l'embarcadère de Sarıyer. Piyasa Cad. 27, Büyükdere. ☎ (0212) 242-38-13. • sadberkhanimmuzesi.org.tr • Tlj sauf mer 10h-17h. Entrée : 10 TL ; réduc, notamment avec l'*Istanbul Museum Pass.
Cette collection privée, l'une des 2 plus riches de Turquie, a été rassemblée dans le ***Azaryan Yalı,*** belle demeure en bois du début du XIXe s, construite par le négociant Bedros Azaryan. Après avoir racheté le *yalı* en 1950, Vehbi Koç, riche industriel, a sauvé la demeure de la décrépitude. Elle abrite l'un des plus beaux musées d'Istanbul, tant pour les collections que pour leur présentation. Il est divisé en 2 bâtiments.

*Dans le 1er bâtiment*
Pièces anciennes de l'art islamique et de la culture seldjoukide (XIe et XIIe s), art timuride (1370-1507). Nombreux objets de la période ottomane, des sabres, des arcs, des flèches, des armures en cuivre, de la vaisselle. Noter les superbes boîtes à écrire de voyage, en argent ciselé et finement travaillé. Les périodes hellénistique (grecque), romaine et byzantine sont bien présentées aux 1er et 2e étages (les objets numérotés de 10 à 14 sont les plus précieux). Dans l'entresol, collection de lampes à huile romaines en terre cuite ornées de divinités, d'animaux ou de scènes érotiques. Voir aussi les statuettes en terre cuite représentant Cybèle, Athéna, Éros, Europe et son bœuf amoureux, Hermès (dieu grec des Voyageurs, des Marchands et des Voleurs), Dionysos... Des parures, des bagues, des instruments de médecine. Dans une vitrine, magnifiques flacons en verre coloré datant de l'Antiquité grecque. Parmi les objets de la période byzantine, un crucifix en bronze notamment.

*Dans le bâtiment ancien*
Les pièces hautes de plafond évoquent une demeure bourgeoise avec ses moulures et ses stucs. On passe par le petit salon rose avec sa table Napoléon ornée des portraits des maréchaux d'Empire. Riche collection de faïences d'İznik et de Kütahya. Au 2e étage, expo consacrée à la mode vestimentaire ottomane et turque du XVIIIe au XIXe s à travers une collection de vêtements anciens, de robes, de tuniques et de textile.

***Büyükdere*** est « un des plus charmants villages de plaisance qui existent au monde », nota Théophile Gautier en remontant le Bosphore en 1852. On peut encore y voir quelques *yalı*. C'est à Büyükdere, en 1096, que l'empereur Alexis Comnène autorisa les croisés conduits par Godefroi de Bouillon (un chevalier franc) à camper, avant de traverser le Bosphore et de se diriger vers la Terre sainte.

➢ Prenez ensuite un bus (nos 40B ou 25E) ou un *dolmuş* (à enseigne blanche ; ceux à enseigne jaune ne longent pas la rive), et descendez à Emirgân, au bord du Bosphore, entre le pont Fatih et la bourgade d'İstiniye.

***Le musée Sakıp Sabancı*** *(Sakıp Sabancı Müzesi)* **:** *Sakıp Sabancı Cad. 42. ☎ (0212) 277-22-00. • sakipsabancimuzesi.org • Tlj sauf lun 10h-18h (20h mer). Entrée : 30 TL ; réduc, notamment avec l'*Istanbul Museum Pass *; gratuit moins de 14 ans et pour ts le mer.* Sur une petite colline surplombant le Bosphore, la villa autrefois habitée par la famille Sabancı abrite désormais des expos temporaires.

***Emirgân*** est surtout célèbre pour son ***parc de tulipes*** juste au nord du musée Sakıp Sabancı. Un lieu féerique et très calme en semaine, surtout au printemps. En 1635, un prince persan surnommé Emir-Güne (son nom a donné Emirgân) voulut envahir le village. Ayant perdu, il le rendit sans combat au sultan Murad IV. Non seulement ce dernier lui laissa la vie sauve, mais il en fit son compagnon de débauche et lui offrit même un terrain en échange de sa capitulation. Le Persan y planta des tulipes et y vécut dans l'oisiveté. Au centre du grand parc d'Emirgân se dressent 3 pavillons de la fin du XIXe s appelés *Sarı Köşk* (le kiosque Jaune), *Pembe Köşk* (le kiosque Rose) et *Beyaz Köşk* (le kiosque Blanc). On dit que le thé servi dans les cafés d'Emirgân est particulièrement savoureux en raison de la qualité de l'eau locale. Alors le *rakı* doit être lui aussi meilleur.

### FAN, FAN DE LA TULIPE

*Ce n'est pas aux Pays-Bas mais en Turquie qu'on cultiva en 1er les tulipes. Les sultans lui vouaient un tel culte que son exportation était interdite. L'empereur autrichien en reçut en cadeau de son ambassadeur en Turquie. Son jardinier les exporta discrètement en Hollande en 1593, où la culture devint alors une passion nationale. Aujourd'hui, la municipalité d'Istanbul en plante par milliers dans les parcs et jardins !*

***Sarı Köşk*** *(Le Kiosque Jaune)* **:** *dans le parc d'Emirgân. ☎ (0212) 229-50-38. Tlj 9h-22h. Prix moyens.* Belle vue sur le Bosphore depuis le balcon qui surplombe un étang au milieu du parc.

➢ Poursuivez ensuite en bus jusqu'à ***Kabataş*** (lignes nos 40B, 40T, 42T, 25E, 22 et 22RE). Arrêt possible en chemin à Ortaköy ou Beşiktaş. Depuis Kabataş, correspondance en tramway vers le vieil Istanbul ou en funiculaire vers la pl. de Taksim.



# LES ÎLES DES PRINCES

IND. TÉL. : 216

**Archipel de 9 îlots dans le bleu intense de la mer de Marmara, à une vingtaine de kilomètres au sud d'Istanbul et de l'entrée du Bosphore. Le nom d'« îles des Princes » date de l'époque byzantine, où elles servaient de résidence aux princes, mais aussi de lieu de réclusion à ceux qui étaient chassés de la Cour. Les pirates, ainsi que de nombreuses communautés religieuses, y trouvèrent également un refuge idéal. Anciennes villégiatures de la gentry locale au XIXe s, elles en conservent un parfum d'exclusivité. Mais leur proximité de**

**la capitale les rend très touristiques, et il faut éviter d'y aller le week-end et lors des vacances scolaires des Stambouliotes. Nous ne vous présentons ici que les 4 îlots principaux.**

## Comment y aller ?

La plupart des bateaux desservent 4 îles, dans l'ordre : Kınalı Ada, Burgaz Ada, Heybeli Ada et Büyük Ada. Les nombreuses liaisons permettent de caboter facilement de l'une à l'autre. Sur les panneaux des horaires, il est écrit « Adalar », *Adalar* signifiant « îles » en turc.

– ***Un tuyau :*** évitez de partir avec la compagnie publique *Şehir Hatları* les week-ends et périodes de fêtes. La file d'attente à l'embarcadère peut alors durer plusieurs heures en plein cagnard ! Préférez les compagnies privées *Turyol, Mavi Marmara* ou *Dentur Avrasya,* à peine plus chères et beaucoup moins fréquentées. Attention, elles n'acceptent pas l'*Istanbulkart* : on doit payer son billet à leur guichet respectif. Au retour, prendre n'importe quel bateau : il y a rarement la queue.

➢ ***Depuis Eminönü :*** embarcadère situé près du pont *(plan détachable, D4).* Les bateaux de la compagnie *Şehir Hatları* • *sehirhatlari.istanbul* • font escale à ***Kadıköy.*** Départ ttes les 1h-1h30, 6h50 (7h30 dim et j. fériés)-minuit. Durée : 50 mn pour Kınalı Ada, 1h05 pour Burgaz Ada, 1h20 pour Heybeli Ada, 1h35 pour Büyük Ada. Acheter un ticket au guichet (6 TL l'aller) ou utiliser l'*Istanbulkart.* Pour le retour de Büyük Ada : 5h45-22h15 lun-sam ; 6h15-22h15 dim et j. fériés. Avec la compagnie *Turyol (☎ (0212) 251-44-21 ; • turyol.com • ; 10 TL l'aller)* : départ ttes les heures 9h40 (8h40 w-e)-19h15 (18h15 sam, 14h15 dim), avec passage à l'embarcadère de ***Karaköy*** *(plan Le quartier de Karaköy, B2).* Avec la compagnie *Mavi Marmara,* tout à droite du quai *(☎ 0850-480-67-67 ; • mavimarmara.net • ; 10 TL l'aller),* 4-5 départs/j. 10h20-14h30 (dernier retour à 16h30).

➢ ***Depuis Beşiktaş et Kabataş :*** départs moins fréquents. Avec la compagnie *Şehir Hatları*, 6-7 bateaux/j. depuis Kabataş, 6h35-18h15 (sam 7h05-19h55) et 3/j. depuis Beşiktaş. Avec la compagnie *Dentur Avrasya (☎ (0212) 444-63-36 ; • denturavrasya.com • ; env 10 TL),* 7-10 bateaux/j. depuis Beşiktaş, 9h30-19h45 en sem, jusqu'à 21h15 le w-e (ajouter 15 mn pour le départ depuis Kabataş) ; retours depuis Büyük Ada 7h15-21h. Mais attention, cette compagnie dessert seulement Heybeli Ada et Büyük Ada, les 2 îles principales.

➢ ***En bateau-taxi :*** depuis l'embarcadère d'Eminönü *(plan détachable, D4)* ; mais très cher... Voir la rubrique « Transports » dans « Istanbul utile », en début de guide.



## KINALI ADA

*À env 15 km de l'embarcadère d'Eminönü.* Les Grecs l'appelaient la « première » *(Proti)* car c'est la 1re île rencontrée en venant d'Istanbul. Kınalı Ada signifie en turc « l'île du henné ». Aride, petite (1,3 km²), peu boisée et assez bétonnée, elle recèle au nord et au sud du port des plages de sable ultra-bondées en saison. Au moins, vous ne souffrirez pas de la solitude.

## BURGAZ ADA

*À env 17 km de l'embarcadère d'Eminönü.* Cette petite île de 1,5 km² est relativement calme, très fleurie et pas trop construite. Ce qui explique qu'elle soit notre préférée ! Et aussi très fréquentée par la jeunesse branchée d'Istanbul... Pour se rendre de l'autre côté de l'île, longer le rivage par la droite du débarcadère, en direction de la petite mosquée octogonale. Sinon, on peut passer par le sommet de la colline en traversant le village, mais la montée est plus raide. À Burguz Ada, on raconte encore l'histoire de Turgut Egemen, un excentrique amoureux des animaux. Il vécut dans les années 1960 dans sa maison *(Mezarlık Sok. 4)* en compagnie de lions, d'ours, de loups et de gazelles. Et il est même ressorti vivant !

Sur le front de mer, de chaque côté du port, on trouve plusieurs ***restaurants*** de prix moyens à chic, tous avec terrasse et servant du poisson comme de la viande. Dans les ruelles en arrière du port, quelques ***cafés et petits restos*** de type *kebap-pide*.

***Ergün Pastanesi :*** *juste en face du débarcadère. Tlj 7h-22h.* Une pâtisserie-salon de thé dont les vitrines débordent d'alléchants gâteaux et biscuits. Sert également des *börek* et des omelettes, mais le lieu est nettement plus doué pour le sucré que pour le salé.

***Four Letter Word Roastery :*** *à env 200 m au sud du débarcadère. Tlj 9h-minuit (horaires réduits hors saison). Prix moyens.* Une halte qu'on aime bien, tenue par des jeunes super sympa, dans un tout petit local au décor moderne avec quelques tables dehors. Le café est excellent et, pour cause, il est torréfié sur place. Chaud, aromatisé ou frappé, on peut l'accompagner d'un léger en-cas salé ou sucré. Bonne musique.

## *HEYBELİ ADA*

*À env 23 km de l'embarcadère d'Eminönü. De Heybeli Ada à Büyük Ada, compter 15 mn. Liaisons fréquentes.* La rive où vous accostez est bordée de cafés et de restaurants qui servent une cuisine plutôt médiocre et chère. Sur la côte est se trouve l'École navale turque, installée à l'emplacement d'un ancien couvent. Un grand sanatorium donne à cette île de 2,4 km² une ambiance un peu particulière. Perdu dans le relief sur le site du monastère byzantin de la Sainte-Trinité (IXᵉ s), le grand séminaire de l'église grecque orthodoxe est fermé par les autorités depuis le coup d'État militaire de 1971, au grand dam du patriarcat grec orthodoxe et de l'Union européenne, qui ne cesse de demander sa réouverture. Sa chapelle du XVIIᵉ s a été détruite en 2007 par des gardes forestiers, avec l'assentiment des autorités turques, alors qu'elle venait d'être restaurée… Au bout de l'avenue Lozan-Zaferi se trouve la maison-musée d'Ismet Inönü, héros turc de l'indépendance, qui fut président de la République. À 45 mn du port à pied, on arrive à la plage d'Almanaköy.

## *BÜYÜK ADA* (la Grande Île)

*À env 24 km de l'embarcadère d'Eminönü.* Non seulement la plus vaste (5,4 km²) et peuplée (plus de 7 000 habitants), mais aussi la plus célèbre et la plus fréquentée. Malgré la cohue pendant l'été et le week-end, elle possède indéniablement beaucoup de charme. Mieux vaut s'éloigner le plus possible du port principal (bardé d'hôtels, de restos et de boutiques de souvenirs) si l'on veut trouver un peu de sérénité. Hormis les véhicules municipaux, les voitures y sont interdites : on y circule plutôt en calèche ou à vélo. C'est l'île où a été conservé le plus grand nombre de riches demeures estivales en bois. Certaines ont été bien restaurées, d'autres défigurées par des propriétaires sans goût, d'autres encore ont disparu dans les flammes.
Longtemps appelée *Prinkipo,* « l'île du Prince », en raison, pense-t-on, d'un palais que l'empereur Justin II fit construire. Au XIXᵉ s, Büyük Ada devint l'île préférée des riches Stambouliotes et des résidents étrangers. En 1828, un voyageur anglais la recommande « à tous ceux qui auront le malheur de tomber malade à Constantinople, car le climat y est délicieux, l'air doux et tempéré ». Le climat et l'air n'ont pas changé.
– Plusieurs distributeurs de billets sur le port.

## Où dormir ? Où manger ?

Comme souvent, les adresses du front de mer offrent un rapport qualité-prix discutable. Le racolage du client y est monnaie courante. Mieux vaut prospecter dans les rues alentour.

### De bon marché à prix moyens

***Candy Garden & Candy Island :*** *2 établissements apparentés, situés à 50 m l'un de l'autre, dans les ruelles au sud du débarcadère. Le 1er se trouve au Oltaci Sok. 7 (tlj 9h-22h), le 2d au coin de Oltaci Sok. et Özdemir Cad. (tlj 8h-20h). 0535-646-46-86. Pas d'alcool.* Le *Candy Garden* est installé dans un jardin (on l'aurait deviné !) calme et ombragé. Il propose plats du jour, burgers, pâtes, salades, sandwichs et aussi de bons desserts. Économique et très correct, si l'on ne s'attend pas à de la haute gastronomie. L'accueil est aimable. Quant au *Candy Island,* il occupe une mignonne maisonnette de bois décorée comme une bonbonnière, dans les tons pastel. On y sert avec une grande gentillesse du thé et de délicieux gâteaux.

### Plus chic

***Hôtel Splendid Palace :*** *23 Nisan Cad. 39. ☎ 382-69-50. • splendidhotel.net • Doubles env 100-200 €.* Construit en 1908, inspiré par l'Art nouveau, un hôtel de charme à 2 pas du débarcadère. Bien qu'entièrement rénové et modernisé, il a gardé tout son caractère avec son patio intérieur lumineux garni de coursives, son mobilier Art déco et ses chambres douillettes et lumineuses (balcon donnant sur la mer pour les plus chères). La grande classe. Belle piscine dans le jardin et restaurant avec terrasse ombragée et cuisine honnête. Les prix sont justifiés, compte tenu de la beauté du lieu.

***Secret Garden :*** *Çiçekli Yalı Sok. 24, dans la cour de l'hôtel* Ada Boutik Palas, *à env 300 m au sud du débarcadère. ☎ 382-14-44. Tlj 9h-22h. Sert de l'alcool.* Secret, peut-être pas, mais discret en tout cas. On y déguste poissons et viandes grillés, crevettes, calamars, moult *mezze*... Si le menu accumule les classiques de la cuisine turque, tout n'est pas forcément disponible. La nourriture ne casse pas des briques mais elle reste honnête par rapport aux standards de l'île (la barre n'étant pas placée bien haut !). Service aimable, bien qu'un peu amateur. Le gros atout du lieu, c'est surtout le calme de son verdoyant jardin, qui permet d'échapper un instant à l'agitation du front de mer pourtant tout proche.

## À voir. À faire

Pour visiter l'île, 3 solutions : à pied, en calèche ou à vélo. À pied, pas de difficulté, il suffit de suivre le trajet des calèches. Attention aux coups de chaud en été : il n'y a pas d'ombre. Les calèches semblent être un moyen pittoresque de découvrir l'île, mais les chevaux sont hélas dans un état déplorable. Nombre d'entre eux meurent chaque année, faute de soins. Il est donc préférable de louer un vélo dans les ruelles du port (plusieurs boutiques en proposent).

***Le musée des Îles des Princes*** *(Adalar Müzesi) : Yimar Türk Cad. ☎ 382-64-30.*

### UN RÉVOLUTIONNAIRE EXILÉ

*Léon Trotski, ex-chef de l'Armée rouge, expulsé d'URSS par Staline, a passé 4 ans d'exil à Istanbul, principalement sur les îles des Princes, d'avril 1929 à juillet 1933. Trotski écrivait, lisait et sortait tous les matins, protégé par un policier, pour pêcher au filet. C'est à Büyük Ada qu'il rédigea l'*Histoire de la révolution russe. *Déchu de la nationalité soviétique en 1932, Trotski quitta l'île en 1933 pour gagner la France avec un passeport turc.*

*• adalarmuzesi.org • À 3 km au sud du village principal, sur la gauche de la route qui longe la côte, dans une baie. Bien indiqué. Tlj sauf lun 9h30-17h30. Entrée : env 10 TL ; gratuit moins de 12 ans et pour ts le mer. Explications en anglais. Y aller à vélo.* Ce petit musée expose objets, documents, photos, petites vidéos relatant l'histoire des îles. Le plus intéressant est la liste chronologique des empereurs et impératrices de Byzance, exilés sur les îles des Princes. Parmi eux, l'impératrice Irène, en 802, qui construisit un monastère sur Büyük Ada. Léon Trotski vécut pendant 4 ans, accompagné de sa femme, dans une 1re maison de l'avenue Çankaya, puis dans une villa de la côte nord, impasse Hamlaci. Il est question d'en faire un musée. Trotski reçut la visite du photographe surréaliste Man Ray et de Georges Simenon en 1933. Celui-ci recueillit ses propos pour *Paris-Soir.* Trotski y annonçait déjà « une explosion guerrière de la part de l'Allemagne fasciste ».

➢ De la place en face du débarcadère, prenez la rue à droite qui monte légèrement en longeant la côte. Elle est aussi empruntée par les calèches, suivez donc le crottin ! 2 km plus loin, vous découvrirez une belle pinède en bord de mer, aménagée pour les pique-niques (plage payante). Continuez le chemin emprunté par les calèches pour faire le tour de l'île (au moins 3h de marche, sauf si vous décidez d'emprunter les chemins douaniers). Vous profiterez alors des parfums et des couleurs des térébinthes, des arbres à mastic (lentisques), des pistachiers et autres conifères, mais aussi des lys, lilas, œillets et magnolias qui complètent ce décor visuel et olfactif.

➢ Une autre promenade : monter en direction de l'ancien *Lunapark* jusqu'à la grande place bordée de pins. Grimpez le sentier pavé dans la pinède. Les vélos ne sont pas autorisés sur cette piste. Ce chemin de croix est bordé d'arbustes où les nœuds en plastique ont remplacé les feuilles : à chaque nœud correspond un vœu. En 20 mn, on atteint le point culminant de l'île. L'église du ***monastère*** orthodoxe ***Saint-Georges*** *(Aya Yorgi)* est ouverte. C'est un haut lieu de pèlerinage.

À côté du monastère, un restaurant champêtre sert de bons *mezze* à l'ombre des pins et avec vue panoramique. On y goûte notamment des *börek* et des grillades. Calme en semaine mais bondé le week-end.

# HOMMES, CULTURE, ENVIRONNEMENT

## ACHATS

On vous rappelle que la Turquie est l'un des 1ers producteurs mondiaux de contrefaçons. Lire la rubrique « Dangers et enquiquinements. Contrefaçons » dans « Istanbul utile ». Mieux vaut épater vos amis avec d'authentiques souvenirs du pays.

### Les tapis

Un tapis comprend 2 parties distinctes : les chaînes et les trames. Les *chaînes,* ou squelettes du tapis, ce sont les fils verticaux. Les *trames,* qui consolident le tout et définissent les motifs, ce sont les fils horizontaux. Chaînes et trames forment le dossier. Dans les tapis noués, les nœuds sont attachés sur les fils verticaux et ensuite arasés aux ciseaux.

#### *Diverses sortes*

Il existe 4 types de tissage, tous faits à la main.
– *Le kilim :* tissage à plat, réalisé la plupart du temps avec des motifs ancestraux sans utilisation de carton. Des trous facilement visibles à contre-jour, dus aux changements de couleurs, permettent d'identifier le *kilim.* Les anciens sont réversibles, tandis que les récents le sont moins.
– *Le cicim* (« djidjim ») *:* généralement utilisé pour les sacs ou les coussins. Il donne l'impression d'un tissage uni rebrodé. En fait, le relief qui est caractéristique du *cicim* est obtenu par des fils de trame enroulés autour de 2 ou 3 fils de chaîne pendant le tissage (il s'agit d'un « tissage broché »).
– *Le sumak* (« soumak ») *:* c'est aussi un tissage qui enroule autour des chaînes rang par rang des fils de trame de couleurs différentes. À la différence du *kilim,* le *sumak* et le *cicim* n'ont pas de trous.
– *Le halı* (« haleu » – tapis au point noué) *:* facilement reconnaissable grâce à son velours qui est formé de rangées de nœuds serrés entre 2 fils de trame à l'aide d'un peigne à tisser *(kirkit).* Ensuite, ces nœuds sont arasés aux ciseaux. Les nœuds peuvent être turcs (nœuds doubles ou *gördes*) ou perses (nœuds simples ou *senneh*).
– *Nouvelles créations :* des patchworks en *kilim* et des tapis sont désormais réalisés avec des pièces trop abîmées pour être restaurées. Elles sont parfois reteintes. Il s'agit en fait d'un recyclage de tapis anciens. Attention toutefois à la qualité des coutures.

#### *Fabrication et teinture*

Toutes les étapes de la création d'un tapis sont réalisées par les femmes. Ce sont elles qui lavent la laine, qui la cardent, la filent et la teignent. Encore que la laine utilisée puisse être désormais filée à la machine.
Actuellement, les tisserandes ont principalement recours aux teintures chimiques bien que l'on observe dans certaines régions un renouveau de l'utilisation des teintures végétales traditionnelles : les racines de garance donnent les variantes de rouge, le brou de noix du marron, le tamaris du jaune, l'indigo ou le pastel du bleu, la menthe sauvage du gris, le henné de l'orange, les lichens du vert. Les connaisseurs arrivent à localiser la provenance du tapis par le choix des couleurs et des motifs.

***Matériaux employés***

En ce qui concerne les tapis noués :
– chaîne, trame et nœuds en laine ; c'est le tapis classique ;
– chaîne, trame en coton et nœuds en laine ; ce sont de mauvaises copies (tapis de Kayseri, de Konya-Ladik, de Hereke...) de tapis iraniens. Chers et pas terribles, ils ressemblent aux tapis faits à la machine. Pour distinguer le coton de la laine, il suffit d'en prendre un bout et de le faire brûler. La laine dégage une odeur animale et se consume lentement ;
– en soie naturelle. Petits budgets, s'abstenir. Il s'agit du tapis à motifs iraniens. C'est le plus cher. Kayseri ou Hereke au choix. Compter dans les 760 € minimum le mètre carré. Méfiez-vous des imitations chinoises de mauvaise qualité qui pullulent sur le marché !

***Les motifs***

Les motifs qu'on trouve sur les tapis turcs sont géométriques et stylisés. Existant depuis la nuit des temps, certains n'ont pas de signification connue, mais d'autres, notamment sur les *kilim,* ont un sens précis qui transmet la mémoire collective. Ils témoignent également des civilisations anciennes de l'Anatolie, mais aussi de l'Asie centrale, grâce aux migrations des tisserands nomades.
La « femme aux mains sur les hanches » illustre la fécondité féminine ; les « têtes d'oiseaux tête-bêche », le yin et le yang ; l'« arbre de vie » représente la longévité ; le « mihrab », la niche de la prière ; l'œil, le scorpion et le serpent servent à exorciser le mal ; la « tête de taureau » représente la fécondité masculine, et l'« épi de blé », la fertilité de la nature. Les étoiles (6 ou 8 branches), les roses, les tulipes (fleurs originaires d'Anatolie) sont fréquentes sur les tapis turcs.

***Attention aux arnaques !***

Difficile d'échapper au piège de l'amitié avec le thé ou le repas offert dans le magasin. Sans être parano, soyez attentif et vigilant.
Dans beaucoup de magasins, les métiers à tisser sont uniquement là pour le touriste et s'arrêtent de travailler dès que celui-ci est parti.

***Conseils d'achat***

– Il n'y a plus de région-clé pour l'achat des tapis. En règle générale, les petits magasins proposent des prix plus intéressants.
– Bien sûr, le prix dépend du matériau utilisé, mais aussi du nombre de nœuds au centimètre carré (on en compte 30 environ pour un bon tapis). Ne soyez pas obnubilé par ce problème, ou votre porte-monnaie en souffrira ; les 40, 50, 60 nœuds/$cm^2$ (voire plus !), ça n'apporte rien de plus et ça coûte terriblement plus cher.
– Au sujet des *sumak,* il y a les vrais *sumak,* tout en laine, et les imitations désastreuses, laine et coton, qui sont assez chères et pas jolies du tout.
– Les tapis de prière : ce n'est pas la taille qui importe mais plutôt un motif bien précis, un mihrab, la niche de prière dirigée vers La Mecque.

***Douanes***

En France, la franchise douanière est de 430 € pour les voyageurs de plus de 15 ans utilisant un mode de transport aérien ou maritime (sinon, elle est de 300 €) et de 150 € pour les moins de 15 ans. Elle n'est pas cumulable d'une personne à l'autre. Si la valeur des objets que vous rapportez est supérieure à cette somme, vous êtes censé payer la taxe sur la valeur ajoutée (TVA). Par ailleurs, en raison d'un accord douanier entre l'Union européenne et la Turquie, vous n'aurez pas à payer de droit de douane. Mais attention, demandez au commerçant qui vous vend le tapis un certificat d'origine qui prouve que celui-ci a bien été fabriqué en Turquie. En l'absence de ce document, les droits de douane s'élèvent de 3 à 8 % selon la nature du tapis. Pour plus de renseignements, consulter le site ● *douane.gouv.fr* ●

***Pour terminer***

***Remarque :*** les *kilim* tiennent bien le coup dans les maisons turques parce que les hôtes se déchaussent. En revanche, ils résistent mal dans les pays où l'on reste chaussé. Un tuyau : achetez à votre retour du « foxy », un tapis-mousse autocollant qui a l'énorme avantage de maintenir parfaitement les fibres du *kilim.*

## Le narghilé (*nargile ou hookah*)

Si vous voulez rapporter un narghilé décoratif, prenez n'importe lequel. Si vous en voulez un pour fumer, voici quelques conseils :
- il est toujours préférable de composer son narghilé élément par élément, plutôt que de l'acheter déjà monté ;
- il vaut mieux un vase transparent pour contrôler le niveau et la propreté de l'eau. Le nettoyage est plus facile aussi ;
- pour la colonne, préférer l'acier inoxydable au cuivre ou au bois ;
- les meilleurs fourneaux sont ceux en terre cuite ou en céramique. Mais attention lors du transport, ils sont fragiles ;
- vérifier que le tuyau n'est pas percé (il suffit de souffler dedans et de tendre l'oreille) ;
- ne pas oublier d'acheter des paquets de tabac mélangé à de la mélasse *(tömbeki nargile tütünü)* ; il se décline en de multiples parfums ;
- penser aussi aux petits cylindres de charbon. On en trouve par exemple au Bazar égyptien d'Istanbul. Préférer le charbon naturel aux charbons « auto-combustibles » (remplis d'additifs chimiques et qui donnent un mauvais goût). Sinon, un truc tout bête : porter au rouge un banal morceau de charbon de bois sur un brûleur à gaz, avec une pince ou dans une passoire métallique, et le tour est joué !
- on trouve de très beaux narghilés dans Uzunçarşı Caddesi, près de Büyük Valide Hanı *(plan détachable, D5).* Le prix varie en fonction de sa taille, de sa qualité et des matériaux utilisés.

## Les pipes en écume de mer

Rien à voir avec la mer qu'on voit danser. Il s'agit d'une déformation du nom de *Kumer,* son inventeur. Ce n'est pas de l'argile, comme on le croit souvent, mais du silicate de magnésie. L'écume de mer est une matière poreuse et c'est là son intérêt, car elle absorbe la nicotine et filtre la fumée. Voilà pourquoi il n'y a pas de filtre dans ces pipes.

Plus la matière est légère, plus elle est poreuse et filtrante mais aussi fragile. Nous préférons à l'écume de mer blanche celle de couleur beige *(krem),* moins filtrante mais plus résistante et un peu moins chère.

Au début, quand vous fumez votre pipe neuve, attention à ne pas la tacher avec des mains sales. Elle perdrait beaucoup de sa valeur.

Le prix varie du simple au quintuple suivant la qualité de la pierre. Attention aux pipes qui représentent un visage : la sculpture cache souvent des défauts. C'est pour cela que les pipes toutes simples qui ne peuvent rien dissimuler sont aussi chères que les sculptées.

On déconseille les *shilum* en écume de mer car ils sont souvent en 3 parties qui s'assemblent avec un filetage qui fond à la chaleur.

## L'onyx

La qualité de l'onyx dépend d'abord des couleurs :
- le vert bien veiné de marron très sombre est le plus précieux ; plus le vert est sombre, meilleur c'est ;
- ensuite, le marron clair veiné de marron sombre ;
- enfin, le blanc veiné puis le blanc uni.

Le degré de polissage entre ensuite en ligne de compte, ainsi que la patine.

***Onyx ou albâtre ?***

Pour les objets verts, pas de problème, c'est toujours de l'onyx. En ce qui concerne les objets marron ou blancs, les regarder à contre-jour. Si les stries internes sont dans le même sens, c'est de l'onyx. En revanche, si on a l'impression qu'elles forment des pavages, comme des craquellements intérieurs, c'est de l'albâtre : moins cher et moins intéressant. Autre moyen, plus risqué : faites tomber l'objet par terre, l'onyx est solide et ne casse pas, tandis que l'albâtre est fragile. Il vous restera à payer la casse, mais en sachant pourquoi !

## Les cuivres

Partout en Turquie, on trouve de beaux objets en cuivre travaillés à la main. À Istanbul, le quartier du Bazar égyptien nous semble tout indiqué pour cela.

## Les antiquités et les fossiles

Leur commerce et leur exportation sont ***formellement interdits*** en Turquie. ***Peine de prison et forte amende*** appliquées rigoureusement pour l'acheteur, mais aussi, en principe, pour le vendeur.
***N'achetez aucun souvenir de ce style,*** même s'il est en vente libre dans une boutique. Bien qu'il s'agisse souvent de faux, vous courez le risque de vous faire arrêter à la frontière pour vérification par un archéologue et de rater votre avion pour de la quincaillerie.

## Les poteries et les céramiques

Si les céramiques d'İznik (Nicée) sont les plus connues et décorent les mosquées les plus remarquables du pays comme celles de Rüstem Paşa et de Selim Sultan à Istanbul, elles ne se fabriquent quasiment plus aujourd'hui. Les 2 principaux centres actuels de poterie se trouvent à Avanos, en Cappadoce, et surtout à Kütahya, près d'Istanbul, où les artisans produisent des céramiques, utilisant des motifs anciens datant de l'époque ottomane. Cependant, d'autres centres de production se sont développés, comme à Ayvalık, Bursa, Edirne et Istanbul.
Les motifs sont souvent ottomans, et les bleus très présents. Les pièces entièrement faites à la main sont évidemment plus chères.

## Le henné *(kına)*

Le henné est issu des feuilles d'un arbuste, séchées, broyées et réduites en poudre. Photosensible, il en existe 2 sortes : celui qui a pris la lumière et dont le pouvoir colorant est faible, et celui qui a été conservé à l'abri de la lumière et qui colore les cheveux, les ongles ou l'épiderme. Les femmes turques l'utilisent depuis la nuit des temps car c'est un antiseptique très efficace. Il est aussi associé à la pratique de nombreux rituels. On trouve du henné en vrac dans les bazars.

## Les épices

Les acheter au Bazar égyptien *(plan détachable, D5).*
– *Acı biber :* piment rouge très fort, en poudre.
– *Tatlı biber :* piment rouge doux en poudre, paprika.
– *Yaprak biber :* piment rouge concassé.
– *Sumak :* épice violette en poudre plus ou moins fine, provenant d'une racine. On la met sur les crudités et les oignons pour leur donner un goût acidulé.
– *Kimyon :* c'est le cumin bien connu.
– Le vrai *safran* est constitué par le seul stigmate (le bout du pistil) d'une variété de crocus, prélevé délicatement à la main. Généralement iranienne, c'est l'épice la plus chère du monde, ce qui explique qu'elle soit vendue en très petite quantité.

Le faux safran est très répandu : il se compose en réalité de fleur de carthame. Quant à la poudre vendue sur les marchés, c'est un vil mélange à base de curcuma.

## L'huile d'olive *(zeytin yağı)*

La Turquie est un gros producteur d'huile d'olive vierge. Ce sont les régions d'Edremit et de Bursa qui en fabriquent le plus. Quelle que soit la marque, choisissez la qualité *sızma.* Bien que plus chère, elle est nettement meilleure que la *riviera.* On trouve aussi des huiles d'olive de qualité aromatisées au thym *(kekik),* au piment *(biber)* ou à l'ail *(sarımsaklı).*

## Les instruments de musique

C'est surtout pour les instruments orientaux qu'on s'y intéressera : le *ud* (luth oriental), le *saz* (luth long), le *darbuka* (tam-tam) et le *ney* (flûte oblique en roseau utilisée par les derviches). Les cymbales sont également faites à la main, et 3 marques sont connues mondialement : *Istanbul, Bosphorus* et *Zildjian.* Les instruments de musique sont vendus dans le quartier de Tünel, dans Galip Dede Caddesi, rue qui descend vers le pont de Galata sur la droite en sortant du funiculaire *(zoom détachable 1, D3).*

## Les bijoux

Les 2 principaux centres de fabrication sont Istanbul et la région de Mardin, dans l'est de la Turquie. Par tradition, ce sont les Assyriens, les Arméniens et les juifs qui tiennent toute la chaîne (!), de la fabrication à la distribution. Ainsi, dans les principaux bazars du pays, et notamment à Istanbul, les bijouteries appartiennent à ces communautés.
L'or est de bonne qualité et souvent façonné à la main. Le 18 carats est le plus courant, mais il existe aussi du 14 et du 22, que nous ne recommandons pas. À Istanbul, vous trouverez une importante concentration de bijoutiers dans le Grand Bazar *(plan détachable, D5),* mais aussi dans la Nuruosmaniye Caddesi *(zoom détachable 2, D5),* rue piétonne entre Sainte-Sophie et le Grand Bazar.
Les bijoux en argent ne sont pas aussi répandus. On en trouve tout de même dans les bazars ou dans les marchés. Là aussi, les prix restent intéressants. On trouve également un très grand choix de pierres semi-précieuses.

## Les vêtements

Choix considérable de vêtements de toutes sortes à des prix défiant toute concurrence ; principalement en ce qui concerne les vêtements d'été. Leur finition laisse souvent à désirer. Pour le haut de gamme, regarder le long de İstiklâl Caddesi ou encore au nord de Taksim sur Rumeli Caddesi (vous pouvez prendre le métro à Taksim et vous arrêter à la 1re station, Osmanbey).
Les vêtements en cuir, eux non plus, ne sont pas chers. Là aussi, bien vérifier les coutures. Quant aux imitations en tout genre, de la marque du crocodile au joueur de polo, en passant par les caleçons CK pour hommes sexy, voir la rubrique « Dangers et enquiquinements. Contrefaçons » dans « Istanbul utile ».

# ARCHITECTURE : UNE VILLE EN PLEINE MUTATION

La population stambouliote est estimée à environ 15 millions d'habitants, contre 1 million seulement en 1960. Istanbul est une ville qui explose. La foule est partout, tout le temps, parfois « écrasante » comme dans les rues qui montent de Sultanhamam (le quartier du vêtement) au Grand Bazar.

Ces dernières années, de grands travaux (certains gigantesques même !) ont été réalisés. Les rives du Bosphore sont reliées par 2 ponts construits en 1973 et en 1985. Plus récemment, de nombreux bâtiments prestigieux (mosquées et musées) ont été restaurés, et ce n'est pas terminé. Un tunnel ferroviaire sous le Bosphore (titanesque chantier connu sous le nom de « projet Marmaray ») a été mis en service fin 2013. Un 2e tunnel sous le Bosphore *(Avrasya tüneli)* permet aux véhicules de rejoindre le nord de Kadıköy et la rive européenne près de Yenikapı depuis décembre 2016.
Mais pour une rénovation réussie, combien de ratés... La ville souffre d'un urbanisme sauvage. Elle en paie le prix : beaucoup de jolies maisons traditionnelles, avec encorbellement de bois, disparaissent pour laisser place à des constructions sans âme. Les nouvelles voies express et les rénovations n'épargnent pas certains lieux magiques.

### Les trésors cachés d'une splendeur déchue

Où est passée la splendeur de la Constantinople byzantine ou de l'Istanbul ottoman ? Les façades éventrées des immeubles au centre-ville, les *gecekondu* (voir cette rubrique plus loin dans ce chapitre) de la banlieue, les embouteillages quotidiens, les torrents de pluie qui dévalent les rues : la modernité a ses travers que le visiteur doit affronter.
Levez les yeux en descendant l'avenue de l'Indépendance (İstiklâl Caddesi) à Taksim pour voir les façades Art nouveau. Admirez l'enfilade du palais de Topkapı, de l'église Sainte-Sophie et de la mosquée Bleue depuis le pont de Galata, appréciez au bout du pont les dômes superbement éclairés dans la nuit de la *Yeni Cami* (mosquée Neuve). Goûtez au rouge du Bosphore sous la lumière du couchant, au bleu des faïences de la mosquée de Rüstem Paşa. Cherchez les églises byzantines aux briques rouges sous le masque de mosquées ottomanes.
Istanbul cache de nombreux trésors, au détour d'une rue, au sous-sol d'un immeuble ou même aux abords d'un terrain vague. Les chercheurs d'or ne seront pas déçus !

## BARBIERS

Ne pas manquer, si l'on est un routard curieux, de passer chez le barbier *(berber)* pour goûter au plaisir d'une coupe aux ciseaux, voire d'un rasage de près avec après-rasage et poils d'oreilles brûlés au briquet (étonnant mais vu !).
D'abord, on vous enduit d'un savon onctueux avec un blaireau. Ensuite, le barbier vous rase avec un rasoir à grande lame comme autrefois. S'assurer toutefois qu'il change bien la lame du rasoir entre 2 clients ! Puis suivent une ou plusieurs lotions, pour terminer par de la poudre de riz. Enfin, si vous lui semblez sympathique, le barbier vous fera un massage savant du visage. Le tout pour un prix modique.

## BOISSONS

### Le café

Ce sont ***les Ottomans qui ont donné à l'Europe le goût du café.*** Moka (eh oui !), sur les bords de la mer Rouge, devient au XVIe s le 1er port pour le commerce du café qui est produit au Yémen et en Éthiopie. Alors monopole de l'Empire ottoman, le café entre en Europe via Venise et Vienne, où il créera tout un mode de vie, à partir du XVIIe s. Au XVIIIe s, les Hollandais transportent des pieds d'arabica en Inde et à Ceylan. C'est la fin du monopole : la Hollande devient le premier producteur de café.

Un bon café turc est cuit avec le marc et le sucre, et doit monter jusqu'à ébullition au moins 3 fois. N'oubliez pas qu'un vrai café turc ne peut se boire sans un soupçon de *keyif*. Le *keyif*, vous vous en rendrez vite compte, c'est vraiment tout un art de vivre : savoir se reposer, se délecter, tout en regardant les gens passer nonchalamment dans la rue. Ça, c'est vraiment quelque chose à découvrir ! Quand vous aurez dégusté votre café turc, il vous restera à trouver la personne qui vous lira le *fahl*, c'est-à-dire votre avenir dans le marc...

Petit lexique à l'usage des amateurs : on peut le demander *sade* (sans sucre et amer), *az şekerli* (avec peu de sucre), *orta* (sucré normalement) ou *şekerli* (très sucré).

Pour ceux qui n'apprécieraient pas outre mesure le café turc, on trouve assez facilement du café soluble, du café filtre et même des expressos.

### LA CRÈME DES CAFÉS

*Chassés de Vienne par Charles de Lorraine et le roi de Pologne au XVII^e s, les Ottomans, qui avaient alors le monopole du commerce du café, y abandonnèrent un stock de 500 sacs. Un Polonais, Kulyeziski, informateur de l'armée autrichienne, reçut, en remerciement, les sacs de café. En 1685, il ouvrit le fameux* Zur Blauen Flasche *(« À la Bouteille Bleue ») : on y servait une viennoiserie en forme de croissant, célébrant la victoire sur les Ottomans, et du café, bien sûr. Kulyeziski ajouta au breuvage du miel et de la crème fouettée : le café viennois était né.*

## Le thé

Boisson nationale, le thé est cultivé sur les rives de la mer Noire, dans la région de Rize. C'est un thé noir, préparé traditionnellement dans une double théière avec l'eau en bas et le thé en haut. On le sert dans de petits verres à col. Le *çay*, verre de l'amitié, est souvent apporté d'une maison de thé voisine ou dès que l'on pénètre dans l'enceinte d'un magasin. Il n'est pas rare de se voir offrir 4 ou 5 verres. Pour mettre gentiment fin à l'empressement d'un hôte, il suffit de poser sa cuillère horizontalement et à l'envers sur le verre, au lieu de la laisser dedans, ou de dire *yeter*, ce qui signifie « c'est suffisant ».

Quant au thé à la pomme *(elma çayı)* et autres mélanges, il peut s'agir de préparations chimiques ou de véritables produits naturels et délicieux, que l'on trouve sur les marchés. Vous vous rendrez vite compte de la différence...

### THÉ OU CAFÉ ?

*Le café vient de Moka au Yémen, pays qui fut longtemps une colonie turque. Partout en Turquie on buvait du café. Après la chute de l'Empire ottoman, à la fin de la Première Guerre mondiale, les Turcs perdirent le Yémen, et par la même occasion leur fournisseur officiel. Le café devint alors inabordable. Atatürk décida alors de mettre son pays au thé, qui se cultive très bien sur les rives de la mer Noire. Aujourd'hui, les Turcs consomment plus de thé que de café.*

## Les jus de fruits

Excellents, ils ont aussi l'avantage d'être variés : à la pêche *(şeftali)*, à la griotte *(vişne)*, au raisin *(üzüm)*, à l'abricot *(kayısı)*, à la pomme *(elma)*... Les jus d'oranges fraîches sont pressés devant vous à l'aide d'un presse-agrume à levier. On en trouve aux stands de rue ou dans les pâtisseries. Demandez du *sıkma portakal suyu*. Mais veillez surtout à prononcer le « i » sans point de *sıkma* comme il se doit, c'est-à-dire comme un « eu » français. En effet, le mot « sikma », qui n'existe pas en tant que tel, évoque un terme que la décence nous empêche de nommer dans ces pages...

## Le *boza*

Cette boisson d'un jaune pâle et de consistance crémeuse est fabriquée à base de millet légèrement fermenté. On dit que les sultans l'offraient à leurs soldats pour accentuer leur force légendaire. On en boit seulement en hiver. À Istanbul, une visite s'impose chez *Vefa Bozacısı* (voir « Le vieil Istanbul. À voir. Dans le quartier de Fatih »), le spécialiste du *boza* et... du vinaigre (cherchez le rapport !) depuis plus de 1 siècle.

## Le *sahlep*

Boisson blanchâtre préparée à base de racines d'orchidées, le *sahlep* ne se boit qu'en hiver. On peut aussi le trouver en paquet à préparer soi-même. On peut le boire au lait ou simplement à l'eau. Il se sert chaud, saupoudré de cannelle. Il remplace de loin le chocolat chaud des soirées d'hiver.

## L'*ayran*

Boisson très rafraîchissante à base de yaourt, d'eau et de sel, très populaire. Il accompagne parfaitement les viandes et les légumes à l'huile. Il a aussi la propriété d'atténuer le feu du piment. On le vend dans la plupart des restaurants et dans les magasins.

## L'eau

***Ne buvez jamais l'eau du robinet,*** même si l'on vous assure qu'elle est potable. Ne consommez que de l'eau en bouteille *(şişe suyu).* Vous pouvez demander aussi de l'eau gazeuse (*maden suyu* ou *soda*).

## Le vin

Un monopole tenu par *Kavaklıdere* empêche de goûter aux meilleurs vins de Turquie, qui sont rares dans les restaurants. Vous trouverez partout le *Doluca* (rouge), le *Yakut* (rouge) et le *Çankaya* (blanc), mais n'oubliez pas de demander les petites productions locales (notamment dans les bars à vins qui commencent à éclore à Istanbul). Dans la région d'Istanbul, on produit l'*Özel Şarabı* à Büyük Ada (l'une des îles des Princes), le *Pano* et le *Viktor Levi.*

## La bière

La bière turque est servie à la pression *(fıçı bira)* ou à la bouteille. Elle ne revient pas plus cher qu'en Europe. La plus connue est l'*Efes Pilsen.* Avant d'en demander, vérifiez bien si l'établissement dans lequel vous êtes en propose, afin d'éviter certains regards faussement désolés, voire courroucés.

## Le *rakı*

Autre boisson nationale après le thé, le *rakı* (prononcer « rakeu ») est le cousin de l'ouzo grec. C'est une anisette à base de raisins secs noirs (parfois de prunes) qui affiche 45°. Les Turcs ne peuvent se passer de cette boisson qui était autrefois aux mains des Grecs. Plusieurs sultans ont bien tenté de le faire interdire, mais sans succès. Il se boit traditionnellement en 2 verres : un pour le liquide anisé, un autre pour l'eau. Dans les établissements publics, vous le verrez plutôt consommé coupé directement avec de l'eau (comme en France nos anisés), sous le surnom de « lait de lion ». Il ne se boit pas à l'apéritif, mais en mangeant, spécialement avec les *mezze,* dans les *meyhane.* Pour les Turcs, boire du *rakı* est tout un art et l'on ne trinque pas à la santé des convives, mais à l'honneur de ces derniers, alors... *Şerefe !* (prononcez « chéréfé »).

La meilleure qualité, d'après les spécialistes, serait le *rakı* de la Tête d'Or, en turc *Altınbaş,* mais le plus répandu est le *Yeni Rakı.* Le *Tekirdağ* est meilleur mais plus cher.

## CARAVANSÉRAILS *(HAN)*

Jusqu'au VIIe s, seule la Chine possédait le secret de la fabrication de la soie. L'importation vers l'Occident se faisait donc par l'intermédiaire de ces fameuses routes de la soie traversant l'Himalaya, la Perse, puis la Turquie. On transportait les trésors à dos de chameau. Bivouaquer était trop dangereux. Les commerçants dormaient donc dans des sortes d'hôtels assez vastes pour héberger toute la caravane, y compris les animaux : les caravansérails. Échelonnés sur la piste, à une journée de marche de distance, soit tous les 30-35 km, ces *han* constituaient de véritables petites cités avec hammams, écuries, boutiques, entrepôts et mosquées. Dans ces sortes de châteaux forts, on fermait la porte la nuit et des hommes prenaient place sur les murs d'enceinte pour surveiller et protéger le caravansérail des pillards.

À Istanbul, il reste plus d'une centaine de caravansérails, transformés pour la plupart en ateliers. La majorité de ces monuments sont situés dans le vieux Stamboul. Certains sont très bien conservés, comme le *Büyük Valide Hanı* près du Grand Bazar. Le *han* des fourreurs, situé dans le quartier de Mahmut Paşa, est l'un des plus anciens de la ville (XVe s), mais sa restauration n'est pas une réussite. En se promenant dans le Grand Bazar, on trouve quelques *han* vraiment intéressants pour le travail que l'on y effectue et pour leur cadre.

### LE COMMERCE, FACTEUR DE PAIX

*Autrefois, les marchands avaient un but essentiel : acheter et vendre. Seule la prospérité comptait. On travaillait sans distinction de race ni de religion. Des peuples se côtoyaient dans la plus parfaite harmonie. À ces époques, la tolérance était de mise.*

## CHATS (ET CHIENS)

Il n'est pas d'autre ville au monde qui compte autant de chats en liberté. Sinon Rome, peut-être. Mais Istanbul n'est-elle pas la Nouvelle Rome ? Les Stambouliotes leur donnent régulièrement à boire et à manger. Du vieux matou, dont les oreilles crénelées témoignent d'épiques bagarres au clair de lune, aux portées de rigolos chatons qui font s'arrêter les enfants plus longtemps qu'on ne le souhaiterait, on rencontre des chats partout à Istanbul : sur les quais du Bosphore attendant patiemment un morceau de poisson de la part des pêcheurs, sur une chaise de restaurant à Beyoğlu, sur les bancs d'un abribus ou le fauteuil de la réception d'un hôtel de Sultanahmet. Les chats sont les bienvenus jusque dans les mosquées. Normal, il se raconte en Turquie que c'est Mahomet qui, en chatouillant le museau d'un lion sur l'arche de Noé, et en éternuant, aurait donné naissance au plus petit des félins.

Pour faire bonne mesure, Istanbul compte également plusieurs milliers de chiens errants. Leur chasse (en 1910 où on les avait déportés sur une des îles des Princes) est révolue : ils sont généralement bien traités et font partie intégrante du paysage. Toute balade à Istanbul amène à croiser un ou plusieurs de ces chiens (bagués à l'oreille, bien nourris eux aussi, et d'un comportement placide) remontant tranquillement İstiklâl Caddesi, squattant les terrasses des restaurants ou somnolant à l'ombre dans les parcs de la ville.

# CINÉMA

La production turque se partage entre cinéma d'auteur, reconnu à l'étranger et régulièrement primé dans de grands festivals internationaux, et films commerciaux à succès essentiellement projetés en Turquie.
Parmi les films remarquables qui ont passé les frontières, citons : *Un été sans eau,* de ***Metin Erksan,*** cinéaste engagé qui obtint l'Ours d'or au Festival de Berlin en 1960. *Le Troupeau,* de ***Yılmaz Güney*** (1978), et *Yol (La Permission),* du même Güney (1982), qui a obtenu la Palme d'or au Festival de Cannes. Le tournage de ces films fut effectué par ses assistants alors que le réalisateur était en prison. Dans les années 1980-1990, le réalisateur ***Atif Yılmaz*** réalisa quelques œuvres peu remarquées, pourtant de beaux hommages à Istanbul. En 1996, le film *Eşkiya (Le Bandit),* de ***Yavuz Turgul,*** a battu le record de 2,5 millions d'entrées en Turquie. Pour une belle évocation d'Istanbul, voyez *Hammam* (1997) et *Le Dernier Harem* (1999), les 2 premiers films de ***Ferzan Özpetek.*** La dernière décennie est marquée par la naissance d'un grand cinéaste, ***Nuri Bilge Ceylan.***

## Nuri Bilge Ceylan

Découvert au Festival de Cannes en 2003 avec *Uzak* (Grand Prix du jury), Nuri Bilge Ceylan nous plongeait déjà dans une errance nostalgique et solitaire, dans un Istanbul sous la neige, loin des clichés touristiques. Toujours au Festival de Cannes, après s'être fait encore remarquer avec *Les Climats* en 2006, il remporte le prix de la mise en scène avec *Les Trois Singes,* en 2008, et le Grand Prix du jury pour *Il était une fois en Anatolie,* en 2011. En 2014, il décroche la Palme d'or pour ***Winter Sleep.*** Une œuvre superbe et bouleversante, de plus de 3h, inspirée de nouvelles de Tchekhov. Une fois de plus, il émeut Cannes en 2018 avec ***Le Poirier sauvage,*** une réflexion philosophique et politique sur l'homme face à son destin. Une fresque belle et profonde qui dure à nouveau plus de 3h... comme sait si bien le faire ce brillant cinéaste.

## Les autres cinéastes turcs d'aujourd'hui

Grande figure du renouveau du cinéma turc, plus ancré dans la réalité contemporaine, le réalisateur germano-turc ***Fatih Akın*** (né en 1973 à Hambourg) a remporté l'Ours d'or du Festival de Berlin en 2004 avec son film *Head-on.* En 2005, son documentaire *Crossing the Bridge, the Sound of Istanbul* sonde la vie musicale stambouliote. En 2007, il obtient le prix du scénario à Cannes avec *De l'autre côté,* faisant référence à la rive asiatique de l'autre côté du Bosphore, et dans lequel il traite de l'émigration, toujours dans un style réaliste. En 2009, *Soul Kitchen* décroche le Grand Prix du jury à la Mostra de Venise. Puis, il sort un documentaire poignant, *Polluting Paradise* (2013), où il dénonce l'ouverture d'une décharge publique construite dans un mépris total de l'environnement et la catastrophe écologique inéluctable qui frappe un paradis perdu. Son dernier film, *The Cut (La Blessure),* sorti en 2015, traite du génocide arménien et des déportations. Il a reçu des menaces de mort à la suite de ce film.
Autre cinéaste, remarqué à Cannes en 2007, ***Semih Kaplanoğlu*** (né en 1963 à İzmir), auteur d'une trilogie qui explore la dimension spirituelle de l'existence : *Yumurta (Œuf)* en 2007, *Süt (Lait)* en 2008 et *Bal (Miel).* Ce dernier film a d'ailleurs remporté l'Ours d'or au Festival de Berlin en 2010.
On n'oubliera pas non plus de signaler *En attendant les nuages* (2006), de Yeşim Ustaoğlu (née en 1960 à Çaykara, près de Kars), *My Only Sunshine* (2009), de Reha Erdem (né à Istanbul en 1960), ou bien encore *10 to 11* (2010), de Pelin Esmer (née à Istanbul en 1972). En 2015, *Mustang,* une coproduction franco-turque remarquée à Cannes, a été sélectionnée aux oscars pour représenter la France dans la catégorie du meilleur film en langue étrangère. Il a également reçu

4 césars en 2016. Réalisé en turc par la jeune réalisatrice Deniz Gamze Ergüven, ce film traite de l'identité de la femme dans la Turquie d'aujourd'hui.

### Dans un autre registre...

À signaler, le téléfilm turc ***Le Siècle magnifique*** *(Muhteşem Yüzyıl)* diffusé en 139 épisodes entre 2011 et 2014. Cette interminable série dramatique a réalisé des records d'audience en Turquie. Il s'agit de la plus grosse production télévisuelle jamais réalisée dans ce pays. Cette grande saga historique raconte la destinée de Soliman le Magnifique à l'époque de l'âge d'or de l'Empire ottoman (XVIe s). On y voit notamment Soliman, dans sa jeunesse, boire du vin et séduire ses courtisanes. Ces quelques scènes provoquèrent la colère des milieux islamistes conservateurs. Les 4 saisons de cette série ont été diffusées dans une quarantaine de pays mais restent inédites en France.

#### L'IDÉOLOGIE DES SÉRIES TV

*Second producteur de feuilletons, le pouvoir turc en profite désormais pour véhiculer la nostalgie de l'Empire ottoman et les valeurs de l'islam. Le patriarcat familial est à l'honneur, tout comme le mariage arrangé et les militaires tués élevés au rang de martyrs. En revanche, les scènes d'amour sont aisément coupées. Non mais !*

## CONDITION DES FEMMES DANS LA TURQUIE MODERNE

La condition de la femme est très diverse. On croise aussi bien des femmes voilées que des paysannes ne portant qu'un fichu coloré, par tradition, ou des femmes policiers en uniforme bleu. Sur la côte, les rires et les cris des jeunes Turques vous prouveront que l'on est loin de la retenue que certains voudraient voir devenir la règle. Le pays compte de nombreuses femmes chefs d'entreprise et une femme ex-Premier ministre (Tansu Çiller). D'un autre côté, la tradition persiste. Dans les villages à l'écart des flux touristiques, il n'est pas rare que l'homme, seul, reçoive encore les invités et que la femme ne se borne qu'à une apparition pour apporter le thé ou présenter les enfants. Depuis quelque temps, on observe davantage de femmes voilées de pied en cap, notamment à Istanbul. Nombre d'entre elles ne sont pas des Turques, mais des touristes ou des expatriées de pays arabes qui affluent en plus grand nombre depuis que les visas d'entrée en Turquie ont été supprimés pour leurs ressortissants.

#### UNE CERTAINE ÉGALITÉ

*Le droit de vote a été accordé aux femmes turques en 1930, soit 14 ans avant la France. Atatürk a accordé aux femmes des droits civiques égaux à ceux des hommes.*

## CUISINE

Au fil des siècles, les femmes turques ont mis au point une cuisine riche et inventive. Nomades à l'origine, les Turcs durent adapter leurs recettes aux circonstances et aux lieux. Leur cuisine s'est vu influencer, entre les XVe et XXe s, par celles des pays conquis par l'Empire ottoman (les Balkans, la Palestine, la Syrie, l'Irak, l'Égypte, Chypre et les pays du Maghreb).

## Bon appétit !

En Turquie, « Bon appétit ! » se dit *afiyet olsun !* On peut vous le souhaiter aussi bien au début qu'à la fin du repas.

## Spécialités

La cuisine turque est savoureuse et variée, avec des spécialités que l'on retrouve aussi en Grèce, au Liban et en Iran.

– En entrée, les ***soupes (çorba)*** réveilleraient un bataillon de janissaires. La soupe aux tripes *(işkembe),* excellente si l'on est amateur, est servie dans des endroits spéciaux *(işkembe salonu).* C'est un remède très efficace (enfin, il paraît !) contre la gueule de bois. La *yayla çorbası* est une soupe à la menthe et au yaourt ; la *mercimek çorbası* est une soupe aux lentilles rouges ; quant à *l'ezogelin,* c'est une spécialité de l'Est, au citron et légèrement piquante, tout aussi délicieuse.

– Les ***hors-d'œuvre*** sont groupés sous le nom de ***mezze.*** À côté des crevettes, du fromage, des haricots, goûtez le *börek* (feuilleté) au fromage *(peynirli)* ou à la viande hachée *(kıymalı).* Le *cacık* est une entrée à base de yaourt, de concombres râpés, d'huile d'olive et d'ail. C'est l'équivalent du *tzatziki* grec. Fleurons du *mezze,* les *dolma* sont des feuilles de vigne *(yaprak),* poivrons *(biber),* choux *(lahana),* etc., farcies au riz, accommodées aux épices, aux pignons de pin et aux raisins secs.

– D'autres ***légumes*** sont marinés ou cuits à l'huile d'olive. À côté des *zeytin yağlılar* aux fonds d'artichauts, haricots, fèves, goûtez l'*imam bayıldı,* un plat excellent fait d'une demi-aubergine farcie d'oignons, de tomates et d'herbes, servi froid. Son nom signifie en toute modestie : « l'imam s'est évanoui », car la légende raconte qu'il trouva ce plat tellement bon qu'il en perdit connaissance.

– Le ***kumpir*** est une grosse pomme de terre cuite au four, dans sa peau, puis farcie de fromage, de beurre et de différentes crudités. Bien bourratif...

– Le ***riz*** et le ***bulgur*** (blé concassé) accompagnent les plats de résistance. Le *bulgur* est l'aliment de base des Anatoliens.

– Plutôt qu'en ragoût, consommez la ***viande*** en ***kebap,*** c'est-à-dire grillée. Elle est servie avec du pain matelassé *(pide)* et du piment *(biber).* La liste des *kebap* suffirait à remplir la page. Le *döner* (lamelles à la broche), le *köfte* (boulettes de viande hachée avec des herbes et de la mie de pain) et l'*adana* (viande hachée aux herbes et très épicée) sont les plus répandus. Le bœuf et l'agneau sont les viandes les plus consommées ; toutefois, on vous proposera aussi du mouton, du veau, de la chèvre ou du poulet. Mais bien sûr, pas de porc.

### UN TOURNANT DANS L'HISTOIRE CULINAIRE

*C'est à Bursa, en 1867, que M. İskender (M. Alexandre en français) eut l'ingénieuse idée de placer un agneau rôti sur une broche verticale, créant ainsi le döner (« tournant »)* kebap. *Aujourd'hui, tout le monde en connaît le succès, bien au-delà des frontières turques.*

– Le ***güveç*** est une sorte de ragoût avec des morceaux de mouton, de bœuf, de poulet ou de crevettes, qui a mijoté dans un plat en terre cuite fermé hermétiquement.

– Dans les restos de ***poisson,*** vous hésiterez entre rouget *(barbunya),* mulet *(kefal),* turbot *(kalkan),* bar *(levrek)* ou une sorte de bar *(lüfer),* thon *(palamut),* maquereau *(istavrit),* homard *(istakoz),* crevettes royales *(karides),* mérou *(trança),* espadon *(kılıç)* et daurade *(çupra).*

– Les ***pide*** sont des pizzas sans sauce tomate, garnies de viande hachée avec des oignons ou de fromage. Très répandues et pas chères.

D'autres gourmandises vous attendent :

– ***lahmacun*** (prononcer « lahmadjoun »), sorte de pizza fine, ronde et épicée qu'on trouve un peu partout. Prix dérisoire ;

– ***gözleme,*** sortes de crêpes fourrées au fromage, aux épinards, aux pommes de terre ou à la viande hachée. Dans certains restaurants, en général touristiques, on voit les femmes préparer les *gözleme* à la mode traditionnelle, assises en tailleur sur une estrade. Pas cher du tout ;
– ***börek,*** un feuilleté salé, fourré au fromage, aux épinards ou à la viande hachée ;
– ***simit,*** petite couronne de pain au sésame ;
– ***poğaça,*** chaussons fourrés au fromage, à la viande, aux épinards, aux pommes de terre ou nature ;
– ***mantı,*** mini raviolis nappés de sauce au yaourt et à l'ail, au beurre fondu relevé d'épices et saupoudrés de menthe ; bon et consistant.
– Quelques plats que l'on trouve assez facilement dans certains restaurants : le ***testi kebabı,*** une spécialité de Cappadoce, avec de la viande et des aubergines. Le tout est cuit dans une poterie d'Avanos que l'on casse devant vous au moment de servir. Autre plat traditionnel d'Anatolie, le ***saç kavurma*** : plat très parfumé à base de mouton, tomates et poivrons, servi à même la poêle dans laquelle on l'a fait revenir.
– Le ***pain turc*** est servi en épaisses tranches superposées. On peut en redemander à volonté.
– Le pays compte de nombreux ***fromages,*** mais les plus populaires sont le *beyaz peynir,* de la famille de la feta, et le *kaşar peynir* (un peu comme le gouda). D'autres fromages portent les noms des régions où ils sont produits : *trakya* (Thrace), *çanakkale* (Dardanelles), *çerkes, edirne, erdek, çorlu,* etc. Souvent, l'aspect est le même mais le goût change. Dans les fromages à pâte molle, le choix est plus restreint. Un camembert turc est toutefois disponible : *pınar türk kamanber.*
– ***Noisettes, pistaches, amandes et pignons :*** avec les innombrables plantations de noisetiers de la région de la mer Noire, la Turquie est l'un des 1ers producteurs mondiaux de noisettes, qui entrent souvent dans la composition de pâtisseries, et pas seulement des baklavas. Goûtez aux loukoums aux noisettes ! Celles-ci sont aussi vendues entières, au kilo, avec ou sans leur coque. Les pistaches sont les meilleures du monde. À déguster vertes ou grillées. Les plus petites, celles de Gaziantep (*Antep fıstığı* ou *Şam fıstığı*), sont considérées comme plus délicates. Pour les grignoter chaudes, achetez-les chez un *kuru yemişci,* qui vous les sortira de grands tiroirs chauffants. Goûtez absolument aux plats salés cuisinés avec des pistaches, comme certains *kebap.* Grande production aussi de pignons dans la région de Samsun, et d'amandes.
– ***Leblebi :*** pois chiches grillés qui peuvent être préparés de différentes manières (salés, enrobés de sucre, de miel, ou encore de chocolat). Les *leblebi* de Çorum, petite ville entre Ankara et Amasya, sont particulièrement réputés.
– Spécialités de ***laitages*** : le *sütlaç* (riz au lait), le *tavuk göğüsü,* blanc de poulet sucré (comme un flan un peu filandreux), et le yaourt de Kanlıca qui se mange avec du miel ou de la confiture. Le *kaymak* est de la crème prise qu'on ajoute sur un dessert très sucré. Elle est parfois faite avec du lait de bufflonne.
– N'oubliez pas que le vrai ***yaourt*** *(yoğurt)* est turc. Il est venu des steppes asiatiques avec les conquérants. Chez nous, on s'entête à l'appeler bulgare (mais n'oublions pas que la Bulgarie était à l'époque une province ottomane). C'est au contact des Turcs que les Vénitiens l'ont fait connaître aux Occidentaux. Il accompagne viandes et plats divers, donc remplace souvent les sauces. On le mange plutôt salé. Si vous ne voulez pas trop faire touriste, prenez-le sans sucre.
– Les ***pâtisseries*** se dégustent à toute heure, pas forcément après le repas. Vous trouverez des pâtisseries orientales et d'autres *alafranga* (comme chez nous). Hors de question de ne pas goûter les *baklavas,* un feuilleté aux noix ou aux pistaches, nappé de miel. Dans la même famille, les *tulumba* sont frits et au sirop. Spécialité du sud-est, le *künefe* est un dessert aux cheveux d'ange fourré de fromage fondu et servi tiède !
– Sur la côte de la mer Noire et dans la région d'Assos-Bahremkale, on trouve un dessert étonnant aux anchois. L'*aşure* aux fruits secs et baies se mange dans tout le pays. Les confiseries ne sont pas mal non plus, notamment la fameuse ***confiture aux pétales de roses.***

– Les ***loukoums*** : l'une des gloires du pays ! Ce sont de petits cubes de pâte sucrée. Les loukoums de base *(sade)* sont blanc translucide, mais ils peuvent être parfumés à la rose, à la menthe, à la pistache, à la noisette, etc. Cette pâtisserie était considérée comme un médicament par les Babyloniens (*luq* signifie l'apaisement de la gorge). Les loukoums se conservent environ 6 mois.
– La ***helva*** est l'incontournable douceur à base de sésame. Le miel de Polonezköy est renommé.
– La ***profiterole*** fut inventée au début du XXe s dans une pâtisserie albanaise de Péra.
– Pour les ***chocolats,*** la célèbre marque Mabel de Galata est distribuée dans tout le pays.
– Les ***fruits*** : les pêches et les cerises proviennent de la région de Bursa, les meilleurs abricots et figues de Malatya. Les oranges, les mandarines et les citrons viennent du Sud. Figues, pastèques, melons et tomates sont cultivés un peu partout. Le raisin de Smyrne (İzmir) est sans pépins et très doux.

### Manger sur le pouce

Il n'y a que l'embarras du choix. Sur les rives du Bosphore, près du pont de Galata côté asiatique, faites comme les Stambouliotes en commandant un poisson grillé sur la braise et servi en sandwich. Les plus fauchés se contenteront de fréquenter les *muhallebeci,* crémeries offrant un grand choix de laitages. Les yaourts méritent bien leur réputation.
Les marchands de boissons portent sur le dos des bidons de *limonata* dont le fameux jus de cerise *(vişne suyu).* Un *çay* (thé) permet de terminer agréablement un repas économique pris sur le pouce.

#### UN *SIMIT,* S'IL VOUS PLAÎT !

*La journée du Turc commence souvent en grignotant* un simit, *un petit pain recouvert de graines de sésame, en forme de couronne, et vendu partout dans la rue pour un prix très modique. Pour en manger un bien frais, choisissez un chariot bien rempli. Cela signifie que le vendeur vient d'être livré.*

## CURIEUX, NON ?

– La Turquie est l'un des rares pays au monde à cheval sur 2 continents. Le marathon d'Istanbul, qui a lieu en novembre, se targue d'être le seul à vous faire courir d'un continent à l'autre !
– La chute de Constantinople, en 1453, représente un tel événement historique que cette année-là marque la fin du Moyen Âge pour la plupart des historiens.
– Contrairement à ce que l'on peut croire, la tulipe fut cultivée en Turquie bien avant qu'elle ne le soit aux Pays-Bas. D'ailleurs, son nom vient du turc *tülbent,* en raison de sa forme qui rappelle celle du turban.
– Si, lorsque vous partez, on jette un peu d'eau derrière votre voiture, ne le prenez surtout pas mal. C'est une manière de vous dire : « On espère que Dieu vous protégera et que vous reviendrez très vite ».
– On estime que la langue turque compte près de 100 000 mots. Environ 6 500 sont d'origine arabe et quelque 5 000 proviennent du français, soit 1 mot sur 20 ! Après, c'est une affaire de prononciation. Tendez un peu l'oreille !
– Parmi les desserts turcs, il en est un qui répond au nom de *tavuk göğüsü* (ou *chicken pudding,* si vous préférez...). On dirait du riz au lait, il est saupoudré de sucre à la cannelle mais contient des morceaux de poulet. Et ce n'est pas mauvais du tout ! Ensuite, tentez un autre dessert, aux anchois, le *hamsi tatlısı.* Oui, curieux...
– Vous serez certainement surpris par le nombre de chats et de chiens vivant dans la rue, surtout à Istanbul. Ils n'appartiennent à personne, mais sont régulièrement nourris par tout un chacun.
– Le Grand Bazar d'Istanbul est tout simplement l'un des plus grands marchés couverts du monde !

## DERVICHES TOURNEURS *(MEVLEVİ)*

Les derviches tourneurs sont des ***religieux musulmans.*** Leur nom a pour origine le mot persan *darwich* qui signifie « pauvre ». Fondé par le poète mystique Djaläl al-Dïn al-Rümï (surnommé Mevlana, « notre maître ») au XIIIe s, l'ordre soufi des *mevlevi,* appelé communément derviches tourneurs, n'est présent aujourd'hui que dans 2 villes : Konya et Istanbul. Il reste encore plusieurs *tekke* (couvents) en activité.
Leurs cérémonies sont impressionnantes, envoûtantes et d'une grande poésie. Les derviches utilisent ***la danse pour communier avec le divin.*** On raconte en effet que Mevlana, passant un jour dans le bazar où l'on frappait l'or en cadence, se sentit soudain pris par le rythme, tandis qu'une violente émotion s'emparait de lui. Il se mit alors à tourner dans un mouvement d'élévation tant et tellement que, se rapprochant du ciel, il se sentit merveilleusement proche de Dieu. Convaincus des vertus méditatives de cette danse, le *sema,* ses disciples l'adoptèrent pour communier avec le Tout-Puissant. Lors des cérémonies, les derviches pivotent sur le pied gauche pendant plusieurs périodes de 10 à 30 mn, les yeux clos, en demi-cercle et en 2 temps. Le premier symbolise la création (arc descendant, procédant de Dieu) ; le second, lorsque le danseur tourne dans l'autre sens, la communion spirituelle (arc ascendant). Cette danse s'effectue avec la paume d'une main tournée vers le haut et l'autre tournée vers le bas. La 1re main reçoit la parole de Dieu et la 2de la transmet aux croyants. Enfin, la tête est penchée vers l'épaule droite, ce qui maintient la circulation du sang centrifugée dans la partie supérieure du cerveau. Ces tournoiements, qui vont en s'accélérant au rythme envoûtant des tambours, du *ney* (flûte) et des chants soufis, induisent un état de transe mystique chez les danseurs.
Avec l'instauration de l'État laïc en 1924, sectes et confréries religieuses sont interdites : les danses rituelles disparaissent. Par ailleurs, l'islam orthodoxe ne prise guère les *mevlevi* qui croient à une certaine forme de réincarnation. Aujourd'hui cependant, à Konya, une fois par an, à la mi-décembre, les derviches tourneurs revivent une dizaine de jours pour commémorer la mort du poète Mevlana.
À Istanbul, il règne une relative tolérance depuis les années 1950 et une vingtaine de *tekke* sont en activité. Certains acceptent les visiteurs, d'autres sont réservés strictement aux membres de la congrégation. Dans les *tekke* traditionnels, on peut assister à des cérémonies chaque semaine, tandis que celui de Galata propose des cérémonies-spectacles les dimanches après-midi, pour les touristes (il est conseillé de réserver).

## ÉCONOMIE

### Une dynamique fragilisée

Dans les années 1990, le pays adopte une stratégie de croissance tirée par les exportations, sous les auspices du FMI et de la Banque mondiale. Le textile et l'industrie automobile deviennent alors les locomotives de l'économie. En 1999, la Turquie intègre le cercle fermé du G20. Dans la décennie qui suit, le revenu par habitant est multiplié par 2.
Même si l'économie du pays a été pénalisée par la crise de 2008 dont l'Union européenne, 1er partenaire économique de la Turquie, a eu du mal à se relever, tout semblait aller pour le mieux. Au début des années 2010, la croissance dépassait les 9 % (elle avoisinait les 7 % en 2017). De quoi rendre jaloux de nombreux pays ! Mais, en profondeur, la situation se fissurait...
Pour doper l'économie, encouragées par les autorités, les entreprises ont beaucoup emprunté en devises étrangères ces dernières années, notamment depuis le coup d'État raté de 2016. L'économie turque est devenue très dépendante des

financements extérieurs et des investisseurs étrangers. Certains économistes pointaient depuis un petit moment déjà un risque de surchauffe. La livre turque a entamé une érosion importante de sa valeur depuis 2014-2015. Entre 2016 et 2018, les investissements étrangers ont reculé de 40 %, en raison notamment de la défiance grandissante que suscite la dérive autoritaire du président turc. Et puis, au 1er semestre 2018, la devise turque a dévissé, perdant près de 50 % de sa valeur par rapport au dollar et à l'euro. Une chute précipitée par la décision de Trump d'augmenter les taxes sur l'acier et l'aluminium turcs.
« Le miracle économique turc », si cher au président d'Erdoğan, n'est-il qu'un lointain souvenir ? L'économie est aujourd'hui sérieusement fragilisée, tant la chute de la livre turque a alourdi la dette du pays et des entreprises. Le montant des dépôts bancaires en devises étrangères (euro, dollar) dépasse désormais celui des dépôts en livres turques. Fin 2018, le taux de change de la livre s'est stabilisé mais la croissance restait décevante (environ 2,5 %). L'inflation à 2 chiffres grève le pouvoir d'achat des ménages. Le taux de chômage est reparti à la hausse pour dépasser les 13 % de la population active, selon les statistiques officielles de 2019.
La Turquie a le potentiel pour devenir l'une des grandes puissances de demain. Toutefois, avant d'accéder un jour au club des pays les plus développés, elle va devoir relever d'importants défis : réduire la dépendance aux capitaux étrangers, mettre le paquet sur l'éducation afin de former une main-d'œuvre plus qualifiée, intensifier ses investissements dans la recherche et la santé, respecter les Droits de l'homme et la démocratie afin de restaurer la confiance des investisseurs... Vaste programme !

## Les secteurs de l'économie

Même si la part de l'***agriculture*** décline depuis les années 1990, celle-ci tient toujours une place importante dans l'économie du pays : elle représente près de 7 % du PIB et environ 20 % des emplois (alors qu'elle constituait 17 % du PIB et 47 % de l'emploi en 1990). La Turquie est parvenue à l'autosuffisance alimentaire et sa diversité de production est importante (céréales, fruits – secs principalement –, coton, tabac, olives et près des ¾ de la production mondiale de noisettes !).
Le poids de l'***industrie*** est resté relativement stable dans le temps (environ 32 % du PIB et 27 % des emplois). L'industrie manufacturière est le plus grand contributeur à la croissance économique du pays. Ses principaux moteurs sont l'agroalimentaire, l'automobile, le textile et l'électronique. La sidérurgie, la pétrochimie, le bâtiment, l'industrie de l'armement ou la construction navale sont également des secteurs florissants.
Enfin, le secteur des ***services*** est devenu le champion de l'emploi, avec un peu plus de 50 % de la population active, et assure près de 60 % de la richesse produite. Le secteur bancaire et celui des télécommunications font figure de locomotives.
Dans le domaine aérien, il faut mettre en exergue la forte expansion de la compagnie nationale ***Turkish Airlines.*** D'ailleurs, l'aéroport d'Istanbul, au carrefour de l'Europe, l'Asie et l'Afrique, a l'ambition de devenir l'aéroport le plus fréquenté au monde : il est conçu pour accueillir, à terme, 200 millions de passagers par an !
Jusque dans le milieu des années 2010, le tourisme tirait l'économie vers le haut en représentant plus de 10 % du PIB. En 2014, selon les chiffres officiels des autorités turques, la Turquie se situait même au 6e rang des pays les plus visités au monde, avec 42 millions de visiteurs étrangers. Mais après les attentats du printemps 2016 et le coup d'État raté de juillet 2016, le pays a enregistré une baisse sévère de la fréquentation touristique (plus d'un tiers). Toutefois, la chute de la livre turque, en boostant le pouvoir d'achat des touristes étrangers, a redonné des couleurs à ce secteur d'activités. En 2019, la fréquentation est pratiquement revenue à son niveau de 2014. Une situation que l'on doit en bonne partie à l'arrivée massive de touristes russes, dont le nombre a été multiplié par 7 en l'espace de 2 ans !

### Les conséquences du confit syrien

On ne peut occulter l'arrivée d'environ ***3,5 millions de réfugiés sur le territoire turc.*** Difficile d'évaluer les effets que peut avoir un tel événement sur l'économie du pays à travers l'augmentation de la pression démographique, le besoin de logements, la consommation, les conditions de vie particulièrement précaires pour nombre d'entre eux. Certains réfugiés trouvent néanmoins un travail dans le secteur du tourisme, de la construction, du secteur manufacturier ou de la restauration. D'autres sont commerçants ou entrepreneurs et s'efforcent de reconstruire leur vie en Turquie en montant leurs propres affaires. Les réfugiés sont en effet autorisés à travailler sous certaines conditions. Dans la réalité, peu de permis de travail ont été délivrés par les autorités turques. Ceux qui trouvent un emploi évoluent dans le secteur informel et sont sous-rémunérés, sans parler du travail des enfants... La Turquie autorise l'accès aux réfugiés enregistrés à son système de santé et à l'éducation. Par ailleurs, l'Union européenne a programmé une aide de 6 milliards d'euros à la Turquie pour aider le pays à gérer cet afflux important. Là encore, de quoi générer un impact non négligeable sur l'économie locale.

## GECEKONDU

La physionomie des villes turques se caractérise par un phénomène qui n'a cessé de prendre de l'ampleur au cours des 60 dernières années : les *gecekondu.* Ces maisons élevées à la va-vite et sans permis de construire – *gecekondu* signifie « construit en une nuit » – poussent comme des champignons sur les domaines publics en périphérie des métropoles. Ce sont des bâtiments plus ou moins achevés, que l'on voit dans les banlieues des grandes villes.
Tout a commencé en 1947 à Istanbul, après l'explosion des loyers qui a suivi la libéralisation de l'immobilier. Les plus démunis ont alors investi les terrains vagues et se sont improvisés maçons pour se loger. Aujourd'hui, les 1res cités illégales sont intégrées au tissu urbain. Mais elles ont fait boule de neige, et d'autres zones de développement échappant à toute planification sont apparues, au rythme de l'exode rural. Actuellement, environ 50 % de la population stambouliote se concentre dans ces bidonvilles en dur. Les autorités tolèrent ces nouveaux quartiers, qui constituent autant de pépinières d'électeurs et de main-d'œuvre bon marché.
Particulièrement touchés par la pauvreté, les *gecekondu* sont devenus le berceau des extrémistes de tout poil. Un état de fait qui exacerbe les tensions au sein d'une population urbaine déjà très contrastée !

## GÉOGRAPHIE

### Une ville à cheval sur 2 continents

Istanbul est séparée en 2 par le Bosphore. Sur la rive gauche, c'est l'Asie, sur la rive droite, c'est l'Europe.
La petite mer de Marmara baigne les côtes sud de la ville d'Istanbul. On y voit stationner les pétroliers qui attendent de remonter le détroit du Bosphore jusqu'à la mer Noire. Celui-ci, long de 30 km, large de 550 m à 3 km, sépare Istanbul entre ses 2 rives, orientale (Üsküdar et Kadıköy) et occidentale. À son tour, cette dernière est scindée en 2 par l'estuaire de la Corne d'Or : au sud, la péninsule du vieux Stamboul (Sultanahmet, Sirkeci...), qui regroupe la plupart des monuments connus. Au nord, les quartiers de Galata, Beyoğlu avec l'Istanbul fin XIXe s, prolongée par la ville moderne où commence la « vraie vie » des Stambouliotes.
Chaque jour, c'est plus de 2 millions d'habitants qui traversent le Bosphore pour aller travailler, en bateau, par l'un des 2 ponts suspendus qui enjambent le détroit ou par les tunnels sous le Bosphore, changeant de continent le temps d'une journée.

### Orient ? Occident ?

Un vieux dilemme. La géographie ne l'a pas tranché. Il y a donc peu de chance que vous y parveniez. La meilleure solution est de laisser tomber et de faire comme les Turcs : vivre à cheval sur les références. Ce n'est pas toujours reposant, du moins pour eux.
Les Turcs sont parfois blonds aux yeux bleus ; parfois, ils ont des yeux bridés des Mongols ou des Kazakhs. Des femmes se promènent en minijupe ; d'autres à l'abri de leurs *çarşaf* (tchadors) noirs. Sur les terrasses des cafés, les narghilés côtoient les smartphones... Tradition et modernisme se mélangent, avec des tiraillements de tous côtés. Entre 2 continents, il n'est pas toujours besoin de choisir. La preuve, la Turquie est membre de l'OTAN. Depuis décembre 1995, elle fait partie de l'Union douanière européenne, et le 3 octobre 2005 se sont ouvertes les négociations d'adhésion à l'Union européenne. Pour l'heure, elles sont plus que jamais au point mort. Mais l'histoire commune ne s'arrêtera sans doute pas là...

## HAMMAM

On l'appelait autrefois le *bain turc*. Pas étonnant donc qu'on en trouve dans presque toutes les villes de Turquie. À ce propos, un seul « m » en turc : *hamam.*
Les Romains ont inventé le hammam, avec les thermes. Les musulmans ne firent qu'adapter le concept de bain à leurs propres traditions, préférant l'eau courante à l'eau stagnante des bains romains. Les croisés, qui y avaient pris goût, l'ont importé en Europe au XIII^e^ s. Mais l'Église, horrifiée, a rapidement interdit cette innovation. Les Turcs, pourtant, sont des plus prudes, et on ne se dévêt pas totalement, même au hammam. Les femmes apportent leur *peştemal,* un tissu qu'elles nouent autour de la taille. Les touristes peuvent s'en procurer à l'entrée.
***Le hammam traditionnel n'est jamais mixte.*** Une partie est réservée aux femmes, l'autre aux hommes. Dans le cas où l'endroit ne dispose que d'une seule salle, les horaires sont alors différents.
On se déshabille dans une 1^re^ salle, qui sert également de pièce de repos : on s'y allonge sur des matelas pour boire du thé. La pièce suivante est surmontée d'une coupole qui laisse passer la lumière. On s'y lave au pied de petites fontaines murales avant d'aller s'asseoir sur l'estrade centrale, en marbre, chauffée par en dessous. L'atmosphère est parfois suffocante mais on en ressort avec une peau de bébé.
Le massage est énergique, et il est inutile de crier grâce, le masseur n'en tiendra aucun compte. Dans la partie réservée aux femmes, c'est une femme qui viendra vous frotter. Si un homme propose de le faire, mesdames, refusez catégoriquement. Par tradition, le hammam est toujours un lieu où les hommes et les femmes (chacun de leur côté) aimaient se retrouver.

## HAREM

Une institution islamique et un fantasme occidental. Mais la réalité n'était pas toujours aussi fantastique qu'il y paraît. Une véritable discipline militaire régnait au harem d'Istanbul, sous la houlette de la reine mère, la *valide,* et du chef des eunuques, l'*agha.* Même le sultan, *ombre de Dieu sur la Terre,* ne faisait pas tout ce qu'il voulait en son harem.
En arabe, *harem* signifie « interdit, réservé ». Cette partie du palais était strictement interdite aux hommes, à l'exception du sultan. Anciens esclaves castrés, les eunuques veillaient au règlement. Les pensionnaires avaient été capturées pendant les guerres ou achetées sur les marchés aux esclaves. Elles étaient d'abord formées aux bonnes manières, au chant et à la couture. Le service au harem était de 9 ans pour les femmes blanches et de 5 ans pour les femmes noires.
Aucun mariage ni cérémonie d'union n'existait. Les servantes qui étaient honorées par le sultan devenaient *odalisques,* les odalisques qui lui faisaient un enfant

devenaient *kadın* (si l'enfant était reconnu, et si c'était un enfant mâle). La première femme qui lui faisait un enfant reconnu devenait *baş kadın* et avait toutes les chances de devenir la reine mère, la *valide sultane,* titre le plus envié. En général, le sultan avait entre 4 et 8 favorites. Une moyenne, car le sultan Murad III trouva quand même le moyen de faire 103 enfants...

À la mort du souverain, le harem était vidé, les odalisques et les servantes données en mariage ; le « solde » était envoyé au Vieux Sérail, où se trouvaient déjà les femmes du harem qui avaient terminé leur service. Ne restaient au harem que la *valide,* son fils devenu sultan et leur suite. Et le cycle recommençait.

Si le poste de médecin du harem était très important, ce n'est pas seulement parce qu'il était chargé de soigner tout ce beau monde, mais aussi et surtout parce qu'il devait régulièrement vérifier l'impuissance des hommes vivant dans ce vase clos, essentiellement des eunuques. ⅔ des esclaves mouraient lors de leur castration.

L'institution n'a pris fin qu'en 1909, quand le sultan Abdulhamit II a été déposé. De tout l'Empire, des paysans sont venus chercher une fille ou une sœur ; 213 femmes de 15 à 50 ans furent ainsi libérées.

### DUR D'ÊTRE POLYGAME

*Lorsque le sultan avait repéré une nouvelle femme à son goût au sein du harem, il devait d'abord en informer sa mère, qui donnait alors l'ordre de transférer l'heureuse élue dans le quartier des gözde (« celles sur qui le sultan a posé l'œil »). Ensuite, il devait déjouer les ruses de ses épouses qui, ne voulant pas être détrônées par une nouvelle venue, complotaient pour ne pas lui laisser la moindre soirée libre, sans parler des assassinats et des empoisonnements qui étaient monnaie courante. Bref, il lui fallait beaucoup d'énergie.*

### LA GRÈVE DU SEXE

*Les sultans n'épousaient jamais leurs concubines car il s'agissait la plupart du temps d'anciennes esclaves. Et pourtant, l'une d'entre elles, Hürrem, une splendide rousse d'origine polonaise, réussit à se faire épouser par Soliman le Magnifique. Comment ? Tout simplement en faisant la grève du sexe. Mais bon, le risque était grand...*

# HISTOIRE (ABRÉGÉE) DE LA TURQUIE

## Les Turcs avant la Turquie

Le mot *turc* apparaît dans les chroniques chinoises au Ier millénaire av. J.-C. Il signifie... « fort ». À l'origine, ***les Turcs sont des nomades*** qui vivent de la chasse aux rennes dans les ***steppes sibériennes.*** Ils sont aussi de redoutables guerriers. Dès que la pluie manque et que l'herbe se fait rare, des hordes de tribus turques s'ébranlent vers le sud-ouest de l'Europe. Au cours des siècles se succèdent différentes vagues : Attila et les Huns (Ve s), le Mongol Genghis Khan et ses Turcs ouïgours (XIIe-XIIIe s), puis Tamerlan (XIVe s) qui fera demi-tour devant Constantinople.

### LA SCISSION DE L'EMPIRE ROMAIN

*L'étendue de l'Empire romain le rendait difficilement gouvernable. À la fin du IIIe s, l'empereur Dioclétien fut contraint de le diviser en 2, avec 2 capitales (Rome et Byzance) et 2 empereurs. En réalité, cet échec permit sa survie. En effet, l'Empire romain d'Occident disparaît en 476, envahi par les Barbares. En revanche, l'Empire romain d'Orient survivra 1 000 ans de plus, jusqu'à la chute de Constantinople en 1453.*

Au-delà des invasions, les Turcs ont aussi été de ***grands bâtisseurs d'empires*** sous divers noms d'emprunt : Mamelouks d'Égypte, Grands Moghols d'Inde... Attila, d'ailleurs, est resté un prénom dont on gratifie volontiers les petits garçons de Turquie.

## La Turquie avant les Turcs

Depuis la préhistoire, toutes les grandes civilisations occidentales et moyen-orientales se sont croisées en Asie Mineure. Assyriens, Hittites, Phrygiens, Grecs, Romains, Arméniens, Ourartéens : tous ces peuples ont laissé des vestiges qui font de la Turquie un livre d'histoire grandeur nature. L'actuelle ***Turquie fut le centre de l'Empire byzantin, héritier lui-même de l'Empire romain d'Orient.*** Après la chute de Rome, Byzance resta le centre de la culture européenne et du christianisme pendant 1 000 ans. En 330, Constantin rebaptisa la capitale du nom de Nouvelle Rome, mais les habitants la nomment « la ville de Constantin » *(Konstantinou Poli).* En 1054, les luttes de pouvoir entre les Églises d'Orient et d'Occident aboutirent au ***grand schisme.*** Constantinople et Rome ne se rapprochèrent qu'en 1965, sans pour autant effacer les divergences qui les séparent toujours.

### FAUX ET USAGE DE FAUX

*En 317 fut publiée la* fameuse donation de Constantin, *un document par lequel l'empereur romain chrétien Constantin cédait au pape Sylvestre Ier de nombreux privilèges et un vaste territoire couvrant l'Occident. Cette donation fut à l'origine de la puissance papale. Constantin s'installa à Byzance et fonda un nouvel Empire, avec Constantinople comme capitale. Il fallut attendre le XIXe s pour que le Vatican admette que ce document était un faux.*

## Les Turcs en Turquie

À l'échelle historique, la présence des Turcs en Anatolie est récente. Les ***Turcs seldjoukides*** n'y ont pris pied qu'en 1071, en remportant la bataille de Malazgirt, près de Van, sur l'empereur byzantin. 4 siècles s'écoulent avant que les Ottomans conquièrent Constantinople (le 29 mai 1453). Il faudra encore 5 siècles aux Turcs pour avoir un pays à leur nom, né du démantèlement de l'Empire ottoman.
Ainsi, après avoir régné à Kaboul, Alger ou Delhi, les Turcs n'ont finalement fondé ***une nation qu'en 1923, grâce à Mustafa Kemal, dit Atatürk,*** qui leur a donné un sentiment patriotique inconnu jusque-là.
Pour laïciser son pays et l'arrimer à l'Occident, Atatürk a révolutionné l'écriture, le calendrier, les noms de famille, et jusqu'au *fez,* le traditionnel chapeau de feutre cylindrique. Tout cela en moins de 10 ans !

## De l'après-Atatürk à nos jours

Après Atatürk, İsmet İnönü devient président. Neutralité durant la Seconde Guerre mondiale. Menderes, à la tête du parti démocratique, accède au pouvoir en 1950. ***La Turquie entre dans l'OTAN.*** Dans les années 1960, plusieurs mouvements contribuent à l'instabilité politique du pays : agitation des milieux marxistes, résurrection de l'intégrisme musulman, renaissance du mouvement séparatiste kurde.

### DES GÉNÉRAUX DÉSARMANTS

*Face à l'incompétence et à la corruption des politiciens, l'armée turque réalisa 3 coups d'État (en 1960, 1971 et 1980) dans le but de rétablir l'ordre et de garantir la continuité des acquis laïcs d'Atatürk. Fait rarissime, les généraux ont toujours cédé le pouvoir dès que la démocratie pouvait enfin être rétablie. La dernière tentative de putsch militaire (2016) s'est soldée par un échec.*

Dans les années 1980 commence une période de politique ultralibérale. Plusieurs affaires de corruption voient le jour. Elles préparent le terrain à la montée en puissance du parti religieux (Refah) présidé par Erbakan, qui accède au pouvoir en 1996. Peu de temps après, l'armée intervient pour faire tomber le gouvernement. Les coalitions suivantes seront emportées sous le flot des multiples affaires de corruption et de fraude d'une partie des hommes politiques.
En 2002, l'AKP (parti de la Justice et du Développement), se réclamant d'un islam modéré, remporte les élections législatives avec une majorité absolue (et 34 % des voix). 1 an plus tard, le leader de l'AKP et ancien maire d'Istanbul, ***Recep Tayyip Erdoğan, accède au poste de Premier ministre.*** En 2007, l'AKP remporte à nouveau les élections législatives (avec 46 % des voix), et Abdullah Gül, du même parti, devient président de la République, aux dépens d'Ahmet Necdet Sezer, juriste et ardent défenseur de la laïcité.
L'arrivée au pouvoir de l'AKP inaugure une période d'***essor économique du pays.*** Depuis le début des années 2000, le revenu moyen des Turcs a triplé. Certaines structures vieillissantes de l'État kémaliste ont été réformées. L'institution militaire a perdu de son influence sur la société turque. ***L'espoir d'adhérer à l'Union européenne*** a conduit la Turquie à prendre des mesures fortes (révisions de sa Constitution, reconnaissance du droit à la minorité kurde d'utiliser sa langue dans les médias et l'enseignement, et réforme du Code pénal). Les négociations en vue de son adhésion à l'Union européenne se sont ouvertes en octobre 2005. Il était prévu, dès le départ, qu'elles durent au moins 10 ans... Les années se sont écoulées, les négociations n'ont guère avancé.
Durant ses 2 premiers mandats, le Premier ministre, Recep Tayyip Erdoğan, a réussi à donner l'image d'un parti islamique conservateur et modéré, faisant preuve de stabilité politique, dans une zone de grande importance géostratégique. La diplomatie turque a œuvré pour que le pays s'impose comme une puissance incontournable dans la résolution des conflits géopolitiques de la région. Ankara a d'ailleurs longtemps caressé l'ambition d'être un modèle politique pour les pays qui ont connu le Printemps arabe. Durant cette période, Recep Tayyip Erdoğan a bénéficié du soutien des chancelleries occidentales.

## Si Proche-Orient

### *Début des années 2010 : un nouvel ordre moral*

Dès le début de son 3e mandat, en 2011, le Premier ministre Erdoğan multiplie les mesures en faveur d'un ***ordre rigoriste et puritain musulman.*** La réforme du système éducatif, entrée en vigueur en septembre 2012, prévoit l'enseignement du Coran dans le secondaire et autorise les élèves à étudier chez eux après 8 années d'école. On pense aux effets sur la scolarisation des jeunes filles...

> **UNE AMBITION CONTRARIÉE**
>
> *Dans sa jeunesse, Erdoğan était un excellent footballeur dans l'équipe de la Régie des transports en commun d'Istanbul. Il rêvait de devenir professionnel. Malheureusement, la politique en a décidé autrement.*

Au printemps 2013, le Premier ministre veut remettre en question le droit à l'avortement, avant de faire machine arrière face à la mobilisation féministe. La pratique judiciaire devient très répressive et les procès fleurissent, à l'image de celui du pianiste turc Fazıl Say, condamné en avril 2013 à 10 mois de prison avec sursis pour avoir écrit des tweets jugés blasphématoires. Le procès « Ergenekon », qui s'achève en août 2013 et durant lequel 275 personnes (civils et militaires) comparaissent pour tentative de putsch, s'inscrit dans la même ligne. Plusieurs accusés écopent de lourdes peines dont 16 condamnations à la prison à vie.

Emblématique aussi du nouvel ordre moral, la loi limitant la consommation d'alcool votée en mai 2013. La vente est désormais interdite après 22h ainsi qu'à proximité des mosquées et des écoles, toute la journée. Signe des temps, même l'eau de Cologne, aimablement distribuée jusqu'à présent dans les bus, est maintenant supprimée, ou présentée discrètement. Les femmes voilées la refusent, même si leur voisine aux cheveux en liberté l'accepte. Pour concilier tout le monde, des serviettes parfumées sans alcool sont distribuées... Turkish Airlines ne propose plus d'alcool sur ses vols intérieurs.
La Turquie reste un pays laïc, sauf que... certains discours de la campagne présidentielle, en juillet 2014, ont commencé par un verset du Coran : chose impensable dans l'ancienne Turquie kémaliste. On voit désormais des femmes députées siégeant voilées. Les jeunes filles sont autorisées à porter le voile à l'école dès l'âge de 10 ans.
Que penser également de la construction récente de la mosquée de Çamilca, sur une colline d'Istanbul, prévue pour 30 000 fidèles et dont les minarets sont les plus hauts du monde ? Il se murmure qu'elle pourrait abriter le mausolée d'Erdoğan à sa mort... Ou encore de cette phrase, reprise à un théoricien nationaliste et pour laquelle Erdoğan fut condamné en 1998 : « Nos mosquées sont nos casernes, nos dômes nos casques, nos minarets nos baïonnettes, nos croyants nos soldats. » Enfin, comment ne pas rester dubitatif face à un Recep Tayyip Erdoğan affirmant, en novembre 2014, que la femme ne peut être l'égale de l'homme et que les musulmans ont découvert l'Amérique en 1178, soit plus de 3 siècles avant Christophe Colomb ?

### *Un printemps 2013*

Mai 2013, coup de semonce pour le Premier ministre Erdoğan. Un projet de construction d'un centre commercial au niveau du ***parc Gezi,*** un des rares espaces verts d'Istanbul, met le feu aux poudres. Des écologistes marquent leur opposition au projet en campant sous les arbres qui doivent être abattus. Des arbres qui masquent en fait une véritable forêt. Face à la forte répression pour déloger les manifestants, la contestation prend de l'ampleur et une tournure politique. En quelques heures, c'est toute une Turquie moderne et laïque qui s'oppose aux dérives autoritaristes du Premier ministre. ***Des milliers de manifestants envahissent la place Taksim*** à Istanbul et l'occupent nuit et jour. Au plus fort de la contestation, les troubles s'étendent dans une cinquantaine de villes à travers le pays. Les autorités doivent alors faire face au plus grand mouvement contestataire depuis l'accession de l'AKP au pouvoir en 2002. Le Premier ministre turc répond avec la plus grande fermeté et évoque un complot ourdi de l'étranger. Il envoie les forces de police pour « nettoyer » la place Taksim. Pour sortir de la crise, Erdoğan accepte que l'avenir du projet soit tranché par une décision de justice et un référendum. La fronde aura duré 3 semaines, fait 6 morts et près de 8 000 blessés. Les forces de l'ordre ont procédé à des milliers d'interpellations. En juillet, la justice turque suspend le projet. Celui-ci est désormais abandonné.

### *Juillet 2016 : le coup d'État raté*

En août 2014, ***Erdoğan est élu à la présidence de la République,*** pour 5 ans, dès le 1er tour, avec près de 52 % des voix. Il est le 1er président turc élu au suffrage universel. 2 ans plus tard, au soir du 15 juillet, ***un groupe de militaires tente de renverser le pouvoir.*** Mais pour les putschistes, relativement peu nombreux, les choses tournent mal. Dès le lendemain matin, Erdoğan reprend le contrôle de la situation. On compte près de 280 morts et 1 400 blessés.
***Le prédicateur Fethullah Gülen,*** exilé aux États-Unis, est désigné par le pouvoir comme le cerveau de la tentative du coup d'État. Gülen dément toute implication. À la tête d'une puissante confrérie qui possède de nombreuses écoles et universités dans le pays (et ailleurs), ce dernier a été l'un des hommes-clés de l'ascension politique et des succès électoraux d'Erdoğan dans les années 2000. Mais, aujourd'hui, les 2 hommes se livrent une guerre fratricide.

Le coup d'État raté déclenche les foudres du pouvoir. Débute alors ***une purge sans précédent*** : militaires, policiers, magistrats, journalistes, enseignants et fonctionnaires soupçonnés de proximité avec les réseaux gülénistes sont arrêtés ou limogés par dizaines de milliers (des listes étaient-elles prêtes... ?). Même le milieu du foot n'échappe pas à la chasse aux sorcières. Près de 40 000 détenus de droit commun sont libérés de prison pour faire de la place aux nouveaux venus...
La communauté internationale ne peut que condamner la tentative de coup d'État, mais s'inquiète des arrestations massives et de la dérive autoritaire d'Erdoğan, qui envisage le rétablissement de la peine de mort pour les putschistes (or, l'abolition de la peine de mort est une condition sine qua non pour l'adhésion à l'UE). Durant cette nuit de juillet, le pouvoir a peut-être vacillé quelques instants, mais le président s'est libéré d'une tutelle güleniste devenue encombrante et a affirmé son autorité sans s'embarrasser de préserver les apparences de la démocratie.

***Dérive autocratique et hyperprésidence***

Le coup d'État raté n'a fait qu'accentuer la dérive autoritaire du pouvoir. En 3 ans, de nombreux fonctionnaires ont été limogés, plusieurs dizaines de milliers de personnes emprisonnées. Certaines sur simple décret présidentiel. Les médias ont été violemment pris pour cibles. Plusieurs chaînes de télévision, stations de radio, journaux, sans oublier des associations, ont été fermés, des sites internet censurés, des milliers de journalistes limogés. On estime que 70 % des médias appartiennent désormais à des proches du pouvoir.
En juin 2018, Recep Tayyip Erdoğan remportait les élections présidentielles anticipées avec près de 52 %, là encore, dès le 1er tour. Le lendemain, son principal opposant, Muharrem Ince, le social démocrate du parti républicain du Peuple (CHP) qui a rassemblé 31 % des suffrages, reconnaissait sa défaite. En parallèle, les élections législatives qui se tenaient le même jour donnaient la victoire à la coalition entre l'AKP (le parti du président) et le MHP (la droite nationaliste). En juillet 2018, Erdoğan lève enfin l'état d'urgence.
***Ce 2e mandat présidentiel inaugure la nouvelle Constitution*** approuvée par référendum en avril 2017, d'une très courte tête (51 % des voix). Décriée par l'opposition, cette réforme voulue par Erdoğan ***renforce les pouvoirs entre les mains du président.*** Exit le poste de Premier ministre. Le président peut désormais gouverner par décret, réduisant le Parlement à une simple chambre d'enregistrement, proclamer l'état d'urgence, nommer seul ses ministres et ses vice-présidents (aux oubliettes le vote de confiance du Parlement...), choisir les hauts fonctionnaires (les chefs du renseignement, les recteurs d'université, le haut commandement militaire) et la moitié des membres du haut conseil des juges (instance qui veille sur le système judiciaire). Il dispose aussi d'un droit de veto sur les lois votées par le Parlement. Le tout en restant à la tête de son propre parti, l'AKP. Une Constitution sur mesure pour une hyperprésidence. Une Constitution laissant le champ libre à l'***arbitraire du pouvoir...***
Erdoğan se voit en champion d'une Turquie puissante, pieuse, fière et nostalgique de la grandeur déchue de l'Empire ottoman. Après l'annonce de sa victoire à l'élection présidentielle de 2014, le nouveau président est allé prier à la mosquée d'Eyüp, à Istanbul, là même où les sultans ottomans prêtaient serment. Tout un symbole ! Un dirigeant au style tonitruant, jamais avare de provocations et dont les harangues réveillent la fibre patriotique et font mouche. Un brin mégalo aussi. En témoigne l'immense palais qu'il s'est fait construire à Ankara. Et c'est sans parler du projet d'un canal de plus de 40 km de long, parallèle au Bosphore ! Tout autour, une ville nouvelle devrait sortir de terre avec une dizaine de ponts, près de 450 gratte-ciel et même des pagodes chinoises !

***Le vent tourne ?***

Mais de plus en plus de signes montrent que l'homme fort du pays est en réalité ***fragilisé en interne.*** La division de la société turque et les purges de ces dernières

années sont loin de faire l'unanimité. La rhétorique qui consiste à expliquer tous les résultats négatifs de la Turquie par des « complots ourdis depuis l'étranger » ne fait plus recette. Mais ce sont surtout les mauvais résultats économiques qui engendrent la grogne.
Après avoir fait invalider les ***élections municipales d'Istanbul*** en mars 2019 (prétextant des irrégularités), Erdoğan et son parti perdent en juin, au cours d'un nouveau scrutin, la ville qu'il dirigea de 1994 à 1998. Son opposant, ***Ekrem Imamoğlu,*** un entrepreneur de 49 ans devenu leader du CHP (Parti républicain du Peuple), conquiert la plus grande ville du pays avec près de 54 % des suffrages et un slogan positif : « Tout ira bien ». Un véritable ***camouflet pour Erdoğan,*** omniprésent pendant la campagne, qui a multiplié les stratagèmes douteux et les manipulations grossières, jetant tout son poids dans la balance. Ironie de l'histoire pour celui qui a toujours répété : « Remporter Istanbul, c'est remporter la Turquie ».
La perte d'Istanbul, ajoutée à celle d'Ankara, a un retentissement sur le plan national. Si le score de l'AKP se maintient (44 % du total des voix), c'est surtout dans les campagnes : des régions qui ne pèsent pas lourd dans l'économie du pays. Environ 70 % du PIB provient des grandes villes (Istanbul, Ankara, Izmir...). L'ambitieux Imamoğlu, qui a fait campagne sur les thèmes du rassemblement, de la transparence et de la lutte contre la corruption, va désormais devoir relever d'importants défis dans sa ville d'Istanbul, malgré une faible marge de manœuvre budgétaire (la ville est endettée à hauteur de 3,7 milliards d'euros). En gardant, sans nul doute, un œil rivé sur la présidentielle de 2023...

## L'épineuse question du conflit syrien

En plus de sa situation politique intérieure pour le moins agitée, la Turquie fait face à un certain nombre de tensions majeures. En 1re ligne, la guerre en Syrie et l'afflux massif de réfugiés. Jusqu'à l'été 2015, la Turquie n'a jamais montré d'entrain pour lutter contre Daech. Pire, sa frontière est longtemps restée poreuse aux aspirants djihadistes, au trafic de pétrole (principale ressource financière de Daech) et d'antiquités. Le pouvoir turc a toujours souhaité la chute du régime chiite de Bachar Al-Assad. Mais surtout, depuis le début du conflit, Ankara redoute la montée du pouvoir kurde dans certaines régions (lire la rubrique « Population »).
Mais, le 20 juillet 2015, un attentat suicide attribué à Daech fait une trentaine de morts et une centaine de blessés à Suruç, une ville frontalière avec la Syrie. Ankara change alors d'attitude et autorise les avions américains à utiliser leur base militaire d'İncirlik pour mener des frappes aériennes contre Daech. Après tout, la Turquie est la pièce maîtresse de l'OTAN dans la région. Peu de temps après, les F16 turcs bombardent des positions djihadistes dans le nord de la Syrie.
Daech répond en perpétrant plusieurs attentats dont celui de l'aéroport Atatürk d'Istanbul en juin 2016 faisant plus de 40 morts et, 2 mois plus tard, à Gaziantep lors d'un mariage (plus de 50 morts). Daech est désormais devenu un danger pour la Turquie.
En août 2016, Erdoğan envoie des chars sur le sol syrien. L'entente tacite qui a prévalu pendant plusieurs années entre l'organisation terroriste et la Turquie est bel et bien rompue. La communauté internationale ne peut que se féliciter de l'engagement de la Turquie, partenaire incontournable pour la résolution du conflit et de la « crise des migrants », tout en ne manquant pas de constater que l'armée turque prend aussi comme cibles les troupes kurdes opérant en Syrie...
Au printemps 2018, alors que les djihadistes ont perdu du terrain, les troupes militaires turques s'installent à Afrine dans le nord de la Syrie pour « stabiliser » la région frontalière. C'est aussi l'occasion pour Ankara d'étendre son emprise sur un bastion kurde. En octobre 2019, à la surprise générale, Trump retire ses troupes du nord de la Syrie, abandonnant purement et simplement leurs alliés kurdes qui ont pourtant joué un rôle majeur dans la guerre contre Daech. Quelques jours plus tard, la Turquie lance une offensive militaire dans la zone. Et ce n'est pas la

condamnation de la communauté internationale qui changera les plans d'Erdoğan. Pour Ankara, il s'agit de contrôler une bande de 30 km en territoire kurde syrien situé le long de la frontière turque. L'objectif annoncé étant de disposer d'une zone pour rapatrier les millions de réfugiés syriens qui se trouvent en Turquie. Mais Erdoğan veut surtout maîtriser un territoire aux mains des Kurdes qu'il considère comme des « terroristes » et qui représentent, selon lui, un danger pour la stabilité de la Turquie. Cette intervention tombe aussi à point nommé pour le régime alors qu'une part grandissante de la population turque exprime un mécontentement face à la grave crise économique qui secoue le pays. Dans l'exercice du double jeu (et du sans foi ni loi), Erdoğan est passé maître.

# HISTOIRE D'ISTANBUL EN 3 ACTES

## Il était une fois Byzance

La fondation de la ville se perd dans les légendes. C'est au VIIe s av. J.-C. que Byzas, à la tête d'une troupe de marins venus de Mégare (Grèce), s'installa sur la pointe occupée aujourd'hui par le sérail de Topkapı. Ce promontoire jouissait d'une situation exceptionnelle à l'entrée sud du détroit du Bosphore, baigné au sud par la mer de Marmara, au nord par l'estuaire de la Corne d'Or. En face pourtant, sur la rive asiatique, d'autres habitants de Mégare avaient déjà fondé Chalcédoine, devenue aujourd'hui Kadıköy. L'oracle de Delphes avait soufflé à l'oreille de Byzas de prendre pied « en face des aveugles ». C'est ainsi, dit la légende, qu'en face de Chalcédoine, Byzas fonda Byzance.

## Puis vint Constantinople

En 324, l'empereur Constantin s'empare de Byzance et décide d'en faire la capitale de l'Empire romain. Il inaugure en 330 sa Nouvelle Rome, construite sur 7 collines, qui prendra le nom de *Konstantinou Poli*. Il l'entoure de remparts, agrandit l'Hippodrome de Septime Sévère et conçoit le projet de la 1re basilique dédiée à la sagesse divine : Sainte-Sophie. Constantin fait également creuser un port (dont les travaux du tunnel ferroviaire sous le Bosphore ont récemment mis au jour d'importants vestiges). En 476, Rome tombe, l'Empire romain d'Occident glisse dans le Moyen Âge. Reste l'Empire byzantin et sa capitale : Constantinople.

## Et les Turcs prirent Istanbul

En 1453, les Ottomans, qui dominent toute la région, donnent l'assaut à la ville. Constantinople cède au matin du 29 mai 1453. Mehmet II devient Fatih Sultan Mehmet (le Conquérant) et, le soir même, coiffe Sainte-Sophie d'un croissant et d'une étoile. Le symbole de la chrétienté est devenu une mosquée. Constantinople est devenue Istanbul.

Du temps de Soliman le Magnifique (1520-1566), quand Paris, la plus grande ville d'Occident, ne compte que 250 000 habitants, la capitale de l'Empire ottoman, avec ses 500 000 habitants, est

### LES BATEAUX ONT-ILS DES JAMBES ?

*Depuis 1452, le sultan Mehmet II campait sur la rive européenne du Bosphore. En ligne de mire, Constantinople ! La ville tremblait et se protégeait en fermant l'entrée de la Corne d'Or avec une grosse chaîne. Qu'à cela ne tienne, les Ottomans transportèrent leurs bateaux en une nuit, par voie terrestre, depuis le Bosphore jusqu'à la Corne d'Or. Le stratagème audacieux fut couronné de succès et peu de temps après, l'armée byzantine fut anéantie.*

la 1re ville du monde. À cette époque, elle compte près de 5 000 mosquées. La Sublime Porte fascine les Européens qui découvrent la ville avec émerveillement. Au XVIe s, près de 150 récits de voyage écrits par des auteurs européens seront consacrés à Istanbul !

Avec environ 15 millions d'habitants aujourd'hui, Istanbul n'est plus la capitale administrative de la Turquie (c'est Ankara). C'est une métropole au passé glorieux et, malgré l'urbanisme galopant qui la dévore, il faudrait être aveugle, comme le disait l'oracle de Delphes, pour ne pas voir qu'elle est toujours l'une des plus belles et fascinantes villes du monde.

## Quelques repères chronologiques

- ***Ier millénaire av. J.-C. :*** de petites villes se développent sur le Bosphore, parmi lesquelles Lygos, port de pêche sur la pointe du Sérail.
- ***VIIe s av. J.-C. :*** les Grecs, avec le légendaire Byzas, s'installent à Lygos. Byzance se développe rapidement grâce au commerce.
- ***343 av. J.-C. :*** Byzance est dominée par Alexandre le Grand.
- ***193-196 apr. J.-C. :*** Byzance est assiégée par l'empereur romain Septime Sévère. Elle est détruite, puis reconstruite.
- ***330 :*** Constantin consacre Byzance comme capitale de l'Empire romain. La Nouvelle Rome s'appellera Constantinople.
- ***395 :*** mort de Thédose Ier. Constantinople devient la capitale de l'Empire d'Orient.
- ***476 :*** à la suite de la chute de Rome aux mains des Barbares, Constantinople devient la capitale de l'Empire byzantin.
- ***537 :*** achèvement de la construction de Sainte-Sophie.
- ***1054 :*** schisme avec Rome.
- ***1096 :*** la première croisade arrive à Constantinople.
- ***1204-1261 :*** en 1204, les barons de la 4e croisade détruisent la ville et la plupart des chefs-d'œuvre qui s'y trouvent. Ils fondent, avec la bénédiction du pape, l'Empire latin d'Orient. Les Byzantins reprendront Constantinople en 1261.
- ***1453 :*** le sultan Mehmet II assiège Constantinople. La ville tombe le 29 mai 1453. Il en fait la capitale de l'Empire ottoman et encourage le commerce. De nombreuses colonies étrangères s'y installent (Grecs, Arméniens, juifs, Génois et Vénitiens...).
- ***1520-1566 :*** sous le règne de Soliman le Magnifique, l'Empire ottoman atteint son apogée et Istanbul son âge d'or. La ville s'orne de nombreux monuments.
- ***1826 :*** le corps des janissaires se révolte. Le sultan Mahmud II les fait massacrer.
- ***1868 :*** création du lycée français de Galatasaray. Occidentalisation progressive d'Istanbul.

### STRATÉGIE ET TOLÉRANCE

*Lorsque Mehmet II conquit Constantinople, la stupéfaction fut grande. On savait ce jeune chef de 21 ans (!) courageux et grand stratège (il dessinait lui-même ses canons). En revanche, on le découvrit imprégné de tolérance. Il fit même traduire un livre sur la religion orthodoxe en ottoman pour mieux la comprendre...*

### UNE CROIX SUR LE MOYEN ÂGE

*Au XIIIe s, les croisés, en chemin pour Jérusalem, en profitèrent pour piller Constantinople. La ville dévastée fut alors une proie facile pour Mehmet II, près de 2 siècles plus tard, en 1453. Le changement fut tellement radical que plusieurs historiens considèrent que cette date charnière sonna la fin du Moyen Âge.*

– ***1919 :*** la ville est occupée par les forces franco-britanniques à la suite de l'engagement de l'Empire ottoman aux côtés de l'Allemagne pendant la Première Guerre mondiale. Mustafa Kemal organise la résistance populaire contre les armées d'occupation depuis Samsun.
– ***1920 :*** le traité de Sèvres consacre le démembrement de l'Empire ottoman.
– ***1922 :*** le sultanat est aboli.
– ***1923 :*** le traité de Lausanne délimitant les frontières actuelles de la Turquie est ratifié, la République turque est officiellement proclamée. Les Alliés évacuent Istanbul. Ankara devient la capitale administrative.
– ***1935 :*** Sainte-Sophie devient musée.
– ***1938 :*** mort d'Atatürk au palais de Dolmabahçe.
– ***1973 :*** ouverture du 1er pont Boğaziçi (Bosphore) reliant l'Europe à l'Asie.
– ***2013 :*** le projet de construction d'un centre commercial sur le parc Gezi déclenche la plus grande contestation populaire contre la politique du Premier ministre, ***Erdoğan,*** depuis son accession au pouvoir en 2003. La place Taksim devient le symbole de l'opposition aux dérives autoritaristes du pouvoir. En octobre, inauguration du Marmaray, le 1er tunnel ferroviaire sous le Bosphore.
– ***2014 :*** visite du pape François. Il se rend à Sainte-Sophie et à la mosquée Bleue.
– ***2016 :*** inauguration du 3e pont au-dessus du Bosphore et du tunnel autoroutier sous le Bosphore.
– ***2018 :*** inauguration du nouvel aéroport d'Istanbul.
– ***2019 :*** le parti d'Erdoğan perd les élections municipales. Ekrem Imamoğlu du CHP (Parti républicain du Peuple) devient le nouveau maire d'Istanbul.

## ICONOCLASTE

Le culte des reliques et des images païennes et même chrétiennes proliférait à l'époque de Mahomet. Face à cette vénération qu'il considérait comme de l'idolâtrie, l'islam réagit le 1er. Le Coran, contrairement à ce qui est communément admis, n'interdit pas la représentation des êtres vivants, mais seulement des idoles. Ce fut le calife Yazid qui, en 723, fit détruire toutes les images. Il fut suivi de près par l'empereur byzantin Léon III qui, en 726, fit déposer l'image du Christ de son palais et la remplaça par une croix. Il condamna la représentation figurée des personnes divines de la Vierge et des saints. Il supprima également l'effigie du Christ sur toutes les pièces de monnaie. Il fit badigeonner toutes les mosaïques des églises. Le Concile de 754, réuni par son fils, interdit formellement la fabrication et la vénération des images. Mais si, chez les chrétiens, les iconodoules (partisans de l'image) prirent leur revanche au concile de Nicée en 787, il en ira différemment chez les juifs et les musulmans. Ces derniers, bien que toujours attentifs à ce qui se passait à Byzance, ne tolérèrent qu'une certaine imagerie populaire, anecdotique ou de distraction. Cette interdiction de la représentation humaine ou animale a été codifiée par la *Sunna.* C'est l'une des raisons pour lesquelles Mehmet II fit badigeonner les mosaïques des églises de Constantinople devenue Istanbul. L'iconoclastie fut à l'origine de l'utilisation de l'écriture comme élément artistique et de la décoration épigraphique, florale et géométrique des palais et des mosquées.

## LANGUE FRANÇAISE EN TURQUIE

Le français occupe une place importante dans l'histoire de la Turquie, en particulier à Istanbul. Vous ne vous en apercevrez pas au premier abord, car son rôle s'est considérablement réduit depuis plusieurs années.

### Un peu d'histoire : la diffusion du français

L'expansion du français a commencé dès la fin du XVe s, lorsque les juifs chassés d'Espagne ont ouvert la première imprimerie, en 1494. À cette époque, et

jusqu'en 1928, le turc s'écrivait en caractères arabes. Les Turcs, qui interdisaient la reproduction des caractères sacrés de l'islam, laissèrent les juifs recourir aux caractères hébraïques et latins. On commença donc à ***utiliser le français,*** qui était la principale langue parlée et écrite en Europe. Au XVIIIe s, une importante communauté d'origine française, les Levantins, prospérait grâce au commerce. La bourgeoisie et la noblesse de Constantinople ne parlaient que le français. C'est seulement au XIXe s que les musulmans oublièrent leurs vieux préjugés, mais l'expansion de la langue ottomane avait été supplantée par le français dans tout l'Empire.
Au début du XXe s, des dizaines de journaux paraissaient en français, les opératrices des PTT ne s'exprimaient qu'en français, et il n'était même pas possible d'avoir des renseignements en turc. Les annuaires étaient uniquement en français, les rues de la ville étaient indiquées dans les 2 langues, et toute l'administration était bilingue. Nul besoin sans doute alors pour un Français d'apprendre le turc. De fait, une expression pittoresque subsiste : *Fransız kaldım !,* littéralement : « Je suis resté (interdit) comme un Français (qui ne comprend rien à ce qu'on lui dit en turc) ! »

## Une réforme d'Atatürk

Le courant s'inverse en 1928, lorsque ***Atatürk réforme la langue et l'écriture.*** Le turc s'écrit désormais en caractères latins, et le seul moyen de faire adopter la nouvelle écriture est d'interdire l'ancienne. On laisse un peu plus de liberté aux autres langues parlées dans la nouvelle république, mais seul le turc moderne est officialisé. On démonte les anciennes plaques de rue et les pancartes des commerçants levantins, grecs ou arméniens. Les billets de banque ne sont désormais imprimés qu'en turc. Seul le passeport turc reste bilingue (turc et français) ; aujourd'hui, il est en turc et en anglais.

## Aujourd'hui

La bourgeoisie stambouliote continue à apprendre le français dans des écoles congrégationalistes comme Sainte-Pulchérie, Saint-Benoît ou Saint-Joseph. Le fameux lycée de Galatasaray (qui est aussi à l'origine de la création du club de football du même nom), où l'enseignement se fait en français, a formé bon nombre de parlementaires et de diplomates. Les élèves peuvent également faire leurs études à l'université de Galatasaray, au bord du Bosphore, près d'Ortaköy. On trouve en ville plusieurs instituts français, un hôpital, des maisons de retraite, des églises, des librairies, des bibliothèques, une troupe de théâtre et des associations. Les Levantins d'origine française résident aujourd'hui entre Beyoğlu et Pangaltı, ou vers Kadıköy et Moda.

# MARCHANDAGE

Le marchandage ne se pratique pas partout. Il arrive que les prix soient fixes même au Grand Bazar et au Bazar égyptien. Tentez tout de même votre chance. Par définition, dans la plupart des boutiques pour touristes, il faut marchander ferme. À vrai dire, qu'on soit turc ou touriste, il n'est guère que pour les produits de la vie courante qu'on ne marchande pas. Que ceux qui ne sont pas habitués à cet échange social ne se découragent pas : passé les premières réticences, vous y trouverez peut-être du plaisir.
3 grands principes :
- avoir une idée du prix avant tout marchandage ;
- éviter les rabatteurs. Souvent des jeunes dotés d'un certain bagou vous entraînent dans les magasins et font pression pour que vous achetiez à un prix forcément majoré de leurs commissions ;

– ne pas être accompagné d'un guide.
Au début, pour avoir une idée du prix usuel et non « touristique », faites plusieurs boutiques ou essayez de demander à un Turc combien il paierait pour tel type d'objet. Lors de la négociation, ne pas laisser percer trop rapidement son intérêt, ne jamais dire son prix le premier, user d'humour et ne pas perdre le sourire. Si le marchand résiste à votre dernière proposition, placez la somme correspondante sur le comptoir. C'est bien le diable s'il ne cède pas. En dernier recours, partez doucement de la boutique, il y a de grandes chances pour que le commerçant vous rappelle.
Enfin, dans les bazars, se méfier des fausses pierres précieuses ou des fausses antiquités (voir plus haut la rubrique « Achats »).

# MÉDIAS

## Votre TV en français : TV5MONDE, la première chaîne culturelle francophone mondiale

Avec ses 11 chaînes et ses 14 langues de sous-titrage, TV5MONDE s'adresse à 370 millions de foyers dans 198 pays par câble, satellite et sur IPTV et est présent dans plus de 3 millions de chambres d'hôtels. Vous y retrouverez de l'information, du cinéma, du divertissement, du sport, des documentaires...
Préparez votre séjour grâce à son site voyage • *voyage.tv5monde.com* •, et sur place, restez connecté avec les applications et le site • *tv5monde.com* • Demandez à votre hôtel le canal de diffusion de TV5MONDE et contactez • *tv5monde.com/contact* • pour toutes remarques.

## Presse

Les principales publications étrangères sont disponibles dans les villes et régions touristiques du pays. À Istanbul, on trouve la presse française à l'Institut français, notamment *Le Petit Journal*. Le quotidien turc *Turkish Daily News* donne des nouvelles internationales en anglais.
Un peu plus de 6 000 périodiques, pour la moitié des hebdomadaires, sont publiés dans le pays. Parmi eux, une bonne vingtaine de quotidiens, pour la plupart basés à Istanbul, se partagent le marché de la presse nationale. Ils représentent un peu plus de 90 % des tirages et sont concentrés au sein de quelques puissants groupes de presse. Le journal *Cumhuriyet,* qui correspond un peu au quotidien français *Le Monde,* est de tendance centre gauche, comme *Birgün.* Les 4 publications *Sabah* (« Le Matin »), *Milliyet* (« La Nation »), *Posta* (« Le Courrier ») et *Hürriyet* (« La Liberté », tendance centre) ont des tirages importants. Mais ces derniers subissent de plus en plus la mainmise du pouvoir. Le quotidien *Sözcü* de tendance centre est plus indépendant et a une ligne éditoriale plus objective.

## Télévision

La plupart des chaînes françaises peuvent être captées par satellite (TPS, Canal Satellite). TV5MONDE et MCM International sont également présentes sur le câble et sur Digitürk. Arte est, quant à elle, présente sur le câble et par satellite.
Le paysage audiovisuel turc a connu un bouleversement dans les années 1990, avec une véritable explosion du nombre de chaînes après l'amendement, en 1993, de l'article 133 de la Constitution, mettant officiellement fin au monopole de l'État. Il existe aujourd'hui près de 300 chaînes.
Le marché turc de la télévision est dominé par quelques grands groupes de médias qui possèdent une dizaine de chaînes nationales (TRT, ATV, Kanal D, Star, Show TV, CNN Türk, Haber Türk, Fox et NTV). Chaque chaîne est intégrée à de

puissants holdings de presse regroupant journaux, radios ou télévisions. D'une manière générale, ces chaînes prennent beaucoup de pincettes dans le traitement de l'actualité et des événements politiques turcs. En revanche, la chaîne Halk TV de tendance sociale-démocrate est assez critique à l'égard du pouvoir et donne des nouvelles impartiales.

## Liberté de la presse

La chasse aux médias critiques menée par le président Recep Tayyip Erdoğan culmine depuis la tentative de putsch de juillet 2016. À la 157e place sur 180 au dernier classement mondial de la liberté de la presse, la Turquie est désormais ***la plus grande prison du monde pour les journalistes.*** Les principaux groupes de presse ont été rachetés par des investisseurs proches du pouvoir et les autorités ont liquidé d'un trait de plume des dizaines de médias, réduisant le pluralisme à une poignée de journaux harcelés et à faible tirage.
Les procès kafkaïens se succèdent : des propos critiques du pouvoir, une collaboration avec un média « suspect », un contact avec une source sensible ou l'usage d'une messagerie cryptée suffisent généralement à jeter des journalistes en prison pour « terrorisme ». Passer plus d'un an en détention avant d'être jugé est devenu la norme, et lorsque tombent les condamnations, elles peuvent aller jusqu'à la prison à vie incompressible. L'État de droit n'est plus qu'un souvenir face à une justice plus politisée que jamais.
Pas un segment de la presse n'est épargné : la répression cible le journalisme d'investigation comme le journalisme d'opinion, les journalistes réputés proches de la confrérie Gülen comme leurs confrères kurdes, libéraux, kémalistes, de gauche, nationalistes, conservateurs...
La purge se poursuit sur Internet. Le blocage de nombreux sites d'information est devenu chronique, des internautes sont arrêtés chaque semaine pour leurs publications, et les autorités cherchent désormais à soumettre les services de vidéo en ligne au contrôle des services de renseignements.

■ ***Reporters sans frontières :*** *CS 90247, 75083 Paris Cedex 02. ☎ 01-44-83-84-84. • rsf.org •*

# MOSAÏQUE

La mosaïque n'est pas née avec Byzance. Elle s'est développée d'abord durant l'Antiquité. À l'époque hellénistique, Sasos de Pergame exécutait l'*asarôtos oikos* – représentation des restes d'un banquet – et les colombes perchées sur le bord d'un bassin, thèmes repris maintes fois par la suite. Ce sont là de véritables peintures de pierre et de marbre taillées en forme de petits cubes appelés *tesselles.* Quelques siècles plus tard, les mosaïques d'Antioche (Antakya) et celles de Zeugma près de Gaziantep, récemment découvertes, présentaient diverses scènes mythologiques dans un décor complexe. La composition reste habile et la réalisation subtile ; la polychromie est enrichie de tesselles en pâte de verre colorée.
L'époque byzantine, quant à elle, employait un style plutôt rigide, au service de la nouvelle iconographie religieuse. Les effets de miroitement et de scintillement étaient accentués par l'utilisation de tesselles de verre doré. Au fil du temps, la technique s'affina, rappelant la souplesse et l'aisance des mosaïques antiques.
À Istanbul, les mosaïques de l'église Saint-Sauveur-in-Chora *(plan détachable, A3, et plan Les remparts, B1)* et celles de l'ancienne église Pammakaristos *(plan détachable, A-B3)* sont certainement les plus belles du monde byzantin encore visibles.

## MUSIQUE

Chez les Turcs, la musique fait partie intégrante de la vie. La musique turque, très élaborée et savante, offre de très nombreuses formes. On en distingue 2 principales : la musique populaire (*halk müziği* ou *türkü*) et la musique classique (*sanat müziği* ou *klasik türk musîkisi*).

– ***Musique populaire :*** citons le *saz,* ce luth à long manche encore très répandu en Turquie. Il accompagne les *aşık* (bardes), littéralement « amoureux ». De nos jours, vous entendrez souvent cet instrument, ou le *zurna-davul* (cousin de la bombarde accompagné d'un grand tambour à 2 bâtons), à l'occasion des fêtes, mariages, etc.

– ***Musique classique :*** pour ne parler que d'un instrument, citons le *ney* (flûte en roseau) au timbre profond. Cette musique prend sa source dans la musique mystique comme celle des *mevlevi* (derviches tourneurs).

– N'oublions pas non plus la ***musique gitane,*** qui anime souvent les soirées du Çiçek Pasajı (passage des Fleurs) dans l'Istanbul moderne, et la musique ***arabesk,*** née du métissage des musiques arabe et turque et qui est aujourd'hui prépondérante.

## NARGHILÉ

Le narghilé était très répandu dans l'Empire ottoman. C'est aujourd'hui ***une institution en Turquie.*** Depuis que la loi interdisant de fumer dans les lieux publics est entrée en vigueur en 2009, on fume désormais sur les terrasses.

Pour fumer le narghilé, il faut savoir être patient. Fumer une pipe prend 1h ou 2h. Le préposé au tabac prépare un mélange qu'il roule dans une large feuille de tabac mouillée *(tömbeki).* Il sort un embout jetable en plastique et le tuyau qui va permettre de refroidir la fumée en la faisant circuler à travers la carafe d'eau. Puis il passe d'une table à l'autre en apportant des morceaux de charbon de bois incandescent qu'il pose sur les cylindres de tabac. Un narghilé se doit d'être régulièrement rallumé. Les habitués viennent parfois avec leur propre embout, fait d'ambre, et une pincette avec laquelle ils déplacent les braises sur le fourneau. Quand la gorge est trop desséchée, on boit du thé ou du tilleul dans de petits verres. L'esprit s'engourdit gentiment. Mais autant prévenir tout de suite les amateurs : il n'y a pas d'éléphants roses au bout du narghilé. Le mélange est fait exclusivement de tabac imbibé de mélasse aux arômes artificiels de fruits.

### L'ORIGINE DE LA CIGARETTE

*La cigarette a été inventée par un soldat turc. Ayant perdu sa pipe, il eut l'ingénieuse idée de rouler son tabac dans du papier. Ce sont les armées de Napoléon III qui rapportèrent l'invention lors de la guerre de Crimée, au milieu du XIXe s. Les Turcs sont toujours de gros fumeurs.*

## NUITS CHAUDES

La jeunesse stambouliote fréquente des quartiers fort différents selon son niveau de vie. Les plus argentés passent leurs nuits sur le Bosphore, surtout du côté d'Ortaköy, Arnavutköy et Kuruçeşme. En hiver, plutôt à Etiler et Levent, quartiers modernes que nous n'avons pas inclus dans ce guide. Dans ces endroits, il faudra avoir une tenue correcte et arriver en nombre égal de garçons et de filles. Les classes moyennes préfèrent Beyoğlu : Tünel, Cihangir et Taksim, mais surtout Galatasaray.

Les jeunes et moins jeunes des classes populaires sortent du côté d'Aksaray, de Sirkeci et quelquefois à Beyoğlu (Tarlabaşı). C'est là que fleurissent de nombreux cabarets baptisés *Foliberjer, Şanzelize* ou *Mulenruj* ! Les plus aguerris d'entre vous en souriront. Mais certains touristes continuent d'être la proie des rabatteurs qui les abordent en français. Ces endroits facilement reconnaissables regorgent de prostituées qui portent le nom trompeur de *konsomatris*.
Les boîtes sont souvent payantes et bondées le week-end. Il faut aussi tenir compte de la saison, Istanbul étant plus calme en juillet et août que le reste de l'année. Certains bars ferment ces mois-là, d'autres ont sous le même nom un établissement d'été et un d'hiver.
L'heure est toujours au métissage des musiques arabe et turque, régalez-vous.

## OTTOMANS

Qui sont donc ces fameux Ottomans qui ont dominé le paysage turc jusqu'au début du XXe s ? Cette dynastie de souverains a donné au pays son 1er sultan (Osman) et son nom à la tribu. Osman prit Bursa en 1326. Plus tard, les Ottomans choisirent Edirne comme capitale. Ils étaient dotés de troupes de choc : les fameux janissaires.

### FORT COMME UN TURC

*À son apogée, l'Empire ottoman avait conquis le Moyen-Orient, l'Afrique du Nord et une partie de l'Europe. Les soldats turcs avaient la réputation d'être violents et brutaux. Cette image fut fort efficace pour faciliter les conquêtes.*

Au XIVe s, la dernière tête de pont du monde chrétien en Orient restait Constantinople. En 1453, la ville est tombée entre leurs mains. Le sultan Mehmet II s'y installa.
La ville, devenue capitale de l'Empire, servait de point de départ aux expéditions destinées à conquérir les terres asiatiques et européennes. L'apogée de l'Empire ottoman est atteint pendant le règne de Soliman le Magnifique (1520-1566). Au début du XVIe s, les Ottomans étaient aux portes de Vienne. Décidés à réagir, les Occidentaux, menés par Don Juan d'Autriche, remportèrent en 1571 la bataille navale de Lépante, ce qui brisa l'élan turc.

### De l'ère des tulipes à la fin de l'Empire ottoman

Le XVIIIe s est dominé par la personnalité d'Ahmet III. C'est ***« l'ère des tulipes »*** (car le souverain adore les fleurs). L'***Empire ottoman,*** coincé dans des lois vieillottes que les sultans successifs ne surent pas moderniser, ***se craquelle.*** Tiraillé par des poussées nationalistes et religieuses, embourbé dans des guerres qui n'en finissent pas, faisant face à une crise financière aiguë, le pouvoir des sultans s'effrite. Les grands vizirs se succèdent.
Au XIXe s, les Grecs menèrent une guerre d'indépendance (1829), soutenus par les Russes. La ***guerre de Crimée,*** qui vit les Turcs, les Français et les Anglais s'opposer aux Russes, éclata. Les réformes en cours ne parvinrent pas à rattraper l'avance prise par l'Europe. Les insurrections nationalistes redoublèrent. Les Arméniens furent anéantis une 1re fois (1895-1896), puis une 2de fois (1915-1916), provoquant l'exode d'une partie de la population. Le mouvement des Jeunes Turcs prit de l'importance. Durant la Première Guerre mondiale, le pouvoir moribond prit parti pour l'Allemagne.
En 1918, l'Empire – ou ce qu'il en restait – était entièrement occupé. Les Alliés décidèrent de démembrer l'Anatolie, manière de mettre un ***point final à l'Empire ottoman.***

# PERSONNAGES

## Politique

– ***Mustafa Kemal, dit Atatürk*** *(1881-1938)* **:** de formation militaire, Atatürk entre dans le service actif en 1905. Ayant participé à tous les conflits qui ont secoué la fin de l'Empire ottoman, il prend la tête d'un mouvement qui proclame la République turque le 29 octobre 1923. Les réformes qu'il impose d'une main de fer sont nombreuses et hardies. Afin d'inscrire son pays sur la liste des États modernes, il combat fermement les vieilles traditions : interdiction du port du *fez* pour les hommes et du voile pour les femmes ; système juridique profondément transformé conformément aux critères européens ; introduction de la laïcité ; réforme de l'enseignement proche du modèle occidental ; abandon de l'alphabet arabe pour l'alphabet latin ; égalité des droits pour les femmes, notamment le droit de vote ; obligation de porter un nom de famille ; alignement sur le calendrier grégorien, le système de mesure, etc. Mustafa Kemal, dit « Atatürk », rencontre bien des résistances (au bas mot, il doit bien faire couper une centaine de têtes de notables récalcitrants !), mais il réussit à faire entrer en quelques années la Turquie dans le monde moderne en lui rendant son identité et son indépendance. C'est en cela qu'il reste à jamais pour tout son peuple Atatürk, le « Père de tous les Turcs » ! Pour la fête nationale, le 29 octobre, qui commémore la proclamation de la République en 1923, les façades des banques ou des administrations arborent fièrement des portraits d'un *Kemal Pacha* à l'allure volontaire et aux sourcils broussailleux. On connaît le géant politique mais peu l'homme. Atatürk est né à Salonique en 1881, il se marie en 1923 avec Latife Hanım, mariage qui ne dure qu'un peu plus de 2 ans. Par amour des enfants, il adopte 5 filles et 1 garçon, et en prend plusieurs sous sa protection. Très cultivé, Atatürk parlait le français et l'allemand, et avait l'habitude de s'entourer de scientifiques et d'artistes. Mustafa Kemal, Père des Turcs, meurt le 10 novembre 1938. Il est enterré à Ankara, au mausolée qui porte son nom.

– ***Recep Tayyip Erdoğan*** *(1954)* **:** 1er président de la Turquie élu au suffrage universel, en août 2014, fondateur de l'AKP et ancien maire d'Istanbul, sa ville natale. Il est entré dans l'Histoire en devenant la personnalité aussi incontournable que controversée d'une décennie qui a vu la Turquie devenir une puissance économique autant que politique de 1er plan. Mais l'inquiétude grandit en Occident devant les assauts répétés contre la démocratie, la laïcité et la liberté d'expression. Il a été réélu président de la Turquie lors des élections anticipées de juin 2018, dès le 1er tour.

## Littérature

– ***Nazım Hikmet*** *(1902-1963)* **:** l'un des plus grands poètes du XXe s. Né à Salonique dans une famille de dignitaires ottomans, Hikmet écrit des poésies dès son plus jeune âge. Il rejoint la résistance turque lors de la guerre d'indépendance après le démantèlement de l'Empire ottoman. Il part pour Moscou en 1921, pour des études universitaires. À son retour en Turquie en 1928, il est condamné pour son appartenance au parti communiste. En 1951, on lui retire sa nationalité turque ; il s'exile alors à Moscou, Cuba et Paris, où il rencontre Éluard et Aragon. Une partie de ses écrits a été traduite en français et même chantée par Yves Montand et Mouloudji, entre autres. Son œuvre traite des drames sociaux et politiques de son pays natal. Il fut réhabilité en 2009 par décret du Conseil des ministres.

– ***Yaşar Kemal*** *(1923-2015)* **:** un des écrivains les plus connus de Turquie. Né près d'Osmaniye, dans le sud-est du pays, d'origine kurde, il exerce plusieurs métiers, dont celui d'écrivain public, puis devient journaliste pour le quotidien *Cumhuriyet* à Istanbul. Il publie en 1955 *Mehmet le Mince,* un immense succès, qui lui vaudra la Légion d'honneur. Sa prose poétique et exaltée rappelle la tradition orale des conteurs et des musiciens ambulants. Il fera un séjour en prison en 1996 pour ses articles contre l'État turc à propos de la question kurde et devra même s'exiler quelques années en Suède.

– ***Abidine Dino*** *(1913-1993)* **:** grand intellectuel, écrivain et peintre, ambassadeur de la culture turque à Paris. Ami du poète Nazım Hikmet, il a également fait connaître le talent de Yaşar Kemal. Après avoir fréquenté l'atelier de Picasso et côtoyé les surréalistes français, il a peint des tableaux poignants, notamment *Hiroshima* et *Les Fleurs du sang.* Abidine s'est éteint à Paris, où il a passé une grande partie de sa vie, en exil. Ses écrits, illustrés de ses dessins, ont été publiés en français aux éditions Fata Morgana.

– ***Orhan Pamuk*** *(1952)* **:** écrivain contemporain turc mondialement connu, né à Istanbul dans une famille bourgeoise francophile. Très populaires dans son pays, nombre de ses livres sont traduits dans une vingtaine de langues, dont le français. La confrontation entre Occident et Orient est un thème récurrent de son œuvre. Il a reçu le prix Nobel de littérature en octobre 2006. Orhan Pamuk n'hésite pas à exprimer son regard sur les événements politiques de son pays. En 2007, ses propos évoquant le génocide arménien lui ont valu des menaces de mort de la part d'ultranationalistes turcs.

– ***Hakan Günday*** *(1976)* **:** écrivain turc surnommé « l'enfant terrible de la littérature turque » pour sa manière d'écrire, puissante et sans concession. Après *D'un extrême à l'autre* (2013), *Encore,* son dernier ouvrage traduit en français, signe un regard brut sur la tragédie que vivent les migrants en Méditerranée (2015, prix Médicis étranger).

## Musique

– ***Zülfü Livaneli*** *(1946)* **:** monument de la musique turque contemporaine. Compositeur, chanteur et metteur en scène *(Terre de fer, ciel de cuivre).* Avec ses chansons cultes, Livaneli a eu un impact considérable sur la jeunesse de ces 2 dernières décennies. Défenseur du rapprochement gréco-turc, il a produit un album avec Mikis Theodorakis. Il a siégé au Parlement turc de 2002 à 2005, avant de quitter le CHP (Parti républicain du peuple).

– ***Fazıl Say*** *(1970)* **:** pianiste mondialement connu. Say étudie le piano au conservatoire d'Ankara. À 17 ans, il part à Düsseldorf où, pendant 5 ans, il poursuit ses études à l'institut Schumann avant d'enseigner pendant 3 ans à l'Académie de Berlin. Son originalité vient de ses 2 facettes d'interprète et de compositeur. Dans ses compositions, l'influence de ses origines turques est évidente. Il est lauréat de nombreux prix. Say se produit régulièrement dans le monde entier avec les formations les plus prestigieuses. En avril 2013, il est condamné à 10 mois de prison avec sursis pour avoir écrit des tweets jugés blasphématoires et « dénigré publiquement les valeurs religieuses d'une partie de la population ». Il a été définitivement acquitté en septembre 2016. Cette même année, il recevait le *prix Beethoven* qui récompense les artistes œuvrant en faveur des droits de l'homme, de la paix, de la liberté et de la lutte contre la pauvreté.

– ***Tarkan*** *(Tevetoğlu ; 1972)* **:** pratiquement le seul chanteur *türkpop* à avoir su exporter une musique très dansante. Il a vendu près de 30 millions d'exemplaires. Né en Allemagne, il est surnommé « le prince du Bosphore » à l'étranger et « Megastar » en Turquie.

– ***Sezen Aksu*** *(1954)* **:** chanteuse et compositrice, très populaire dans les milieux intellectuels turcs. Sa force vient de l'harmonie parfaite entre sa musique et ses textes. Dans ses chansons, l'amour marginal côtoie les liens amoureux traditionnels, la tristesse et la joie sont entremêlées. Les Turcs la surnomment « Moineau », nom de son premier album.

## Cinéma

– ***Nuri Bilge Ceylan*** *(1959)* **:** malgré son nom, il est né à Istanbul. Il est aujourd'hui la figure de proue du cinéma turc moderne. Encensé par la critique internationale à chacun de ses passages au Festival de Cannes où il présenta plusieurs de ses films, il est reparti 4 fois avec un prix, dont la Palme d'or en 2014 pour *Winter Sleep.* Ce réalisateur séduit les cinéphiles mais n'a pas (encore) rencontré de succès auprès d'un public plus large, qui apprécie peu le rythme lent de ses films souvent austères.
– ***Yılmaz Güney*** *(1937-1984)* **:** acteur et réalisateur populaire, ce Robin des Bois turc prenait la défense des faibles au travers de ses films. Il a reçu la Palme d'or au Festival de Cannes en 1982 pour son film *Yol (La Permission),* dont il a écrit le scénario et pour lequel il a donné des indications à son assistant pour son tournage alors qu'il purgeait une peine de 15 ans de prison pour avoir été mêlé à un meurtre. Il s'évade en 1981 et se réfugie à Paris, où il décède en 1984 après avoir été déchu de sa nationalité. Güney est enterré au cimetière du Père-Lachaise.
– ***Kemal Sunal*** *(1944-2000)* **:** c'est le Louis de Funès turc. Il a tourné près de 80 films où il incarne des personnages simples de la société turque, avec tous les problèmes du quotidien traités sous une forme satirique. Ses films ont trouvé un écho sans précédent en Turquie.

## Médias

– ***Gökşin Sipahioğlu*** *(1926-2011)* **:** fondateur de l'agence photographique *Sipa Press* à Paris en 1973. Ce photographe et grand reporter a collectionné les scoops : il est l'unique journaliste à accompagner Dubček à Istanbul après sa mise à l'écart, le seul à entrer à Cuba pendant la crise des missiles. C'est lui aussi qui a réalisé le 1er portrait du terroriste Carlos...
– ***Ara Güler*** *(1928-2018)* **:** photographe turc d'origine arménienne, il devient le 1er correspondant du *Times* au Proche-Orient en 1958. Dans la foulée, il travaille pour des magazines européens tels que *Paris Match* ou *The Sunday Times.* Il rejoint l'agence *Magnum* quelques années, tire le portrait de Churchill, Hitchcock, Dalí et Picasso tout en partant en reportage en Iran, au Kazakhstan, en Inde ou à Bornéo. Mais son œil se révèle pleinement dans les photographies de son pays natal et dans celles d'Istanbul, superbes témoignages d'un monde disparu. Il y a ouvert l'*Ara Kafé* (voir « Où boire un verre ? » dans l'Istanbul moderne). « L'œil d'Istanbul » s'est éteint en octobre 2018.

## Architecture

– ***Sinan*** *(1489-1588)* **:** en visitant les mosquées d'Istanbul, on retrouvera sans cesse le nom de ce génial bâtisseur, né dans une famille chrétienne orthodoxe de Cappadoce. Recruté très jeune pour entrer dans le corps d'élite des janissaires, il est élevé dans la confession musulmane et éduqué dans des collèges réservés à ce corps d'armée. À l'âge de 21 ans, sous le règne de Selim Ier, il devient élève du Palais. Puis il rejoint le corps des janissaires et prend part comme ingénieur architecte aux campagnes de Belgrade, de Rhodes, de Hongrie, de Vienne, de Bagdad et de Corfou entre 1521 et 1538. À l'âge de 48 ans, Sinan est nommé architecte en chef de la cour. Sa production, si l'on en croit ses biographes, ne compte pas moins de 321 bâtiments, avec 81 mosquées, dont 42 à Istanbul. Sinan fut toujours obsédé par la réussite architecturale de Sainte-Sophie, modèle qu'il voulait surpasser.

# POPULATION

## Turcs, pas Arabes

***Les Turcs ne sont pas venus de la Péninsule arabique, mais d'Asie centrale.*** Plus précisément des monts Altaï, une région partagée aujourd'hui entre Sibérie,

Mongolie, Chine et Kazakhstan. Ils se sont islamisés pendant leurs pérégrinations vers l'ouest, au contact des Perses d'Iran et de la dynastie abbasside de Bagdad. Musulmans donc, mais pas arabes.

## Les ethnies d'Istanbul

On trouve ***plus de 60 groupes ethniques,*** une cinquantaine de langues, 9 alphabets et une quarantaine de religions et dérives plus ou moins sectaires. Saviez-vous qu'il y avait près de 500 églises chrétiennes à Istanbul, représentant une bonne vingtaine de groupes religieux ? L'Église catholique romaine n'est qu'un de ces groupes.
La république a mis fin au système de *milliyet,* qui faisait une différence entre les Turcs musulmans et les sujets ottomans. Aujourd'hui, quand on désigne les Turcs, on entend par là tous les citoyens de la République laïque turque, sans discrimination d'origine, d'ethnie ou de religion, du moins en principe.
L'histoire a façonné ce patchwork bigarré. Constantinople était déjà une ville cosmopolite quand son Empire s'étendait sur 3 continents et comptait des dizaines de peuples et d'ethnies différents. Après la conquête, Constantinople changea de souverain mais pas fondamentalement de population. Dès la prise de la ville, le sultan Mehmet II le Conquérant commença à repeupler les quartiers déserts, avec des populations venant de tout l'Empire. Dès 1492, la ville accueillit les réfugiés juifs chassés d'Espagne, suivis de ceux du Portugal en 1497. Certains quartiers étaient majoritairement habités par des Grecs, d'autres par des Arméniens ; Galata, puis Péra, par des Francs ou des Génois. Au fil de l'histoire, les guerres amenèrent des populations des Balkans, du Caucase, de Russie, de Pologne, d'Allemagne, de Hongrie ou d'Estonie. On trouve aussi à Istanbul des descendants de tribus d'Asie centrale comme les Azéris, les Kazakhs, les Tartars...
Les ***Kurdes,*** en grande majorité musulmans, forment la principale minorité en Turquie (ils sont environ 18 millions de personnes, soit plus de 20 % de la population) et aussi la plus « remuante ». Entre 1984 et 1998, le sud-est de la Turquie, peuplé majoritairement par des Kurdes, a connu de violents conflits armés entre le PKK (Parti des travailleurs du Kurdistan), mouvement indépendantiste kurde, et les forces gouvernementales. Cela a conduit, au début des années 1990, à une guerre sanglante durant laquelle près de 40 000 personnes ont trouvé la mort.
Il y a encore des ***Grecs*** en ville, même si leur nombre a chuté depuis les années 1960. La plupart sont orthodoxes, mais il y a aussi des catholiques et des protestants. La majorité des ***juifs d'Istanbul*** est séfarade et parle le ladino (un dialecte judéo-espagnol) ou le français. Les descendants des Marranes, qui ont fui l'Inquisition dans toute l'Europe au XVIe s, sont appelés les « juifs italiens » et parlent l'italien et le français. Quant aux ***Syriens,*** ils se disent descendants des Assyriens et parlent l'araméen, la langue du Christ. Ils sont généralement orthodoxes. Leur nombre a fortement augmenté ces dernières années en raison de l'afflux de réfugiés fuyant les combats en Syrie. Il y a même des Soudanais, descendants des anciens esclaves du Soudan ou de haute Égypte. Ils sont musulmans et parlent le turc.
Un mot sur les ***Levantins.*** Ils sont issus des familles commerçantes italiennes, françaises ou hollandaises, qui se sont installées à Constantinople au cours des siècles. Ils sont en grande majorité catholiques, excepté un petit groupe de protestants. Ils parlent leur langue d'origine, mais tous connaissent le français. Leur repaire est le quartier de Péra.
On pourrait aussi parler des Arabes, des Chaldéens, des Perses, des Russes, des Bulgares, des Roumains, des Polonais... et de tant d'autres encore ; tout le monde ne peut être cité, on s'en excuse.
Les ***gitans,*** un des groupes les plus importants en nombre, sont sédentarisés depuis longtemps et ils habitent de grands quartiers, comme Kasımpaşa, Sultanahmet ou Ayvansaray. On ne sait pas d'où ils viennent, certains ont la peau très

foncée. Leur communauté n'est pas soudée et ils parlent différentes langues : le turc, le grec, le kurde, le roumain, l'arménien, le bulgare ou encore le rom, la langue « gitane ». Ils sont pour la plupart musulmans, sauf une minorité chrétienne.

## RELIGIONS

La Turquie moderne est beaucoup moins cosmopolite que ne l'était l'Empire ottoman. Elle est aussi beaucoup plus petite. En 1923, le traité de Lausanne stipulait l'échange des populations orthodoxes (y compris les Turcs) d'une part, musulmanes (y compris les Grecs islamisés) d'autre part, entre la Grèce et la Turquie, de façon à établir des zones religieusement plus homogènes. Istanbul se vida progressivement de sa population grecque. À la création de l'État d'Israël, la communauté juive diminua de ¾.
Aujourd'hui, un peu plus de 90 % de la population est musulmane, avec une grande majorité de sunnites. On estime à près de 20 % les *alevi* et autres branches hétérodoxes. Les chrétiens, les juifs et autres groupuscules représentent un petit pourcentage.

### L'islam

Doctrine prêchée par Mahomet, l'islam est la résignation à la volonté de Dieu. Elle est consignée dans le Coran. Les musulmans croient non seulement à la mission de Mahomet, leur Prophète, mais aussi à celle de tous les messagers qui l'ont précédé : Adam, Noé, Abraham, Moïse, Jean-Baptiste, Jésus-Christ... Ils croient aux Psaumes, à la Torah, à l'Évangile, mais considèrent que certains livres révélés n'ont pas échappé à l'altération apportée par les hommes, altération qui a rendu l'unicité divine moins radicale. La mission de Mahomet est de rétablir la révélation divine dans son intégrité.

**UNE PHRASE, UNE FOI**

*Il est pratiquement impossible de se convertir au judaïsme. En revanche, pour devenir musulman, il suffit de prononcer une seule phrase en guise de profession de foi : « J'atteste qu'il n'y a pas de divinité autre qu'Allah et que Mahomet est son messager. »*

Les 5 piliers de l'islam, les obligations fondamentales, sont la profession de foi, la prière (5 fois par jour, à l'aurore, à midi, vers 16h, au coucher du soleil et 2h plus tard ; pieds nus et en direction de La Mecque), l'aumône légale, le jeûne du ramadan *(ramazan)* et le pèlerinage à La Mecque. S'ajoutent à ces obligations la circoncision, les ablutions et l'abstinence d'aliments venant d'un certain nombre d'animaux, comme le porc, le cheval, l'âne, l'éléphant et les reptiles. La viande consommée doit être absolument exsangue.
Pendant le ramadan, en fin de journée, c'est un spectacle plutôt insolite de voir les gens attablés devant leur repas, attendant le signal de la fin du jeûne. En revanche, l'animation dans les rues, les hôtels et les restos se poursuit tard dans la nuit. Les musulmans pratiquants s'astreignent à ne pas boire d'alcool et à ne pas fumer durant ce mois-là. Sachez toutefois qu'en Turquie, chacun est libre de faire ou pas le ramadan ; pas de pression sociale comme dans certains pays arabes.
Du fait de la mobilité de l'année lunaire, le ramadan tombe à n'importe quelle saison. On peut prévoir approximativement la date du ramadan en enlevant 10 jours par rapport à l'année précédente. En effet, il commence le 1er jour où l'on aperçoit le début du croissant lunaire. Il dure 29 ou 30 jours, auxquels il faut ajouter les 3 ou 4 jours fériés qui marquent la fin de la période de jeûne. Le pays fonctionne alors au ralenti.
2 mois et 10 jours après la fête du ramadan a lieu la fête *Kurban Bayramı.* C'est la « fête du Sacrifice », manifestation religieuse et sociale très importante (voir « Fêtes, jours fériés et festivals » dans « Istanbul utile » en début de guide).

Pendant près de 5 siècles, Istanbul a été le siège du califat, l'autorité suprême pour les musulmans du monde entier. Le sultan de l'Empire ottoman était aussi le commandeur des Croyants. Atatürk a brutalement mis fin à tout cela. Il trouvait que les imams n'étaient que des « prêtres crasseux » qui avaient maintenu l'Empire dans l'ignorance. Le califat a été aboli en 1924. La polygamie et les sectes, dont celle des derviches tourneurs, ont été interdites ; les écoles religieuses ont été fermées.
Rien n'est plus aussi simple. Tous les jours, la Turquie moderne est confrontée à des problèmes de cohabitation entre islam et laïcité : le fondamentalisme a progressé. Mais la Turquie reste malgré tout un État laïc. Le vendredi n'est pas un jour férié. Les restaurants sont ouverts pendant le ramadan, le port de la tenue islamique est interdit pour les hommes, ainsi que pour les femmes dans les administrations et à l'école publique. Le calendrier officiel est le calendrier grégorien. Et, tout bons musulmans qu'ils sont, les Turcs n'ont pas été jusqu'à sacrifier leur alcool national, le *rakı,* à l'islam.

***Les mosquées et les minarets***

Le mot français de mosquée vient de *masdjid,* qui signifie « prétoire », lieu où l'on se prosterne devant Dieu. Mais ce peut être aussi bien la mosquée que n'importe quel endroit propre et consacré. En revanche, le mot mosquée se traduit en arabe par *djamaa* – et en turc par *camii* (prononcer « djami ») –, qui a le sens de « rassemblement ». La mosquée est le lieu de rassemblement des croyants.

**CONVERSION FULGURANTE**

*Gérard Depardieu raconte qu'il se convertit à l'islam en 1967, ému par un concert de la célèbre cantatrice Oum Kalthoum. Pendant 2 ans, il allait régulièrement à la mosquée pour faire les 5 prières par jour.*

La 1re mosquée fut érigée à Médine par Mahomet pour honorer Allah. Les constructions suivantes se sont inspirées de ce modèle. Dans toutes les mosquées se trouve une cour avec une fontaine pour les ablutions. À l'intérieur, la direction de La Mecque est indiquée par une niche, le *mihrab* (que l'on voit représenté sur les tapis de prière). Pour prêcher, l'imam monte sur une sorte de chaire que l'on appelle *minbar.*
De l'extérieur, les mosquées peuvent paraître parfois massives. Mais à l'intérieur, ce qui est extraordinaire, c'est le volume libre, la sensation d'espace et de tranquillité. Pas de chaises, rien qui encombre : seulement des tapis. Les gens viennent prier ou tout simplement se reposer, ou parfois traiter quelques affaires confidentielles. Les femmes sont à part, dans un coin clôturé par des petites barrières, en train de bavarder. La maison d'Allah est une vraie maison.
Il ne faut pas hésiter à entrer dans les mosquées turques et à profiter du grand calme qui y règne. Seules conditions : laisser ses chaussures à l'entrée et, pour les femmes, se couvrir les cheveux et les jambes.
Les minarets ressemblent à des phares, à des bougies, parfois à des clochers d'église. Ils servent à l'appel des fidèles à la prière *(ezan).* On ne connaît pas exactement leur origine.
Au tout début de l'islam, le *muezzin* montait annoncer la prière sur une terrasse voisine de la mosquée. Puis on a construit des tours, d'abord carrées, comme en Syrie, ou en forme de flûtes élancées comme en Iran ou en Turquie. Le minaret est parfois placé à l'opposé de la salle de prière, ou bien dans la cour.
1, 2, 4... Le nombre de minarets est laissé à l'appréciation de l'architecte. Les mosquées seldjoukides de Turquie en ont généralement 2. Les Ottomans ont fait de la surenchère : 4 dans la plupart de leurs grandes mosquées et même 6 à la mosquée Bleue d'Istanbul. À tel point qu'il a fallu en ajouter un 7e à la grande mosquée de La Mecque pour que le berceau de l'islam conserve sa suprématie dans ce domaine.

Le *muezzin,* lui, se contente d'un seul minaret. Autrefois, il montait à l'intérieur de la tour par un escalier en colimaçon et chantait *Allahu Akbar* (« Dieu est grand ») sur la galerie. On pouvait l'apercevoir d'en bas, une main sur la tempe pour atténuer son effort. De nos jours, il n'a plus à faire l'effort de monter tous ces escaliers. Il fait l'appel à la prière de l'intérieur de la mosquée et les haut-parleurs font le reste.

## Les *alevi*

Religion relativement secrète aujourd'hui, il est difficile d'évaluer le nombre d'*alevi.* C'est, en tout cas, une fraction considérable de la population turque, estimée à 15 millions de personnes. Cette minorité religieuse, considérée comme hérétique par la majorité orthodoxe (sunnite), a souvent subi l'ostracisme des traditionalistes. Les *alevi* ne reconnaissent pas la succession de Mahomet et se rattachent à l'obédience du 6e imam, Cafar. Il n'y a pas de vérité révélée pour un *alevi,* le Coran étant considéré comme parole d'homme (de Mahomet). Il peut donc s'interpréter. Autre particularité marquante : une trinité (Allah, Mahomet, Ali), en complète opposition au dogme sunnite. Les *alevi* ne se rendent pas à la mosquée, considèrent la femme l'égale de l'homme et peuvent boire de l'alcool. Ils sont souvent désignés comme les « protestants de l'islam », mais, en fait, ils constituent une communauté religieuse à part entière et non une branche de l'islam.

## Le soufisme

Les confréries soufies furent interdites par Atatürk en 1925, mais, depuis les années 1950, on assiste à une certaine tolérance. Les derviches tourneurs, les derviches hurleurs et les *bektaş* sont les plus connus. Voir plus haut la rubrique « Derviches tourneurs *(mevlevi)* ».

## Les chrétiens

Il est très difficile de faire une estimation précise du nombre de chrétiens vivant en Turquie, d'autant plus qu'ils sont divisés en plusieurs dizaines de groupes, dont les rites, voire le dogme, sont fort différents.

Les Arméniens forment le principal groupe, et on peut l'estimer à 400 000 dans toute la Turquie, avec une forte concentration dans les villes, notamment à Istanbul. Ils dépendent, pour la majorité grégorienne, du patriarcat d'Istanbul (Kumkapı).

Les Grecs ne sont pas nombreux (30 000) et la communauté est vieillissante. On les retrouve dans les grandes villes et dans les îles de Gökçeada et de Bozcaada. Ils ne représentent cependant pas tous les orthodoxes de Turquie. Il y a aussi des Arabes et des Turcs orthodoxes. Les Moluques, Russes, Bulgares, Serbes, Arnautes (Albanais), Géorgiens sont aussi des orthodoxes dont les patriarcats ne sont pas toujours reconnus par le patriarcat grec d'Istanbul.

Les catholiques romains sont présents surtout dans les villes (Istanbul, İzmir, Antakya, Ankara).

Les catholiques orientaux sont éparpillés dans tout le pays, mais on en retrouve aussi regroupés dans les villes d'İzmir et d'Istanbul (Grecs, Géorgiens, Slaves uniates).

Avant que n'éclate le conflit en Syrie, on comptait près de 100 000 Syriens jacobites ou Assyriens, formant une communauté chrétienne et vivant dans la région de Tur Abdin (au sud-est), centre de leur culture. Aujourd'hui, la Turquie accueille près de 3,5 millions de réfugiés syriens.

## Les juifs

Ils sont un peu moins de 20 000, la plupart à Istanbul. Les séfarades chassés d'Espagne au XIVe s parlent encore le ladino et forment les 90 % de la communauté. Le reste est divisé entre les ashkénazes, marranes et caraïtes. On trouve de petites communautés à Bursa, Edirne, Çanakkale, İzmir, Antakya et Kuşadası.

# SAVOIR-VIVRE ET COUTUMES

## Bonnes manières !

L'époque n'est plus aux courbettes obséquieuses des grands vizirs. Mais les Turcs ont gardé un grand sens de la hiérarchie et du respect. Ainsi, on ne s'adresse pas à quelqu'un par son nom mais par son prénom, auquel on accole un qualificatif poli ou affectueux. On dit *Ayşe Hanım* (Mme Ayşe) ou *Turgut Bey* (M. Turgut). On dit aussi par exemple « sœur » vendeuse *(abla)* ou « grand frère » boucher *(ağabey)*.

En toute circonstance, les Turcs ont une formule de politesse adaptée. Quand quelqu'un est malade, on lui dit *geçmiş olsun* (« que cela soit passé »). S'il apporte une bonne nouvelle, on lui propose – symboliquement – « d'embrasser sa bouche ». Aux jeunes mariés, on souhaite de « vieillir sur le même oreiller ».

Jeter un peu d'eau derrière la voiture de quelqu'un qui part est un geste d'attention et de protection.

Ne photographiez pas les personnes qui ne le souhaitent pas, comme partout dans le monde, d'ailleurs.

Ne vous étonnez pas de voir des hommes se tenir enlacés dans la rue. Ce n'est pas un signe d'homosexualité, mais une simple manifestation de camaraderie et d'amitié.

### AU POIL !

*Selon la tradition, un Turc honnête porte la moustache. Cet outil lui permet de filtrer son café avant de le boire et surtout, d'arborer un signe de virilité. Voilà pourquoi on vient de tout le monde arabe se faire implanter une moustache, en cas de déficience. Il suffit de prélever des racines de cheveux, sans oublier de payer entre 2 000 et 6 000 € ! La Turquie est également à la pointe en matière d'implants capillaires.*

## Les porte-bonheur *(nazar boncuğu)*

Si vous avez l'intention d'adresser un compliment, n'oubliez pas d'ajouter *maşallah* (« que Dieu protège »), car les Turcs croient dur comme fer que vous allez attirer le « mauvais œil », même involontairement. Cette tradition préislamique date de la nuit des temps. C'est afin de se protéger du mauvais sort que les Turcs se servent de la représentation d'un œil bleu, souvent en pâte de verre, le *boncuk.* Vous le remarquerez partout : dans les motifs des tissages, accrochés aux pulls des enfants, autour du cou des animaux, au-dessus des portes d'entrée, dans les bus et sur les châssis des camions. Il n'est pas rare qu'on porte dans sa poche un morceau d'alun, un mini-Coran ou encore un morceau de branche de jujubier, tous considérés comme protecteurs.

### SUPERSTITIONS

*Les Turcs sont plutôt du genre superstitieux. Évitez de poser une chaussure à l'envers (à l'entrée des mosquées ou chez les gens). Ne donnez jamais un couteau ou des ciseaux de main à la main mais posez-les sur la table. Ne montrez jamais un cimetière du doigt. Entrez dans une maison ou un établissement par le pied droit. Ne tuez jamais une araignée (elle a protégé Mahomet sur le mont Herat). Le soir, ne coupez pas vos ongles si vous voulez passer une nuit sereine. Et la liste est longue...*

### Alaturka, alafranga

*Alaturka* désigne le mode de vie traditionnel turc, *alafranga* (« à la française »), tout ce qui a été copié sur l'Europe depuis l'Empire ottoman.
À partir du XVIIIe s, les étrangers affluent à la cour des sultans. L'Empire déclinant, l'Europe devient à la mode. L'élite se met à parler le français, et le siècle des Lumières devient la coqueluche des intellectuels d'Istanbul. Tous les étrangers sont appelés *frenk* : franc. Le grand chic est d'être *alafranga,* de manger à table et de remplacer coussins et divans par des fauteuils et guéridons. Les rétrogrades restent *alaturka.*
Aujourd'hui, on ne se querelle plus. On peut être *alaturka* en matière de gastronomie et *alafranga* pour ce qui concerne l'éducation des enfants. Un petit inventaire. Sont *alaturka* : les repas pris sur un grand plateau de cuivre à même le sol, le *kebap,* les moustaches, le *rakı,* et bien sûr les célèbres toilettes à la turque. Sont *alafranga* : les poignées de main, les côtelettes, le vin, les omelettes, les briquets et... le papier toilette.

#### LOTERIE

*Même si l'islam interdit les jeux d'argent, la loterie turque est très prospère. C'est d'ailleurs une propriété de l'État. Le 9 étant considéré comme un chiffre porte-bonheur, les tirages ont lieu le 9, le 19 ou le 29. Effectivement, tous les gagnants ont joué à ces dates-là...*

## SITES INSCRITS AU PATRIMOINE MONDIAL DE L'UNESCO

En coopération avec le
Organisation des Nations Unies pour l'éducation, la science et la culture
Centre du patrimoine mondial

Pour figurer sur la liste du Patrimoine mondial, les sites doivent avoir une valeur universelle exceptionnelle et satisfaire à au moins un des 10 critères de sélection. La protection, la gestion, l'authenticité et l'intégrité des biens sont également des considérations importantes.
Le patrimoine est l'héritage du passé dont nous profitons aujourd'hui et que nous transmettons aux générations à venir. Nos patrimoines culturel et naturel sont 2 sources irremplaçables de vie et d'inspiration. Ces sites appartiennent à tous les peuples du monde, sans tenir compte du territoire sur lequel ils sont situés. Pour plus d'informations : • *whc.unesco.org* •
– Dans le vieil Istanbul, on compte 4 zones inscrites au Patrimoine mondial de l'Unesco depuis 1985, lesquelles incluent une grande partie de Sultanahmet, dont la mosquée Bleue, Sainte-Sophie, le palais de Topkapı, l'hippodrome de Constantin, la mosquée de Sokollu Mehmet Paşa, Sainte-Irène, la Petite Sainte-Sophie, la citerne-basilique, la mosquée de Şehzade, la mosquée de Soliman le Magnifique, l'aqueduc de Valens, l'église du Christ Pantocrator, l'ancienne église Saint-Sauveur-in-Chora et les anciens remparts.

## SPORT

### Le foot

Le foot est presque une religion pour les Turcs ! Le soir, ils se défoulent au « foot de rue », qui se joue en équipes tronquées de 6 ou 7 joueurs, à la lumière des réverbères sur des terrains miniatures.
Chaque grande victoire, nationale ou internationale, donne lieu à des explosions de joie générales, auxquelles se joignent aussi les néophytes – les bateaux

donnent de la sirène, les automobilistes klaxonnent à qui mieux mieux, et tout le monde se retrouve dans la rue, fanion à la main. Ce fut le cas avec la 3e place remportée par l'équipe turque lors de la Coupe du monde 2002, qui fit la fierté de tout un peuple, et lors de l'accession aux demi-finales de l'Euro 2008.
4 équipes se disputent la palme au niveau national : Galatasaray (jaune et rouge), Fenerbahçe (bleu et jaune), Beşiktaş (noir et blanc) et la seule équipe non stambouliote, Trabzonspor (bordeaux et bleu). Galatasaray se démarque quelque peu des autres clubs à vocation uniquement sportive. Association élitiste fondée en 1907, elle chapeaute non seulement toutes sortes d'équipes sportives, mais aussi un lycée et une université francophones très cotés à Istanbul ; le club possède même une petite île au milieu du Bosphore !

## La lutte

Sport traditionnel du pays, la lutte pratiquée avec le corps huilé *(Yağlı güreş)* donne lieu à des compétitions depuis au moins 7 siècles. Rien d'étonnant à ce que les luttes libres et gréco-romaines aient rapporté de nombreuses médailles au pays. Sans oublier l'***haltérophilie,*** avec ses célèbres champions olympiques, Naim Süleymanoğlu et Halil Mutlu !

# *les ROUTARDS sur la FRANCE 2020-2021*

(dates de parution sur • **routard.com** •)

## Découpage de la FRANCE par le ROUTARD

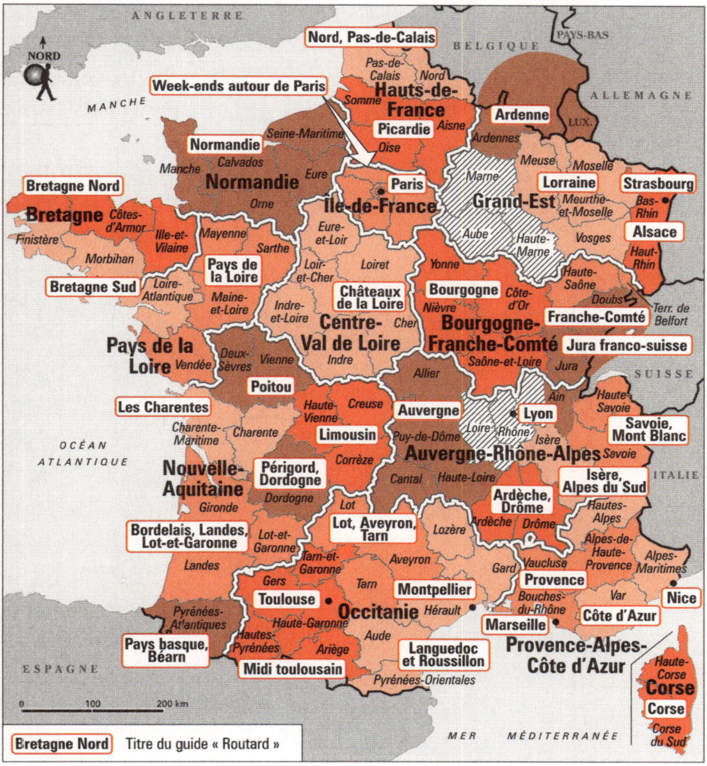


## Autres guides sur la France

- Hébergements insolites en France
- Nos meilleurs campings en France
- Nos meilleures chambres d'hôtes en France

## Autres guides sur Paris

- Paris
- Paris balades
- Paris exotique
- Restos et bistrots de Paris
- Le Routard des amoureux à Paris
- Week-ends autour de Paris

## Le Routard à vélo

- EuroVelo6
- La Bourgogne du Sud à vélo
- La Loire à Vélo
- La Vélodyssée (Roscoff-Hendaye)
- Le Canal des 2 mers à vélo
- Paris Île-de-France à vélo
- ViaRhôna

# les ROUTARDS sur l'ÉTRANGER 2020-2021

(dates de parution sur • routard.com •)

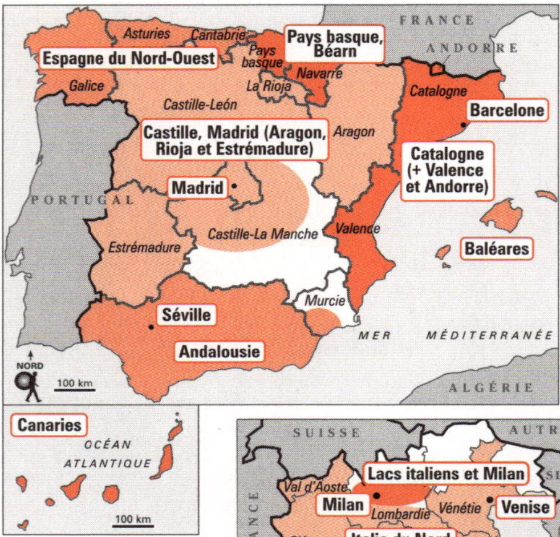


**Découpage de l'ESPAGNE par le ROUTARD**

**Découpage de l'ITALIE par le ROUTARD**

## Autres pays européens

- Allemagne
- Angleterre, Pays de Galles
- Autriche
- Belgique
- Bulgarie
- Crète
- Croatie
- Danemark, Suède
- Écosse
- Finlande
- Grèce continentale
- Hongrie
- Îles grecques et Athènes
- Irlande
- Islande
- Madère
- Malte
- Norvège
- Pays baltes : Tallinn, Riga, Vilnius
- Pologne
- Portugal
- République tchèque, Slovaquie
- Roumanie
- Suisse

## Villes européennes

- Amsterdam
- Berlin
- Bruxelles
- Budapest
- Copenhague
- Dublin
- Lisbonne
- Londres
- Moscou
- Naples
- Porto
- Prague
- Saint-Pétersbourg
- Stockholm
- Vienne

# *les ROUTARDS sur l'ÉTRANGER 2020-2021*

(dates de parution sur • *routard.com* •)

## Découpage des ÉTATS-UNIS par le ROUTARD

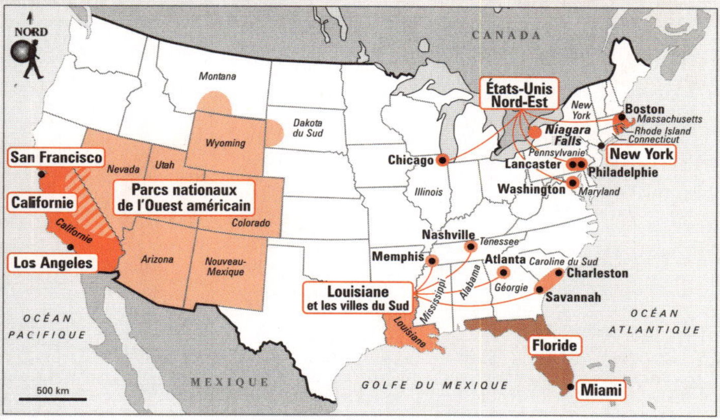


## Autres pays d'Amérique

- Argentine
- Brésil
- Canada Ouest
- Chili et île de Pâques
- Colombie
- Costa Rica
- Équateur et les îles Galápagos
- Guatemala, Belize
- Mexique
- Montréal
- Pérou, Bolivie
- Québec et Ontario

## Asie et Océanie

- Australie côte est + Red Centre
- Bali, Lombok
- Bangkok
- Birmanie (Myanmar)
- Cambodge, Laos
- Chine
- Hong Kong, Macao, Canton
- Inde du Nord
- Inde du Sud
- Israël et Palestine
- Istanbul
- Jordanie
- Malaisie, Singapour
- Népal
- Shanghai
- Sri Lanka (Ceylan)
- Thaïlande
- Tokyo, Kyoto et environs
- Turquie
- Vietnam

## Afrique

- Afrique du Sud
- Égypte
- Kenya, Tanzanie et Zanzibar
- Maroc
- Marrakech
- Sénégal
- Tunisie

## Îles Caraïbes et océan Indien

- Cuba
- Guadeloupe, Saint-Martin, Saint-Barth
- Île Maurice, Rodrigues
- Madagascar
- Martinique
- République dominicaine (Saint-Domingue)
- Réunion

## Guides de conversation

- Allemand
- Anglais
- Arabe du Maghreb
- Arabe du Proche-Orient
- Chinois
- Croate
- Espagnol
- Grec
- Italien
- Japonais
- Portugais
- Russe
- G'palémo (conversation par l'image)

## Livres-photos/Livres-cadeaux

- Voyages
- Voyages : États-Unis (nouveauté)
- Voyages : France (nouveauté)
- Voyages : Italie
- Road Trips (40 itinéraires sur les plus belles routes du monde)
- Nos 120 coins secrets en Europe
- Les 50 voyages à faire dans sa vie
- 1 200 coups de cœur dans le monde
- 1 200 coups de cœur en France
- Nos 52 week-ends dans les plus belles villes d'Europe
- Nos 52 week-ends coups de cœur en France
- Cahier de vacances du Routard

**Nous tenons à remercier tout particulièrement Loup-Maëlle Besançon, Thierry Bessou, Gérard Bouchu, François Chauvin, Grégory Dalex, Fabrice Doumergue, Cédric Fischer, Carole Fouque, Nicolas George, Michelle Georget, David Giason, Claude Hervé-Bazin, Emmanuel Juste, Dimitri Lefèvre, Fabrice de Lestang, Romain Meynier, Éric Milet, Pierre Mitrano, Jean-Sébastien Petitdemange, Thomas Rivallain et Jean Tiffon pour leur collaboration régulière.**

Brice Andlauer
Jean-Jacques Bordier-Chêne
Agnès Debiage
Coralie Delvigne
Jérôme Denoix
Tovi et Ahmet Diler
Clélie Dudon
Sophie Duval
Alain Fisch
Bérénice Glanger
Adrien et Clément Gloaguen
Sébastien Jauffret
Alexia Kaffès
Augustin Langlade
Jacques Lemoine
Aline Morand
Louis Nagot
Caroline Ollion
Martine Partrat
Odile Paugam et Didier Jehanno
Céline Ruaux
Prakit Saiporn
Nejma Tahri Hassani
Alice Tonasso
Caroline Vallano

**Direction :** Nathalie Bloch-Pujo
**Direction éditoriale :** Élise Ernest
**Édition :** Matthieu Devaux, Olga Krokhina, Gia-Quy Tran, Julie Dupré, Emmanuelle Michon, Pauline Janssens, Amélie Ramond, Margaux Lefebvre, Aurore Grandière, Astrid Richard, Lisa Pujol, Camille Lenglet et Anne Le Marois
**Ont également collaboré :** Aurélie Joiris-Blanchard, Florence Collin et Élisabeth Thebaud
**Cartographie :** Frédéric Clémençon et Aurélie Huot
**Contrôle de gestion :** Jérôme Boulingre et Yannis Villeneuve
**Secrétariat :** Catherine Maîtrepierre
**Fabrication :** Nathalie Lautout et Audrey Detournay
**Relations presse :** COM'PROD, Fred Papet. ☎ 01-70-69-04-69.
• *info@comprod.fr* •, Martine Levens (Belgique) et Maureen Browne (Suisse)
**Direction marketing :** Stéphanie Parisot, Élodie Darty et Charlotte Brou
**Couverture :** le-bureau-des-affaires-graphiques.com
**Silhouette du Routard :** Clément Gloaguen (d'après Solé)
**Maquette intérieure :** le-bureau-des-affaires-graphiques.com, Thibault Reumaux et npeg.fr
**Direction partenariats :** Jérôme Denoix
**Contact Partenariats et régie publicitaire :** Florence Brunel-Jars
• *fbrunel@hachette-livre.fr* •

# INDEX GÉNÉRAL

INDEX GÉNÉRAL

INDEX GÉNÉRAL

INDEX GÉNÉRAL

# LISTE DES CARTES ET PLANS

### Remarque importante aux hôteliers et restaurateurs

Les enquêteurs du *Routard* travaillent dans le plus strict anonymat. Aucune réduction, aucun avantage quelconque, aucune rétribution n'est jamais demandé en contrepartie. Face aux aigrefins, la loi autorise les hôteliers et restaurateurs à porter plainte.

### Avis aux lecteurs

*Le Routard,* ce n'est pas comme le bon vin, il vieillit mal. On ne veut pas pousser à la consommation, mais évitez de partir avec une édition ancienne. Les modifications sont souvent importantes.

Les réductions accordées à nos lecteurs ne sont jamais demandées par nos rédacteurs afin de préserver leur indépendance. Les hôteliers et restaurateurs sont sollicités par une société de mailing, totalement indépendante de la rédaction, qui reste donc libre de ses choix. De même pour les autocollants et plaques émaillées.

### Avec routard.com, choisissez, organisez, réservez et partagez vos voyages !

✓ Rejoignez la plus grande communauté francophone de voyageurs : **plusieurs millions d'internautes.**

✓ Échangez avec les routarnautes : forums, photos, avis d'hôtels.

✓ Retrouvez aussi toutes les informations actualisées pour choisir et préparer vos voyages : plus de 300 guides destinations, une centaine de dossiers pratiques et un magazine en ligne pour découvrir tous les secrets de votre destination.

✓ Enfin, comparez les offres pour organiser et réserver votre voyage au meilleur prix.

## *Les* **Routards** *parlent aux* **Routards**

**Faites-nous part de vos expériences, de vos découvertes, de vos tuyaux et de vos coups de cœur. Aidez-nous à remettre l'ouvrage à jour. Indiquez-nous les renseignements périmés. Faites profiter les autres de vos adresses nouvelles, combines géniales... On adresse un exemplaire gratuit de la prochaine édition à ceux qui nous envoient les meilleurs courriers, pour la qualité et la pertinence des informations.**

**Quelques conseils cependant:**

**– Envoyez-nous votre courrier le plus tôt possible afin que l'on puisse insérer vos tuyaux sur la prochaine édition.**

**– N'oubliez pas de préciser l'ouvrage que vous désirez recevoir, ainsi que votre adresse postale.**

**– Vérifiez que vos remarques concernent l'édition en cours et notez les pages du guide concernées par vos observations.**

**– Quand vous indiquez des hôtels ou des restaurants, pensez à signaler leur adresse précise et, pour les grandes villes, les moyens de transport pour y aller. Si vous le pouvez, joignez la carte de visite de l'hôtel ou du resto décrit.**

**En tout état de cause, merci pour vos nombreux mails.**

**122, rue du Moulin-des-Prés, 75013 Paris**

• ***guide@routard.com*** • ***routard.com*** •

## **Routard Assurance** *2020*

**Enrichie au fil des années par les retours des lecteurs, *Routard Assurance* est devenue une assurance voyage référence des globes-trotters. Tout est inclus : frais médicaux, assistance rapatriement, bagages, responsabilité civile... Avant votre départ, appelez *AVI* pour un conseil personnalisé. Besoin d'un médecin, d'un avis médical, d'une prise en charge dans un hôpital ? Téléchargez l'appli mobile *AVI international* pour garder le contact avec *AVI Assistance* et disposez de l'un des meilleurs réseaux médicaux à travers le monde. *AVI Assistance* est disponible 24h/24 pour une réponse en temps réel. De simples frais de santé en voyage ? Envoyez les factures à votre retour, *AVI* vous rembourse sous une semaine.** *40, rue Washington, 75008 Paris. ☎ 01-44-63-51-00. • avi-international.com • Ⓜ George-V.*

Édité par Hachette Livre (58, rue Jean-Bleuzen, CS 70007, 92178 Vanves Cedex, France)
Photocomposé par Jouve (rue de Monbary, 45140 Ormes, France)
Imprimé par Jouve 2 (Quai n° 2, 733, rue Saint-Léonard, BP 3, 53101 Mayenne Cedex, France)
Achevé d'imprimer le 21 février 2020
Collection n° 13 - Édition n° 01
73/6487/3
I.S.B.N. 978-2-01-710094-2
Dépôt légal : février 2020

PAPIER À BASE DE FIBRES CERTIFIÉES